本 书 系

国家社科基金西部项目（批准号：I4XZX004）

最终成果

YALISHIDUODE XING'ERSHANGXUE
JIESHUO

亚里士多德
《形而上学》
—— 解说 ——

李 真 著

人民出版社

目　录

第五卷（△）

第六卷（E）

第七卷（Z）

第八卷（H）

第九卷（θ）

第十卷（I）

第十一卷（K）

第十二卷（Λ）

第十三卷（M）

第一部分　导论

进入《形而上学》解说正文之前，必要有一个第一部分，即全书的导论。它的主要内容包括亚里士多德的生平与著作、《形而上学》是一部奇书、亚里士多德在人类思想史上的地位、本书的写作目的与体例等。

一、亚里士多德的生平与著作

（一）亚里士多德的生平

亚里士多德于公元前 384 年生于特雷斯（Thrace）的卡尔克狄克半岛的一个希腊城市斯它吉拉。它是纯正希腊人的城市。他的父亲叫作尼可马库斯，是马其顿国王阿明塔的御医。阿明塔是后来马其顿国王菲立的父亲，是有名的亚历山大大帝的祖父。

亚里士多德的母亲菲斯娣斯和父亲都是希腊著名医生阿斯克勒比亚德的后裔。阿斯克勒比亚德是《希波克拉底的著作》及其他医学著作的作者，而希波克拉底被视为"希腊医学之父"。

所以，亚里士多德的家庭是一个医学世家。这一点对于亚里士多德的性格和学术发展有很大影响，不仅有与马其顿王室的密切联系，而且也影响了他终生的学术生涯，奠定了科学研究工作中经验主义和朴素唯物主义的方向。

他的父亲早亡。他受教于"监护人"普罗克斯诺斯。可以想见，他的童年时期受到了很好的希腊传统教育。

在他 17 岁的时候（公元前 367 年），他被送到雅典，进入了当时最有名的柏拉图"学园"，师从著名哲学家柏拉图，并从而成为希腊著名哲学家苏格拉底的再传弟子。亚里士多德进入柏拉图学园时，苏格拉底已去世（公元前 399 年）。苏格拉底 70 岁时被雅典公民大会以"不信奉神"和"腐蚀青年"的罪名判处死刑，并让苏氏饮毒酒致死。这就是有名的"雅典人对哲学的犯罪"。柏拉图（公元前 427—前 347 年）在他的著名对话《辩护》、《克里同》、《菲多》中详细记述了他的精神导师苏格拉底这个著名的悲剧事件。

　　亚里士多德在柏拉图学园中勤奋学习。这是他学术生涯的真正起点和逐步成长以至形成自己独立的哲学观点和体系的重要时期。他在学园一共度过了将近二十年的时光，从一个年轻小伙子成长为一位知识丰富、目光敏锐、思想成熟的学者和哲学家。按现在的大学学制看，亚氏在学园中经历了本科、研究生，以及优异成绩毕业后，留校任教，大约已升到副教授或教授的职位了。所以，他很受柏拉图的器重。看来，他是学园中最优秀的学者之一。但由于他逐步发展了自己的独立的不同于柏拉图的哲学体系，并且对柏拉图的理念论发起了猛烈的攻击，使得他受柏拉图以及学园中一大批支持柏拉图学说的人士的反对，形成了鲜明的对立阵营。这就是相传他的名言："真爱吾师，吾尤爱真理"表现的态势。而柏拉图的反应也可以从据传的他的幽默描述表现出来："这个小马驹向他的母亲尥蹶子"。这在学术史上是极为有名的学生批评老师以维护真理的千古佳话。

　　柏拉图于公元前347年去世后，学园的首领由柏拉图的外甥斯彪西波继承。这究竟是柏拉图的意愿还是学园的选举结果，不得而知。但有一点很明显，即按当时雅典的法规，亚里士多德以外邦人的身份，不能在雅典拥有财产。这也许是亚里士多德不能继任学园领导职务的原因之一。而且当时斯彪西波比亚里士多德年长25岁（亚里士多德时年37岁，斯彪西波已62岁），并且在学园里拥有大量支持者，所以亚里士多德想继任学园领导职务是不可能的。这也许促使他离开雅典，到离他家乡更近的一个城邦阿李斯住了三年，这个城邦的统治者叫赫尔米亚斯。和他一起前往的还有克塞诺克拉底，此人在斯彪西波于公元前99年去世之后，被选举为学园的领袖。由此可见，亚里士多德此次离开并不是与学园决裂，而是在这个新的地方，与已经在那里的一些柏拉图主义分子一起继续探讨哲学问题。并且这个城邦的首领，也是一个曾到过雅典并在学园听课的热爱哲学的人士。他极为热情地欢迎亚里士多德及其朋友的到来，并由此结下了深厚的友谊。亚里士多德等人也抱着培养哲学王的柏拉图式的理想，看待这个"潜主"。后来亚里士多德还与这个统治者的侄女（或养女）波底亚斯结婚。赫尔米亚斯于公元前341年被波斯人刺杀身亡，亚里士多德还写了挽歌予以悼念，可见他们友谊的深厚。

公元前 343 年亚里士多德受聘于当时的马其顿国王菲立，前往马其顿首都贝拉的宫廷担任时年 13 岁的亚历山大王子的教师。关于这一段师生情缘，不少人认为是一段"人生佳话"；也有人认为（比如英国学者罗素）这样一个迂腐的老夫子（指亚里士多德）和一个生性顽皮的 13 岁小孩，是没有什么共同之处的（见罗素：《西方哲学史》）。这种说法既缺乏实证，也不合人情。从后来亚历山大东征时，还叮嘱他属下的人民大力支持亚里士多德的动植物学的研究，下令将发现的新材料制成标本，送给亚里士多德供科研之用，就可以看出这一对师生之间是有深厚的师生情谊的；而且亚里士多德也并非什么"迂腐夫子"。罗素的判断实属信口开河也！

大约过了三年之后，菲立率军出征，任命亚历山大为"摄政王"，管理马其顿政事，公元前 356 年菲立遭暗杀身亡，亚历山大即王位。于是亚里士多德在离开雅典 13 年后，重新回到雅典这个希腊的文化中心。这一次他在雅典创建了著名的"吕克昂"学园，吕克昂本来是祭祀吕克昂阿波罗的神坛和体育场，亚里士多德和他的学生特奥弗拉斯托斯共同主持了这所学校的事务。其时，柏拉图学园已日趋衰落，这所新学园宣扬亚里士多德思想的课程，广泛受到好评，可谓"应者如云"。据说亚里士多德在吕克昂学园的教学分"大众的"和"内部的"两种，"大众的"包括讲演术、语法等课程，"内部的"则是专门的哲学和政治学之类课程。而且，亚里士多德讲学有一种特殊的风格，他带着一群学生漫步在学院的林荫道上，边走边讲。于是，后来吕克昂学园得到了一个雅号，叫作"漫步学派"或者"散步学派"。

在亚历山大东征时，他任命他的朋友安提帕特担任"摄政王"治理马其顿王国。这时希腊全境都已置于马其顿的统治之下，所以，亚里士多德在雅典的生活和学术活动，获得了马其顿政权的保护与支持。在这种有利的条件下，亚里士多德及其同事们在雅典建立起庞大的"实验室"、"研究室"、"图书馆"，保存了大量的动植物标本，大量的图书，开展了广泛深入的研究工作。这一情况一共持续了十二年，直到公元前 323 年亚历山大遭到暗杀（其时亚历山大才 32 岁）。雅典人掀起了反马其顿统治的浪潮时，亚里士多德才又一次被迫地离开了雅典。据说，他表示："这是为了不让雅典人第二次对哲学犯罪"（雅典人第一次对哲学犯罪是公民大会表决处死了苏格拉底）。亚氏再次离开雅典后，回到欧波亚的卡尔克斯，并迎娶了第二位妻子赫尔波尼斯，她是他们的儿子尼可马库斯的母亲。在卡尔克斯住了不到一年，他于公元前322年去世，享年62岁。

（二）亚里士多德的著作

亚里士多德被马克思赞誉为"百科全书式的哲学家"。剑桥大学哲学史家、多卷本《希腊哲学史》的作者 W.K.C. 葛士里也同样称赞亚氏为"百科全书式的哲学家"。（不知他是受马克思的启迪还是"英雄所见略同"？）这就是指亚氏的著作涵盖科学和哲学的诸多领域，从现存的文献看，它涉及天文学、气象学、物理学、动物学、植物学、经济学、政治学、诗学、修辞学、逻辑学、哲学等领域，用中国通常的形容词说，是"上知天文，下知地理，三教九流，无一不通"。这的确是人类思想史的奇迹。

这样丰富的成果，当然首先要归功于亚里士多德多年的勤奋治学和努力写作，也包含他和同事及学生的合作和记述。比如《动物志》中包括了许多搜集到的新的动物标本；又如《雅典政制》就是集体合作收集雅典诸城邦的宪法和法规的成果；又如他的三部《伦理学》（《尼各马可伦理学》、《欧德谟伦理学》和《大伦理学》）就很可能是不同时期的学生听课记录；等等。否则的话，以亚里士多德一人之时间和精力，要写出如此之多的著作，几乎是不可能的。但它们都是在亚里士多德的精心组织和指导之下的成果，这又是不可否认的。

在这些著作中，有一部亚里士多德的哲学著作，是最富传奇色彩的，也是最重要的阐述亚里士多德哲学体系的著作，就是《形而上学》。关于这部著作，我们将在下面加以专门讨论。

（三）亚里士多德著作多舛的历史命运

亚里士多德的著作经历了多舛的历史命运，至今让人感到"惊心动魄"！在亚里士多德去世后，他的学生特奥弗拉斯托斯继续执掌吕克昂学园。

这所古希腊时期与柏拉图学园齐名的最高学府，还延续存在了很长时间。但是在特奥弗拉斯托斯去世后，亚里士多德及特氏的藏书（可能还有一部分吕克昂图书馆的书）寄存于他们的学生家中。这些书没有得到很好的保护，被放在储存酒的潮湿的地下室（"酒窖"）里，遭受了极大的毁损。后来，又整个将它们卖给了藏书家取柏城科，他对毁损的书籍加以修复。但这种修复又包含了许多误抄、误读，使得图书又受到了另一种破坏。直到公元前 86 年罗马将军苏拉率军占领了雅典，他下令搜集图书文献，才把这一批图书重新找出，并视作"战利品"运回罗马，并由大批学者来加以鉴别和整理，使得亚氏著作免除了完全遗失的命运。

在罗马，一批钦佩亚里士多德的学者，特别是提兰尼奥，认真研究了这些图书，辨认出亚里士多德及其学生的手稿并加以编辑、整理，这项历史性的工作最后由公元前一世纪罗德岛的安德罗尼科编定了它们，作出了一项历史性的贡献。

二、《形而上学》是一部奇书

（一）《形而上学》不是有计划一气写成的

《形而上学》记载了亚里士多德的哲学体系，但这部书不是亚里士多德有计划一气写成的。这是一系列亚里士多德的论文或由几篇有联系的论文（如 Z 卷作为一组）汇编而成的，也就是说，它是亚里士多德在不同时期对哲学问题的探索过程中陆续写出的，而不是按一定计划一口气从头到尾写完的。这从它在不同时期对某一个哲学问题论述的某些差异可以看得出来。但是尽管如此，仍然可以看出亚里士多德哲学思路发展的脉络。在这个意义上说，它也可以说是一部"有计划"写成的，即它们都是围绕一个中心在不断的思考过程中逐步写成的，尽管在现有文本上不时有"补入"和线索被"打断"的地方。比如 K 卷把《物理学》的一些内容和《形而上学》其他卷的内容复述放在了一起，就可以看出它基本不是有计划一气写成的。

（二）《形而上学》不是亚里士多德编定出版的

这也是出版史上少见的情况，但也是符合情理的。因为既然这部著作在亚里士多德生前并无出版的计划，那么后来本书出版当然就不是由亚里士多德亲自编定的了。

根据史料记载，这部书是由逍遥学派的著名学者安德罗尼科编定的，从全书内容来看，编辑者是花了一番功夫认真思考的。从流传的版本来看，一度只有十二卷本，后来加入了十三、十四卷，成为了现在的十四卷本。而这两卷显然是亚里士多德对于已在第一卷中批评过的柏拉图的理念论和毕达哥拉斯派的数的理论的批评，作进一步的分析批判罢了。当然，批评的角度已改为柏拉图派的"理念数"和毕达哥拉斯派关于数构成世界以及数学数中的一些专门问题来进行分析。它们显然是亚里士多德较晚的作品。

（三）《形而上学》的书名也不是亚里士多德命名的

从以上的说明，可以想到，当这部书由逍遥学派第十代传人安德罗尼科在约为公元前 40 年编辑出版的，这部书的名字当然就不是亚里士多德命名的了。究竟叫什么名字呢？对于这样一部极为重要的哲学著作来说，安德罗尼科的处理是极为谨慎的。实际上在未想出一个恰当的名字之前，他采用了一个临时性的措施来处理：因为这部著作的内容与亚里士多德的《物理学》有密切关系，亚里士多德在写作中也多次指出了这一点，加之安德罗尼科在编辑时，也是在《物理学》已编定后，再处理这本书的，所以，他用了一个暂时性的名字，叫作在《〈物理学〉之后的诸卷》。在古希腊文中 Meta 一字有"在后"和"在上"诸义，所以这本书就叫作 Metaphysics 了。这是一个不得已而想出来的绝妙的办法，也真是难为这位安德罗尼科老先生煞费苦心了。

历史的发展常常出现一些令人惊奇的事情，亚里士多德的这部书，按其哲学内容和撰写的方式来说，实在是应当叫作《亚里士多德哲学论文集》，但 Metaphysics 已经流传开来，而成了一个哲学史上的耀眼的书名了。但是它确实反映不了该书的内容和性质，更突出不了它在亚里士多德著作中的极端重要性。结果是：要给它一个恰如其分又饱含哲学意味的名字的任务，于是由中国学者来完成的。我不知道也未曾考证过是哪一位中国哲人给了它一个《形而上学》的名字。它既恰如其分地表明它是一部哲学著作，而且巧妙地把中国哲学的思想与西方哲学的思想联系在一起来了。他运用了中国古典著作《易经》里面的两句话："形而上者之谓道，形而下者之谓器"，意思是：有形体的东西（形而下者是"器"，即器物），研究它们的是各种物理科学的任务；而"形而上者"，即在形体之上的抽象的东西，是道，亦即最普遍的规律性的东西，它们是哲学研究的对象。这就兼顾了 Metaphysics 一词中的在诸多物理学之后及之上的含义，突显了哲学研究存在之为存在的本质，同时，它也切合亚里士多德在《形而上学》一书中论述的主旨和精髓。这真是翻译史的一段千古佳话。亚里士多德如在天有灵也会含笑赞许，并领略东方哲学的智慧，他会竖起大拇指大加赞扬：顶好！顶好！

三、《形而上学》各卷的内容

概括起来说，各卷的主要内容如下：

第一卷（A）共 10 章，它是全书的"绪论"，包括对人的认识过程的分析（感觉，知觉，表象，概念，批判，推理），对于他以前的希腊哲学家的论述与批判，对于"四因论"的概括，以及对哲学起源的探索。

第二卷（a）共 3 章，它是内容最简单的一卷，似乎是对于 A 卷的补充，故编者用小写的"a"表示这一卷。

第三卷（B）共 6 章，它列出了 14 个哲学应当研究的问题。有学者认为它是全书写作和研究的一个"提纲"。

第四卷（Γ）共 8 章，它提出哲学应当研究证明的第一原理，特别提出了同一律、矛盾律和排中律等思维的基本规律。

第五卷（Δ）共 30 章，这是最庞杂的一卷，尽管每一章的内容不是很多，主要是解释一些基本的哲学词汇，所以有人称之为"哲学辞典"。它包括开端，原因，元素，自然，必然，一，是（或存在），实体，相同，相异，相似，对立，反对，矛盾，缺乏，具有，在前，在后，潜能，量，质，相对，完善（或完成的），限制，由于它，安置，遭受，具有，缺失，有，来自某物，部分，整体，种，假的，偶性，等等。

第六卷（E）共4章，在这一卷中，亚里士多德提出了"作为存在的存在"，是哲学研究对象的问题。

第七卷（Z）共17章，这是亚里士多德提出和讨论"实体学说"的一卷，它是亚里士多德哲学思想的核心，故这一卷以及其后的第八、九卷一起构成了《形而上学》的"核心卷"。

第八卷（H）共6章，从实体的生成变化加以讨论，提出潜能与现实的理论，讨论了从潜能到实现的变化理论。

第九卷（Θ）共10章，这一卷继续对潜能与现实的理论进行了讨论，特别提出了理性和非理性的潜能以及"无能"的问题。

第十卷（I）共10章，这一卷讨论了"一和多"的问题，以及与之密切相关的对立、反对和矛盾等问题，并指出了"不可毁灭的实体的问题"。

第十一卷（K）共12章，这一卷分两部分，(a)对B,E卷简略的复述。(b)对《物理学》第II、III、IV卷的摘要。

第十二卷（Λ）共10章，这一卷是亚里士多德的"神学"思想卷，他从不变的永恒的实体和不动的动者，推导出"神"的存在。

第十三卷（M）共10章，这是对柏拉图派的理念论特别是其理念数理论和对毕达哥拉斯派数学数理论的批判。

第十四卷（N）共6章，它的内容与第十三卷密切联系，并对同一问题的细微分析和批判。

四、亚里士多德在哲学史和人类思想史中的地位

这是一个很有意义的课题，而且也是一个极其难以给予满意回答的问题。

从思想的广度和其著述涉及领域的深度来看，在人类思想史上，亚里士多德可以说是"前无古人"。是不是"后无来者"，我不敢绝对地断言；但迄今为止（第 21 世纪）来看，回答自然是肯定的，还没有任何一位思想家或学者的著述能像亚里士多德那样，涉及如此众多的领域，而且在该领域，他都能有深刻的洞见并在历史发展中产生久远的影响。亚里士多德在短短 62 年或 63 年的生命历程能有如此辉煌卓绝的贡献，实为一项绝无仅有的天才成就。特别是其在诸多领域的创见，对历史的巨大影响来说，也可以说是"千古一人"！比如，生理学家哈维赞叹说：亚里士多德的目的论学说引导他发现了人体的血液循环机制。航海家哥伦布说亚里士多德关于地球是圆球形的理论引导他勇往直前，从事航海探险事业，终于发现了"新大陆"美洲。英国著名科学史学家李约瑟赞扬亚里士多德关于胚胎学说的贡献。他说："亚里士多德关于动物生殖的洞见从未被后来的任何胚胎学家所超越。并且，考虑到他的其他兴趣的宽度，也没有人能与他相等同"。（参见李约瑟《胚胎学史》，第 37—60 页）达尔文赞扬他说："林耐和居维叶曾是我的两位神，尽管是以极其不同的方式，但是他们对于亚里士多德来说，不过是学童而已。"德国哲学家康德赞扬他的逻辑学说："迄今为止他的逻辑学说，未能被超越一步，它是极为显然的，并且在各方面都表现为一个封闭的和完整的学说体系。"（参见葛士里《希腊哲学史》第六卷，第 97 页）勒耶夫斯基在《哲学百科全书》第四卷第 517 页上说："直到符号逻辑的出现（也就是超过两千多年），亚里士多德在这个逻辑领域的权威未曾遇到挑战，并且他的逻辑被认为是一个全面丰富的系统而不容许任何改变。"（参见葛士里《希腊哲学史》第六卷，第 97 页）

在评价亚里士多德在哲学和人类思想史上的地位时，英国哲学史家葛士里提出了一个看法，他说：亚里士多德"是古代哲学家中的最后一个人，并且是近代哲学家中的第一人"。（《希腊哲学史》第六卷）。我很赞同这个看法。因为事实上亚里士多德逐一考察了他之前的诸位古代希腊哲学家，并评论其得失，吸取了他们学说中的精华，总结出了四因论等学说。古希腊哲学的发展到亚里士多德，可谓是"登峰造极"了，所以他不愧为"古代哲学家中的最后一个人"。而在他之后的两千多年的历史中，他的哲学思想启迪和培育了诸多著名哲学家，他们从他那里吸取了智慧。从这个意义上说，他不愧是"现代哲学家中的第一人"。

（一）亚里士多德在哲学史上的贡献

可以概括为以下几点：

（1）他总结了他以前的哲学家（从泰勒斯到苏格拉底和柏拉图）的哲学发展的成就、收获，并批评了他们的缺失，特别是汲取了他们的"四因"的思想，创立了亚里士多德的"四因论"。

（2）他特别思考了苏格拉底和柏拉图在哲学上的探索，并特别猛烈地批评了柏拉图理念论的分离说，以及与毕达哥拉斯派相联系的关于理念数和数的本质与本源的探讨。

（3）在批评柏拉图理念论的"分离说"的同时，研究和创立了他的"实体学说"。强调了实体是世界万物存在的最真实的形式。

（4）他研究并规定了哲学研究的对象及哲学在各门科学中的第一的崇高地位，从而确定了哲学研究的性质与特点。

（5）他研究了各种运动形式及运动的起源，并深入探讨了事物内部的复杂的对立与矛盾的情况，提出"具有与缺失"的普遍性，从而接触到推动事物发展的深层原因，并在此基础上提出了潜能与现实的理论，把事物的运动和生成解释为从潜能到现实的转化。

（二）亚里士多德哲学的时代局限、缺陷与错误

在亚里士多德高歌猛进式地取得巨大成就的同时，也暴露了他在哲学研究上存在的局限、缺陷与错误。

（1）他在批评柏拉图的理念论的分离学说时，着重发展了他自己的实体学说，强调了没有离开个体而存在的普遍和一般，在理论上突出了个别与一般、特殊与普遍的哲学问题。这是亚里士多德在哲学上的巨大贡献。但与此同时，也暴露出了他片面强调个体的重要性，而未能辩证地解决个别和一般

的关系问题，以致他自己的实体学说也陷入了不能自拔的矛盾当中，以致他自己也发现了单个的实体无法定义的问题，因为我们必须用普遍词项才能作出定义。（比如"种加属差"这个定义的模式，都是运用普遍词项来表达的，"种"和"属差"都是普遍名词）甚至亚里士多德谈论的"实体"，也是用普遍词项来表达的（如人，马，动物，植物等等），这是因为人的认识是自发的认识个别（如"苏格拉底"这个人）上升到普遍的（即"人"）。从个别上升到普遍的进程正是亚里士多德在《形而上学》中第一卷中细微地加以描绘的。

（2）由于亚里士多德完全曲解了赫拉克利特的朴素的辩证法思考，把它与他自己的适用于日常思维的"同一律、不矛盾律和排中律"对立起来，并多次嘲笑赫拉克利特的学说，这表明亚里士多德并不真正懂得辩证法思想。所以，尽管他从多个角度探讨了事物的运动形式及运动的内在原因，但最终还是认为要由外在的力量来推动事物的运动变化。这样的亚里士多德的思想方法，被黑格尔深刻地批评为"形而上学的思维方法"，并以之与"辩证的思维方法"相对立。这里的关键是，亚里士多德不认识事物包含的内在矛盾的对立和斗争才是推动事物发展变化的唯一力量和唯一根源，这就导致他要追寻一个"不动"的推动者——这是一个很深刻的历史教训。

（3）在上述亚里士多德不理解辩证法的基础上，亚里士多德不但追寻一个"不动的推动者"，而且提出来要追寻一个在千变万化的世界之外的一个"不变动不变化的永恒的实体"，直接背叛了他千辛万苦建立起来的"实体"学说。这也是个很深刻的历史教训。

（4）亚里士多德的哲学从自发的经验主义方法的基础上建立起来的朴素的趋向于自发的唯物主义路线，由于以上的错误和缺点，最后导致了和柏拉图的客观唯心主义（以理念为中心的世界观）走到相同的神学的结论："世界是由德米阿尔格（创造者）创造的"（参见柏拉图在《蒂迈欧篇》中的论述）或世界是由永恒的不变的实体，由"不动的推动者"创造出来和推动起来（参见亚里士多德《形而上学》第十二卷中的论述）。由此不难想见在中世纪的柏拉图主义和亚里士多德主义都是天主教神学的理论基石，这两个学派都是名符其实的"神学的婢女"。

在 21 世纪的当下，我们学习哲学史，特别是学习亚里士多德的这部重要哲学典籍，我们要以历史的、批判的态度，认真汲取亚里士多德哲学思想中的精华，并在同时批判和扬弃其由于历史局限而不可避免地陷入的错误，并引以为宝贵的经验教训。在全球化大背景下的今天，作为一个中国的学者，一个中国的哲学家，要努力把中西方的哲学智慧融合起来，创造出新的更高的人类的哲学与文化，这是中国著名哲学家冯友兰先生在其一生追寻中国哲学与西方哲学真理所总结出来的宝贵经验。我完全同意冯友兰老先生的这个宝贵思想。他在 1995 年临终时的最后一句话就是："让中国哲学发出耀眼的光彩"。我们可以补充说："让西方哲学在今天也发出耀眼的光彩！""让中西方哲学的宝贵成果结合起来，创造人类的新的文化的光彩！"

五、《形而上学》的多种版本及名家注释

亚里士多德著作的历史遭遇在中世纪时期又面临新的危机，公元 509 年东罗马帝国皇帝查士丁尼以亚里士多德理论与基督教宗教教义相违背而加以禁止。于是亚里士多德学术的研究中心转到叙利亚及非洲北部。8 世纪阿拉伯的伊斯兰教兴起，地中海南部及西班牙均在其影响之下，以至阿拉伯学者的著作及亚里士多德著作的阿拉伯文译本，大行其道。1204 年，十字军攻入君士坦丁堡，于是，亚里士多德著作的阿拉伯文译本流入欧洲。10—12世纪阿拉伯学者阿维森纳、阿维罗伊对亚里士多德著作的注释受到极大欢迎。欧洲学者摩尔贝克的威廉完成了亚里士多德全集的阿拉伯文译本，出现了大阿尔伯特的权威性注释，著名哲学家和神学家托马斯·阿奎那（1224—1274）就是大阿尔伯特的学生。他对亚里士多德著作的注释，把亚里士多德哲学与天主教神学结合起来，使之成为哲学和神学的最高权威。

1453 年土耳其攻占君士坦丁堡，大量希腊学者返回到意大利，使西欧逐渐成为研究亚里士多德学说之中心，直到近现代仍持续这一趋势。

近代以来，对于亚里士多德著作的校订、整理作出的一项划时代成就

的，当数柏林普鲁士皇家科学院的一批著名学者，他们花了 40 年的时间（1830—1870）收集、整理和校订了亚里士多德全集的希腊文本，这就是著名的贝克尔本，它的页码成了学术界公认的标准页码。此后他们又编印了著名的希腊文、拉丁文的注释以及拉丁文译本，最后由著名学者博尼茨编制了详细的《亚里士多德著作索引》。

我的这部《亚里士多德〈形而上学〉解说》专著，主要以贝克尔主编希腊文本为主，参照大卫·罗斯的英译本，以及哈佛大学出版过的"勒布丛书"中的希英对照本。在注释方面主要参考了（1）阿弗洛第亚斯的亚历山大：《对亚里士多德〈形而上学〉第一卷的注释》，以及（2）大卫·罗斯：《亚里士多德〈形而上学〉的文本和注释》（牛津，1956），(3) 托马斯·阿奎那：《对亚里士多德〈形而上学〉的注释》。

此外还参考了英国学者葛士里教授（W.K.C.Guthere）的《希腊哲学史》第六卷（亚里士多德卷）（剑桥大学出版社，1981）。

在中文文献中参考了：1. 吴寿彭《形而上学》中译本（商务印书馆 1959 年，北京），2. 苗力田《形而上学》中译本（中国人民大学出版社 2001 年，北京），3.汪子嵩《亚里士多德的本体学说》（人民出版社 1974 年，北京），4.范明生《柏拉图及哲学述评》（上海人民出版社 1884 年，上海）。亚里士多德《形而上学》中译文以我的中译文本为准。本书先后由台北正中书局（1999）、上海人民出版社（2005，2006）及人民出版社（2020）出版。

另外，为了读者了解古希腊哲学鼎盛时期的三位重要哲学家苏格拉底、柏拉图、亚里士多德的生平，特将第欧根尼·拉尔修的《名哲言行录》中三人小传译出，作为本书附录，以供读者参考。

六、《亚里士多德〈形而上学〉解说》的写作目的与体例

我在翻译《形而上学》中文版的"译者序言"中，曾经说过我打算写《亚里士多德〈形而上学〉解说》一书的初衷："由于本书系译著，除作必要的注解说明，并附古希腊文字母发音表以供读者参考之外，不能作更多的解说。

这项工作将在另一部拙著《亚里士多德〈形而上学〉解说》中，逐卷逐章展开较为详尽的注释、解说与评述"。(参见上海人民出版社2006年版，第7页)

因此，这部书的读者对象主要是中青年西方哲学爱好者特别是大学生，当然也欢迎广大社会人士及专家学者的关注。所以，我把它定位为帮助中青年读者读懂这部有名的难懂的亚里士多德的重要哲学著作。我采取了一种"习米纳尔"式的方式，也就是"讨论班"的方式。我充当这个"讨论班"的主持人和"第一发言人"，与学习这部著作的人开展讨论和交流。由于亚里士多德这本书中存在一些"错简"和"误抄"的问题，所以对于一些难以理解的文字和段落，我采取"知之为知之，不知为不知"的态度，不强作解释，而是提出质疑，或者将这个问题明确起来，以便进一步地思考。我希望在这个讨论过程中大家对亚里士多德的哲学思想，能够有一个比较正确的了解。

当然，亚里士多德的哲学思想也存在历史的局限和个人思考中的失误之处，对于一些重大的原则性问题，例如对运动源泉的理解，对赫拉克利特的辩证法思想的攻击，对于不动的推动者的设想，对于永恒不动的实体的思想，以及由之进入神学思想、肯定神的存在及其最高地位，等等，我都及时予以反思和适当地批判。我想，这种"吾爱吾师，吾尤爱真理"的精神是能够得到亚里士多德的首肯和支持的。至于我的意思是否正确，这也是大家可以讨论的话题。总之，我相信这种"独立之思想，自由之精神"，正是我们大家都应当追求的。

在写作体例上，还有一点要说明的，就是我逐卷逐章解说时，总是先有一个该章内容的"提要"，它是参考大卫·罗斯对亚里士多德《形而上学》注释时对每章内容的提要而写成的。它的好处是，罗斯把他的了解，特别是亚里士多德论述中的逻辑层次等用各种符号（如1、2、3或a、b、c）标示出来，这对于我们掌握亚里士多德论述中的层次很有帮助。但它的缺点是罗斯为了行文简明，经常用他自己的语言来"复述"。这一方面不够忠实于原文，另一方面也可能会对读者误导。所以在"解说"的部分，请读者以亚里士多德的原文为准，亦即我所翻译的《形而上学》译文为准。在学习过程中，要以反复阅读亚里士多德的原文为主要方法。这一点千万予以注意。

顺便说一句，本人的译文，从 1999 年初次出版以来，经历了几个出版社先后出版，内容都保持一致，特别是在近三年来我写作《亚里士多德〈形而上学〉解说》一书过程中，反复对照原文（古希腊文本及几个英译本），我欣喜地发现，自从我 1990 年着手翻译此书，历时已 30 个年头，我的译文经受了时间的检验，证明它是忠实可靠的。至于是否已达到"信达雅"的标准，我不敢轻易自许，但是在"信"、"达"两方面，我认为是已经达到要求的。

另外，为了减少打印和出版排版的麻烦，我对于一些古希腊文及英译文，也尽量少注明。这方面大家可以参照中文版译文。还有，为了避免重复，本书不专设"索引"部分，全部索引亦请参阅中文版译本中的索引。

第二部分　《形而上学》解说

第一卷（A）

一、第一卷的逻辑结构

Ⅰ. 智慧是第一原因的知识（第一、二章）

A. 智慧是原因的知识（第一章）

B. 诸原因构成智慧的知识是第一原因的知识（第二章）

Ⅱ. 第一原因的知识；由对于以前哲学家的学说的考察而加以确认的我们的名单（第三—十章）

A. 对以前哲学家的系统的考察（第三—七章）

　a. 质料的和功能的原因的早期处理（第三、四章）

　b. 毕达哥拉斯派和埃利亚派（第五章）

　c. 柏拉图（第六章）

　d. 早期思想家对四种原因的处理的考察提要（第七章）

B. 对以前系统的批评（第八、九章）

　a. 柏拉图以前的系统（第八章）

　b. 理念（或形式）的理论（第九章）

C. 本卷小结（第十章）

二、第一卷第一章（A.1）的提要与解说

——智慧是原因的知识

（一）第一卷第一章（A.1）的提要

980^a21，所有人在本性上都愿意求知。其标志就是我们对感觉的爱好；因为除了它们的用处之外，它们本身就被喜爱；在诸感觉中，尤其喜爱视觉。因为不仅着眼于行动，即使我们不打算进行任何活动，比之于任何事情，我们也更喜欢观看。其理由是，在所有感觉中，视觉最能帮助我们认识事物并提示事物之间的差别。

27，（1）感觉对于所有动物都是共同的，并且

28，（2）在有些动物中还从感觉上升到记忆（它使得它们具有智力）而且如果它们也有听觉，便使得它们能够被教导。

另一些动物凭想象和记忆生活，一小部分有"经验"，但是

28，（3）在人类中相同事物的许多记忆产生经验也许容易与那些真的是它的结果相混淆，亦即

981ᵃ2，（4）科学和技艺，与从许多经验的概念产生一个一般的判断时就出现技艺。判断当疾病 N 时，A 对于 B、C 等等是好的，这是一个经验的事项，判断 A 对于所有某种结构的人，与其患某种疾病时是好的，这就是一个技艺的事项了。

12，经验经常在实践上比技艺更加成功，因为它是关于特殊的并且在实践上处理的特殊事物，对于一般来说仅仅作为诸特殊的综合。

24，但是知识和智慧比起经验来更加是属于技艺的，因为技艺家知道原因，而经验的人仅仅知道事实。

30，由于这个原因，大技艺家被认为比手工操作工人更加有智慧，那些手工工人由习惯来活动非常像无生命的事物由本性来工作。

ᵇ7，一般来说，我们认为技艺是比经验更加真的知识，因为它包含着教导的力量。

10，进一步想，尽管诸感觉大多与特殊东西的知识打交道，我们并不认为它们是智慧的，因为它们并未告诉我们"为什么"。

13，首先，任何技艺的发明家都被尊敬，不仅因为他的发明的实用而是因为他的智慧；其次那些在给予愉悦的技艺的发明家被评价为比起实用的技艺的发明家更加聪明。

20，只有当这两种技艺都已经建立起来，那种既不是旨在愉悦也不是旨在生活必需的技艺才被发明出来。它们需要闲暇；这就是为什么数学被埃及的祭司们加以发现。

25，在技艺、科学以及其他之间的差别，已经在《伦理学》一书中陈述过了；我们当前要讨论的是每一种都把智慧看作是关于第一原因的事物。

29，这就是为什么有经验的人被认为比仅仅有感觉的人更聪明，技师比有经验的人更聪明，大技师比手工工人更聪明，理论的技艺比生产的技艺更聪明。

（二）第一卷第一章（A.1）的解说

《形而上学》第一卷第一章的第一句话就是"所有人，按其本性都热爱学习"。亚里士多德的这一句话，被刻在剑桥大学古典学系的大门上端。我的古希腊文老师严群老先生，在讲授古希腊语时的第一句话就是引用和讲解这句话的语法及其结构。这都说明：在学习《形而上学》时这句开端的话的重要意义。

很有意思的是，东方文明的代表孔老夫子（孔丘）的语录《论语》的第一篇"学而第一"中的第一句话，也是意思相近的话："学而时习之，不亦乐乎！"也是从人的热爱学习讲起的。

还有，我国先秦的重要儒家学派的另一位代表人物荀子（荀况）的著作《荀子》，其第一篇就叫作《劝学篇》，也是从人们必须从学习入手来展开他的哲学体系的。

更加富有象征意义的是不仅他们都是从学习对人的重要性入手来建立他们的哲学体系的，而且他们在论证其论断时的方法，也显示了中西方文化的不同特征。孔老夫子只是把他思维的结论，用简洁的语句告诉我们，而没有作详细的论证；而亚里士多德老先生，则随之作了一番详细的分析，从而把他的哲学体系建立在细微的分析和论证的基础之上。这表明：孔老夫子的方法只是提出东方式的诗意的格言式的命题而缺乏必要的论证，（他也许把这个分析、论证的功夫，留给他的弟子们，作为"消化"他的论断的功课了？）而亚里士多德详细地分析、论证，恰恰表明了由此建立起来的西方的科学分析和论证的严谨学风对以后的西方文化发展的极端重要性。

这是一个很有兴趣的比较文化的研究课题，我们在这里不展开研究和论述。

亚里士多德在第一卷第一章中详细分析了人类的认识从感性到理性的不断提高和深化的过程，从心理学和逻辑学的角度论述了它对人类文明发展的极端重要性。

他的论述，从人类的低级认识形式——感性认识开始，指出了人的感觉、知觉、表象的发展。

我们的认识，从我们的感官接触外界事物开始，即我们的眼、耳、鼻、舌、身在与外界事物接触时就获得的对事物的视觉、听觉、嗅觉、味觉、触觉等等。亚里士多德特别指出视觉较之其他感觉尤为人们喜爱。这是因为视觉能比其他感觉提供更多的外界知识，比如视觉能提供外在事物的形状、数量、关系、颜色、运动等等。

感觉仍是我们对外界事物认识的初级阶段，它有待深化与提高。在这方面亚里士多德没有专门阐述。他只是说："除了人之外，动物都凭表象和记忆而生活，只有很少有联系的经验，但是，人类的生活还凭技术与推理"。也就是说感觉、表象与记忆，都是和动物共同具有的认识能力。在这里，"表象"就是比诸感觉更高的认识形式。感觉都是对事物的某个方面的感觉，并且只是直观的、直接的，而"表象"则是诸感觉的综合，是属于高一级的"知觉"的阶段，它是综合的，是对一事物的多种感觉的综合的全面的一种形象的把握。比如认识一棵树就不只是对树的高度、颜色、形状（视觉）、气味（嗅觉）、软硬（触觉）等等的片面的反映，而是综合的一棵树的形象，它比之感觉具有较高的抽象性，不仅在直接接触它时，有这个形象，而且在不直接接触这棵树时，脑子里也有这个形象，这就是"记忆"了。一般动物甚至高级动物都只有很少联系的经验，而人则有较丰富的有联系的记忆，这就是"经验"。亚里士多德说："人类的生活还凭技术与推理"。这实际上是把人的认识从感性阶段上升至理性阶段，亚里士多德对于这点并没有展开作详细的论述。这在亚里士多德的著作中，他的另一部传世之作《工具论》，详细讨论了人的理性思维的形式及其规律，这就是亚里士多德关于思维的概念、判断和推理、论证的逻辑学说。

在中国的思想史中，先秦时期的名家，也探讨了概念、推理的规律。只是很可惜在秦汉之后，名学（即逻辑学）的讨论被伦理社会政治的学说湮没了，直到近现代在西方逻辑学说的输入之后，才又逐步成长起来。这又构成了中西方哲学及思想史发展的一个突出差异。

在中国古代和中古时代，人们都知道"人为万物之灵"的学说。《三字经》这一本大众启蒙教材中就有"天生物，人最灵"的教导。然而，何以"人最灵"，人凭借什么力量而"最灵"，却没有得到充分的说明与解释，只是凭人能制造出奇巧的事物和组成复杂的社会组织这种实例来说明。有一个寓言故事说：上帝在创造世界万物时，把种种体力上的"绝技"都赋予了不同的动物：如狮、虎拥有锐利的牙齿和爪子，猴子拥有高超的攀援技巧，马有可日行千里的奔跑速度，熊有厚厚的御寒的皮毛，等等，等到这类可贵的东西都给各种动物分发完了，最后，上帝只好把剩下的"理性"给予了人类。但人类却凭着这"理性"的天赋，筑巢（建屋）而居，结绳记事，发明了文字，组成了社会以至发展出了高度的文明。足见"理性"的力量无比宏伟，以至人可以与"天地"同寿，与日月同光，真正成了世界的"主宰"。英国哲学家培根的一句名言："知识就是力量"，就是惊叹人类理性力量的伟大。亚里士多德在论述他的伟大的哲学体系时，就是从人类的理性逐步追求知识、智慧，以至最高的智慧开始他的论述的。这就是《形而上学》第一卷第一章的中心内容。

为什么说"人们是通过经验而获得科学与技艺"？（981^{a}3）因为"当其由经验获得的许多概念得出一个关于一类的对象的一般判断时，技艺出现了"。（981^{a}2—3）因为我们以医疗为例，当卡里亚患这种病时，这种药对他有益处，而当苏格拉底及其他许多人患这种病时，这个药对他们也有益，这些都是个别的经验。由此，我们断定对于所有患这种病的人，这个药都对他们有益。这就是一个一般的判断。这样，"经验"就上升为"技艺"（也就是一个"一般的判断"了）。

亚里士多德往下一段话讨论"经验"与"理论"（也就是拥有"一般判断"）对于实践活动的关系，十分精辟。他说："就从事活动来说，经验似乎并不亚于技艺，而且有经验的人，比起那些有理论而无经验的人更能获得成功。（理由在于经验是个别的知识，技艺是普遍的知识，而行动或生产都是涉及个别事物的……这样，如果一个人有理论而无经验，认识普遍而不知道包含于其中的个别，他就经常会在治病时失败，因为他治疗的恰恰是个别的人。）"（981ᵃ15—25）亚里士多德在这里涉及"个别"和"一般"的关系问题，这是一个重要的哲学问题。亚里士多德明确地提出了"普遍中包含着个别"而没有离开个别的普遍。亚里士多德与他的老师柏拉图的根本理论分歧恰恰就在于这个"普遍中包含着个别"而没有离开个别的普遍。这个问题在以下的有关篇章（在本卷第六章、第九章）中，我们将会着重论述。

据此，亚里士多德进一步论述了"技艺家比有经验的人更有智慧"。（981ᵃ26）这是由于前者知道原因，但是后者却不知道。因为有经验的人认识事情是这样的，但并不知道为什么，而另外的人知道这个"为什么及其原因"。（981ᵃ27—30）由此，亚里士多德指出："匠师比一般工匠更为可敬，知道的更多，而且更有智慧，因为他们知道他们从事的工作的原因"。（981ᵇ1）他还说："我们并不把任何感觉看作智慧，然而肯定给这些感觉提供了特殊东西的最权威的知识。但是它们不能告诉我们任何事物的为什么。"（981ᵇ11—13）由此可见，智慧是能够提供事物的原因，也就是关于"为什么"的知识，是知识的深化的表现。

亚里士多德就人类知识深化的进程作了深入的观察，他指出："那个最先发明了无论何种技艺，超过了人的普通知觉的人，自然地受到了人们的崇敬，不仅由于其发明中有某种有用的东西，而且由于他被认为是有智慧的并优于其他的人。但是当更多的技艺被发明时，其中有些是直接指向生活必需的，另一些是为了娱乐的，后者的发明者自然地总是被看作比前者的发明者更加聪明，因为他们的知识的分支并不是指向实用的。因此，当所有那样的发明都已建立起来时，那种并不是为了提供愉悦或为了生活必需的科学就被发现了，并且是在那些人们最先有了闲暇的地方，这就是为什么数学技艺首先在埃及被发现，因为那里的祭司等级被允许享有闲暇。"（981ᵇ13—24）从人类文明的发展来看，首先是保证人类生活必需的科学技术先发明出来，再次才是满足娱乐和愉悦的科学技术与艺术发明出来。只有在这个基础上，那种追求世界的根本性的科学技术才有可能发明出来。亚里士多德在提出数学首先在埃及发明出来，这是由于祭司等级"享有了闲暇"，因为他们摆脱了为生活而劳动的负担，而有时间从事科学研究的条件下，一些所谓的"基础科学"才有可能被发现出来。这是一个普遍真理，在世界上任何地方都无不如此。人们对哲学问题的追求，这个关于世界的终极问题的探索则是人们对于第一原因或原理的追求，那是人们最高智慧的表现。对此，亚里士多德往下还会进一步论述。

亚里士多德以引述他的《尼各马可伦理学》的论述，来结束本章的讨论。他说："我们在《伦理学》（参阅《尼各马可伦理学》VI，3—7，1139^{b}4—1141^{b}8）中说过，在技艺与科学以及其他类似能力之间的差别是什么；所以，如前面所说，一个有经验的人被认为比拥有无论什么感觉知觉的人更有智慧，技艺家比有经验的人更有智慧，匠师比机械地工作的人更智慧，而理论性的知识比起生产知识来，具有更多的智慧本性，那么显然，智慧是关于某种原理和原因的知识。"（981^{b}25—982^{a}2）

值得注意的是：亚里士多德在本章才提出了感觉、知觉、经验、概念、理论、技艺、原因、智慧等概念。现在把"技艺"这个概念解释一下，技艺（art）与我们现在所用的 art 这个词不同，后者是专指文学艺术中的艺术而前者则泛指一切技术与技艺等类似我们现在所用的"科技"（technology）这个字。但我们现在的"科技"常常是指比较成熟，会有较高科学成分的技术，而亚里士多德的"技艺"则泛指一切基于一定科学认识的技艺，所以亚里士多德把掌握"技艺"的人（artist）分作 artman（工匠）、artist（匠人、技艺家）、master-artist（匠师）等很多不同的等级，这就是根据他们掌握的有关科学知识的多少和高下来划分的。

最后，还有一个有趣的问题，恰恰反映了亚里士多德作为奴隶主阶级的有色眼镜。他在说到低级的劳动时，说"我们认为工匠像某种无生命的东西，的确，他们在活动而不知道他们在做什么，正如火在燃烧——但是，无生命的东西以一种自然的趋势演示，他们的每一种功能，而工匠是依据习惯性活动的"。（981^{b}2—5）这使人联想起亚里士多德把奴隶定义为"会说话的工具"这一有名的论断。这正是用奴隶主阶级的眼光来看世界的一个绝妙例子。

三、第一卷第二章（A.2）的提要与解说

（一）第一卷第二章（A.2）的提要

982ª4，智慧与什么原因相联将会变得清楚。如果我们考虑关于聪明人的共同观点的话。

（1）他尽可能地知道任何事物，尽管他没有关于每一事物的细节的知识。

（2）他知道那难于知道的事物（这就是为什么感觉并不包含聪明）。

（3）他比别的人更为精确，并且

（4）更加能够教导事物的原因。

（5）为了它自身的缘故而追求的知识比希望获得它的结果的知识是更加真正的聪明。

（6）一个支配的科学比一个从属的科学是更加真正的聪明。

21，一门科学愈是普遍愈是更好地符合于第一个条件，并且也因为它的对象更远离感觉。

25，它的对象愈是原初的，它就更好地符合于第三个条件，因为它是更加抽象的。

28，它愈加有关于原因，它就更好地符合于第四个条件。

30，世界的可知的知识，亦即其他事物由之出发的另一件事物和原因而得以认识的知识，最好地符合于第五个条件。

ᵇ4，世界的最终的原因的知识，是最符合于第六个条件。

7，这样，所有聪明的特征，都指向于它是第一原因（包括终极原因）的知识。

11，它不是一门生产性的科学，也从第一哲学家或爱智者那里看得清楚。哲学起源于惊异，它意味着一个人对于无知的自觉（所以一个神话的爱好者在一种意义也是一个哲学家，神话是由惊讶构成的）。如果人们哲学地

思考以摆脱无知，那么他们明显地是为了它自己的缘故追求知识。

22，这也由这个事实所指明，即哲学仅仅在生活的必需品和愉悦已经提供时才能产生，哲学是唯一的为它自身的而追求的科学，它是唯一的自由的科学。

28，由此，似乎是上帝赋予人们的一项特权，如果诗人们说过的话中有任何东西的话。因为上帝是不会嫉妒的。

983^a1，这个知识是最神圣的（1）作为对上帝最有价值的东西，以及（2）作为神圣的知识，因为它是关于第一原因的，而上帝是所有事物的一个原因，它是最少必需的但它是所有科学中最好的。

11，我们开始惊讶于事物是像它们那样的，例如：正方形的对角线与它的边是不可通约的。

18，我们必须终止于一种状态，在其中我们惊讶于它们如果是不是这样的。

（二）第一卷第二章（A.2）的解说

在这一章中，亚里士多德着重讨论了两个问题：一是智慧的本性，二是哲学的缘起、定义和性质。

关于智慧的本性，在本书第一卷第一章（A.1）中已有涉及，亚里士多德指出智慧是关于第一原因或原理的知识，但在那一章中并未展开论述，这个任务，即关于智慧的本性、层次等，是在本章中接着展开来讨论的。

获得一种知识，即便是初级的知识也表现了人的认识能力，亦即智慧的表现，如我们看到前面的桌子上摆着一只杯子，我们指着它说："这是一只杯子"。这尽管还停留在直接反映存在物的低级阶段认识，但它已上升到概念（用语词来概括知觉提供的形象），已进入到理性认识的初级阶段，这也就是表明了这个人是有一定程度的智慧。

在这里我们首先讨论一下几个字的字源问题，在古希腊文中"智慧"一词是"σοφία"，在英文中相当于作为名词的 wisdom，而作为形容词的英文单词 wise，在中文翻译中多用"聪明的"来表达，而对于 wisdom 或 σοφία

则常用"智慧"这个词，我们常说"某某人聪明"或"某某人是聪明的"，而不太说"某某人是智慧的"，但是实际它们的所指是一样的。

所以说，一个人对世界认识越深刻，就表明他拥有更多的智慧。亚里士多德列举了 1. 认识尽可能多的事物的人；2. 认识更难于认识事物的人；3. 认识更多抽象的事物的人；4. 他更为精确地认识事物；5. 更善于教导别人的人；6. 认识支配性科学的人，等等，都是有智慧的表现，亦即更加聪明的人。

总之，他们能认识普遍性的关于原因以至第一原因和原理的认识，则是高级智慧的表现。人的最高智慧表现在对于万事万物的"第一原因"、"终极原因"的认识。这似乎是超越人的认识能力；而只有神才具有的能力。亚里士多德在这里用了希腊当时流行的神秘的神学思想，把这个能力称为是神赋予人类的只有神拥有的力量。这是对人的理性力量的极度赞赏。

其次是关于哲学和哲学家的论述。

古希腊从公元前五世纪起，就出现了对宇宙及世界本源进行探索的先行者，例如泰勒斯、赫拉克利特等人，他们被人尊敬地称之为圣人或贤人。那时没有"哲学"或"哲学家"这种概念，在公元前四世纪时，出现了一批传授"讲演术"、"论辩术"的学者，他们把讲演和辩论这种当时早期希腊城邦制民主政治的重要手段，作为收费授徒的教材。为了战胜对手，他们甚至不惜用"诡辩"的手段。这批人自称或被称为"智者"（sophist）（中国的古希腊哲学研究的先行者严群教授把这个字译为"智术之师"）。这个字的意思是"拥有智慧之人"。sophist 这个字的字源就是古希腊文的智慧（σοφία）。

这些人遭到了苏格拉底的批评和反对。苏格拉底对于"德尔斐神庙"中的"神示"说："苏格拉底是最有智慧之人"的解释是："我是没有智慧的，但我自知其无知"。这就是说"我自己知道自己无知"，这本身就是一种智慧。这与中国古人所说"知之谓知之，不知谓不知，是知也"，有异曲同工之妙！所以他把自己称为"爱智者"，他说"我不是智者，而是爱智慧的人"。所

31

谓"爱智慧的人",在古希腊语中就是:φίλοσοφία,这是个合成字,"φιλο"就是爱。它和智慧合起来的就是"φίλοσοφία",即"爱智者"。

柏拉图没有继承苏格拉底创造的这个授予哲学家的特殊称号,而是以"辩证法"和"辩证法家"来称呼"哲学"和"哲学家"。他把他寻求真理的方法和手段当作了真理本身。

亚里士多德在研究和创立自己的哲学体系时,考察了在他之前的古希腊哲学的发展(我们往下将会在第一卷的三十章中看到这方面的内容),明确定义了哲学的研究方向并正式创造了"哲学"和"哲学家"这两个学术名词。这是亚里士多德对古希腊哲学发展的一个重大贡献,它从一个侧面证明了亚里士多德的哲学是古希腊哲学的全面继承和发展高峰。

亚里士多德在考察哲学的最早产生时,指出:"人们由于惊奇,才从现在开始并且也从最初开始了哲学思考……而且一个人在困惑和惊奇的时候,认为他自己是无知的;……因此,因为他们是为了免除无知而进行哲学思考。显然他们是为了认识而追求科学,而不是为了任何实用的目的。"(982^{b}13—21)这就是真正的"爱智者"的"爱智"的活动。这就是真正意义上的"哲学"和"哲学家"。

在中国文化史上,我们没有这两个语词。在古代中国,我们把拥有大智慧的学者称为"哲人",即"洞悉世情"、"道通天地"的人。这在内容上与亚里士多德所谓的"爱智者"有相同之处。所以,当我们从古希腊哲学中借用和翻译了"哲学"和"哲学家"这两个词时,它也表明了人类思想史发展中的共性。

四、第一卷第三、四章(A.3,A.4)的提要与解说

——对于质料因和动力因的早期处理

(一)第一卷第三章、第四章(A.3,A.4)的提要

983^{a}24,认识一个事物就是认识它的第一原因,原因有四类——本质、

质料、运动的来源、目的或者善。

33，我们曾在《物理学》中考虑过这些，但是研究我们的先行者的观点将会是有益的；这样，我们将会发现一些新的原因的种类，或者证实我们的名单。

ᵇ6，（1）最早思想家的大多数都认识到唯一的质料的原因，亦即明白事物从它产生和当其被销毁时又复归于它，因为那样一种基质存在着，他们认为没有什么事物是真的被产生或被销毁。

18，他们在关于这些原因的数目和本性上是不同的。（a）泰勒斯说这个原因是水，这也许就因为（一）每种事物的营养和（二）每种事物的种子都是潮湿的。

27，有些认为古代宇宙学家主张这种观点，因为他们把奥辛（Ocean）和德蒂斯（Teltys）作为产生的双亲，而且使众神以水起誓。这种思辨是可疑的，但是无论如何泰勒斯据说持有这个观点（希波不值得加以考虑）。

984ᵃ5，（b）阿那克西曼德与第欧根尼把气作为第一原理，（c）希巴索与赫拉克里特则认为是火。

8，（d）恩培多克勒加上土并且承认四个元素，它们是永恒的并且当其合并和分解时仅仅在数目上有变化。

11，（e）阿那克萨哥拉说原理是数目上无限的；实际上，这样，由于结合与分离，所有同质的实体是"被生成的"和"被摧毁的"。

18，（2）因为基质（substratum）不能自身运动，事实迫使哲学家们寻求运动的根源。

27，（a）这些最早的哲学家，他们承认仅仅一种基质，没有感到这个困难。（b）有些一元主义者，尽管被这些难题击败，仍然不仅否认产生和毁灭，而且否认所有的变化。（c）唯一一位一元主义者，但对动力因加以考虑的是巴门尼德，而他这样做仅仅在一种意义上就他承认两种原因而言。

ᵇ5，（d）对于多元主义者而言，容易承认它；例如，他们把火当作运动的源泉，而把其他的元素当作被动的。

8，(e) 那样一些原因不足以产生世界：哲学家们必须再次寻求动力因，既不是质料的元素，也不是机遇能够被主张为在事物中的善（goodness）承担者。

15，(f) 与阿那克萨哥拉说在自然中呈现的理性，如同在有生命的东西中呈现的一样，作为秩序的原因。他似乎是在众多醉汉中的一位清醒的人——尽管他被说成是赫尔谟拉姆斯的先声。

20，这些思想家把理性当作在事物中的善和运动的原因。

23，人们可能怀疑首先找寻这样一个原因的人是赫西阿德（Hesiod）或巴门尼德，或者无论谁第一个把爱（love）当作一个原理。

32，(ii) 在观察世界中的恶（badness）以及善（goodness）时，恩培多克勒引入了爱和争斗（love and strife）。

985ª4，这些作为善和恶的原因必须是善本身和恶本身，所以，他是第一个人把善本身和恶本身当作原理的人。

10，这些思想家具有质料的和动力的原因，但是不恰当的一个，因为他们很少使用它们，因为

18，(i) 阿那克萨哥拉把理性充当一个解释，仅仅当他处于困难之中的时候，并且

21，(ii) 恩培多克勒并没有充分使用他的原因，也一贯的，当争斗把整体（all）分裂为它的元素时，它又组合了每个单个元素的各个部分，并且相似地，爱也分裂（诸元素）。

29，恩培多克勒是第一个引入了相反的动力原理，四个元素——尽管他把它们当作两个，火与其他的相反。

ᵇ4，留基波与德谟克利特把充实或存在，以及虚空或非存在当作质料的因素；

10，它们以三种差异产生出一切别的事物——形状、次序和位置。

19，这些思想家，像其他的人一样，忽略了解释运动的来源。这就是质料因和动力因被这些早期思想家认识到的程度。

（二）第一卷第三、四章（A.3，A.4）的解说

第三章和第四章是内容密切相联的两章。在这两章中，亚里士多德以自己的眼光追溯了前人在哲学研究中所达到的成就与不足。从方法论上说，这是一种"历史的方法"，是亚里士多德研究问题时所常用的方法。这种方法，概括起来说，可以归结为这样几句话"纵观古今，权衡得失，明前进之方向，树胜利之信心。"任何事物都有一个历史发展的过程，从历史的考察中可以吸取可贵的经验教训。这种方法就是辩证唯物主义的方法，是我们学习亚里士多德的治学方法时值得注意的极为宝贵之处。

亚里士多德在观察古希腊"前苏格拉底时期"的发展时，不是无一定立场的"发思古之悠情"，而是以他自己的哲学观点（哲学是寻求第一原因和原理的学问）和他自己已达到的事物发展的四个原因的学说（他已在以前的《物理学》中阐述了这些观点，参看《物理学》Ⅲ.3.7，即第三卷第三、七章中关于运动和变化的论述）。

亚里士多德首先分析了"原因"一词在四种意义上被述说，即：一、实体，亦即本质；二、质料；三、变化的来源；四、目的。——这就是亚里士多德分析原因时的"四因说"，以后我们还会在有关章节（例如本书第七卷等）来详细讨论它们。亚里士多德在这两章中，就是据此来考察古希腊最早的（前苏格拉底的）哲学家们对这些原因的研究成果。

这些内容我们在一般的西方哲学史教材中都可以看到，这里我们只作简要的介绍。

这些最早的哲学家们都提出了某种或某几种物质因素（质料因）来解释世界的生成。如泰勒斯提出"水"是世界的本源。其理由是：种子及其营养物都是潮湿的；神话中的众神都以水来起誓。亚里士多德还引证了神话中的说法，即神话把奥克安诺斯（Oceanus）和德蒂斯（Tethys）作为创世的双亲，奥克安诺斯就是指海洋，德蒂斯是指大地，他们被认为是世间万物的父母。这说明古代人把水看作世界的本源。

阿那克西美尼则认为：气是世界的本源，而赫拉克利特则认为火是世界

的本源。

恩培多克勒则把世界的本源说成四种元素（element），即在水、气、火之外加上土。

阿那克萨哥拉认为世界的本源是无限量的自身相同的微粒通过结合与分散，而永恒地保持着世界的面目。

他们都看到了质料的作用，但他们对于事物的运动变化（即动力因）缺乏必要的认识，或者只有粗略的认识。例如恩培多克勒提出了"友爱"与"争斗"，以及阿那克萨哥拉提出"理性"是安排世界秩序的动力，等等。

这些就是亚里士多德所看到的古希腊早期哲学家对世界本源的看法所达到的程度。他们都指出了物质因（质料因）以及模糊的动力因，而对于目的因并未涉及，对于动力因的认识仍不能令人满意。

五、第一卷第五章（A.5）的提要与解说

——毕达哥拉斯派和埃利亚派

（一）第一卷第五章（A.5）的提要

985^b23，与这些哲学家同时甚至早于他们的是毕达哥拉斯派。他们的数学训练引导他们把数学的原理认作是所有事物的原理。

26，数目就是这些之中的第一个，而且他们认为他们在数目中看到了对实际事物和事件的许多相似之处（比如公正等等，等同于数的某种变形），他们也看到了音乐也都依赖于数目；

985^a1，由此，他们把数的元素当作可变事物的元素，并且把宇宙看作一个数，他们收集数和事物之间的对应。

6，并且试图使这个对应完全，例如，他们安放一个"对地"以使达到完善的数目10。

13，我们的目的是看看他们所承认的原理是如何与我们的名单比较的。显然，他们处理数既作为事物的质料原理也作为事物的变形和状态的原理。

数的元素是偶数的，那是非限制的，其元素是奇数的，那是限制的；统一体是由这两者产生的；而数是统一体产生的，并且世界就是数。

22，其他的毕达哥拉斯派认识到十个原理，排列成两栏：

限制	无限制
奇数	偶数
一	多
右	左
静止	运动
直	曲
光明	黑暗
好	坏
四边形	长方形（oblong）

27，或者是阿尔克迈昂（Alcmaeon）从这些思想家借得或者是他们从他那里借得了多数人间的事都是成双的，但是没有一定的对子的清单。

b2，他们都一样（a）把对立作为第一原理，以及（b）把第一原理当作事物由之做成的质料。

8. 多元主义者（pluralist）的观点可以从已经说过的充分地被收集起来。

10，（2）一元主义者们的观点在优点方面和他们与自然的符合的程度方面都彼此不同。对他们的讨论，不适合于我们对原因的研究；因为他们不像有些物理学家那样，说世界是一个就意味着它是从单个的质料产生出来的；他们完全否认变化。

17，但是对于我们目前的研究指出以下各点是恰当的：巴门尼德认为那是一的是在定义上是一，麦里梭认为那是物质上的一；这些一元论中的最早一位克塞诺芬尼没有确指或者认识到这两方面的任何一个，但是他涉及宇宙，他说一就是唯一的上帝。

25，克塞诺芬尼和麦里梭也许由于太粗糙而加以放弃而不值得提起，但是巴门尼德具有更深的眼光。他宣称除了存在（existence）之外还有非存在（Nonexistence），他认为仅仅有一件事，即存在存在着（being exists）。

31，但是存在（being）跟随现象，并且主张当根据定义时仅仅一存在，根据感觉许多事物存在。他设置两个原因，热和冷，亦即火与土。他把它们与存在（being）与非存在（non-being）相联系。

987ª2，（3）第3—5章的总结。这样，我们发现（a）最早的思想家们认识到一个或多个质料的原理，（b）有些思想家也认识到一个或两个动力因。

9，早于毕达哥拉斯派的思想家关于原因说得相当含混，除了我们刚刚指出的以外。

13，毕达哥拉斯派相似地认识到两个原因，但是有这样一些特点——（i）他们把限制（Limit）（或者一）以及无限制（non-Limit）不是当作别的某些事物（如火）的特征，而是它们自身就是事物的实体（substance），对于这些事物它们是加以表述的，并且

20，（ii）他们开始定义事物；但是（a）他们潦草地这样做，而且（b）他们设定一个定义实用的第一事物就是这个定义的词项的本质（essence），正如像一个人把"倍"（double）和"二"（two）等同，因为二是倍的第一个事物。这使得一个数是许多事物的本质。

（二）第一卷第五章（A.5）的解说

亚里士多德在这一章中简要地叙述了毕达哥拉斯派和埃利亚派（Eleatics）的主张。

对于这些主张，亚里士多德说得很清楚，我们无须多说。

现在我们要把前几章及本章中陆续出现的一些专门名词，做一些解说，以便我们能深入理解亚里士多德的论述。

1. 质料：这个字在希腊文是 ὕλη，原意是"木材"，引申为"材料"。这与我国汉字的字源演变非常相似。后来再引申为构成一事物的物质因素，英文译为"matter"，中译文除译为"物质"外，还译为"质料"；但此二字含义相通，可互相替代。

2. 原因：这个字的古希腊文是 αἰτια，意为引起一物的产生或出现的东

西，它所引起的东西是结果，而原因在时间上必定是先于结果的。当我们分析一事物时，就是要认识引起它的原因，这样才能真正认识此物的本质。亚里士多德在以前这几章中，讨论了（1）质料因（造成一事物的材料），（2）动力因（此材料何以能够变成一新事物的动力），（3）目的因（目的），即一事物变化的要达到的目的。亚里士多德认为每一层级事物的变化都包含实现其变化的一定目的；世界所有变化为最终目的就是最高的善（goodness），他又把这个最高的善称为神（the God），在泛神论流行的古希腊，亚里士多德的这个最高的神（the God）开创了往一神论发展的方向。

3. 存在：在古希腊文中 Ὄν，就是 Óv，希腊文中的系词"是"，就是由这个字根演化出来的一个庞大的体系（包括人称、时态等）。在英文中译为 being，即英文系词"是"（to be）作名词用的现在分词。这个词在中文中很难有一个准确的翻译。陈康先生把它译为"是"，这倒是符合古希腊文的字源，但是在中文语法中，"是"根本就是一个连系词（如"我是人"、"它是树"，等等）很难作为一个名词而为使用中文者接受，所以，一般都把它译为"存在"。但这又出现了问题，在英文中有动词"exist"，意思也是"存在"，而它的名词形式"existant"，更接近 being 的含义，所以在英译之中，这两种表达形式 being 和 existant，几乎是可以互通的使用。但在中文中我们就没有这样的便利。所以，在使用"存在"一词时，我们要根据语境来确定其为名词或动词。

4. 定义：它在亚里士多德的逻辑学说中有着特别重要的意义。亚里士多德把定义看作揭示被定义项的本质的思想形式，它的简单的形式就是"种加属差"。如人的定义就是"两足无毛的动物"，在这里"两足，无毛"就是人的属差。

5. 实体：英文翻译为 substance，亚里士多德的这个词是指一个主体的终极性，即真正的主体。从字源上考察，它是指在一个主体之下（sub-）存在着的东西（stance），在亚里士多德的"范畴论"中，他列举了十个范畴，其中第一个就是"实体"。它是指主体，在语句中，它只能作为"主语"（subject）而不能作为表语（predicate）。它只能被别的范畴来表述，而不能表述其他范畴。如"橘子是绿色（或黄色）的"、"橘子放在桌上"而不能说"绿色的是橘子"或"放在桌子上的是橘子"。亦即肯定它是一个确定存在的东西。亚里士多德在后来的篇章中 [如第七卷（Z）] 中对此有详细的分析。

7. 基质：这是一个与实体密切联系的名词，英译为 substratum，它的意思是在下面（sub-）托起一个东西，即它用自己的质料把"实体"托起，使得"实体"得以稳固的存在。所以，它在一定意义上与"实体"相通，是实体稳固存在的质料性解释。

7. 科学：我们用"科学"一词来翻译亚里士多德著作中的古希腊文语词，这是需要用历史眼光来看待的。本义是"知识"，英语的 Science 一词是来自拉丁文的 Scio（认识）。它们都是指一个系统的认识或知识，它的含义和我们近现代的"科学"指经过"实验"证实的系统知识，这一点是一致的。所以，在我们读亚里士多德时的"科学"一词，应当理解当时的历史条件。

亚里士多德在论述毕达哥拉斯派（或称"意大利学派"，因为它流行于意大利）时特别注意了他提出了质料因和动力因，这是他们高于其他学派之处。

毕达哥拉斯和毕达哥拉斯派是古希腊哲学早期发展史上非常重要的人物和学派，对于古希腊哲学的发展产生过极大的影响。但是关于毕达哥拉斯本人却缺乏必要的资料，加以他本人又没有著作（或残篇）流传下来，只有一些他人的转述，所以给人一种朦胧和神秘的感觉。据说，他生活在约公元前580—前500年，大体与泰勒斯、阿那克西曼德和阿那克西美尼生活在同一个时代。据说希腊"史学之父"赫罗多德（Herodotus）曾把他称之为"在希腊人中最有能力的哲学家"。（参看赫罗多德 iv.95）赫拉克利特曾用轻蔑的口吻说道："人们懂得许多并不能指导智慧，否则它就会教会赫西阿德和毕达哥拉斯，以及克塞诺芬尼和赫卡特乌斯了。"（参看第欧根尼·拉尔修ixi）恩培多克勒对他充满了热情的崇敬，他说"在他们中间有一位充满庞大知识的人，他拥有了最深刻理解的财富，而且是一位最伟大的各种熟练技艺的大师"。（第欧根尼·拉尔修 viii.54）

毕达哥拉斯是萨莫斯岛人，早年曾到东方的波斯和埃及学习，后来迁移到南意大利的克罗顿活动，所以他和他的学生们被称为意大利学派。他们都是以口头交流的方式传授他的学说。他和他的追随者都没有文字的东西留下来。加之，关于毕达哥拉斯派我们能获得的资料不多，但他们关于数的理论是令人印象深刻的。本来数是事物的量的规定，对于这种数的系统的规定，把它夸大为世界的本源和根本性规律，这已经在错误道路上跨出了严重的一步。他们又把某一个数看作几种不同事物之间关系的表现则是向神秘主义方向前进了。比如他们把"二"看作代表"意见"。他们把"十"看作完善的数，为了使行星的数目成为完善的，他们硬捏造一个行星"对地"，即与地球处于相反的位置运行的行星，以凑足十个行星。这显然是荒唐的。

　　但是，毕达哥拉斯派着重研究了事物的对立的特性，并列举出十项对立物，这又是他们对于事物的对立统一规律的可贵探索。本来在这方面的探索，古希腊应当说赫拉克利特是最早的先行者，可惜亚里士多德只注意到他关于火是世界本源的看法，而完全无视赫拉克利特在这方面的贡献。与毕达哥拉斯派对于数的学说的研究相比较，在中国先秦时期的"易经"学派关于数、象之学的研究，比毕达哥拉斯派更为复杂、深入与多面。"易经"在数象的基础上引导出了关于自然现象、社会人事现象的变化的推测和预测，构成了一个庞大的体系。它用阳爻（以九为基础）和阴爻（以六为基础）排列出了"八卦"，每爻都有其代表的现象并作出解释（称为"爻辞"），然后又以八卦为基础，重叠排列，演化出了"八八六十四卦"，每卦都有解释其象征意义的"卦辞"。这是一个包罗万象的大全的解释。难怪西方的翻译把"易经"译作"Classics of Change"（变化）。顺便说一下，古希腊时代对于数的理论的一些见解：1."0"不被认为是一个数；2.它是十进位制的；3.对于数分为奇数和偶数；4.数如何构成，有不同的学说。——这些见解，除了古希腊人受到古埃及和巴比伦文明的影响外，很大一部分可能是毕达哥拉斯及其学派的贡献。

　　毕达哥拉斯对古希腊哲学以及其后的西方哲学的发展，这些在我们讨论到柏拉图的哲学时，还会联系起来加以讨论。

　　关于埃利亚学派，我们稍做一点说明。埃利亚学派也在南意大利地区（被学者们称作"大希腊"）的埃利亚发展起来的。其代表人物是克塞诺芬尼、巴门尼德（约公元前6世纪末5世纪初）和芝诺（Zeno，约公元前500年）。巴门尼德主张存在是唯一的、不变的；非存在是不存在的。他否定感性认识的真实性而夸大理性认识的作用。他说，不要"用你茫然的眼睛，轰鸣的耳朵及舌尖为准绳"，而"要用你的理智牢牢地注视那遥远的东西，一如近在眼前"。他否认感性认识的真实性，把它们看作是虚假的幻相。他的弟子芝诺是著名的反对运动变化的诡辩论者，他的著名"二分法"指出，在到达一个目标之前的时候，首先必须到达这段距离的二分之一处。同样，在到达这个二分之一距离时，又必须到达这二分之一的距离的二分之一处。为此，将时间和空间加以无限地分割，就永远无法逾越这个不断出现的二分之一的距离。据此，他提出了所谓"飞矢不动"和"阿基里斯追不上乌龟"（阿基里斯是荷马史诗中跑得最快的英雄）等命题。这就是典型地将空间与时间的间断性与连续性的矛盾统一加以绝对割裂而导致的反对运动变化的结论。他们这种绝对静止不动的学说，显然是反对德谟克利特的原子与虚空同时存在唯物主义学说和赫拉克利特的"万物皆流转"的辩证法思想的。

关于埃利亚派（是由于它流行于埃利亚），亚里士多德集中注意于巴门尼德的学说。巴门尼德认为世界是存在，也是非存在，而且非存在也是存在的。世界是不运动的，是一，而这个一就是神。但在事实上，这个世界是运动变化的，他认为这只是"现象"，而在本质上是不变的。他又设置了热和冷，即火和土，把热列为存在，把冷列为非存在。按照埃利亚派的看法，本质上世界是不变动的，而在感知上世界是变动的、多样的。他把这叫作现象。我们的问题是如何解释现象从而获得本质，这就是亚里士多德有名的命题："拯救现象"。

六、第一卷第六章（A.6）的提要与解说

（一）第一卷第六章（A.6）的提要

987^{a}29，柏拉图的系统具有某些区别于毕达哥拉斯派系统的特色。

（1）他从青年时代就熟悉克拉底鲁的赫拉克利特的学说，即感觉的事物是处于经常的流变之中并且没有关于它们的知识，这个观点他没有放弃，但是

^{b}1，（2）当苏格拉底不是从事物理的宇宙的研究，而是企图在其中发现一般并且第一次固定其注意力于定义。（柏拉图）接受了他的处理，并且认为定义必须是非感性的，因为感性的东西总是变化的。

7，这些非感性的东西他称之为"形式"（Forms）；感性的东西被称为是按照它们，并且由于分有（Participation）它们而存在。仅仅是"分有"这个名字是新的；毕达哥拉斯派已经说过事物由于"模仿"（imitation）数而存在。但是他们忽略了讨论事物对于"形式"的关系的本性。

14，进而他认为数学对象作为存在于可感物与"形式"之间的东西，与可感物的不同是永恒性和不变化，与"形式"的不同是其同样一类是多。

18，他认为"形式"的原素是所有事物的元素"大和小"（the great and small），由大和小以在一中的分有而造成的。

22，他同意毕达哥拉斯派（1）在考虑统一时是指一个实体而不是一个属性，（2）把数作为造成别的任何事物的本质的原因。他不同于他们（1）在处理不定时把它当作一个二（a dyad），它由大和小组成，（2）在处理数时把它作为与可感物相分离而存在的，（3）在处理数学对象时，把它作为一个居间的（intermediate）类。

29，一和数与事物的分离并且引入"形式"是由于他对辩证法的研究，对于辩证法，毕达哥拉斯派天真的把质料原处理为"一个二"是由于产生基源的（primany）数出于"一个二"，就好像出于一个塑料的物质一样。

988^a，然而这是与事实相矛盾的，这些思想家从物质引出繁多而使得"形式"仅仅产生一次，但是（a）仅仅一张桌子是由一块材料造成的，而一个把形式加之于它的人，尽管他是一个人，都生产出许多桌子，并且（b）妇女在与男人的一次交合中怀孕，而这个男人却使许多妇女受孕；然而这些却与物质和形式相类似。

7，这样，柏拉图仅仅使用了物质因和形式因："形式"是其他事物的形

式因，而"形式"是"一"的形式因，在两种情况下，质料都是大和小。

14，再进一步，他使得他的两个元素相应地成为善和恶的原因，正如像恩培多克勒和阿那克萨哥拉所作的一样。

（二）第一卷第六章（A.6）的解说

第六章谈到了柏拉图的哲学体系，这是亚里士多德重点地考察和批评的对象。柏拉图是在西方哲学史上创造了完备的唯心主义哲学体系的第一人。他也暴露了唯心主义（不论是主观唯心主义或客观唯心主义）的基本缺陷，即在一般和个别关系上的根本颠倒从而使一般变成了"无源之水，无本之木"。亚里士多德就从这一点下手，反复地、深入地进行了批判。这在哲学史上就是有名的"吾爱吾师，吾尤爱真理"的千古佳话。亚里士多德这位在柏拉图学园受教达十八年之久的柏拉图高徒，竟然对他的老师发起了猛烈的批判。这正如柏拉图所说：正像一头小马驹，向它的母亲尥起了"蹶子"（参见第欧根尼·拉尔修：《名哲言行录》，柏拉图卷）。

柏拉图的哲学体系，我们通常称之为"理念论"，陈康称之为"相论"。我们首先要对"理念"这个词作一番说明。柏拉图受到赫拉克利特哲学的影响（通过他的弟子或再传弟子），认为世界上的事物是变动不居的，我们接触到的都是感性的事物。它们处于变化之流中，没有稳定性，对于它们是没有知识可言的。他找出了这变动的万物背后的稳定的不变的东西，即是所谓的"形式"（Form）或"理念"（idea）。我们对世界的知识，就是只有通过认识这个"形式"或"理念"才得以获得的。

"形式"或"理念"这个字在古希腊语中就是"ιδεα"，它们都出自动词"ἡ γαρ παντων ἢ οὐδενύς"，意思是"观看"、"认识"、"知道"。在柏拉图的著作中这两个字是通而无限制的。在现在欧洲语言的文本中，有的译作 idea 者，晚近更多的学者将译作 Form。但在亚里士多德的著作中，除专指柏拉图学说时，这二者仍通用外，后者还是一般意义上的形式。中文无西方语文用大写表示某特殊含义之便利，故只得以加引号的"形式"表示其与 Idea 的通用之含义。Idea 一字的中译文争议颇多，一般译作"理念"。陈康先生及其追随者主张译为"相"，吴寿彭则主张译作"意式"（另外，还有译为"通式"）。我仍主张将它译作"理念"。这不仅因为它在中译文中已普遍被接受并流行开来，而且因为在内容上是贴切的。因为柏拉图之理念乃非指具体形象（相），而为一观念之抽象，为理论观念之表达，即柏拉图所谓"用心灵的眼睛"观看者（参见《巴门尼德》132）。并且在《蒂迈欧篇》51D 中明确地指出"自我存在的理念"不是由感觉感知的，而是只能由心灵来理解的。故在西方思想史上，idea 流传两千多年而与形象无直接关系。这并非曲解柏拉图原意，而实际为其学说之真正内容也。若一定强调字源之"观看"、"形状"之意，则反而陷于舍其本而逐其末之弊矣。至于亚里士多德用时除有与柏拉图共同处，亦有其独特处，中译文除将用引号标出的方法以提示外，未加引号者仍有普通之形式的含义，望读者注意区分。至于西方有些学者主张将二字一概译作"形式"，则有主张一概译为"相"或"式"等之同等弊端矣！

据此，我们在本节中将柏拉图的哲学称作"理念论"，而不称作"形式论"。请读者注意。

那么，这种作为真正认识的对象的"理念"是如何获得的呢？柏拉图的种种解释就暴露了他的先验主义和客观唯心主义的面目了。

他认为在我们这个世界（甚至宇宙中）本来就存在着种种"理念"。

七、第一卷第七章（A.7）的提要与解说

——早期思想家对四因的处理的摘要

（一）第一卷第七章（A.7）的提要

988[a]18，我们的考察已经表明我们的先行者已经认识到没有四个原因之外的原因，并且他们已经认识到这些，尽管是很含混的。

23，（1）有些人把第一原理描述为质料，使它是一个或多于一个，是有形体的或无形体的；例如：柏拉图、毕达哥拉斯派、恩培多克勒、阿

那克萨哥拉，以及所有把它描述为气、火、水或某种介于火与气之间的东西。

33，（2）有些人在友爱与争斗、理性或爱之中认识到运动的源泉。

34，（3）没有一个人清晰地描述过本质因（the essential cause），但是，柏拉图主义者最接近于它；它们把"形式"和"一"（one）不当作可感知的物质，并且相应的"形式"，也不是把它们作为运动的原因（他们把它描述为静止的原因），而是作为它们的本质传递给它们。

ᵇ6，（4）他们以一种方式提到终极因（final cause）但并不是像那样的。（a）那些谈到理性或爱的人把这些当作善（good），但是当作运动的源泉，而不是它的目的；并且（b）那些说"一"或"存在"（one or being）是善的人，把它当作本质的而不是终极的原因。这样，他们仅仅偶然地处理善作为一个原因。

16，这样，我们的先行者证实了我们对于原因的考察的数目和性质。接下来，让我们来讨论这些早期对它们处理而引起的问题。

（二）第一卷第七章（A.7）的解说

亚里士多德在本卷第三——六章中考察了早先的思想家们的学说。在本章中他对早期对四个原因的处理做了一个小结；然后在第八、九章中他展开了对这些思想家的处理的批评。

现在，先对于本章中频繁出现的几个名词作一点解释：

1. 本原。这个词的本义是"古老的"，然后转为始源的，即本原的意思。它也具有原理和原则的意义，我们要看这个字出现的语境来确定它的确切含义。

2. 自然这个字的英译就是 nature，在中文中就是"自然"，也指一物的自然本性。亚里士多德的一部著作就叫作"*Physics*"，中文译作"物理学"。它就是研究有形体的自然物的存在状态及其运动变化的。他的另一部著作叫作"*Metaphsus*"，直译起来就是"物理学以后诸卷书"，英译为"*Metaphysics*"，它讨论无形体的事物的存在状态及其运动变化。中文译名为《形而上学》是非常贴切的，即我们现在研究的这部著作。所谓"形而上"是指"在形体之上"即无形体的东西。《形而上学》这个译名也是十分贴切而且绝妙的。

3. 本质。这是一个复合的古希腊文，直译起来应当是"那个是它的东西"，即一事物之所以为一事物者，自从中世纪以来就译作"essence"，它与"实体"一词有密切联系。"实体"指确实存在的那个东西，而"本质"则解释一物之所以为该物的根本特性。

4. 大和小（the big and small）这是柏拉图为了解释事物的运动变化而提出的一个复合的概念，即指在多少、重轻、长短、大小诸方面的一个活动空间，他又把它称为"不定的二"。这里的"二"不是指一个数，而是相当于我们中文中的"双"。所以，"不定的二"不是一个好的中文译文，它应当译为"不定的双"，这是古希腊文的本义。我们理解柏拉图的词汇时千万注意，柏拉图把"形式"（即"理念"）看作事物的"一"（即唯一的、不变的东西），而把"二"（或"双"）看作是事物运动的源泉——这涉及我们已经讲过的第六章（A.6）及下面的第九章（A.9），请予以注意。

5. 善（goodness）。这在古希腊哲学中是伦理学中的一个重要概念，也是《形而上学》中的一个重要概念。在中译文中通常把 good 译作"好"，而这个字的正式的名词形式 goodness 则译作"善"。这表明它是一个伦理学和形而上学中的一个特别的概念。在亚里士多德看来，一切事物充分实现了它存在的目的，这个状态就叫作"善"。因此善既是目的，也是促使万物变化的推动力量，亦即动力因。而世间万事万物追求的最高目的，亦即"最高的善"就是"善本身"。这里又涉及了亚里士多德特别的神学观点，他认为"善"作为原因是必然，不是偶然的。

总之，在本章中，亚里士多德认为早期的希腊思想家对于原因的考察，没有超过他在《物理学》中提出的四个原因的范围。这既证实了亚里士多德对于原因的已有考察的正确性，又表明这些思想家的看法存在诸多不明确甚至错误的地方。

八、第一卷第八章（A.8）的提要与解说

——对早期哲学家体系的批评

（一）第一卷第八章（A.8）的提要

988^{b}22，（1）那些认识到一个物质的本源，而且是有形体的本源的人，有几个错误。(a) 他们忽略了非有形体的实体(incorporeal entity) 的存在。(b) 尽管他们试图解释生成和毁灭，但他们抛开了运动的原因。(c) 他们并没有认识到本质的原因。

29，(d) 他们无根据地使任何一种简单的物质（除了土）作为第一原理，而没有考虑简单物体怎样相互产生的。这造成在相对的优先性（priority）方面的一个巨大的差异，即是否它们是通过聚集和消散而产生的。

34，(i) 在一种方式中那从它产生出其他的是由于聚集，亦即那最精细的，将似乎是最原初的（most elementary）。那些使火成为原理的人，最符合这个论证，而且，它被这个事实所确认，即没有后来的一元主义者把土作为原理，而每一个其他元素都得到承认。

989^{a}8，然而，大多数人把土作为原初的——参看赫西阿德。

15，(ii) 但是如果在生成上在后的是在本性上在先的，而在生成上的产物及其伴生品是在后的，那么水是将后于气而土将后于水。

19，(2) 同等的困难将困扰那些承认多于一个物质原理的人。(a) 如恩培多克勒，(i) 我们看到事物彼此从一种方式中产生出来，它意味着火和土不再永恒地保持它们自身。(ii) 他处理运动的原因是单个的还是加倍的问题，既不是正确的也不是说得过去的。(iii) 那样的思想家抛弃了相互变化，因为为了冷来自热，或者相反，那就将会有一种实体会变成火和水，这是他否认的。

30，(b) 如果我们把两种因素归之于阿那克萨哥拉，我们将会公正地说明他所说的意思。他所说的所有事物原来都是混合的是荒谬的。因为（i）这意味着以前的一个没有混合的状态，(ii) 如果属性是与实体混合着的，它

们就能够与它们分离地存在。

ᵇ4，然而如果我们把他的观点连接起来，就会有某种现代的东西在其中，当没有什么事物分离出来，那么说那时存在着实体就不是真的了。

12，因为它如果有任何特殊的性质，那么某种东西就会已经分离出来，但是所有事物（除了理性）都是混合着的。

16，这样，他认识到"一"（the One）。它是简单的和未混合的，以及"其他的"（the Other），它像我们在分有一个"形式"前的"未限定者"；尽管他的语言既不是正确的也不是清楚的，他的观点最大限度地接近于后来的观点和事实。

21，（3）当这些思想家仅仅在讨论生成、毁灭和运动是在行的，那些认识到非可感知的以及可感知的东西的人，明显地研究了这两类，并且值得更加注意于摆在我们面前的研究的观点。

29，（a）毕达哥拉斯派使用比物理学家更为奇特的原理，因为他们从非感知的不变动的数学世界而采用它们。

33，然而所有他们的讨论都是关于自然界的；他们观察物质的宇宙的事实，而运用他们的原理于它们，好像他们与物理学家一致，即凡是存在的东西恰好是可感知的，尽管他们的原理更适合作用于更高种类的实在。

990ᵃ8，但是（i）如果仅仅预设限制和非限制、奇数和偶数，这里怎么能运动呢？或者没有运动，怎么会有生成、毁灭和星辰的运动呢？

12，（ii）即使如果我们同意，或者他们能证明，空间的大小是由这些原理构成的，那么重量的区别怎么解释呢？他们必须谈可感知的东西正如关于数学的对象一样；他们没有明显地说可感知的东西也许是因为他们没有什么关于它们的特别的东西可说。

29，柏拉图说不；他使得一组数是可认知的，而另一组数是可感知的。

（二）第一卷第八章（A.8）的解说

亚里士多德在本章中指出早期思想家们的观点是朴素的、直观的，包含很多的猜测和矛盾。这是人们在早期对宇宙事物探索中，难以避免的现象。

通观现在流行的《形而上学》第一卷第八至十章，与第十三卷（M）有许多重复，甚至第一卷第九章（A.9）与第十三卷第五章和第四章的一部分（M.5、M.4）几乎在文字上是一样的。所以有人（比如古典学者）假定 M、N 两卷一度是不包括在《形而上学》中的。而且《形而上学》的确有从第一卷（A）到第十二卷（L）这样一个版本。这是一个在学术界有争议的问题，我们在这里不加以讨论。以后在 M 卷和 N 卷的解说中，我们还会再讨论。

在柏拉图以前的早期思想家的错误在于：

1. 他们仅仅设置了物质性的元素，而没有对不可感知的事物的元素加以探索。（988^b25—26）

2. 他们都抛开了对运动原因的研究，即使设置了变化，也抛开了质的变化。（989^a27）

3. 他们都没有设置"实体"亦即事物的"本质"（essence）作为事物的原因。（988^b28）

4. 毕达哥拉斯派把眼光扩大到非感知的事物。他们设置了"数"作为本原。但他们的困难是永恒的不运动的"数"为何能成为可感事物的本原，特别是为何可以解释事物的运动和变化；（989^b30—990^a11）以及数与可感事物的不同联系，也是极其难以解释的。

亚里士多德对于柏拉图以前的思想家（包括毕达哥拉斯派）作了以上简要的批判，他的结论仍然是：（1）这些思想家们探索的原因并没有超出他在《物理学》中已经讨论过的四个原因；（2）他们的成功和失败，为他在他的哲学体系中，进一步探讨这些原因提供了有用的借鉴。

九、第一卷第九章（A.9）的提要与解说

——对柏拉图理念论的批判

（一）第一卷第九章（A.9）的提要

990^a33，对理念论的反对：（i）它假定理念的存在是为了解释可感知的

东西，但是在这样做时，它仅仅使被解释的事物的数目加倍了。

ᵇ8，(ii) 关于这个理论的证明，有些什么也没有证明，其他的会证明这里有所有事物的"形式"，而关于它们，我们柏拉图主义者认为这里并没有 (a) 从科学的存在将会证明这里有所有事物的"形式"，因为有关于它们的科学。(b)"一统率多"(one over manag) 的论证将会证明有否定的"形式"。(c) 从对象消失后会想到它的论证将会证明有消失了的对象的"形式"。(d) 从更为精确的论证，有的会导致相对词项的理念，其他的设置了"第三人"。

17，(iii) 一般说来，关于"形式"的论证摧毁了这个理念论学派认为比理念更重要的事物；数先于"两"(dyad)，相对先于绝对。在关于理念的不同意见中与这个理论的第一原理相冲突。

22，(iv) 根据这个理论所基于的观点，这里会有在实体之外的许多事物的"形式"（因为这里能够有其他诸事物的一个单个的概念或者一种科学）；但是根据这个理论的逻辑要求以及实际上持有的意见，如果"形式"被分有的话，这里只有仅仅实体的"形式"。

29，因为 (a) 每一个被分有的不是作为别的某种东西的一种偶性 (accident)，而是作为一种表述一个主词 [亦即不是作为任何分有加倍性 (Doubleness) 的东西分有永恒，因为加倍性是永恒的]。所以"形式"必须是实体，但是 (b) 同样的名称必定指出在可感世界的实体正如在理念世界一样，（否则把理念叫作"一统率多"是什么意思呢？）如果理念以及分有它的东西有相同的形式，那就有某种东西是共同的，例如，二的理念和特殊的二，好像有对于可消亡的二以及特殊的数学上的二一样；并且，如果它们没有相同的形式，它们就仅仅只有它们的名字是共同的，正如卡里亚斯与一座雕像二者都可以叫作"人"。

991ᵃ8，(v) 主要的问题是，究竟"形式"对于永恒的东西以及对于转瞬即逝的可感的东西有什么贡献呢？ (A) 它在它们之中不引起任何变化，(B) 它对于它们的知识没有任何贡献（因为并不存在于它们之中，它们不是它们的实体），(C) 对于它们的存在也没有贡献（如果在它们之中，它们也许可能是它们的原因），正如白色是混合于其中的"白性"(whiteness) 的原因那样；但是这个阿那克萨哥拉和欧多克索的观点是容易被否定的。

19，（vi）在任何通常的意义上，其他事物并不是由"形式"构成的；而把"形式"叫作模型（pattern）并且说其他事物分有它，不过是空洞的比喻罢了。因为（A）那是什么的东西，那是用它的眼睛对于理念起作用吗？（B）一个事物能够是或演变为像另一个东西而不用从它复制。（C）对于同一个事物这里将会有许多模型，因而将会有许多"形式"；对于一个人将会有运动的"形式"，两脚的"形式"，以及人的"形式"。（D）不仅种将会是个体的形式，而且属也将是种的"形式"，所有同一个事物将会是模型和复制品。

^{b}1，（vii）理念作为事物的实体，怎么能离开事物而存在？在《斐多篇》中，它们被说成是既是存在（being）也是变成（becomes）的原因。然而（A）即使如果"形式"存在，那分有它们的事物也不会变为存在，除非这里有一个运动的原因，并且（B）许多事物，例如，房屋，变为存在，尽管我们说这里并没有它们的"形式"，而且别的事物因为同样的原因也会变为存在。

9，（viii）如果"形式"是数，它们怎么会是原因呢？（a）如果因为事物都是其他的数，那么一组数怎么能对于其他一组数作为原因而起作用呢？事实是前者是永恒的，而后者不是，造成了没有分别了。（b）如果因为在这个世界中的事物是数的比例，如同和谐一样，显然地，它们是某种事物的比例，而数自身也将是为此，而不是真正的数。

21，（ix）一个数从许多数产生出来，但是一个"形式"怎么能从多于一个"形式"被产生出来？如果它不是从数而是从它们之中的单位产生出来，那么单位从何而来呢？如果它们都特别的是一样的，许多两难推理就会产生，而且，如果它们是不同的（既包括在一个数中的单位也包括在不同数中的单位）也会是这样；因为，它们是怎样会是不同的呢？如果它们都是不受到影响的话。

27，（x）他们必定设置另外一种数，算术与之打交道的数。以及所有所谓的居间者（intermediates）；这样，（a）从什么原理这些东西被产生出来，而且（b）为什么它们是居间者呢？

31，（xi）在不定的两（dyad）中的每一个单位必定是来自一对的两，而那是不可能的。

992ª1，（xii）当其从集合地（collectively）来把握时，是什么构成了数的单位呢？

2，（xiii）如果单位是不相似的（dissimilar），那么［正如人们不叫一般的名称物体（body），而称作火和土作为元素一样］，不同种类的单位应当被称呼；但是他们说好像"一"（One）在种类上总是一类的，在这种情况下，它产生的数将不是实体，如果有一个"一本身"（One itself）而这是一个原理，那么"一"就会有多于一个的意义。

10，（xiv）我们从长和短引出长度，从宽和窄引出面，从深和浅引出体，但是（a）这些原理在产生上是不同的，面怎么会包含一条线或者体（solid）包含一个面呢？宽并不是深的一个种，因为那样的话，一个体将会是一种面了。

19，（b）包含在线中的点从什么被引出来？柏拉图反对点作为一个几何的教条，而使用"线的原理"的名称（一个他经常设置的东西）于"不可分割的线"。然而，它必须有一个限制，所以，这个设立线的论证设立了点。

24，（xv）一般说来，尽管哲学寻求可感知现象的原因，但我们抛弃了这个寻求（因为我们对作用因没有说任何东西）。而是称呼另外的实体而没有表明它们怎么能是这些的实体；分有是乌有之物（nothing）。

29，（xvi）对于理性和自然都指向的目的因（final cause），"形式"什么也没有作，数学代替了哲学，尽管据说我们应当为了其他事物的原因而研究它。

ᵇ1，（xvii）关于在下面的实体（the underlying substance）也是被数学地陈述；（a）大和小表述物质更胜于物质；它们回答自然学家的稀少和紧密（rare and close）。

（b）如果这些是运动，那么"形式"将会被运动；如果它们不是，那么，运动从何而来？这个理论对于自然是致命性的（fatal）。

9，（xviii）他们并没有证明所有事物是一；即使，我们同意宇宙是一个种（它有时是不能是的），他们仅仅建立了一个分离的"一本身"的存在。

13，（xix）它不能被陈述怎样是"事物追随数"——线、面、体——存在或者能够存在，或者它们有什么的功能；它们既不能是"形式"，也不是"中介体"，也不能是可消亡的，而必定是形成一个第四类的东西。

18，（xx）追寻所有存在事物的元素，而不是区分"存在"的不同的各种意义，那是荒谬的；仅仅是实体的元素能够被发现。

24，（xxi）如果我们要寻求所有事物的元素，我们就不能在以前知道任何事物，正如学习几何学的人在以前不知道几何学一样，但是所有学习，不论是运用演绎，或者定义，或者归纳，都包含着以前的知识，我们也不能有这门最高的知识一起而不知道它。

993ª2，（xxii）正如可以争论是否是一个复合物或是一个不同的声音，所以可以争论存在的元素。

7，（xxiii），如果所有事物的元素都是一样的话，我们应当知道甚至那些我们并没有知觉到的可感知的事物，而这是不可能的。

（二）第一卷第九章（A.9）的解说

这一章是第一卷中内容最复杂的一章，这不仅因为柏拉图的理念论以及他受到毕达哥拉斯派的影响而提出的理念与数的关系等问题，本身就极为复杂，而且柏拉图本人对这些问题的看法在不同阶段也有所变化，而且他的叙述也不是很清晰的、很一贯的；也因为亚里士多德对它的批评是极为苛刻的，甚至可以说是"吹毛求疵"的。

但是，亚里士多德提出的批评又不仅是指柏拉图本人的看法，也泛指一些柏拉图派人士的看法，这就更增加了亚里士多德批评的复杂性，以致有的地方十分费解，我们不可能把亚里士多德指责的每一细节都搞得十分清楚，而要从总体上来把握，特别是集中注意他的批评的根本性的论证。

首先，我们对于柏拉图的理念论的基本思想及其不同时期的变化，做一番考察。

1. 究竟有哪些种类的理念

这在柏拉图的思想发展中是有变化的，这代表了他对这个理论的认识的深入与探索中的犹豫。

在最初的时候，他接受了苏格拉底追求事物的定义，亦即寻求事物的本质的学说的影响，认为一事物的本质即同类事物中所包含的一般与普遍性，所以在每种同名的事物中都有其包含的普遍性，他把这个"普遍性"叫作"ἰδέα"或"εἰδός"，即"形式"或"理念"。这样凡是普遍名词都表示有一个共同的"理念"，如树。这样，就有以下几种理念。（1）苏格拉底讨论的那些伦理、艺术的概念。如"真"、"善"、"美"、"恶"、"勇敢"、"怯懦"，等等。（2）自然物的概念：如人、马、石头等。（3）由数量关系引出的理念：如大和小、高和矮、多和少等等。（4）最普遍的，即范畴意义上的理念：如存在和非存在、动和静、同和异、绝对和相对等等。（5）人造物：如房子、凳子、床、桌子等等。（6）对于数学还发展出了"理念数"的理论。

由于理念的上述分类所指的标准不同，所以有时在柏拉图的理念中以及在柏拉图的追随者中，都有过分歧。

比如从本体论出发，关系是没有独立的实体存在的，它只是实体间的关系，所以关系的理念是否成立，就有争论。又如，如果从价值论出发，那么自然物中的一些卑微的东西，如污泥、秽物等等是否有其理念，就有争论。又如，从"原型"与"模仿"来分析，那么人造物是否有理念也有争论，有人提出只看到桌子和杯子，都看不到"桌性"和"杯性"——这些争论都与以什么标准来划分理念有关。

2. 理念的性质问题

（1）唯一性：根据"一统率多"的原则，理念具有唯一性，即一类事物只有唯一的一个理念，桌子有无数张，但桌子的理念只有一个。

（2）客观性：对于柏拉图把现实世界和理念世界二分化并加以对立，所以认为理念是客观存在的，感性世界的事物不过是"分有"或"摹仿"了理念才得以存在。

（3）绝对性：感性世界中的事物，都是不完善的、相对的，而理念世界的理念则是有绝对性，如美的理念，就是绝对的美。

（4）理念具有分离性：由此，必然得出感性世界中的"事物"与理性世界中的"理念"，必然是分离的。这是理念论的致命的弱点。那些提出"距离说"、"追赶说"来反对"分离说"的理论和论证都是没有说服力的。

3. 理念的来源

柏拉图的理念论作为一种客观唯心主义的体系，在解释理念的来源问题时，必然陷入先验论，而且实际上的确是先验论的最粗鄙的形式："灵魂回忆说"。根据柏拉图在《斐多篇》中的解释，人的灵魂在出生之前就"居住在……理念的世界"中，因而拥有了"理念的知识"；只是在人出生之时，灵魂受到身体的"禁锢"，因而完全"忘记"了理念。只有那些能摆脱这个"禁锢"的高尚的"热爱智慧"的灵魂，能生动地从接触到的感性世界中的事物慢慢"回忆"起以前拥有的"理念"，我们又才能获得关于"理念的知识"。这就是"学习就是回忆"（《斐多篇》76A）这个的命题含义。由此导出了更加荒唐的结论：人生就是摆脱肉体的"死亡的练习"，而真正献身于哲学的人，实际上就是在自愿地为死亡作准备。（《斐多篇》64A）

4. 亚里士多德对柏拉图理念论的辛辣的批判

罗斯在分析亚里士多德的批评时，罗列了23项（见"A.9提要"中的i、ii……xxiii）。亚里士多德的这些批评意见的提出，是一种"信马由缰"式地想到哪就说到哪的一点点的罗列。可见这种方式不是他精心琢磨之后的严密论证，只是就柏拉图的言论的发展以及学园中柏拉图派人士的种种意见（有些当然是互相矛盾的），一一道来。所以，我们现在读起来，有些地方就十分费解。这就要求我们要分析亚里士多德批评柏拉图理念论的基本点在那里，它的要害是什么，而有些问题则是枝节性的。这样我们才能全面领会亚里士多德批评的重大历史意义和基本理论根据。

据此，（1）否定的理念是存在的。柏拉图本人是承认"否定的理念"的。但学园中的"柏拉图的学生们"（号称"柏拉图派"或"柏拉图主义者"）却对此有争论，有主张有的，有反对有的，亚里士多德这是就针对否定的人而发的，提出他们违反了基本的原理。

（2）可消灭事物的"形式"。主张有的人，根据的是"因为我们有关于它们的意象"（990ᵇ15）。就是说某事物虽然消灭了，如大火烧毁了一座房子，但我们头脑中对于该房子的"形象"仍然存在，关于这座房子的图画，仍然存在，所以，也应该有可消灭事物的"形式"。

（3）为了精确的论证，有些导出了关系的理念。（980ᵃ15—16）

否定"关系的理念"的人，所持的理由是，关系不是独立的实体，而是"实体"之间的关系，它不是独立的事物。柏拉图本人是承认有关系的理念的，他曾经讨论过"大于"、"等于"、"小于"等关系，认为这种关系是客观存在的，因此也应有它们的理念。

（4）另一些则引出"第三人"。（990ᵇ17）

亚里士多德在这里没有细说，只是简单地说：另一些则引出了"第三人"。这个问题柏拉图在《巴门尼德篇》中有详细的说明，可参看（132A，B，C—133A）。

从这里可以看到，当时学园中的人们思想上的混乱，他们把（第一个"人"）与具体的个人来作比较，再抽象出它们之间的共性（或一般）即所谓一个新的更高一级的"人"的理念，即所谓的"第三人"。按照这种方法，可以进一步，推演出了"第四人"、"第五人"，这就形成了一个所谓的"无穷的后退。"

这里的关键是，他们把"抽象的共性"与"个别具体事物"相混同，把"共性"也看作一种"具体事物"，因此可以从中再抽出高一级的共性（即第三人，以及"第四人"等）。这显然是一种幼稚的混淆。

5. 亚里士多德进一步指出，柏拉图理念论中的不同观点之间的不协调而引出种种错的结论

比如，他指出会得出："相对的先于绝对的"。柏拉图派认为理念是绝对的，感性事物是相对的，所以理念在先，因此"绝对的应当先于相对的"。但是在柏拉图关于数的理论，又提出分为奇数和偶数，指出数的产生要依赖于不定的一（dyad），数的序列要由不定的原理产生出来，即不是数，又即

不定的，3 由不定的 2，加上 1，4 由 2 乘 2，5 由 2 加 3（3 已经产生出来），4 由 2 加 2，等等，这是柏拉图的数的理论的内容之一。

但此外柏拉图派又认为"奇数"具有"形式"的性质，"偶数"具有质料的性质，而且，柏拉图派又认为，形式先于质料，但是"不定的二"为一偶数，所以，它具有"质料"的性质，但在数的序列的产生上，它却是在先的，第一位的。

这样就出现了"相对的先于绝对的"结论了。这显然与柏拉图派的基本观点处于矛盾的状态了。

6. 亚里士多德指出："对于'形式'的论证摧毁了事物，而我们对于事物的存在的关注更甚于对于理念存在的关注"（990^{b}18—19）

亚里士多德指出，我们关注感性世界中的事物的存在，这些事物都是确确实实存在的"实体"（即独立存在的真实的事物），而如果说它由有"分有"理念而存在，那么，理念本身就应当是一种实体，因为只有原本才可以被分有，这种实体是被表述的对象而它不能用以表述别的东西（如属性、形状、关系等）。

这就是亚里士多德的"实体学说"，即他列出的"十范畴"之首，实体；其他九个范畴，如形状、颜色、大小、主动、被动等，都是用来表述这个"实体"的，"实体"是"这个"（this）而不是"那样的"（such），其他九个范畴才是"那样的"，它们是用来表述"实体"的。因此，感性世界中的"实体"如果要因为"分有"理念中的实体（即理念）而得以存在的话，那么这个"理念"本身就必须是"实体"。所以，如果把"卡里亚"（一个真实的人）和一个木偶都叫作"人"的话，那么，这个"人"就不过是一个"语词"而已，因为"卡里亚"和"木偶"并未分有作为"人"的理念所具有的实体。

但在柏拉图的体系中对于"理念"的讨论是与具体事物相分离的，而这就是这个理念论的根本问题之所在，这就是亚里士多德批评柏拉图的理念论的根本点。他从头到尾、自始至终都紧紧把握这个要害。这是我们理解亚里士多德对柏拉图理念论的批判的最要紧之处。有一些学者在亚里士多德不同时期，某些用词的变化而提出亚里士多德批评的是柏拉图的理念与现实感性

世界的事物有差距（即所谓"距离说"）而不承认"分离说"。这是完全没有
说服力的，与亚里士多德的通篇的批判的出发点完全是不相容的。这一点要
请读者给予必要的注意，我们以下在第七卷中，对亚里士多德的"实体"学
说还会有详尽的讨论。

由于柏拉图的理念是与感性世界的事物分离地存在的，所以，亚里士多
德进一步指出所谓"分有"理念不能是事物的运动和变化的原因，因为"理
念"是绝对静止的，而一个绝对静止的东西怎么会引起事物的运动和变化呢？
进一步说，它们一点也无助于我们认识其他事物（因为如果是的话，它们就
会是存于这些事物之中），如果它们不在分有它们的那些特殊事物之中的话。
（991ᵃ12—14）

但是，接下来的亚里士多德的一段话，则令人十分难解。在 991ᵃ14—
15 中他说，尽管如果假定它们是在其中的话，它们可以被认为是原因，就
像"白"已进入有的事物的构成之中而引起该白色事物的白性。"这个最先
由阿那克萨哥拉，其后又由欧多克索及其他人使用的这个论证，是非常容
易坍塌的；因为并不难于收集到许多这样一种看法的不可克服的反对意见。"
（991ᵃ14—19）

亚里士多德并没有详细讲"这个论证"为什么"是非常容易坍塌的"，
又有哪些不可克服的反对意见。所以，是很费解的。关于这一点可以参看
A9 中关于阿那克萨哥拉的论述。（989ᵃ30—989ᵇ20）

7. 亚里士多德对于"模仿"说的批判

亚里士多德指出："说它们是模式（patterns）而其他事物分有它，这不
过是空话和诗的比喻而已。"（991ᵃ21—22）

因为，"任何事物或者是像或者变得像另一个事物，无须从它加以复
制。"（991ᵃ24）而且，同一个事物会有几个模式因而有几个形式。例如，"动
物"和"有两足的"以及"人本身"都将是人的"形式"。还有"形式"不
仅是可感觉的事物的模式，而且也是"形式"本身的"形式"，亦即种，作
为不同的属的种的模式，因此，同一个事物就将是模式，同时又是复制品。
（991ᵃ28—991ᵇ2）

　　总之，在叙述了上述的理由和反驳后，亚里士多德最后还是回到了最根本的问题："分离"论。他指出："实体和具有该实体的东西分离地存在着，这好像是不可能的；因此，理念怎么能够作为事物的实体而分离地存在呢？"（991^{b}1—2）

　　以下在 991—992 中，亚里士多德又提出柏拉图的"理念"数的理论，并给予分析批判。鉴于这一主题，将在《形而上学》第十三卷和第十四卷中展开作详尽的讨论，这个问题在这里就暂时不加以讨论，以免重复。

　　最后，亚里士多德用总结本章的语气说："一般说来，尽管智慧寻求可感知事物的原因，我们却忽视了这个问题（因为对于变化得以开始的原因，我们什么也没有说），但是我们想象我们是在陈述可感知事物的实体时，我们却断定了另一类实体的存在，而我们关于把它们作为可感知的事物的实体存在的方式的讨论则是空谈，因为如我们前面说过的。'分有'意味着什么都不是。"（992^{a}24—29）

　　请注意他在这里用了许多个"我们"。这表明他在这个时候还是以一个"柏拉图主义者"或"柏拉图的追随者"自居的；而在后面第十三卷和第十四卷里"我们"则改成了"他们"。这表明亚里士多德已经不把自己作为一个"柏拉图主义者"了，他以一个对于这个学派的批判者来发表他的批判了。

　　在 A.9 的最后部分，从 992^{b}29—993^{a}30，亚里士多德针对柏拉图派"理念数"理论以及理念论的认识论问题，提出了简洁而颇有幽默意味的批判。他指出：

　　（1）对于现在的有些人，哲学成了数学，尽管，他们承认数学是为了别的目的而加以研究的。（992^{a}33—34）

　　（2）他指出根据柏拉图派主张的理念是人生而具有的先验的认识论，他说，"我们怎么能够知道所有的事物的元素呢？很明显，没有什么预先具有的在先的知识。因为当一个人学几何学的时候，尽管他在以前可能知道其他的事情，但不知道这门知识处理的任何事情，而这些正是他要学习的；在所有其他的情况下也是如此。"（992^{b}25—29）这就是说，在学习一门新的知识的时候，是不可能已经拥有这门知识了。否则，还要学习它干什么呢？亚里士多德指出："如果有一门关于所有事物的知识，如像有的人断定其存在那样"，这是不可能的。他说："所有学问都借助于前提，它们或者全部或者一些都是我们以前知道了的——这不论用证明的方法还是用定义的方法来进行学习都是如此，因为定义的因素必定是以前已知道的并且是熟悉的；用归纳的方法，来学习其进程也是相似的。"（992^{b}29—35）这就是说，我们必须从个别的事实引出一些普遍的知识，再用定义或证明的方法由已知的命题推导出新的命题，而这新的命题正是我们要寻求的新的知识，除此之外，不可能有先天具有、与生俱来的能够验证的知识。

（3）在以上论述的基础上，亚里士多德得出了有力的对柏拉图派的先验论的讽刺和嘲笑。他说："如果这门知识确实是内在（于我们）的，那么我们竟然不察觉我们拥有这门最伟大的知识，就是奇怪的了。"（993^{a}1—2）

柏拉图把"哲学"称之为"辩证法"，认为"辩证法"是包罗万象的先天存在的体系，是内在于人的灵魂之中的。这当然是一种极端神秘主义的唯心主义观点。与亚里士多德重视从感性事物出发，逐步发展出人的思想的复杂过程的唯物主义的认识论是完全对立的。在第一卷结束时，也就是对柏拉图的理念论和理念数理论详尽的批判的结束处，亚里士多德用这样一种幽默的讽刺做了一个十分有趣的总结。

十、第一卷第十章（A.10）的提要与解说

（一）第一卷第十章（A.10）的提要

993^{a}11，这样所有的早期思想家都在寻求我们的四个原因而并没有其他的原因，但是他们都只是粗略地认识它们，正如自然地它还处于哲学的童年时期。

17. 例如，恩培多克勒说骨头由于其元素的比例而存在，亦即由于它的本质。但是，骨、肉和别的任何东西也将是它的元素的比例，因它由于这个而存在，而不是由于它的质料、火、土等等。这是包含在他所说的话中的一

个后果。

24. 接下来我们必须考察关于四个原因可能出现的诸多困难；这样我们将会能比较好地处理其他的困难。

（二）第一卷第十章（A.10）的解说

这一章（A.10）在第一卷中的地位，显然由于其分量较少而显得单薄，所以，罗斯在分析整个第一卷的内容和逻辑结构时，把它指定为"后记"。这个分析应当说是恰当的。就整章的内容看，它只指明了以下三点：

1. 早期哲学家对原因的探索，只限于亚里士多德在《物理学》中已指出的四种原因（质料、形式、目的、动力）"而没有其他"，也就是说，并没有提出超出亚里士多德已经指出的范围之外的原因。

2. 他们的探索是"简略的"，这是因为他们还处于"哲学的童年时期"。

3. 下一步我们将探讨关于四种原因可能会出现的困难从而使我们能更好地处理其他困难。

这些内容符合亚里士多德第一卷前九章中关于他以前的希腊哲学发展的情况及他对于它的评价与批判（特别是在第八、第九两章中对毕达哥拉斯派及柏拉图派的比较详尽的批判）之后，所作的一个阶段性的小结。

至于他所提出探讨的那些"困难"问题，大体说来，可能就是亚里士多德在《形而上学》第三卷（B）中提出的诸多"哲学应该加以讨论的问题"。从这一点看第一卷（A）与第三卷（B）是直接相互联系的。这就提出了第二卷（a）的内容和地位的问题。从标题的写法上看，它不用大写的希腊字母，而用小写的A，即a，表明编者（注意：编者不是亚里士多德本人，而是公元二世纪时的亚里士多德学派中人（此点参看本书"导论"中相关论述）。认为在内容上，它属于本章论述的开篇性的著作，但又与第一卷缺乏直接联系，所以就用"a卷"的标题，把它插在了第一卷（A）和第三卷（B）之间，这也不失为一种较好的处理办法。这一点，我们在关于"a卷"的解说中再来论述。

第二卷（a）

一、第二卷第一章（a.1）的提要与解说

——关于哲学研究的一般考虑

（一）第二卷第一章（a.1）的提要

993ᵃ30，对真理的研究是困难的，在于没有人能精确地达到他想达到的那个部分；这个研究又是容易的，在于它的目标太大了而不会完全地被迷失掉。每一位思想家新得到的那些小的成果加在一起就会形成一个可观的整体。

ᵇ7，再说，困难并不在于事实上，而是在于我们的理智中，它被对象的光辉而眩晕了。

11，我们不仅必须感激那些我们将接纳其意见的人，也要感激那些早期思想家们，他们的表面空乏的观点是我们的心灵在思考时的必要的实践。

19，哲学被正确地称之为关于真理的知识（参看 ᵃ30，ᵇ19），因为理论知识的目的就是真理，而那实际的知识的目的是行动（action）；如果后者研究真理，那它不是永恒的真理，而是对于对象来说是暂时的和相对的真理。

23，现在，我们不能抛开原因而认识真理，那给予其他事物某种性质的，它本身就在更高程度上具有那种性质。所以，那使其他的事物是真的，它本身就是最真的并且是所有真理的源泉；这样，那最具有存在的东西具有最高的真理。

（二）第二卷第一章（a.1）的解说

《形而上学》第二卷是分量最少内容最单薄的一卷。从它的编号为"a"（即第一个希腊字母的小写，其他各卷都用的大写字母），显然是"编纂者"有鉴于此，而表现出的踌躇、迟疑的态度。从内容上看，它属于关于讨论哲学这个总的问题的一个导论性的部分，因此与第一卷相近，但它的内容和分量又太少，似乎又不足以够一卷的分量，所以，编纂者用一个"a"来命名

这一卷，并把它放在 A 卷之后，及专门讨论哲学应研究和讨论那些问题（即 B 卷的内容）之前，也许它的存放的顺序本来就是如此，也许是亚里士多德的手稿中一部分未展开的导论性著述。关于这一点，我们在理解这一卷时，是要首先明确的。

值得注意的是，亚里士多德在这一卷中，明确地提出了哲学是研究真理的学问，是真理的知识。这一命题，同时与之相联系地涉及了绝对真理，即真理的全部，亦即真理的绝对性；以及相对的真理，即真理的一部分或有待深化的真理，亦即真理的相对性的问题。他指出要获得真理甚至全部真理是困难的，但是要获得其一个或某一部分真理则是容易的。所有人认识到的真理的总和就奠定了真理的绝对性质。这个思想虽然在这里并未充分展开来论述，但它的思想的闪光是十分可贵的。

在这一章中，亚里士多德又重申了他在 A 卷中的观点，即我们不仅应当感激那些给了我们重要思想成果的早期思想家，也要感激那些仅仅提出了一些肤浅观点的早期思想家（参看 A 卷），因为他们给我们提供了经验教训，使我们可以免于探索中的失误。这是一种真正的"历史主义"的观点和方法，是亚里士多德治学中的极其宝贵的思想。

在这一章中，亚里士多德提到了"真理"（truth）和"真的"（true）两个字，有的研究者就认为亚里士多德在这里强调的是真理作为"认识论"中的"真理"而不是逻辑意义上说的"真的"。我认为这个说法是片面的，错误的，因为他们认为"真理"必定是"真的"，而有的"真的"不一定是"真理"，比如人有两个眼睛当然是"真的"，但它似乎够不上称作"真理"。这似乎是以"价值"来评价"真理"。实则，"真理"就是其存在状态是"真的"。这是亚里士多德界定"真理"的一个原则。他说过，如果苏格拉底在走着，你说"苏格拉底走着"是真的，它也就是一个"真理"。但是，现在苏格拉底坐着，你还说"苏格拉底走着"，那就不是"真的"，因此也不是一个"真理"，而是"谬误"了。总之，把"真理"和"真的"截然分开，是不正确的。

亚里士多德还重申了在 A 卷中关于理论知识和实践知识所区分，这一点在思想中，这两卷也是相通的。

亚里士多德还重申在 A 卷反复讨论过的，认识真理（亦即获得知识）就是获得事物的原因的知识，我们不能抛弃原因，来谈论知识和认识事物。

二、第二卷第二章（a.2）的提要与解说

—— （1）原因的无限链条的不可能性以及（2）原因的种类的无限变化的不可能性

（一）第二卷第二章（a.2）的提要

994^{a}1，事物的新原因，并不（1）形成一个无限的链条，（2）也不能呈现为一个无限数量的种类（1）（a）物质的、作用的、目的的和形式的等原因都有一个系列，它们在向上的方向上都不是无限的。

19，（b）在向下的方向也不是一个无限的链条，"A 来自 B"（如果我们排除仅仅是暂时的相续的）或者 [(i) 正如一个人来自一个婴儿，或者 (ii) 正如气来自于水]。

25，是已经发展了来自正在发展的，正在发展的是在非存在和存在之间的一个中词（middle term）；说那位博学的人来自那位正在学习的人的意思是那位正在学习的人正在变成一位博学的人（savant）。(ii) 另一方面包含着 A 来自于 B 的毁灭。

31，因此进程 (i) 是不可返回的，但是 (ii) 是可以的。在这两种情况中，这个系列都不能是无限的，包含在 (i) 中的中词蕴含着一个尾词（last term），而在 (ii) 中的两个词彼此互换为对方，每一个的毁灭就是另一个的生成。

^{b}6，（回到向上的方向）原初的质料因（the primematerial cause），作为是永恒的，不能被那样毁灭掉。因为生成在向上的方向不是无限的，（它预设了一个永恒的原因，但是）一个由于它自己被毁灭而产生动力的原因不是永恒的。

9，因为终极原因由于它自己被毁灭的，终极因（final cause）是不是为

了别的任何东西的缘故的东西，那些设置一个无限系列的人正在摧毁善的本性（very nature of the good），而抛弃了理性（reason）；因为理性总是为了一个是有限度的目的而起作用的。

16，形式因不能是对于另一个表现更充分的定义无穷后退，因为（i）在这样一个系列中的早先的定义是比后来的定义更为充分的定义。

20，说它能够，就是抛弃了知识；它蕴含着直到我们达到包含在定义中的不能分析的语词时，我们不能认识。我们不能认识一个无限的系列；这个情况不像一条线，它是可以无限地划分的，但是只能够在停止这个划分的进程时，它能够被理解，整条线必须被我们之中的某种东西理解，即它不从一个部分移动到另一个部分。没有东西能够是无限的，而且无论如何无限性的概念不能被分析到导致无限。

27，（2）如果原因的种类是无限的，知识同样地将是不可能的；因为知道一个事物就是知道它的原因，但是那无限地可以增添的东西是不能在有限的时间内被思想所穿越的。

（二）第二卷第二章（a.2）的解说

亚里士多德在这一章中探讨了（1）原因的系列在向上或向下的方向上都"不能是无限的"。（2）在原因的种类上也不能是无限的这样两个问题；而重点是在第（1）点上面。

严格说来，亚里士多德在这方面的论述是不精确的。他通篇的讨论都有一个隐含的前提，即"在我们当前进行对一个事物的认识时"。如果抛开这个前提条件，他的论述就是难以理解的。

在自然界中，事物的运动变化是绝对的，这就是赫拉克利特提出的："事物都处于流变之中"的所指。在这种自然状态中，事物因果变化无论"从向上的方向看"（即回溯运动变化的过程）或"从向下的方向看"（随着运动变化的过程），这个因果系列都是无穷的，没有终止的。

但是，从我们个人或人群进行对外界事物的观察从而获得知识来看，这个"系列"或"过程"又"不能是无限的"，即我们必须截取这个"变动之流"的一个节点或一个片短，作为我们观察认识的客观根据，从而"由浅入深，由表及里"地获得对外界客观事物的认识。因此，我们就可以说，事物的因果系列"不能"是无限的；因为，我们不能够在一个时间的节点上掌握和认识无限的事物。

从这个意义上来理解亚里士多德在这一章中的论述，我们可以完整地理解和把握他的含义。正是亚里士多德自己举例所说明的：一个线段当然是可以无限地分割的，但是如果我们要认识这个线段我们就必须把这种分割的无限可能性限制在一定的范围内（即某一个分割的节点上），只有这样我们才能度量和认识这个线段的长度以及如何对这个线段加以利用。否则，就无法度量和认识、利用这个线段。

我们还可以举另外的例子来说明，比如说有一棵树在大自然环境中生长，它历经风霜雨露，也可能生长成一棵参天的大树（像北京中山公园中的郁郁葱葱的古松柏一样，历经数百年之久而仍然茁壮），也可能像大兴安岭中某次火灾中被焚毁的某棵红松被烧成了灰烬，这种的因果变化都是有无限可能的。但当我们要认识它们时，必须停止在某个时间节点上，如我们某天到北京中山公园散步时，就欣赏到了挺拔的古松柏，或者当某个救火队员在扑灭大兴安岭的某次山火时，只见到已烧成灰烬的原来某棵红松。在这种情况下，我们都是截取了无限变化中的某个片断，才使得我们的认识成为可能。

值得注意的是，亚里士多德在考察因果变化系列的无限和有限问题时，他仍然采用他的四因（质料、动力、目的、形式或本质）的划分法。其实自然中的因果关系是极其复杂的，我们当然也可以从另外的标准来划分这些因果变化系列。

第（2）点，亚里士多德指出，原因在种类上也不能是无限的。这个问题和第（1）点相似，我们也可以同样地用分析第（1）点的方法来分析理解。

原则上，我们对原因的种类，也可以根据不同的划分标准来加以划分，可以说，这也是可以无限地划分的。但是从我们认识的实际进展来说，我们只能以有限的种类作为观察的立足点，否则，我们要获得可靠的认识就是不可能的。

总之，我们在分析因果关系时，必须有一个节点，或一个片断，因此就是一个"第一原因"及其"后果"，即使这中间还有许多"中间环节"，在到达最后的"结果"之前，这些"中间环节"都不过是"中介"而已，关键是第一个原因和最后的结果。

三、第二卷第三章（a.3）的提要与解说

——不同的方法适合于不同的研究

（一）第二卷第三章（a.3）的提要

994ᵇ32，我们对于讲课的态度取决于我们的习惯；对于不熟悉的似乎是不可理解的。习惯的力量由规律来表现，在这些规律中，神秘的因素以习惯的力量压倒了我们关于它们幼稚的知识。

995ᵃ6，有的人要求数学的证明，有的要求举例，有的要求诗人的权威，有的人要求精确地处理每一个地方，有的人则对此感到痛苦，因为这或者是由于他们不能跟得上它，或者是他们认为它是粗鄙的。在我们开始实际的研究之前，关于我们期望的方法，我们应当被教导；我们不能同时研究两门如此困难的事情。

14，数学的精确性仅仅对于非物质对象的研究是所期望的，而因此不适用于自然哲学。如果我们首先问本性是什么，我们都会看到自然哲学是关于什么的。

（二）第二卷第三章（a.3）的解说

在这一短短的章节中，亚里士多德究竟想要说什么问题，以及亚里士多德所持的理论观点是什么，都是极为不清楚的。所以，不少注释家就犯了一个大的错误，他们在字里行间摸索、猜测，从而提出了一些解释。比如罗斯先生在这一章提出前面解释："不同的方法适合于不同的研究"就是一个典

型。这就是所谓的解释过多的错误，也就是说超出了原作者的语句所表达的意思，把不属于原作者的思想强加在原作者的头上，这与另一种相反的错误"解释过少"相比，应当说是更大的错误。"解释过少"只不过是对于应加以普遍阐发的原作者的理论观点，忽略了或由于未能领会而弃之不顾，这当然是不对的、错误的，但"解释过多"则属于过多的臆想和猜测作出了不正确的解释。这对于原作者的思想及理论观点是一种误导，显然其错误和危害就更大。对于这一点，我们在学习前人的经典著作时，一定要特别注意，以免曲解前人的思想。

这一章的文字，在字面上有些是容易理解的，比如说听讲者以自己习惯方式来接受和理解讲课人的讲演。但有些是不清楚的，比如，何以规律也趋于神话和习惯，究竟何所指？又如，为什么说数学的精确性仅仅适合于直接的对象，而不适合于自然哲学？这里的自然哲学是指什么？直接的对象的意思是什么——这些都可以作出自己的解释，但不一定是亚里士多德的原意，因为他说得太简单，无法比较。我们就可以放过它，而不必"深究"；因为"无法"深究，不"深究"也不妨碍我们继续阅读本书的其他论述。我把这叫作"适可而止"的实事求是态度。

总的来说，这一章内容简单，论述不清晰，在本书中的这一不重要的"卷"中，又属于不重要的"章"。足见编纂此书的古人可是煞费了一番功夫，颇有"立此存照"的意思。

第三卷（B）

一、第三卷第一章（B.1）的提要与解说

——《形而上学》主要问题简述

（一）第三卷第一章（B.1）的提要

995ª24，我们必须首先列举要加以讨论的诸问题。

对诸问题的一个预先的讨论是有益的，（1）一个问题就像是一个骨架，直到我们理解它的本性时，我们不能放开它。（2）一个未曾讨论其困难的学生是不知道他应当移动的方向，甚至他也不知道他是否发现什么是他所探寻的。（3）一个人听到过他满意的论证就最能在它们之间作出判断。

ᵇ4，这些问题：（1）认识诸多原因是一门科学的任务吗？

6，（2）那研究实体的第一原理（first principles）的科学应当也研究证明的第一原理吗？

（3）是一门科学研究所有的实体吗？如果是多于一门的话，它们全部都是相似的吗，或者仅仅是它们中的一些是被称为是智慧的形式（forms of wisdom）？

13，（4）有非感性的实体吗？如果有，它们是多于一种吗？例如，形式和数学对象？

18，（5）这个研究仅仅是实体的研究，或者也是它们的本质属性的研究，研究相同和相异、相似与不相似以及其他的辩证讨论的论题，以及它们的本质属性，是谁的任务？

27，（6）类（classes）或者是组成部分（constituent parts）是事物的第一原理吗？

29，（7）如果类是最接近于表述个体的最低的属（infina especies）或最高的种有更多的原理的本性，并且是分离地存在的实体吗？

31，（8）尤其是，有与质料相分离的原因吗？它具有分离地存在吗？它是一个呢还是多于一个？有与具体事物相分离的任何东西吗？有一些具体的

整体有分离的存在形式而另一些却没有，如果是这样的话，哪些有它们？

996ᵃ1，（9）诸原理，不论是形式的或质料的，在数目上或种类上都是有限的。

（10）可消亡的与不可消亡事物的原理是一样的吗？它们全部是不可消亡的还是只有前者是可消亡的？

4，（11）最困难的问题：统一和存在是实体还是属性？

9，（12）原理是普遍的还是个别的？

10，（13）它们是潜在地（potentially）还是现实地（actually）存在的？它们的潜在性（potentiality）或现实性（actuality）包含运动吗？

12，（14）数学对象是实体吗？如果是，它们是与感性事物相分离的吗？

（二）第三卷第一章（B.1）的解说

在本章中，亚里士多德开宗明义就明确提出："对于我们探索的科学，我们必须首先列举最先应当加以讨论的问题"。（995ᵃ24）这是很显然的。因为我们必须明确：我们究竟要探索什么？为什么要探索它？解决了这个问题意味着我们在探索真理的道路上已走了多远以及接下来我们要走向何方？否则就会如亚里士多德所指出的"人们进行研究而不首先陈述困难之所在，就像那些不知应当向何处去的人一样。此外，一个人甚至会不知道在一个给定的时间，他所寻求的是否已经找到了，因为一定的目的对这样的人来说是不明确的，然而它对于首先对困难加以讨论的人来说则是明确的"。（995ᵃ35—995ᵇ3）

从这个意义上说，B 卷才是接着导论性的 A 卷后，真正开始进入亚里士多德的哲学探索。它在本卷第一章中列出了十四个哲学问题（依据罗斯的分析，参看在亚里士多德原文中所标出的（1）（2）（3）……（14）等数字），然后在第二至第六章中逐个展开这些问题来加以说明，这个论述的逻辑结构是十分清楚的。

这十四个问题是：

1."诸原因的研究属于一门科学还是属于更多门类的科学。"

2."那样一门科学仅仅应当研究实体的第一原理呢？还是也研究所有人都根据它来进行证明的那些原理呢？"

3."是否是一门科学处理所有实体，还是不只一门科学，而如果有多门科学，则是否要全相近或者只有它们中的一些应当被称为智慧，而其他的则是别的什么东西。"

4."是否只有可感觉的实体应当被说成是存在的还是除了它们之外的其他东西也是存在的；并且这些其他的东西是一类实体还是几类实体，如像相信'形式'以及相信居间于'形式'与感觉事物之间的数学对象的那些人所设想的那样。"

5."我们的研究是否仅仅关于实体还是关于实体的本质属性，还有关于同和异、相似和不相似以及相反，关于在先和在后以及所有其他这样的 [词项]……深入研究这些 [词项] 是谁的任务呢？还有我们必须讨论这些东西本身的本质属性，而且我们不仅必须询问它们中的每一个是什么，也要问是否每一个事物总有一个相反者。"（996^{b}19—27）

6."本原和事物的元素是种呢，还是呈现在事物中的部分，事物就被划分成这些部分。"（995^{b}28—29）

7."如果它们是种，它们是最接近于表述个体呢，还是最高的种?"（995^{b}29—30）

8."在质料之外，有没有任何事物是在它自身中的原因，和它能不能够分离存在，以及它在数目上是一还是多。以及是否有某个脱离具体事物的东西（具体事物我指的是质料以及表述它的东西），还是没有什么分离的东西，或者在某些情况下有某种分离的东西，而在别的情况下则没有，以及这些东西所有情况是什么种类的。"（995^{b}32—35）

9."本原在定义中的本原和在基质中的本原在数目上还是在种类上是受限制的。"

10."可消亡的事物与不可消亡的事物的本原究竟是同样的还是不同的，究竟所有 [本原] 都是不可消亡的，还是有些可消亡的事物本原是可消亡

的。”(996^{a}2—4)

11.“一个最令人困惑的问题，一和存在到底像毕达哥拉斯和柏拉图所说，不是别的某个事物的属性而是存在事物的实体，还是情况并非如此。”(996^{a}5—7)

12.“这些本原是一般呢，还是个别事物呢？”(996^{a}10)

13.“它们是潜在地存在呢，还是现实地存在呢，还是像个别事物呢？”(996^{a}11—12)

14.“数、线、形和点是一类实体呢，还是不是实体？并且如果是实体，那么它们是与感性事物分离呢，还是呈现在感性事物之中呢？”(996^{a}14—16)

亚里士多德在这里列举了十四个问题是当时在柏拉图学园内和哲学界人士中颇有争议的一些问题。亚里士多德加以列举，认为是研究哲学必须加以考虑的问题，所以，它们都是以有争议的形式写下来的。

有人认为，这些问题可能就是《形而上学》写作的一个提纲，这个意见是不完全正确的，因为《形而上学》这本书本来就不是按照一个拟好的提纲而有计划地写作的（参见本书的“导论”）；但是也不是毫无关系，因为亚里士多德陆续写出的一些关于哲学问题的论文（《形而上学》就是汇集这些论文的一个哲学论文集。参见本书“导论”）当然也与亚里士多德不断思考的这些问题有关，但并非所有这些问题都在《形而上学》一书中有所论述。这就表明认为它是亚里士多德《形而上学》一书的写作提纲之说是不能成立的。

二、第三卷第二章（B.2）的提要与解说

——关于第三卷中的第一个问题

（一）第三卷第二章（B.2）的提要

1.第一个问题

(996^{a}18) 研究所有种类的原因是一门科学的任务吗？ (a) 如果它们不

是相反的，它怎么能够如此？（b）许多事物都没有所有的种类的原因，例如不能变化的事物就没有动力因和目的因。

29，因此，数学在解释事物时就不考虑目的因，因而被某些智者看作甚至是比机械的技艺还要差一些。

986ᵇ，另一方面，如果有几门原因的科学，我们寻求的科学是哪一门呢？如果我们真的知道引起的事物的话，哪个原因是我们必须知道的呢？一个事物，例如一座房子可以有所有四个原因。

10，作为最有权威的，目的因的知识也许像是我们想要的；但是作为以最可知的方式处理的，我们想要的似乎是实体的或形式的原因，因为更好的是知道一个事物是什么，而不是它不是什么，是知道它是什么，而不是知道它的量、质，等等。在其他情况中，当一个词项不是被一个实体所定义，而是被能够加以证明的一个属性所定义，当我们认识它的形式因的时候，我们认识它，但是关于变化当我们认识它的动力因时，我们最好地理解它。这个动力因是与目的因相反的。这样，对于每一个这些原因的研究会像是不同的科学的工作。

2. 第二个问题

26，还有研究证明的第一原理也是一门科学任务吗？例如，排中律或者矛盾律。有同一门科学是研究这些的并且也研究实体吗？

33，问题是它不能很好地是一门科学的任务，因为为什么不是一门而是另一门呢？它也不能是所有科学的任务。因此，它不是实体科学的任务，决不多于另外其他的科学。

997ᵃ2，怎么能够有这些第一原理的知识呢？它们明显的是很熟悉；如果它们的真理是被证明了的，它们将表明是一个下面的种的属性，并且，由于所有证明的科学都使用公理，所以所有能被证明的属性将是一个共同的种的属性。

11，反命题，如果实体的科学和公理的科学是不同的，哪一个是更为权威的呢？公理是所有事物的原理，如果不是哲学家的话，应该是谁研究它们呢？

3. 第三个问题

15，所有实体的科学是一个吗？正命题，如果不是一个，哪一种实体是研究最高的科学呢？反命题，一门科学不能很好地研究它们的全部，因为如果一门科学研究所有的实体，并且一门科学研究所有的公理，这两门科学或者由它们组成的组合将会研究所有的属性。

4. 第五个问题

25，实体的科学也研究它们的属性吗？

30，正命题，如果它是的话，实体的科学将是证明性的，而它不是被认为是这样的。反命题，如果不是，哪门科学研究实体的属性呢？

5. 第四个问题

34，有非感性的实体吗？而且如果有，那么它们有多于一种的吗？例如，"形式"和"中介体"。它们都是数学的对象吗？

ᵇ3，(a) 我们已经陈述过"形式"被说成是原因和实体，至少这个理论的许多困难包含着使得非感性的实在与感性的实在是一样的，除了它们是永恒的；把它们算成永恒的感性的东西就像把神弄成永恒的人们一样。

命题，对于中介体的信仰包含着许多困难。同样地表明在众理念和感性事物之外，这里将会有诸多的诸天体；但是它们怎么能够既是不动的又是能动的呢？

20，(b) 这里将会有视觉的与和谐的中介体，亦即中介体的"感性事物"，并且因此中介体的感性物以及因此中介体的动物。

25，(c) 如果几何学区别于度量仅仅在于非感性，那就会有一门医疗科学中介于理念的医疗科学和我们知道的医疗科学之间，并且因此中介于治疗的对象。

32，(d) 度量并非是一个可感的对象的度量那样的情况。如果它是那样的情况，当它消灭时它们也都会消灭掉了。

34，反命题，天文学不是关于感性事物的。天的运动，不像那些东西。关于它们天文学说更多感性的线都是像几何学的那些线。

998ᵃ7，有些人说中介体存在，但是在感性事物之中，这个观点的困难可以简要地指出。

11, (a) 在这个状况下,"形式"可以是在可感东西之中, (b) 这里将会有两个立体在同一个地方。(c) 中介体存在于运动的可感事物中,不能是不动的。(d) 这个观点以一种放大的形式像前一个观点一样暴露其所有困难。

(二) 第三卷第二章 (B.2) 的解说

在第三卷第二章中,亚里士多德进一步讨论了他所列举的第一到第五个问题。因为这些问题都是被争论的问题,所以,亚里士多德的讨论就列出争论双方的不同看法。罗斯分别以(正)"论题"和"反论题"来表示,这个"论题"与"反论题"是罗斯为了分析其内在逻辑关系而提出的 [它就像罗斯用 (1) (2) …… (14) 等数字来表示亚里士多德所提出的问题,是罗斯的分析,而不是亚里士多德原文所具有的]。这一点要请读者注意,不要混淆。

1. 关于第一个问题

"研究所有种类的原因属于一门科学还是更多门科学。"(996^{a}18—20)

[正命题]:研究所有种类的原因属于一门科学。

但它的"困难"是:(1) 如果诸原理不是相反者,它们怎么能属于同一门研究它的科学呢? (996^{a}20—21) 因为当时的希腊学者认为一门科学可以研究"相反者",如医药研究疾病与健康,数学研究多与少,艺术研究美与丑,等等。如果不是"相反者",即不是包含于一个整体中的事物,如原因的四个种类(质料,形式,动力,目的)之间就并非是"相反者"的关系。

困难之 (2) 是:"有许多事物并非所有原理都是呈现于其中。"(996^{a}22) 比如,在不变化的事物中就不存在变化的原因或善的本性,因为只有"目的因"才有"善"的本性,因为实现目的就是"善",所以在数学中就没有"善"的问题,因而智者亚里斯提卜才嘲笑数学家不考虑善恶,还不如一个低贱的劳动者(如木工或鞋匠)还常提出"较好还是较差"的问题。

[反命题]:有几门关于原因的科学,而且不同的一门科学相对于每一个不同的原因。

它的困难在于（1）这些科学中的哪一门应当是我们寻求的科学呢（即智慧的科学）？（2）哪一门是最具统治性、权威性呢？（3）是研究目的或善的科学吗？（4）也许是实体的科学，因为只有知道一事物"是什么"的实体才最了解那个事物。

2. 关于第二个问题

"关于证明的原理，它们是一门科学的对象还是许多门科学的对象。"（996ª26—27）

正命题：它是同一门科学的对象，因为它对任何一门学问都是同样有效的，比如，对于几何学和对于研究实体的学说（即哲学）都是同样有效的，它们都是要从公理出发来进行证明的，而公理是自明的，它是不需要证明的，因为如果它也需要证明，那么就会有证明的"无穷后退"了，所以关于公理的学问和关于实体的学问是不同的。

反命题：如果有关实体的学问和关于公理的学问是不同的，那么按本性来说，它们之中哪一门是更具权威性和在先的呢？（997ª11—13）公理的知识是万物的根本原理，是最普遍的，如果这门学问不属于哲学，那么还能属于什么别的学问呢？

3. 关于第三个问题

亚里士多德认为哲学主要是研究实体的学问，但他又认为有几种不同类的实体，如运动变化的现实世界和不运动变化的天体。亚里士多德把天体，如星星、太阳、月亮，看作是不动的实体。这是亚里士多德所持的一个特别的观点，对此，我们要特别注意，那么，这些不同类的实体是否由同一门学问进行研究呢？

正命题：如果不是由一门而是由几门学问来研究，那么，其中哪一种实体是哲学研究的对象呢？（997ª16—17）

反命题：如果是由一门学问来研究所有实体的话，也存在问题，因为那样就会有一门证明的学问都是从公理出发去研究每一类事物的特殊本质属性的，所以研究同一类事物的本质属性只能是一门学问的任务，研究不同实体和它们各自的属性只能是属于不同的学问。（997ª17—25）

4.关于第五个问题

（以下第5、4两个问题在第二章中讨论，而在第五章中依次讨论第13、12个问题，情况也与此处相同，就不作解释了。）

亚里士多德把实体和属性已分开，他的问题是，我们的研究，是仅仅处理实体，还是也处理它们的属性呢？（997ᵃ25）他说："例如，如果体是一个实体，而且线和面也是，那么认识这些东西的每一个的属性（数学科学对这些属性提供证明），是同一门科学的任务，还是不同科学的任务呢？"（997ᵃ26—30）

正命题：它们属于同一门科学。

这样，关于实体的知识也成为必须证明的知识了，然而关于实体，即"是什么"的知识看来不是证明的（参见《后分析篇》第二卷第三至八章），但是关于属性的知识是需要证明的，所以，它们不属于同一的学问。

反命题：它们不属于同一门科学。那么，由什么学问来研究实体的各种属性呢？亚里士多德认为"这是一个非常困难的问题。"（997ᵃ34）

亚里士多德在这里提出的实体的"属性"，到底指什么？亚里士多德在其《范畴篇》中，首先是抽了"实体"，它是一个"这个"是"是什么"，而非其余的几个范畴。但亚里士多德在本章中讨论的这个"属性"，都是普遍的实体的普遍的属性，他在第三卷第一章中曾提到"还有关于同和异，相似和不相似以及相反，关于在先和在后以及其他这样的 [词项]，……深入研究这些 [词项] 是谁的任务？"（995ᵃ20—25）

5.关于第四个问题

亚里士多德提出："这一直是应当讨论的，即是否只有可感觉的实体是存在的，还是除了它们之外的其他东西也是存在的，并且这些其他的东西是一类实体还是几类实体，结果相信'形式'以及相信居间于形式的感性事物之间的数学对象的那些人所设想的那样，对于这些问题，……我们必须加以研究。"

正命题：在感性事物之外有其他的实体。

把"理念"（或"形式"）说成是实体，有一系列困难，柏拉图除了将感性实体说成是处于生成变化之中，而"形式"作为实体是"不变的，永恒的"之外，没有在它们之间作出什么区别，他们说的人自身、马自身、健康自身，正像把神说成是"永恒的人"不过将它们"永恒化"了而已！

至于所谓"居间者"就使得在可感的线和"线的理念"之外，还有一种居间的线了，它又是什么呢？

正如在天文学上研究的可感知的天和日月星辰之外还有另一种天和日月星辰吗？无论说那种物体是动的还是不动的，都不可能。（参看997ᵇ16—20）

反命题：在可感实体之外没有别的实体。

亚里士多德指出：有人认为在可感的事物和"理念"之间的"居间者"，不是与可感知的事物分离存在的，而是在它们之中。但这也有很多困难，1.按这种说法，不但"居间者"在可感事物之中，"形式"本身也应该在可感事物之中（因为在可感实体之外，没有别的实体）；2.这样就会得出结论，在同一个地方可以有两个甚至三个实体了；3.居间者是不动的，它都存在于运动着的可感物体之中，这怎么可能呢？

这里的根本问题是混淆了具体与抽象的差别，柏拉图派把抽象的普遍，也当作具体的事物了，所以把抽象的普遍也看作是占有空间的具体物体了。

三、第三卷第三章（B.3）的提要与解说

——第六、七个问题

（一）第三卷第三章（B.3）的提要

1. 第六个问题

998ᵃ20，种（genera）或者是最简单的组成部分是事物的原理（principle）。

命题（a）语词（speech）的元素（elements）是组成部分。（b）几何学的元素是命题（propositions），它的证明是包含在其他的命题的证明之中。

28，（c）那些人说物体有一个元素或者多于一个元素的意思是，它们的组成不同于它们的种；（d）一般说来，如果我们想知道一个事物的本性，我

们就要研究它的诸部分。

ᵇ4，反命题（a）如果我们由定义而知道事物，而且种是定义的出发点，它们必定是被定义的事物第一原理，（b）如果我们知道事物就是知道它们的属（species），那么，种无论如何都是属的第一原理，（c）那些命名统一，存在等等，作为事物的元素的人有一些认为它们是种。

11，我们不能说种和组成两者都是第一原理。因为那样的话就会有两个事物的本质的定义了，但不能是这样。

2. 第七个问题

14，如果类（classes）是第一原理，它是最高的种还是最低的属呢？

命题（a）如果越是一般就越是一个第一原理，那么种将是那样的，亦即是存在和统一。

22，但是这两者都不能是存在的诸事物的一个种，因为每一个种的属差必定是一个，但是种如果是与它的属分离开来的话，就不能够表述它的种差，但是如果统一和存在不是种，它们就是第一原理。

28（b）包含着种的语词（terms）以连续的（Accessive）属差被连接着将全都是种，并且因而属差本身更加如此，以致将会有一个无限数量的第一原理。

999ᵃ1，（c）甚至如果统一本性上是一个原理，仍然如不可分的（indivisible）是一并且不可分性（indivisibility）的意思是在种类上的（in kind）原初的不可分性（primality indivisilility），那么最低的属将会是更加真实的一，因而也是更加真实的原理。

6，（a）与其语词相应地是在前的和在后的，那些表述它们不是与它们分离地存在的；这样，这是就没有那样的东西像数或形式与特殊的数或形式相分离，并且如果这些种类不与其相分离地存在，就没有别的那样的，但是个别的并不彼此在前或在后。

7，反命题：原理应当与那个是原理的相分离地存在，但是，为什么人们假定一个最低的层与它们成员相分离地存在，除非因为它是普遍地表述它们？但是在那个程度上是更加普遍的类，亦即是最高的种，将会是更加真实的原理。

（二）第三卷第三章（B.3）的解说

1. 关于第六个问题

亚里士多德提出：事物的本质是它们的"种"呢，还是构成它们的原初部分即"元素"（element）。（998ᵃ21—22）希腊哲学家在探索万物的本质时有两个不同的方向；一个是考虑事物是由什么东西构成的，由此得出了事物的元素，如水、火、气、土或种子、原子；另一方向是认为本质是普遍性的原理（principle），如毕达哥拉斯的"数"，埃利亚派的"存在"和"一"，柏拉图派的"理念"等等。亚里士多德把这种普遍性原理也叫作"种"。

正命题：事物的本原是构成它们的元素。

比如，语言是由字母和音节组成的，几何学用来证明的前提也被称为元素，如果我们要认识事物就要认识它的"元素"。

反命题：种是事物的本质。

因为我们认识事物是通过它的定义，而"种"是定义的本原，所以"种"也是被定义的事物的本质，并且我们必须通过规定事物的"属"才能得到它的知识，因为定义就是"种加属差"。而"种"就是"属"的本原，至于那些说"一"、"存在"、"大和小"是事物的元素的人，实际上是将它们当作"种"看的。

亚里士多德提出的问题是：如果认为"种"是真正的本质，那么就应该将最高的种，或将直接表述个体事物的种叫作本原。

正命题：最普遍的东西是真正的本原。

这样，最高的种就应该是本原，因为它们是最能表述一切东西的。（998ᵇ20）但是，最高的"种"（一或存在）又不可能成为事物的单一的种，因为它不包含差异（因为它们的差异还是"一"或"存在"）。但如果最高的种"一"或"存在"不能是本原的话，那么差异就比种更加是本质了。

反命题：直接表述个体的"属"比"种"更加是本原。

但是，本原和原因是否物以外的，这只能说它们是普遍地表述同一类个体的。然而，如果根据这个理由，就必然得出越是普遍的东西越是本原。这样最高的种就应该是本原了。

四、第三卷第四章（B.4）的提要与解说

——问题八、九、十、十一

（一）第三卷第四章（B.4）的提要

1. 第八个问题

999ª24，正题：如果没有东西与个别事物相分离，我们怎么能够知道无限多的个体呢？我们所知道的所有事物都是由于它们具有某种共同的特性（characteristic）。

29，反题：如果有某种东西与诸个体分离存在，它必定或者是最低的××者最高的种；而且我们已表明它不能是这两种。

32，如果有某种东西与具体整体相分离，它是与所有具体整体相分离地存在呢，还是仅仅与某些事物相分离地存在呢？

正题：如果没有什么东西与个别事物相分离，那将会是（a）没有什么东西可能知道，（b）没有什么事物是永恒的和不变化的，并且因而（c）没有生成。

ᵇ6，因为（i）生成蕴含着一个最终的不能生成的质料（ungenerated material）

8，（ii）如果生成的运动存在，那就必定有一个对它们的限制（limit），一个事物不会正在变化为存在，除非它能够现实地变为存在，而一旦它已变为存在，它就存在（而且不再是正在变为存在）。

12，（iii）如果物质必定与个别事物分离地存在，那么形式必定更加如此。

17，反题：如果形式分离地存在，在哪种情况下，它是这样的，（a）在所有个体的情况下，它显然不能分离地存在，例如，个别的房子。（b）所有

个别的形式不能是一个（one），因为那样的话，所有个别将会是一，它们的形式也不能是不同的。（c）质料怎样成为每一个个体？物质和形式怎样在它们中被联合在一起？

2. 第九个问题

24，正题：如果原理仅仅在种类上是一个，它们中没有一个会是数目上的一，甚至一或存在也不是，并且知识将是不可能的。

27，反题：如果它们在数目上是一，不是像可感事物的原理那样在种类上是一，就会没有什么东西是与元素分离的。它好像文字（Letters）一样在数目是被限定的，所有文学（literature）将会被限定于字母，因为没有文字能被重复。

3. 第十个问题

1000ᵃ5，可坏灭的事物与不可坏灭的事物的原理是同样的吗？

正题：如果它们是，为什么有些事物坏灭，其他事物不坏灭呢？ （a）神学家说，那些未尝到玉液琼浆的神成为有死的。但是这个解释仅仅意味着使它的作者满意而不能使我们满意。

19，（b）那些使用更加科学方法的人没有给出解释，并且的确这个设想（the supposition）是不合理的；这些原理不能是同样的。

24，恩培多克勒，这些思想家中最为前后一致的思想家，使争斗（strife）作为崩坏（destruction）的原因，但是在他的系统中，它又生成所有的东西，除了“一”(the One)，亦即“上帝”(God) 之外，如果这里没有争斗，所有事物都将是一（one）了。

ᵇ3，因为他的“上帝”是比其他存在物都更少聪明的，因为“他”在“他之中”没有争斗，而知识是依照相似而知相似的。

11，相似地，友爱并不是比毁灭更加是存在的原因。恩培多克勒并没有给出从友爱的领域变化到争斗的领域的原因，只是说这是事物的本性。

17，然而，在使得有些事物是可消亡的，另一些是不可消亡的，他是唯一的前后一致的，但是所有东西都消亡，除了元素之外；但这并没有回答我们的问题。

23，反题：如果原理是不同的，（A）它们是不可消亡的还是可消亡的呢？（i）如果是可消亡的（a）他们预设在先的原理，因为事物由于消融于他们所自从来的东西；而这是不可能的；（b）可消亡的事物怎样存在呢，如果它们的第一原理是那样地表现为不是第一原理？

29，（ii）如果是不可消亡的，有些不可消亡的原理怎样能产生有些可消亡的事物，而另一些又是不可消亡的呢？

32，（B）没有人企图把可消亡的原理从那些不可消亡的事物中区分出来。

4. 第十一个问题

1001^a4，最困难和最重要的问题是：存在和一是事物的实体吗？或者是属性蕴含着基质（substratum）？

9，柏拉图和毕达哥拉斯采取前一种观点，另一方面，物理学家（physicists）引导至某种东西，它们被认为是更为熟悉的——友爱、火或气，那些设置一个更多的元素的人，使一和存在与他们所说的原理在数量上是一样多的。

19，正题：（a）如果我们不把一和存在这些最普遍的词项作为实体，没有别的普遍会是一个实体。

24，（b）如果一不是一个实体，数目将不能与感性事物相分离而存在。

27，反题：如果这里有一个一本身和一个存在本身，一和存在必定是它们的实体，因为，这里没有其他词项是普遍地表述它们的。但是如果它们是实体，（a）怎么能有任何东西在它们的旁边？那不同于存在的东西是不存在的，所以，按照巴门尼德的论证，所有事物都将是一，并且这将是存在。

$^b1$，结论统一（unity）是还是不是实体，数目（number）不能是一个实体。我们已经看到，如果一不是一个实体的话，它为什么不能是，如果它是的话，能够产生出不同于这个一（the one）的是什么呢？它必定是非一（not one），但是任何事物或者是一或者是多个一的复数（plurality）。

7（b），如果一本身（oneself）是不可分的，根据芝诺的原理，它将不是任何东西；因为那不能使事物变得大些的东西，在他看来就不是真实的，真实的东西是立体（solid），只有它使得事物变得大一些，不论用什么方式把它加予它们。

13，芝诺的观点是一个粗鄙的（vulgar）观点；一个事物可以是不可分的，但是是存在的，因为它可以加到许多事物上，尽管不是它们的容量（size），但是，大小怎么能从一个或多个那样的个体中产生出来呢？这就像从点造成线一样。

19，（c）如果一个人假定数目是从一本身（one itself）和某些别的东西中产生出来的，我们仍然必须询问这个产品怎么会在现在是一个数，现在又是一个空间的大小，如果不同于一的预先存在的原理，永远是同样的事物——不等性（inequality）。大小不能从这样的联合中（不论是与一联合或是与一个数联合）产生出来。

（二）第三卷第四章（B.4）的解说

1. 第八个问题

亚里士多德指出："这是最为困难和最有必要加以检验的问题"，（992ª25）即"如果没有离开个别事物的东西，而且个别事物在数目是无限的，那么从无限事物中得到知识怎么是可能的呢？"（992ª27—29）这是关于个别和普遍的问题，是哲学中的一个重要问题。对于这个问题的看法的分歧是亚里士多德对柏拉图哲学批判的核心问题。

正题：在个体之外没有一个普遍的"种"，无论是终极的还是最初的种。

因为如果在由质料组成的具体事物以外没有别的东西的话，那么（1）没有思想的对象，因为具体万物都是感觉对象，除非说感觉就是知识，不然便没有关于具体事物的知识了。（2）如果没有永恒的东西，甚至也会没有生成。因为生成的东西总是从"存在"生成的，生成或变动总有个目的或终点。如果质料是"存在"，它不是生成的，所以是"实体"，那么它所生成的"存在"更有理由是实体，而那就是形状和形式。这就是普遍的种，才能使它们成为知识的对象。

反题：在个体之外，还有别的实体，这也会发生困难：（1）并不是所有情况都这样。(例如，我们不能设想在具体的房屋以外还有某所房屋存在。)(2)是不是所有个体都有一个"实体"，所有的人只有一个"人"？但这是荒谬的。因为其实体为一的东西只能是"一"，说它们是多和不同是不对的。(3)质料如何生成为个体，具体事物又是如何由质料和形式组成的。

在这里可以看到，关于个别和普遍的问题对于希腊哲学家来说，真是一个让大家伤脑筋的"最困难的问题"。(999^{a}25)

2. 第九个问题

亚里士多德提出的问题是：本原在数目上是一，还是在种类上是一呢？(999^{b}25—29)亚里士多德所说的数目上的一，即在数目上是一个，也就是个体，这个人和那个人在数目上都是一个，这是个别的特殊的一。他所说的在种类上是一是指众多个体属于同一个"属"。这个人和那个人都属于同一个"人"。这是普遍的一。这就是关于本质是特殊的还是普遍的问题。(参阅《形而上学》第五卷第六章（△.6）区分"一"的歧义时，就区别了属上的一和数目上的一。)

正题：如果本原在属上是单一的，那么在数目上就不会是单一的，无论"一自身"和"存在自身"都不是数目上的一。因为如果在所有个体之上没有一个普遍的东西，认识如何可能呢？这就是说在一个个的个体之上还应该有一个普遍的共同的东西，才能认识它们。

反题：如果本原在数目上是一，每个本原也是一个，但本原的一和可感事物的一是不同的。例如，这些特殊的音节无论在何时发生的，它们在属上总是相同的，它的元素，即众多的字母，在属上是同一个，但在不同的上下文中的每一个音节或字母都是不同的个体，如果不是这样，则除了一个音节或字母之外，便不需要有别的音节和字母了。因为我们所说的个体是数目上的一，而表述个体的普遍是属上的一，可是组成语言的字母在数目上也是有限制的，全部用文字写成的东西，只能限于这些字母，这里是不存在两种或多种相同的东西。

3. 第十个问题

亚里士多德提出的问题是"可消亡的事物的本原与不可消亡的事物本原

究竟是同样的还是不同的"（1000ª6—7）——亚里士多德说这个困难"与现在的哲学家以及他们的先驱者未曾加以考察的任何困难一样重大"。（1000ª5）

亚里士多德所说"可消亡的事物"是指可感世界中的具体事物，他所说的"不可消亡的事物"，有两种说法，一种是天上的日月星辰。现在我们知道日月星辰也是有运动变化和生灭的，但在亚里士多德的时代则认为它们是永恒不变的。另一种是组成事物的元素，如像火、土、气等质料，以及事物的形式，它们也都是永恒的不可消亡的东西，而且后一种永恒不灭的东西正是一切可消亡的东西的本原，可是，它们之为本原和可消亡的东西的本原是不是相同的呢？实际上，亚里士多德在这里所说的不可消亡的东西正是指普遍一般的东西。他提的问题仍旧是关于普遍和特殊的，问它们的本原是不是相同的。

正题：如果是用不同的本原，何以解释它所产生的东西，有的可消亡有的不可消亡？

例如，赫西阿德说，那些饮过琼浆玉液的可以不死，没有饮过的则难免一死。他说的是"神话"，对于我们理解问题没有什么帮助。至于恩培多克勒把争斗看作使万物分解的力量，但它同时又生成了新的事物；他把"友爱"看作使万物得以结合的力量，但它同时也消灭了原有的事物。在恩培多克勒看来，只有四个元素是不可消亡的，但问题是如果它们都由相同的本原组成，为什么有些是可消亡的，有些却是不可消亡的呢？

反题：如果是相同的本原，那么这本原是可消亡的，还是不可消亡的呢？如果本原是可消亡的，那么就要进一步追寻这些本原的本原，一直找到那个不可消亡的本原，因为如果本原消亡了，如何能有事物生成呢？如果本原是不可消亡的，为什么从不可消亡的本原却产生出了可消亡的事物呢？亚里士多德说：没有人主张不同的本原，所有思想家都主张本原是相同的，可是他们都忽视了这个问题。

亚里士多德提出的这个问题仍然是从不可消亡和可消亡的角度提出的普遍和特殊的关系问题，即可消亡的事物的本原是不可消亡的东西，不论是元素还是形式都具有普遍性，那么，从不可消亡的普遍的东西如何会生成可消亡的个别事物呢?

4. 第十一个问题

亚里士多德提出,"存在和一是不是事物的实体",他认为这是"在一切之中最为艰难,而且对于真理的知识来说又是最必须加以研究的。"(1001ª4—5)

他说:"有些人认为存在和一就是本体",如毕达哥拉斯学说和柏拉图都认为存在就是存在,一就是一,这就是它们的本性,也就是实体。但有些自然哲学家认为在"存在"和"一"的背后还有另外的东西,它们既是"存在"又是"一","存在"和"一"只是这些实体的属性。

正题:如果"存在"和"一"不是实体,那么(1)任何别的普遍的东西都不能是实体,因为"存在"和"一"是所有普遍中最普遍的,如果没有"存在自身"和"一自身",则在个体以外便没有什么是实体了。(2)如果"一"不是实体,"数"也就不能是在个体之外的实体了,因为数要归在单位,而单位就是一。(1001ª19—27)

反题:如果有"存在自身"和"一自身",则"存在"和"一"必然就是实体。因为除了"存在"和"一"以外,再没别的东西可以普遍地表述是"存在"和"一"的东西的。但如果"存在自身"和"一自身"是实体,那么(1)在它们以外如何能有别的不是"存在"的东西,又如何能有多于一的东西?按照巴门尼德的说法,异于"存在"的都是"不存在",必然会得出结论:所有一切都是"一",也就是"存在"。再说,如果"一"是实体,怎么会有异于"一"的东西呢?异于一的必然是非一,可是每个东西或者是一,或者是多,而多的每一个也是一。(2)如果"一自身"是不可分的,按照芝诺的原则,它就是无,因为在它增加时并不加大,减少时并不缩小,认为既是"存在"的东西都是有空间大小的,是具体的,具体的事物在每个方向上都是可以增大或减少的,可是不可分的东西能够在数目上而不是在空间大小上增加或减少,但是从这种不可分的东西怎么生成具体事物的呢? (3)如果像柏拉图派所认为的,数是由"一"和别的东西(即"大和小")生成的,那么,由这两个本原怎么会一会儿生成数,一会儿又生成有自己空间大小的

东西呢？（1001^{a}27—^{b}25）

亚里士多德在这里谈的还是最普遍的"存在"和"一"与个别事物的关系，不可分的一就是抽象的一，它是说有空间大小也不能增大或减少的，如果它是实体，这抽象的一，为何能生成为有空间大小的具体事物呢？

五、第三卷第五章（B.5）的提要与解说

——第十四个问题

（一）第三卷第五章（B.5）的提要

1001^{b}26，数、体、面、点都是实体吗？正题：如果不是，什么是事物的实体呢？属性（affections）、运动、关系、状态、比例不指示实体，因为它们需要一个基质，并且不是个体，四元素比热、冷等等，更像是实体，那些是它们的属性。但是，物体是比表面更少是实体的，表面比线、线比单位和点（unit and point）更少是实体的，因为这些都是决定物体的，并且能够没有它而存在，而它不能没有它们而存在。

1002^{a}8，由此，当大多数思想家，较早的思想家们认为实体是物体（body）而其他任何别的东西都是它的属性（attributes）。后来的以及那些著名的聪明人主张实体是数。如果这些事物不是实体，就没有什么东西是实体或真实，因为它们的属性难于被称作真实。

15，反题：（a）如果同意线和点比物体更加是实体，但是我们不能看任何种类的物体能够是实体（因为它们不能在感性的物体之中），那么这里就没有实体了。（b）这些全都只是物体的划分了。

20，（c）任何一个形状（figure）是一个主体中正如任何其他的形状一样，如果赫尔米斯（Hermes）不是确定地呈现在大理石之中，那么面、线、点或者单位也不是呈现在主体物（solid）中，如物体比它的属性更加是实体的，并且这些东西比体更加是实体的，而这些并不是实体。那么，什么是实体？

28，（d）如果实体从不存在到存在，或者反之，这就蕴含生成和消灭，但点、线以及表面不用生成和消灭就做到了，当物体接触时，表面就产生了，当它们分离时，两个表面就产生了，表面消灭或进入存在是由于物体的联合和分离，如果表面是生成的或消灭，它们从哪里生成的呢？

[b]5，所以当前的时刻不能产生和消灭，然而却永远是不同的；这样，它不能是实体。所有这些实在同样地仅仅是限制和划分。

（二）第三卷第五章（B.5）的解说

第十四个问题

亚里士多德提问道："数和体、面与点是一种实体呢，还是不是实体？"（1001[b]26—27）

正题：如果数、体、面、线、点不是实体，那么，还有什么东西能是事物的实体呢？因为性质、运动、位置、关系和比例都不是实体，它们都只是表述实体的，不是"这个"，那些看来最能表示实体的东西，如水、火、土、气——它们构成组合物体，而及热和冷等以及像这类的物体也都不是实体，只有在它们的背后的常存的"体"才是实体，但体是由面、线、点规定的，有点才有线，有线才有面，有面才有体，所以从本性上说，体不如面，面不如线，线又不如点。如果没有点、线、面，就不能有体，相反如果没有体，仍然可以有面、线、点。所以早期的哲学家，认为只有物体才是实体，后来那些更聪明的哲学家却认为只有数，才是实体。除了由数组成的点、线、面、体外还有什么别的实体呢？（1001[b]26—1002[a]14）

反题：如果说点、线、面是实体，也有许多困难，（1）点、线、面属于哪一类东西呢？显然它们不是可感知的物体，它们只是从物体分割而成的，有的是从深度上分割（成面），有的是从宽度上分割（成线），有的是从长度上分割（成点），如果一个平面没有从主体中分割出来，就没有这个平面，正如赫尔米斯的像，如果没有从大理石中雕刻出来就没有这个像。同样地，线如果没有从面中分割出来，点如果没有从线中分割出来，就没有线和点。所以，怎么能说点、线、面是实体呢？（2）从生成和消亡来说更有不少困难。实体如果以前不存在而后来存在了，就是生成，如果以前存在而后来不存在就是消亡；可是面和线的情况却不是这样，当两个体合而为一时，它们原来各有的一个面现在消失了，当一个体分割为两个面时，原来没有的面的地方却出现了两个面。如果说体、面是实体，它们从何产生，又是如何消失的呢？时间上的现在也是这样，它既不生成也不消亡，而是永远变化着的，但却不是实体；点、线、面也是这样，它们都不过是界线，或是分割。(1002^{a}15—^{b}11)

这是明显可见的，那些明显主张数、点、线、面、体是事物的实体的人，是将物体抽象化而得出的结论，而那些反对这些抽象的东西里有实体的人都是从具体的物体来进行论证的，可见这个问题的争论还是总结抽象和具体的，也就是关于普遍和个别的争论。

六、第三卷第六章（B.6）的提要与解说

——第十三、十二个问题

（一）第三卷第六章（B.6）的提要

1002^{b}12，为什么人们应当寻求形式区别于感性事物以及区别于中介者？正题：如果因为它是数学对象，而另一方面？在这个世界中不相似的事物都相似于它们，在于这是有一类中的多，所以它们的第一原理不能在数目上被限制，[正如字母与字（1etters）在数目上是不被限制的]。并且由此，如果这里没有与感性的和数学的对象不同的实物的话，就将没有在数目上的实体的一，而仅仅是在种类上的一，并且第一原理仅仅在种类上的被限制——如果那样，原理必须在数目上的限制，就必须有"形式"（forms）。

27，甚至如果这个理解的诸支持者没有很好地表现他们自身，这也是他们的意思，当他们说每一个"形式"是一个实体而没有一个是偶性（accident）。

30，反题：如果我们设置了"形式"，以至诸原理在数目上，而且不仅是在种类上，是一，我们看到了随之而来的困难。

1. 第十三个问题

32，元素是潜能地存在（exist potentially）呢，还是在某种其他方式中存在？正题：如果在某种其他方式中，这里将会有某种东西先于第一原理；如果潜在性先于实际的原因，而那可能的东西不需要变成现实。反题：如果元素是潜在地存在的，那就可能每一个事物应当不存在，因为即使那不存在的然而是能够存在的，因为那不存在的成为存在，但是，没有什么事物不能够变为存在。

2. 第十二个问题

1003^a5，诸原理是普遍的还是个别的？正题：如果是普遍的，它们就不是实体，因为没有一个共同的表词（predicate）是一个这个（a this），而仅仅是一个这样的（a such），而实体是一个这个；如果共同的表词是一个这个，而且是这一个单个事物，那么苏格拉底将会是几个动物了，即他自身和人和动物。

13，反题：如果诸原理是个别的，它们不能被认识，所以必须是先于它们的普遍的原理，如果这里有它们的知识的话。

（二）第三卷第六章（B.6）的解说

亚里士多德在这里提出一个他并未在本卷第一章（B.1）中提出的问题，但是它与第五个问题和第九个问题相近的。

1. 第十三个问题

（1002^b32—1003^a5）问题是元素是潜在的呢，还是个别的方式存在的？（1002^b33—35）

正题：元素如果是个别的方式存在，而不是潜在的，那么在本原以前，得先有某个别的东西。因为作为原因，潜能是在现实之前的，而且潜在的东西并不一定都能成为现实。（1002^b34—1003^a2）

反题：如果元素是潜在的，那么就不是任何东西都能现实存在的，因为可能实现的东西也许还未实现，现在未实现的东西也可能成为现实，而那些原来不能实现的东西是不可能成为现实的。（1003^a2—5）

亚里士多德关于潜能与现实的问题，在第九卷中的1—9章中有详细的讨论，请参看本书第九卷的解说。

2. 第十二个问题

亚里士多德提出，在这些难题之后，还必须讨论本原是普遍的呢，还是个别的？（1003ª5—7）

我们在前面讨论的问题中，大多都与普遍与个别的关系有关，可见这是亚里士多德感到最困惑的问题，现在就集中再讨论这个问题。

正题：如果本原是普遍的，它便不是实体因为每个普遍的东西所表示的不是"这个"（this）而是"这样"（such），但实体是"一个这个"（a this）。如果我们将那共同的表述（common predicate）设定为"这个"，是单一的个体，那么就会有几个苏格拉底，既是他自己，又是"人"，又是"动物"，它们每一个都是这个单一的个体。（1003ª7—12）亚里士多德在《范畴篇》中分析，肯定第一实体是"这个"，是单一的个体，根据这个标准，那么，无论是"理念"或"形式"、"种"或"属"，它们都是"这样"而不是"这个"，所以，都不是实体。

反题：如果本原不是普遍的，而是个别的，那么它们就是不可知的，因为任何东西的知识都是普遍的，所以，如果有本原的知识，就必须有先于它们的别的本原，那是能普遍表述它们的。（1003ª12—17）

这是从认识论提出的问题：个别事物只是感觉的对象，不是理性知识的对象。所以，如果本原是个别的"这个"，对它没有知识，它是不可知的。本原怎么能是不可知的呢？哲学正是要寻求本原和原因的知识的，正是这个最深刻的矛盾，使得亚里士多德困惑不已。

现在我们对本卷内容作一总的回顾。

亚里士多德提出哲学研究应当思考的十四个问题，并逐一对它们作了正反两方面的研讨。第一个问题是问事物的四因是不是同一门学问（即哲学）研究的对象。亚里士多德在论述时根本没有提到质料因，他认为对构成事物的质料的研究是其他具体学科的任务，而不是哲学的任务。他感到困惑的是目的因和本质因这二者中，究竟哪一个更重要，真是哲学研究的主题。第二个问题是问证明的原则——公理是不是哲学研究的对象。第三个总是问多种不同类型的实体是不是都同属哲学研究的对象。第四个问题问实体的属性是不是应为哲学研究的对象，——以上四个问题都是探讨哲学研究的对象和任务的。

亚里士多德感到最需要解决的是第三个问题。他在探讨以前哲学家的学说时发现，当他们在寻求事物的本原时，已经在具体的可感事物以外提出了另外两类实体。一类是具有质料性的元素，另一类是普遍性的原理，后者为毕达哥拉斯派的"数"，和埃利亚学派所说的最普遍的"存在"和"一"。柏拉图学派使这个问题更加复杂化，他们在普遍的"理念"和个别事物之外，又加上数学对象——数、点、线、面、体，称它们为"中介者"。以前的思想家将这多种不同类的东西都说成是事物的实体，亚里士多德提出的以下十个问题都是与此有关的。

第五个问题是问在可感的实体以外，有没有别的实体？第六个问题接着问：如果事物的本原是普遍性的"种"呢，还是质料性的元素？第七个问题接着问，比如是普遍性的种，那么它是最高最普遍的种呢，还是最低的直接表述个体的那个"属"呢？第八个问题是从认识论的角度提出来的：个体是无限多的，如果在他们以外，没有别的东西，我们如何能够认识它们？第九个问题是本原是属上的还是数目上的一，所谓"属上的一"就是共同的普遍的，"数目上的一"就是只有一个，是个别的个体。第十个问题问可消亡的事物和不可消亡的事物的本原是不是相同的？这里所说的不可消亡的事物就是普遍的东西。第十一个问题是问最普遍的"存在"和"一"是不是实体。第十二个问题问所有中介点、线、面、体是不是实体。第十三个问题问为什么在可感事物和中介者之外，还要设定另一类的"理念"呢？——这些问题都是和当时主张有多种不同类的实体的学说有关的。亚里士多德在探讨这些问题时发现所谓多种不同类的实体，归根到底是普遍与个别的问题，而在普遍中又有高低层次的区别。所以他在最后的第十四个问题中提出，本原到底是普遍的还是个别的呢？亚里士多德原来主张第一实体是个别的个体，但是从认识论上他又不得不承认具体的个别事物只能是感性知觉的对象，我们要认知它们必须经过普遍的理性知识，因此必须承认有普遍性的实体。在这点上他继承了埃利亚学派和柏拉图学派的思想路线。如何解决这个矛盾，是他思想中的一个关键问题，而且在讨论中他感到最难解决的就是普遍和个别的关系问题。

亚里士多德在探索上述问题时，采取的是认真探讨的态度，而不是主观独断的态度；他对每一个问题都从正反两方面加以思考，并指出其所面临的困难，而不是写下自己的判断。这种认真的探讨的态度是非常可贵的，是值得我们好好学习的。

亚里士多德提出的这些问题，在《形而上学》一书中并未全部依次讨论。这说明有人认为它是亚里士多德形而上学撰写的提纲，是不正确的。尽管有些问题是在以下的卷章中有深入的探讨（如第七卷深入讨论了实体学说，在第十二卷讨论了神学问题），但从根本上说，《形而上学》并不是一部按写作计划"撰写"的著作，它们是亚里士多德与其追随者讨论的记录，有的是亚里士多德的讲课提纲或讲稿，并由后人汇编而成。这是《形而上学》一书的根本特色。请参见本书的导论部分。

第四卷（Γ）

一、第四卷第一章（Γ.1）的提要与解说

——关于哲学研究的对象

（一）第四卷第一章（Γ.1）的提要

1003ᵃ31，有一门科学它研究作为存在的存在（being as being），并且不同于研究存在的特殊部分的各门科学。

32，我们寻求的第一原理（first principles）必定属于由于它的本性的某事物。如果早期思想家们寻求存在事物的元素（elements），就是在寻求这些第一原理，这些元素必定是作为存在的存在（being qua being）第一原因（first causes）的元素；所以，我们必须掌握作为存在的存在的第一原因。

（二）第四卷第一章（Γ.1）的解说

第四卷第一章[Γ.1）尽管只有一段文字（罗斯把它分为两段，见上面的提要），但它是包含十分重要的思想。它规定哲学研究的对象和它的研究的特点，即它是研究存在的，即所谓"作为存在的存在"）英文译作"being as being"，或用中世纪以来欧洲通行的拉丁语"qua"（即 as），写作 being qua being，"ὄv"是在希腊文中动词"是"（ἐναί）的现在分词。它这个动词的形态的变化（位、数、时态、模态等等）十分复杂。它是古希腊语语词变化最复杂的。它的现在分词 τò ὄv 作为名词用，翻译成英文，就是 being，（英文的动词 to be，就相等于古希腊文的动词 evai）中文译作"存在"，表示诸事物的存在状态的意思。中国研究古希腊哲学的重要先驱者陈康先生及其追随者把它译作"是"，理由是它具有"是"的意思（相当于中文的联系动词如"那是一棵树"，"那是一个人"，"天是蓝色的"等等）。它也有"在"和"存在"的意思；同时当照顾它的希腊文本来是动词"是"的变化，所以主张译作"是"。但我认为，"是"在中文中只是一个联系动词，它不能作为一个名词（或动名词）来使用，把"是"看作名词（动名词，即现代分词）

这在中文语法中是没有的，所以把它译作"是"是不合中文（即汉语）的语法规定和习惯的，也不能为使用汉语的人们接受。所以还是译为"存在"为好。在学习亚里士多德对哲学研究对象和特点的描述时，我们首先要理解这个"作为存在的存在"。

亚里士多德在第四卷第一章（Γ.1）中开宗明义就说："有一门科学，它研究作为存在的存在以及由于它自身的本性而属于它的性质，这门科学不同于任何所谓的特殊科学。因为这些其他科学中没有一门是一般地考察作为存在的存在，它们截取存在的一部分并研究这个部分的属性。"（1003ª21—30）

亚里士多德的这段话明确地界定了哲学和其他科学的区别：前者（哲学）是"一般地考察作为存在的存在"，而后者则是"截取存在的一部分，并研究这个部分的属性"。1989 年我在剑桥大学访问时，我和一位英国朋友在讨论亚里士多德的这段话时，他形象地作了一个比喻。他说，在我们面前的整个"存在"就好比一个大"西瓜"，哲学就是整个地研究这个"西瓜"；而各门具体科学，则是切取这个"西瓜"的一部分来研究。这个比喻使我"茅塞顿开"。尽管这个比喻的缺点是"西瓜"的每一部分还是大体相同的"西瓜"，不过它是一个部分罢了，所以，这个比喻也是有缺点的。但它说明了"存在"的整体和部分的区别，这就形象地把哲学和其他科学区分开了。

但亚里士多德在这里仍然把哲学也叫作"一门科学"，这反映了古希腊时代的一个"大哲学"的概念，因为哲学最先被称为"爱智慧的学问"，这个"爱智慧的学问"就可以包括所有的学科。所以他们把研究自然现象的"物理学"也叫作"自然哲学"，把研究伦理政治的学问也叫作"社会哲学"，把研究文学艺术诗歌的学问统称"艺术哲学"。亚里士多德也沿袭了这个"大哲学"的概念。但可贵的是，他也把哲学从这个"大哲学"的概念中解放了出来，明确了它是一门与其他具体科学不同的学问，即研究"作为存在的存在"的哲学。

研究事物就是研究它的属性和本原，而哲学就是研究存在的最高原因和最高的本原的。这些元素和本原是因为存在的本性而存在的，它们决不是偶然地存在的，这就是"作为存在的第一原因"。（1003ªª30—38）

二、第四卷第二章（Γ.2）的提要与解说

（一）第四卷第二章（Γ.2）的提要

[因此，我们必须研究（1）实体——存在的中心状态，其他的状态都是与此有关的，（2）存在的属，（3）统一的属，（4）实体的属，（5）繁多的属，确认这个观点：这些形成了哲学研究的主题。]

1003^{a}33，（1）存在有许多意义，但这些都与一件事有关，而不仅仅是"一语双关的"（equivocal）（参看"健康""医药"的定义），它们都是与实体（substance）有关，并且因而都由一门科学来处理，诸意义（meanings）在单一意义下（univocal）与某一个事物有关，并因而是一门科学的主题。

1003^{b}16，一门科学特别地处理它的主题的原初的事物，因此哲学家必须掌握实体的原理。

19，（2）关于事物的每一类，就有一个意义和一门科学，例如，单独的一门语法科学研究所有的有联系的声音。因此，在种上是一的一门科学将会研究存在的所有的属，而它的属将会研究某些属。

22，（3）存在和一（being and one），像原理和原因一样，不是在定义上的一，而是在一个是表述无论什么的另一个，一个人＝人，而存在的人＝人，一个存在的人＝"一个人"（不能与它相分离，无论是进入存在或者停止存在）并且"一个存在的人"＝"存在的人"，因此这个一离开存在就什么都不是，并且进一步说，任何事物的实体是本质上的一和本质上的存在。

33，因此，统一的属也是存在的属，并且将被同一门科学所研究，——亦即，相同、相像和其他那样的词项，差不多所有相反者能够被还原为这些条目（these heads）（亦即存在和非存在或一和多）——参看我们的"相反者选集"。

1004^{a}2，（4）这里有与实体的种类一样多的哲学的许多部分，并且哲学的一部分，也像数学一样将会是原初的，其他的则是导出的。

9，（5）统一和繁多是相反的，并且相反的由同一门科学所处理，因为一个词项或者是被它的否定词项（否定在那里不过是指明的词项的不出现罢了）所研究，或者是它的缺乏（在它那里被其在下面的确定的性质进一步包含着）所研究，因此那个讨论统一的属的科学也将讨论繁多的属——另外的、不相似、不相等——并且因而也是矛盾，因为这是一种差别（difference），而差别也是一种其他的。

22，这些，像统一（unity）一样，会有不同的意义，但是不同的意义仍然能被同一门科学加以研究，在每一种情况下，导引出来的意义必须和它与中心的意义的关系来加以考察。

31，在决定同一门科学将会讨论实体的及它的这些性质时，我们就解决了我们的一个问题，能讨论所有的事物是哲学家的特点，那么，还没有谁考虑这样的问题，比如，苏格拉底和坐着的苏格拉底是一样的吗？

1004^{b}5，正如数学家研究数和它固有的属性（proper attributes），哲学家考虑存在和它的固有属性，有些人作出的错误不是他们研究这些属性，而是他们忽略了（ignore）实体，而实体是先于属性的。

17，这些属性归入哲学的范围之中是由以下事实标明的，即它们为辩证法家和智者所讨论，他们近似（ape）于哲学家的在于，他们的讨论的一般性（generality）。辩证法不同于哲学的在于它的方法——它是批判性的，而哲学给出正面的／积极（postive）的知识，诡辩术与哲学的不同在于它所包含的生命目的（life purpose）——它仅仅有智慧的外表。

27，在两个对立者中，一个是缺失（privative）。而且所有的能够与存在或一相关的对立者，非存在或繁多（例如，静对于一，动对于多），现在几乎所有的思想家都同意那存在的事物是由对立物构成的（奇与偶、热与冷、限制与非限制、友谊和争斗）。这样因为统一与繁多都是一门科学的主题，所以，那样的存在（being as such）也将是一门科学的主题。

1005^{a}6，甚至如果统一有许多意义，它（和它的相反者）仍然有一个基源的（primary）意义，其他的意义都与之有关，即使统一不是一个普遍性并且不与特殊事物相分离（那些事物都是一），但是在它的诸意义中仍然有一个相关的统一（an unity of reference）或者一系列的统一，因此，研究存在和它的这些固有性质就是形而上学家（metapysician）的任务，正如几何学家设定这些性质并且考虑它们在它的特别领域中的应用一样。

13，这样显然地，讨论作为存在的存在（being as being）和它的本质属性，诸实体和它们的属性——所有那些提到的以及其他的诸如在前和在后、种和属、整体和部分，是一门科学的工作。

（二）第四卷第二章（Γ.2）的解说

亚里士多德在这一章中进一步论述哲学研究的对象、范围和特点等问题。

关于哲学研究的对象是作为存在的存在，亚里士多德进一步加以解释。他说任何一个词语（如健康、医药等等）都有一个"中心点"或中心的意义，所说到关于它的事都与这个"中心点"有关。比如"保持健康"、"产生健康"、"健康的表征"、"获得健康"等等，正如"医药"、"拥有这个医学的技术"、"自然地适合于它的某种疾病"、"医药技术的功能"，等等。"存在"也是一样。它"也在许多意义上被使用，但永远是与一个本原相关的"。如"有些事物被说成存在"是由于它们是实体，另一些是因为它们是实体的属性，再有一些是因为它们是朝向实体的过程，或者是实体的消解或缺乏或性质或制造或产生或者是说与实体相关的事物，或者是对这些事物或实体本身的否定。因此，我们说非存在是非存在。（1003ª33——1003ᵇ11）

由此，亚里士多德进一步指出："正如有一门科学与所有健康的事物有关，所有其他场合也同样如此，因为不仅有一个共同概念的事物的场合，研究属于同一门科学，而且对于有关一个共同本性的事物 [也是如此]，因为甚至这些事物在一种意义上也有一个共同的概念。很明显研究作为存在的诸事物（being as things）也是一门科学的工作。"（1003ᵇ12—15）

在这里，亚里士多德肯定了研究作为存在的存在"是一门科学"的工作，亦即是哲学的工作。他还进一步指出："但是在任何地方，科学都主要是处理那根本的，别的事物依靠它，而且由于它的缘故而得名的那个东西。于是，如果实体是这样的［根本的东西］，那么哲学家必须掌握的就将是实体的本原和原因。"（1003ᵇ16—19）——他就这样确定了哲学家的任务，也就是哲学研究的对象是作为存在的存在。从核心上说就是实体的本原和原因。

亚里士多德还就研究作为"存在的存在"的范围的大小或就其普遍性的程度（或就存在的种属关系）提出研究作为存在的存在的所有种类的科学在种上属于一门科学，而研究存在的某些种类则属于这门科学的特殊门类。（1003ᵇ21—22）

亚里士多德的这个观点非常重要，这对于决定什么是"第一哲学"和随"第一哲学"之后的哲学的问题也是有决定性的。这里也注意到自本世纪以来在学术界长期争论的"存在"的普遍性和完善性，以及由之而产生的神学和哲学的关系问题。历史地看，亚里士多德本人在这方面的论述是不清楚的有时甚至是矛盾的。他把"存在"划分为普遍不与个别相分离的实体，并且它是处于运动变化中的实体，研究这种"存在"的哲学，以及处于不运动变化的天体（日，月，星辰）的实体的哲学，他把后一种称作"神学"，也称作"第一哲学"。至于思想界的与个别相分离存在的柏拉图的"理念"，他也认为是"实体"而且它也不运动变化。亚里士多德对柏拉图的"理念论"进行了尖锐的批判，但是最终并未解决它在哲学中地位问题，只是否定了柏拉图的"理念不是与个别事物相分离的独立存在"，他甚至也承认"理念"也是"实体"，但是天体理念与感性世界中的实体之间是什么关系，研究它们的科学(如果也是哲学的话)又是什么关系，亚里士多德也未明确提出看法。这也是学术界长期引起争论的问题，这是一个很有兴趣的现象和问题，值得我们认真地加以思考。

亚里士多德在这一章中明确地提出了："有多少种类的实体就有多少哲学门类，所以它们中间一定有一个第一哲学以及一门在它之后的哲学。"（1004ᵃ4）他还说"因为存在和一立刻就分为各个种，因而多门科学都将相应于这些种。"（1004ᵃ5）这些观点都是很正确很重要的。

但是，亚里士多德毕竟有他的历史局限性。这个局限性同时也是认识的局限性。比如，在亚里士多德的时候，他们就认识不到日、月、星辰等天体也是运动变化的，那不是永恒不动的；他们也弄不清思维的抽象物并不是永恒不动的，它也有其运动变化的属性，等等。关于这一些，我们是不能苛求于古人的，我们要赞赏的是他们在那个时代已经提出了许多可贵的真知灼见，为人类文化的发展作出了不朽的贡献。

三、第四卷第三章（Γ.3）的提要与解说

——我们必须研究公理，首先是矛盾律

（一）第四卷第三章（Γ.3）的提要

1005ª19，哲学家也必须考虑在数学中被称为公理（axioms）的事物，因为这些对于所有存在的事物，对于作为存在的存在（being as being），都是真的。就其应用于特殊主题而言，它们被用于特殊的科学。

29，没有特别的科学研究它们的真理；有些物理学家（physicist）曾这样作，并且很自然地，因为他们认为它们是对于一般的存在（being in general）的研究。但是，因为这里有某个人站得比物理学家高，它属于他——普遍和第一实体的学生——来研究这些公理。物理学是哲学的一种形式，但不是原本的形式（primary form）。

1005ᵇ2，有些人的文章（essays）在决定陈述在确实的条件下应当能接受为真的是由于对逻辑的无知。它应当是在一个人处理任何科学的研究之前就必须学的。

5，这样，它属于哲学家来研究三段论（syllogism）的始点（starting point）。他最知道关于种的东西，必定能够陈述种的最为成立的原理，并且因此哲学家必定能够陈述最好的成立的所有原理，亦即那些关于它们我们不能被欺骗，它们都是众所周知的，并且是基于假设之上的，并且它对于一个知道任何事物的人都是应该知道的。

¹8，最好建立的所有原理是同一属性不能在同一时间，一方面属于并且

又不属于在同一个主体——具有任何合格证明，它会为了保证反对而会是必要的。这是对应于最好建立的原理的定义，因为没有人能够假定一个事物存在又不存在，这个据说是赫拉克利特的学说。

25，因为一个人不需要相信他说的任何事物；如果相反的属性能够附着于同一个主体，并且任何信仰，是像一个思想家的属性，相反于矛盾的信仰，显然没有一个能够在同一时间相信同一事物存在又不存在（to be and not to be）并且因而每一个人在论辩中，落入这个最终的定律，甚至其他的公理也是基于它的。

（二）第四卷第三章（Γ.3）的解说

亚里士多德在这一章中讨论了逻辑学中的"矛盾律"。"矛盾律"这个名称是不贴切的，因为亚里士多德在这里所强调的是"不能有矛盾"，即他指出一个最平常也最根本的"思想规律"是：在同一时间，同一条件，同一个方面，一个事物的属性不能是 A 又不是 A，即这个相互矛盾的两种属性，不能同时归属于一个主体。他说，"它对于一个知道任何事物的人都是应该知道的。"（1005ª16）他明确地指出这个原理是与"所说的赫拉克利特的学说"是对立的。

亚里士多德所说的"赫拉克利特的学说"就是"万物皆处于流变之中"的辩证法思想。这是古希腊哲学中最为闪光的哲学思想，它揭示万事万物的运动变化规律。而亚里士多德在这里"讨论"的是在日常生活中一个片断时间中，对事物的静态观察和思维。在这种特定条件下排斥矛盾存在，保持思维前后一致的要求。这种限制在一定的静态条件下的事物仍处在由量变到质变的过程中，事物原有的质的状态还没有发生根本的质变时（亦即它仍处于保持原有状态的情况下），人们在把握存在的事物及思维该存在事物，以及表述该存在事物的状态时，是不容揭发其所包含的矛盾和其斗争与变化的。这就是亚里士多德所说的"矛盾律"，实际上应当称之为"不矛盾律"，即不承认、不揭示和表达事物的内在矛盾和变化，而只表达其在矛盾未达到引起质变时的平静状态，从而异于我们所思维和表达的状态。这在所谓"形式逻辑"的思维中，的确是一条根本规律，它的基础是所谓"同一律"，即 A 就是 A(A=A)，A 不是非 A(A ≠ ﹁ A)，进而发展为另一条形式逻辑规律(即"排中律"。参看本卷以下第七章中的论述)，即一个论断与它的矛盾的论断不能同时为真，其中必有一个为假。这三个形式逻辑规律，使得我们的思维和表达能保持在确定性之上，前后一贯。作为逻辑学家的亚里士多德这方面的贡献是"厥功至伟"的。建立在这些思维规律之上的"三段论式"更是亚里士多德对人类思维科学的一项巨大贡献。

但是，值得注意的是，亚里士多德却把在日常静态思维领域中的思维规律提升到"哲学思维"(亦即自然、社会和思维的最一般的规律)的高度，把它与哲学思维看作是同一个东西。这就是犯了"以偏概全"的逻辑错误。这是一个值得注意的历史教训。

在自然界和社会中，事物总是在其固有的内在矛盾的发生、发展和斗争中运动变化的，这是一条更为基本的宇宙法则。只有掌握这个宇宙法则，对于"形式逻辑"的思维方式和思维规律的了解和运用才是恰如其分的和有益的。这是我们在争论更多的"辩证逻辑"和"形式逻辑"的争论中应该获得的教益。

四、第四卷第四章（Γ.4）的提要与解说

——由指出从否定它而包含的困难中来确立的矛盾律

（一）第四卷第四章（Γ.4）的提要

1005^a35，有一些人——例如，许多物理学家——说（1）同一事物能够存在和不存在，以及（2）它可以被设定为同时是存在和不存在，我们曾（1）设定一个事物不能同时存在和不存在，以及（2）表明这一点，是所有原理中最确定的。

1006^a5，要求我们应当证明这个定律表明了教育的缺乏；有教养的人知道什么是应当被证明的，而什么是不能证明的。企图证明每一样事物导致无

穷后退（infinite regress），没有什么可以提出更为适合于这个定律是一个不可证明的原理。

11，可以用拒绝我们的论敌的方法来证明这个定律，如果他会说出某种东西。如果他将不会说，他就不用加以论辩，而他不过是一块木头。如果一个人使用了论证，他可能被认作是"窃题"（begging the question）；当我们的对手本身设想我们的争论点，这就是用否决的方法而不是用证明的方法来作出的证明。

ᵇ8，我们的设定、我们的谈论对手不必全认定或否认某种东西（那会被认为是"窃题"），而是他指称（means）某种东西（如果他没有这样，他就不能用他自己有智力的对话，也不能与别的任何人有智力的对话）。如果同意了这一点，我们可以开始进行论争，因为我们有了一个固定的点，——并且这个责任基于我们的对手。并且那个同意这个意图的人承认了有些东西尽管没有加以证明却是真的。

1. 第一个证明

28，（1）语词"是"（is）和"不是"（is not）其有确定的意义，所以，不是每个事物都是"如此又不如此"。（2）"人"的意思是某一个事物；让它是"两足的动物"吧。A 意思是某一个事物蕴含着如果人的意思是如此这般，那么，如果 A 是一个人，那么对于 A 来说，作为一个人就是如此这般的。

34，如果一个语词有几个意义，那也没有什么关系，只要它们在数目上是被限制的；因为一个分离的语词可能被赋予每一个意义。如果意义是不加以限制的，那就没有什么考虑给特定这个事物。并不是说让一个事物的意思是没有意思的，并且如果指语词的意思是什么都不是，那么与其他人的理性交谈就被摧毁了，甚至是与自己的交谈也不可能，因为如果我们没有思考一件事物那我们就根本没有思考。

11，这样，让我们设想，诸语词具有一个确定的意义。

13，（3）于是，是一个人并不意味着与"不是一个人"是一样的，如果"人"不仅是意味着一个主体的某个事物，而是具有一个意义。

15，（如果表明关于一个事物的某种东西，与具有一个意义是一样的，

109

那么"有教养的""白色的"和"人"都意味着同一个事物，而且所有诸事物都会是一个个同样的事物被不同的名字加以称呼。）

18，是（to be）和不是（not to be）是相同的事物，这是不可能的，除非是同化（equivocation），正像我叫作人的事物，其他人可以叫它为非人。无论如何，同一事物实际上是否可以是人和非人，并非是一个语词的问题。

22，如果"人"与"非人"的意思是同样的，"是人"就是"是非人"了。是"人"和"是非人"都会像"外套"（garments）和"衣服"（clothes）那样，是一个意思的两样表达了。但是已经表明，这两个的意思是不同的。

28，根据以上的定义，如果任一事物是一个人，他必然地是一个两足动物；并且这样对于他不是一个两足动物就是不可能的，因为必然性的意思正是相反的东西（Opposite）的不可能性。因此，就同一事物是和不是人，不能是真的。

34，（4）正如"是人"有一个固定的意义，"不是人"也具有固定意义。如果"是白的"和"是人"在意义上是不同的，那么"是人"和"是非人"的意义是更加不同的。这样如果相反的东西都是一个，所有事物也是一个了。但是所有的事物不是一个，我们的观点就被证明了，如果我们的对手将会仅仅地回答我们的问题的话。

1007ª8，如果他回答说"A是B和不是B"，他不是在回答问题。同一个事物可以是人、是白以及许多其他的东西，但是如果我问他是否是一个人，我不应当得到这样的回答，"是一个并且是白的和高的。"偶然属性是可以无数的——一个人可以名叫它们的全部或没有它们全部。同样地，甚至一个事物是人并且是非人，比起他应当加上其他的偶性，我的论敌更不应当加上"并且是非人"。

20，我们的论敌真的是抛弃了实体或本质。他们必须说所有属性都是偶然的。因为如果有那样的一个事物在本质上是一个人，这就不会等于是非人或者不是人，——而这些都是它们的对立物。表示一个事物的实体，就是表示那事物的本质而非别的什么东西；但是如果这事物是A=不是A或者是非

A，它的本质将是别的什么东西。因此，我们的论敌必须说没有什么东西是确定的——所有的属性都是偶然的。而实体与偶然之间的差别恰恰在于：白性对于人是偶然的因为他本质上不是白的。

33，但是，如果所有的事物都是偶然的，对于内在的偶然性，这里将会没有原初的基质。这就意味着一个无限的后退，而这是不可能的，因为多于两个偶性能被联结。(a) 一个偶性能够是一个偶性的一个偶性，仅仅如果它们两者都是同一个主体的偶性，那个白色的能够是有教养的，并且那个有教养的是白色的，因为人就是这两者。但是 (b) 有教养的是苏格拉底的偶性，并不是这两者都是某个别的东西的偶性的意思。这是两种偶然性命题。但是我们不能去说某种白的事物是在第二意义上白色的苏格拉底的偶然性命题，——因为，那样一个属性的集合并不造成一个统一体。在第一种意义上，"有教养的"也并不真正的是"白色的"一个偶性，因为它并不比"白色的"是"有教养性"的偶性更加如此。这样，在这两种情况下，我们都被带回到实体；但是我们已经表明了如果这里有实体这样的一种东西，那么，矛盾律就是真的。

2. 第二个证明

1008^b18，如果所有的矛盾都是可兼容的（compatible），所有的事物将会是一了。这个同样的一个东西都将是船和墙和人了。如果我们能够不加区别地或者肯定或者否定任何一个主体的表语的话，就像普罗泰哥拉派，必定承认的那样。因为，根据他们，如果任何人认为这个人不是一艘船，他并不是，并且因此（如果诸矛盾都是真的话）也是一艘船。这使我们处于阿那克萨哥拉的"所有事物都在一起"；这些思想家似乎是在说着毫无确定的东西——它们仅仅是潜在的存在；事实上，那不是的东西，代替了那个是的东西。

29，但是他们必须承认任何表语可以肯定和否定任何主体。因为如果非A表述A，非B将会更加地是表述A。这样，如果A是B也同时是非B；并且如果不是B，它必定是非B更胜于它是非A。这样，因为A是非A，它更加是非B，并因而是B了。

3. 第三个证明

1008ᵃ2，我们的论敌将会否定排中律了。因为如果 A 是人和非人，它将会既不是人也不是非人，无论我们把这处理为与前两个相矛盾的命题，或者处理为与前面的一个相矛盾的命题。

4. 第四个证明

7，他们对矛盾律的否定必定是或者整个的或者部分的，（1）如果是部分的，例外的情况会被承认，即具有一种属性而不是与它矛盾的。

12，（2）如果是整个的，那么（a）当我们可能确定时，都有可能否定，但是当我们否定的时候，我们并非总是肯定——在这种情况下这里有某些事确定地不是；并且如果有些东西被认为不是，那相反的（opposite）肯定仍将是较好的认知。

18，或者另外的（b）当我们可能肯定时，我们可能否定，而当我们可能否定时，我们可能肯定。这样，或者（i）我们可能不分离地说"A 是 B"，和"A 不是 B"——但是，这时我们的论敌不说那他们承认要说的，并且最终什么都不是（nothing is）；这样，他们怎么能说话和行走呢？而且还随着所有事物都将是一，——同一个事物将是人船以及与这些相矛盾的东西。

27，或者另外的（ii）我们能够分离地说"A 是 B"以及"A 不是 B"，——在这种情况下，再一次实施所有事物都是不可区别的，并且进而所有陈述都是真的，并且所有陈述都是假的，而我们的论敌同意他的陈述不是真的。而且清楚地论证与这样一个论敌毫无用处，他将不会说任何确定的东西。

5. 第五个证明

34，如果当肯定为真、否定为假时，或者反之亦然，同样的事情不能在同时被真的肯定和否定。但这可能被叫作"窃题"（Petitio principii）。

6. 第六个证明

1008ᵇ2，如果判断"A 是 B"和"A 不是 B"是假的，但是判断"A 是 B 和非 B"是真的吗？（1）如果这个陈述是真的，那么说事物的本性是那样的是什么意思呢？（2）如果这个陈述是假的，但比另外其他两个假的少些（less），那么在这个程度上事情是确定的——这个判断至少是真的而不是假的。（3）如果所有判断都同样是假的，和是真的，那么如此思考的人能够说不出什么，而并不比一块木头更好些。

1008^{b}12，从这个观点看来，容易看出没有人真正的是处于这种心灵状态中。为什么一个人走向麦加拉而不停留在休息状态呢？当一个想到一个人应该走那里的时候？明显地，我们判断一件事，例如，看到一个人是较好的，另一个人是较坏的。而且，如果如此的话，我们必定判断一件事是一个人，另一件事不是一个人，如此等等。我们的论敌的实践拒绝了他们的理论；至少实践的判断不会服从他们的规则吧。

27，如果他们说他们不知道而仅仅认为某事物是较好的，而另外的事物是较坏的，他们应当更加关心真理，正像一个病人必定比健康的人更加关心健康一样。

7. 第七个证明

31，如果每一个 A 就是 B 又不是 B，这里还有或多或少事物的本性；它至少不像二那样，那个较少虚假的陈述是较多的真，这里必定有某个它更接近于真理，即使如果没有，我们至少已经得到极端的观点，它会使得造成确定的思想是不可能的。

（二）第四卷第四章（Γ.4）的解说

第四卷第四章是比较长而且内容又比较复杂的一章。罗斯为了帮助学习者理解，在"提要"中把它划分为七个证明，这是可供参考的。我在本书的"第一部分导论"中在"亚里士多德解说写作体例"中，曾经说明，本书将逐卷逐章地解说亚里士多德这部分的内容，为了读者的方便，我在每章的"解说"前，先将该章的内容用"提要"的形式简明扼要地复述出来。这个复述的"提要"，主要参考了罗斯在他的卓越著作《亚里士多德〈形而上学〉的文本和注释》一书中对各章的"提要"。它的优越之处在于罗斯对亚里士多德原著中的逻辑结构作了分析，并用 1，2，3，及 a，b，c 等方法把亚里士多德思想的逻辑层次揭示了出来，对于理解亚里士多德原著很有帮助。本书各章的"提要"基本上是翻译的罗斯的各章提要的文字，以避免读者手边不便查阅亚里士多德原著（这在各种对亚里士多德《形而上学》一书的诠释、解说等类著作中大多都采用一个固定的形式，即先简要叙述各章主要点，再加以注释或解说。例如托马斯·阿奎那的《亚里多德〈形而上学〉注释》，即先引用亚里士多德《形而上学》原书各章的拉丁文译文）。我对本书读者的建议是：如果条件允许，尽可能身边有一本我翻译的亚里士多德《形而上学》的中译本。在内容比较复杂的章，最好不只是简单地阅读本书的"提要"，同时也最好反复阅读亚里士多德原著的全部译文。这对于了解亚里士多德的论述，将会有极大的帮助。这一点，现在我借解说这一章的机会再次提出来与读者商议，请读者予以注意。

亚里士多德在本卷第一、二章中提出了哲学研究的对象是"作为存在的存在"，并进一步论述了作为哲学的各个不同门类，提出了第一哲学和科学等问题，供人们进一步研究思考。

他在第三章中提出，"矛盾律"这个最普遍的思维规律，并解释了为什么它不是能证明的。接下来在第四章中他进一步指出了为了确信这个最重要的思维规律，我们可以用另一种方法来加以证明，即用"反证明"的方法来加以证明。

所谓"反证明"是指，让我们的论敌把他主张的论点（即 A 是 B，又不是 B），明确地表述出来，在这个基础上我们可以进行推论，而推出的结论是荒谬的，从而就证明了它的前提（即论敌的主张）是错误的不能成立的。这是一个巧妙的反驳方法，即我们通常称之为"归谬法"的方法。

而如果论敌不能作出明确的命题，或者只提出含混不清的命题，或者是互相矛盾的命题，那么就表明他是一个不能正常思考的人，他说的话都没有意义，这样，他就无异是一块"木头"了。亚里士多德反复强调这一点，否则就无法进行正常对话。

下面我们分别来看亚里士多德使用的七个证明。

1. 第一个证明

亚里士多德的第一个证明，首先从一个事物必定有它的规定性（即本质属性）说起，这也是亚里士多德强调的"实体"学说。

他提出一事物必有其本质属性，这个属性决定了一事物之所以为这一事物，而不是别的事物。定义就是揭示一事物的本质属性的公式。他举例说："人"就是两足的动物；人的定义，严格地讲是"两足行走的动物"。在这里亚里士多德只是举一个例子，说明人的一个特征而已，所以，我把它改为"人是两足行走的动物"，请读者注意。亚里士多德在这里不是严格说明为什么人是动物。如果肯定了这一点，那么说"人不是两足行走的动物"就不会是真的，而只能是假的。他甚至用接近于现代"分析逻辑"的公式的方式来述说这一点，他说：

"这里人是两足无毛的动物"，那么

"如果 A 是人"，那就必定是

"两足无毛的动物"。

用分析逻辑的符号来表示就是

"人是 X"

"如果 A 是人"

"那么，A → X → 人"

如果违反矛盾律，你同时又断定 A 不是 X，那么这个 A 就一定不是原来意义的 A 了！

这里的论证的基础是：一个事物的本质属性不能同时是 A，又是非 A，如果你同时断定是 A，又是非 A，一定不是真的而是假的。

2. 第二个证明

如果所有矛盾都是可兼容的，那么，就将没有确定的事物，一切都将混合为一。这就是阿那克萨哥拉的学说主张的"一切是一"。一个事物，它可以是人，也可以是一堵墙，也可以是一艘三列桨的船了。

一个事物"潜在地"可以是任何别的东西；但在现实上，一个事物必须具有确定的性质，否则就会使得一切事物混而为一了，这是极其荒谬的。

亚里士多德提出的"潜在的"和"现实的"这对范畴有很重要的哲学意义。他将在以后的第八卷和第九卷中对于"现实的和潜在的"加以详尽的讨论，请读者加以注意。

从现实具体来看，每一事物都必须有其本质规定，这样才可能把它与别的东西区别开来，我们也才能对它有确定的认识，不然的话，我们认识世界的可能性就没有了。

事物除了本质属性之外，还有"偶有的属性"。但这偶有的属性必须与本质属性有一定关系，才有加以认识的意义。这样，如果某偶性是与本质属性相联系的，当说"苏格拉底是白色的"与"苏格拉底是有教养的"时，这个"白色的"与"有教养的"是与"苏格拉底"这个个体的实体有联系的，而如果只是说"白色的"、"有教养的"等，它们都属偶性，互相毫无关联，如果这些偶性是有限的，我们还可以加以认识和讨论（因为就其本身来说，但它们并不与任何一个主体实体相关联），但是如果这些偶性是无限的，则我们就根本无法加以认识和讨论，因为我们的认识在一定条件下是不能认识无限的事物的。

3. 第三个证明

如果我们的论敌否定了矛盾律而承认矛盾的东西可以兼容，那么他也必定否定了"排中律"，即一对矛盾的论述可以同时是假，因为如果 A 是人和非人，它就将既不是人也不是非人，无论我们把它处理为与前两个命题相矛盾的命题，或者是处理为与前面的一个相矛盾命题，都是如此，在这种情况下，就没有思想的确定性可言了。

4. 第四个证明

这个证明的要害仍然是思想的确定性问题。

亚里士多德指出：对矛盾律的否定或者是整个的，或者是部分的。（1）如果是部分的，那么，就会承认有例外的情况，即具有一定属性而不是与它矛盾的。

（2）如果否定是整个的，就有两种情况：（a）当我们肯定时，我们可以否定；（b）但当我们否定时，并非部分是肯定，那么就会有较好的认知。

总之，我们的论敌会说出不确定的东西，而说不确定的东西等于什么也没有说，这样的人和一块木头又有什么区别呢？

5. 第五个证明

如果肯定为真，否定为假，或者反之亦然（即肯定为假，则否定应为真）同样的事情不可能同时被真的被肯定，或否定，如果这样作就是"窃题"（即不加证明而论断是某些为真或为假）。

6. 第六个证明

亚里士多德进一步用人的行动（亦即实践活动）来作驳斥。他指出，如果对一事物断定它是，同时又不是的，那么，他将怎样行动呢？例如，为什么想要到麦加拉（这是古希腊一个地方的名称）去的人，为什么向这个方向走去，而不是走向一口水井里去呢？他的行动说明：并非一事物既是如此又不是如此，否则，他将无法行动。这是以人的实践活动的确定性来反驳思想的无确定性。

如果判断 A 是 B 和 A 不是 B 是假的，但又判断 A 是 B 和 A 不是 B 是真的，那么，在这种情况下，说事物的本性是什么意思呢？如果所有判断都是假的，又是真的，如此思考的人能够说出什么呢？——那比一块木头又有什么区别呢？

从实践的观点看，为什么当一个人想去麦加拉时，他是这样走，而不是走到一个水井里面去？这说明并非所有的肯定否定都是一样有用的，他的行动驳斥了他的"两个矛盾判断都是真的，又是假的"。

7. 第七个证明

在不同事物的本性中有不少的差异，因此，我们不能说 2 和 3，同样是偶数，设想 4 是 5，与设想它是 1000 同样是错误的，也许它们是不同程度的错误，有的错误离真理更近一些，那么必定是某个真理存在。因此，我们要抛弃那些不可靠的东西，因为它们在妨碍我们思想中的确定性。

总之，以上七个证明，根本根据是：（1）一个实体有共同的规定性，亦即本质，它不能是 A，又不是 A。（2）是推动确定性要求，对某些事物我们必须有确定的认识的表述，如果对矛盾的东西同时加以肯定，那只能是模糊不清等于什么也没有说，这样的人将与一块木头没有两样了。（3）实践的反驳，为什么一个人想去麦加拉，他会沿着一定的道路前行，而不会走到一口水井中去呢？为什么一个人只会吃有益的食物，而不吃有毒的食物呢？这说明，人的实践活动受到正确的认识引导才会获得预期的成功，否则将不会成功。这说明人的行动必须有确定的、正确思想的指导，矛盾的思维或模棱两可的思维是不会引导实践活动成功的，甚至根本使人无法进行活动。

五、第四卷第五章（Γ.5）的提要与解说

（一）第四卷第五章（Γ.5）的提要

1009^{a}6，否认矛盾律会站在或落入普罗泰哥拉的理论，（1）如果被思考的每一事物都是真的，那么每一个陈述必定既是真的又是假的，因为许多人作出相反的判断，并且每个人都相信其他的是错的，并且（2）如果每一事物既存在又不存在，所有意见必定是真的，因为人们主张的意见都是彼此相反的。

16，那些由真正的困难而被导致到这个观点的人，能够容易地加以救治，因为那是他们的思考方式而不是他们的论证我们必须加以面对；那些为了论证而论证的人，仅仅能够以否定他们的语词来加以救治。

22，（1）对于前者，矛盾同样是真的这个观点来自观察在感觉世界的矛盾来自同一事物这个事实，如果那不是不能成为存在的，那个事物必定预先具有相反的性质两者，参看阿那克萨哥拉和德谟克利特的"每一样事物在每一样事物之中"。

30，我们将会回答：（a）它们在一种意义上是对的，但是也在一种意义上是错的，因为他们忘记了存在（being）有两个意义，这个同样的事物是潜在的，而不是现实的，它拥有相反的性质，（b）我们将要求他们承认另外一类实体，它是不变动的。

38，对于有些人来说，所有表现都是真的这个信念也来自对感性世界的观察，（a）他们认为，真即应当不是仅仅由计算人数（counting heads）来决定，并且人们有相反的意见，所以，如果多数是有毛病的或颠狂的，那么健

康的或正常的少数将会（如果计算人数是决定性的话）被判定是有病的或颠狂的。

（b）再有，其他动物的感觉与我们的相反，而且一个人自己的感觉随时间而变动，并且没有理由把一个认为比另一个更真些，参看德谟克利特。

12，（c）再有，他们把思想等同于感觉，并把感觉等同于物理印象，这个观点在恩培多克勒、德谟克利特、巴门尼德、阿那克萨哥拉，甚至（据说）在荷马那里都能找到。

如果伟大的大师们都如此地怀疑真理，先行者们会很失望。

1010ᵃ1，这个意见的基础理由是把真实（reality）和感觉世界等同，在感觉世界有许多的不确定性，这些思想家反映了感性世界总是在变动之中，而关于变动的东西，是没有真理可言的。因此，极端的赫拉克利特派观点，像克拉底鲁，他根本不允许自己说任何东西，并且主张，就两次进入一条河流而言，一个人甚至一次也不能进入。

15，我们回答说：（a）那并不是如此确定，即那变化着的东西，当其正在变化时，并不存在。那正在失去一种属性的东西，仍然有某种它的所失去的东西；那正在成为存在的东西，某种东西必定已经存在。如果某种东西正在消亡，必定有某种正在消亡的东西，并且，如果有某种东西正在变为存在，那就必定有某种东西从它们之中，并且有某种东西，由于其作用，而它得以变为存在。

22，（b）质的变化是不同于量的变化的。量必定总是变化的，但是我们知道一个事物是就其质而言的。

25，（c）仅仅一小部分——那直接围绕我们的部分，甚至感性世界的一部分表现出经常的变化；否定宇宙的变化会是更为合理的，因为更大的部分是没有变化的。

32，（d）我们必须也试图使这些思想家相信有一个不变的实在（reality），毕竟那些否认矛盾律的蕴含着看所有事物是静的，而不是处于运动之中，因为，如果所有事物已经具有所有属性，对于它们来说，就没有什么要变化成为的东西。

——反对普罗泰哥拉观点的进一步论证

1010^{b}1，（a）甚至如果关于它们的特殊对象，感官不能被欺骗，想象却不是像感觉一样的东西。

3，（b）肯定的人们不能真的感到疑惑：究竟事物在一般距离之外和近在身边，它们的表现是同样的吗？对于一个病人和对于一个健康的人，对于一个体弱的和身体强壮的人，对于一个睡着的和醒着的人，都是一样的吗？因为（i）它们因为人们事实上是不把他在梦中的幻想付诸行动。

11，（ii）关于将来正如柏拉图所说，一位知道的人的意见和一个门外汉的意见不是同等地正确的。

14，（iii）一个由一种感觉提供给我们的关于一个对象的意见，比起它于另一种（甚至是近似的感觉的对象所提供的意见）更加正确。没有感觉在同一时间关于一个相同的对象会与它自身矛盾的，也没有在不同时间与关于实际的感觉相矛盾的，而仅仅是关于对象相矛盾的感觉。一种葡萄酒可能在一段时间味道甜美，而在另一段时间则不是，如果它或者品酒者，已经变化了，但是甜美（sweetness）永远是相同的确定的品质，那任何是甜美的东西必定必然地具有它。但是，这些理论摧毁了必然性，正如它们摧毁了实体。

30，（d）一般来说，如果仅仅可感知的东西存在，这里将会什么都不是，如果这里没有活的存在物；因为这里将没有感觉。但是这里必须有独立于感觉的实物存在，是它引起了感觉；因为感觉不是它的自身的对象，必须有某种东西先于感觉而存在，因为动者是先于被运动的。事实上感觉的存在和诸感觉是相关的，对于这个论证也是没有区别的。

（二）第四卷第五章（Γ.5）的解说

这一章是要批判那些否认矛盾律的人，是融入了普罗泰哥拉派的错误，普罗泰哥拉派的著名信条是"人是万物的尺度"。他们从感觉主义出发反对理性主义，认为人是通过他的感官来感知世界的，而不同的人对外界的某一事物的感觉可能是不同的，因此，矛盾的判断可以同时是真的。比如，一个人对蜂蜜的感觉是感到"这个蜂蜜是甜的"，而另一个则感觉到"这个蜂蜜是苦的"（亦即"这个蜂蜜是不甜的"）。根据普罗泰哥拉派的感觉主义原则，就认为这一对矛盾判断都是真的，也就是说这一对"矛盾判断"是同时成立的，从而也就否定了"矛盾律"。

亚里士多德接着指出："一方面，如果所有的意见和现象都是真的，所有陈述必定同时是真的又是假的，因为许多人都持有彼此相反的意见，而主张那持有与他们自己不同意见的人是错误的。所以同一事物必定既是又不是。另一方面，如果这样的话，所有意见必定都是真的了；因为那些是错误的人和那些是正确的人的意见彼此是相反的，所以，如果实在是这样的本性的话，那么，所有人都将是对的了。"（1009ᵃ8—15）

亚里士多德指出，在论辩中持有这种错误观点的有两种情况，应分别对待。第一种情况是他们处于困惑状态之中，而想寻求正确认识。另一种情况则是为了论战的胜利而故意狡辩和用不正当的手段而想达到他的目标。他说："对有些需要说服，对有些则需要强制。那些由于困扰而这样想的人，他们的无知是容易纠正的；因为一个人面对的不是他们表达的论证，而是他们的思想。但是对于那些为了论证的缘故而争论的人，只有破除表达在言词中的论证才能予以纠正。"（1009ᵃ17—21）

他往下分析了两种由于观察现象的错误而导致的错误结论，一种是观察到对立甚至矛盾的东西在生成的过程时似乎属于同一主体。亚里士多德指出：在变化过程中可能有的东西从非存在变为存在，但是，他强调指出这种状况可能出现在潜能状态中，而不可能出现在现实中。在现实中一个主体是不可能同时具有相反的属性的。另一种则是：坚持感觉主义的认识论的人，即前面所说的对蜂蜜的感觉是甜的和苦的情况，亚里士多德重点简述了感觉认识论的错误。他指出："因为那正在失去一种性质的东西，具有某种它正失去的性质，而那生成的东西，一定有某种东西已经存在。而一般说来，如果一个事物正在消亡，那么某个东西将在生成，如果一个东西正在生成；那么一定有某个它所从出以及由之生成的东西"。（1010ᵃ17—23）他还指出是量变与质变的不同。他说："数量的变化和性质的变化不是同一件事，即使一个事物在数量上不是恒常的，但是我们是就形式了解每一事物的"。（1010^{a}24—25）也就是说是从质上把握事物的。由此他嘲笑了克拉底鲁这位自称为赫拉克利特派的人，他认为赫拉克利特说："人不能两次走进同一条河流"（因为河流的状态已经改变），而他则认为"甚至一次也不能踏入"，他只看到变动性而没有看到在变动背后的常住性。

再往下，亚里士多德讨论了感觉的主体由于种种不同的情况而得出的不同的感觉。他指出对颜色的感觉会由于与感觉者的距离的远近不同而不同；对一个物体的重量的感觉于一个病弱的人和健在的人也不同；对于一个病人的康复的感觉，一个医生和一个普通人的感受就会不同，等等。但是，没有一种感觉会在同一时间对一个对象断定它是如此，又不是如此。据此，亚里士多德深刻地批判了感觉主义的理论错误，他指出："因为感觉不是对感觉自身的感觉，而是在感觉之外有某个事物，它必须是先于感觉的。"（1010^{b}35）——这就是亚里士多德的主观感觉与客观事物符合才是正确的认识的理论。

六、第四卷第六章（Γ.6）的提要与解说

——反对普罗泰哥拉

（一）第四卷第六章（Γ.6）的提要

1011^{a}3，我们的有些论敌，无论是真的相信或是为了论证的目的，问道：谁来决定哪个是健康的人，并且一般说来，谁来判断。这就像问，究竟我们是睡着呢，还是醒着呢？所有那样的问题包含着证明每一个事物的要求；我们的论敌忘记了证明的起点是不是证明。我们真正的论敌能够容易地被说服同意这一点。

15，那些希望被一个"死扣"的论证而被拒绝的人问道为什么是不可能的，因为他们宣传自我矛盾（self contradication）的权利——这是真的，一个宣称与自身相矛盾。但是我们可以像下面这样来争论：（a）除非所有事物

都是相对的，但不可能是那样的，即所有相似的都是真的；因为那相似的总是相似于某个东西。因此，那些希望把他们的观点受讨论支配的人必定说，不是那相似于的东西是，而是它对于他才是相似的，意思是，对于它来说，在那个条件下才是相似。否则的话，他们会与自身相矛盾，因为同样的事物可以在视觉上与蜂蜜相似，而不是在味觉上与蜂蜜相似。

28，因为对于那些主张这个理论的人处于它的不合格的形式之下，因为同一事物对于相同感觉在相同的方面、方式和时间下，对于不同的人，并不表现得不同。我们可以回答说，诸事物对一相同方面状况和时间下，并不表现出矛盾的属性。对于这些合格的东西，我们的感觉是真的。或者也许我们的争辩的论敌会回答说："仅仅对于你是真的。"事实上，他们必须把每个事物都弄成相对的，所以，没有事物曾经进入存在或者将会进入存在，除非某个人曾经第一个想到它。如果任何一个事物曾经进入存在或者将会进入存在，而没有任何一个人曾经为此想到它，所有事物对于意见来说都不是相对的。

1011^{b}7，(b) 如果一个事物是一，它是与一个事物相对的，或者对于同那个事物的一个确定的数是相对的；如果同一事物是一半和相等的，在所有情况下，它的量不是相对于那个是它的一倍的东西，(i) 这样，如果，相对于一位思想者来说，人就是那在思想的东西，那个思想者不能是一个人，(ii) 如果每样东西都是相对于思想者的，这个思想者将是相对于特别的不同的诸事物的一个无限数。

13，这样我们已经表明，矛盾律是所有规律中最不可怀疑的定律，那由于否定它而来的荒谬，以及这个否认基于什么理由。现在，由于矛盾不能真正地表述相同的主体，相同的事物不能具有矛盾的属性。因为对于两个相反者来说一个是实体的缺失，亦即对于一个确定的主体类的表述的否定。如果一个主体具有相反的属性，那么，它具有它们是在不同方面，或者一个是在特殊的方面，而另一个没有合格性。

（二）第四卷第六章（Γ.6）的解说

这一章亚里士多德指出那些否定矛盾律的人的理论根据是普罗泰哥拉的

主观主义的、相对主义的"人是万物的尺度"的谬论。这种理论认为，人们都是通过自己的感官来认识外界的，因而每个人的感觉就是判断真假的尺度。他们把感觉看作是纯粹主观的，是随个人的感觉不同而不同的，所以，一个人可以感到一块糖是甜的，另一个人也可以感觉到这块糖是苦的。所以，这块糖就可以是甜的，也是不甜的（即苦的）。他们认为，这样就否定了矛盾律（即 X 中 A 为 A，不能同时又是非 A）。

这里的关键是，这种相对主义的感觉主义，完全无视或故意撇开了事物的客观性这个方面。在正常人的感觉中，蜂蜜一定是甜的，这是蜂蜜本身的质的规定所决定的。有疾病的人的味觉（它感到蜂蜜是苦的）是一个特殊的情况，其实就这个有疾病的人的味觉来说，它也必须服从"矛盾律"的支配，因为按照他此时的感觉，他同样不能同时断定这个蜂蜜是苦的，和"这个蜂蜜是不苦的"（即甜的）。这也就是说他不能违背"矛盾律"而作相矛盾的判断。

我们必须肯定客观的存在。正如亚里士多德所说："但是如果并非所有事物都是相对的，而是有些是独自存在的，那么，并非每一个现象都是真的，因为现象是对于其个人的现象，所以那个说一切现象都是真的人，使得一切事物都是成了相对的了。"（1011^{a}16—20）我们的感觉只有正确反映了客观事物的本质才能是真的，正确的；如果抽掉了客观对象的客观性，那么我们的感觉就成了纯粹的主观的，相对的了。对此，亚里士多德举例说："同一事物可以对于视觉显现得像蜂蜜，而对于味觉则不是。另外，由于我们有两个眼睛，事物可以对于每一只眼能呈现为不一样的东西，如果它们的视力是不一样的话"。（1011^{a}24—29）但是如果我们首先肯定了事物的客观存在，而亚里士多德所说"如果事物已经生成或者将要生成，那么很明显并非所有的事物都是相对于意见的。"（1011^{b}6—7）

矛盾律之所以成立而不能违反，就是因为"矛盾在同一时间就不能属于同一事物，因为矛盾的一方正好是缺失——一种本质特性的缺乏。而缺失就是对于某个确定的种的表述的否定。这样，如果同时真的加以肯定和否定是不可能的话，那么诸相反者同时属于一个主词也是不可能的。"（1011^{b}16—22）

七、第四卷第七章（Γ.7）的提要与解说

——证明排中律

（一）第四卷第七章（Γ.7）的提要

1011^{b}23，（1）我们以定义真理与谬误开始。谬误是说明存在的东西不存在，或者那不存在的东西存在；真理是说那存在的东西是存在，或者那不存在的东西，它不存在。因此，那个人说一个事物是或不是，也是说那或者是真的或者是假的；但是，如果主体是一个在矛盾之间的中间词，那么，既不是那是也不是那不是被说成是或不是。

29，（2）中间词项将会或者是一个真的中介性的（如灰色是在黑和白之间）或者是一个中性的（如像那既非是一个男人也并非是马，而是居于它们之间的东西）。在后一种情况下，它不能变化，因为变化是从非 A 到 A，或者从 A 到非 A；但是那真正存在的中介物是经常地被观察到是变化的。在前一种情况下，那会是变白，那并不是从非白变来的——但是它并未被观察到。

1012^{a}2，（3）这个定律可以从这个原理得到证明，即那个思想必须是肯定的或否定的，无论它是真还是假，这是从真的或假的判断的定义得出的（前者意味着以一种方式肯定或否定，后者意味着以另一种方式来肯定或否定）。

5，（4）在两个矛盾方面之间必定有一个中间体，如果这个理论被真的坚持的话；所以（在逻辑方面）一个人能说那既不是真的，又不是不真的，并且（在形而上学方面）这里将有一个在存在和非存在之间的中间物，并且因而有一种不同于生成和毁灭的变化。

9，（5）在否定一个词项意味着断定它的相反者的类中，这里也必须有一个中间物（例如，既不是奇数也不是非奇数的数）；但是，这一点的荒谬性可以从那样的相反者的定义中看出来。

12，（6）否认这个定律无限定地使真正的数繁多化了，如果在 A 和非 A 之外，有一个 B，它既不是 A 也不是非 A，还会有一个 C，既不是 B 也不是非 B，还会有一个 D，它既不是 C 也不是非 C，如此等等。

15、（7）一个否定仅仅标示出肯定性质的缺乏，所以，在否定和肯定之间没有一个中间物的容身之地。

17，有些思想家被引导到这一点，正如其他的两难意见，以处理争辩的论证的失败而相信；其他的人则由于企图证明一切事物。在回答所有这样的问题时，我们立足于定义，它包含于所有有意义的语词中。

24，当赫拉克利特的说法，所有事物都存在又不存在，似乎把所有陈述变为真的，而阿那克萨哥拉的观点，即在矛盾之间有一个中间体（因为他的"混合物"可以被叫作好的或不好的），似乎把所有陈述变为假的。

（二）第四卷第七章（Γ.7）的解说

在这一章中亚里士多德讨论了"排中律"，即一对矛盾的陈述不能都是假的，其中必有一个陈述是真的。这是对"矛盾律"的另一种表述或补充。

亚里士多德首先从两点开始说起：

1."在矛盾的陈述之间不能有中介者，对于任何一个主词我们必须肯定或者否定一个谓语。"（1011^{b}23—24）

2. 从定义一个命题的真假谈起，即"我们首先定义什么是真，什么是假。"（1011^{b}25）他指出："把一个存在的东西说成不存在，或把不存在的东西说成存在的就是假，把存在的说成存在，或把不存在的说成不存在，就是真。"（1011^{b}23，25—29）

这个真假的定义是亚里士多德哲学思想中的一个重要论点。它是用主观认识与客观存在的状况是否相符合来确定，表现为主观的判断是真还是假。这是一个真正的唯物主义的正确论点。

从第一点的论述，表明在两个矛盾的极端之间不能有"中介者"，当你肯定一个时，必定要否定另一个，如"白"和"非白"。我们不能把它与"对立"这个概念混同。两个不同的事物之间就存在"对立"，如"白色"与"黑色"，它们之间可能存在不同程度的"灰色"。这就是它们之间的"中介物"。在两个对立物之间，就不是"非此即彼"的。你不能断定"非白色"即是"黑色"。所以"矛盾律或排中律只适用于""矛盾"的情况而不适用于"对立"的情况。这一点是必须弄清楚而不能混淆的。

至于像"人"和"鸟"之间，或"人"和"树"之间的对立，则是在不同层次的种、属关系之中的对立的差异，更不能适用于矛盾的情况。

亚里士多德进一步批判了他所理解的赫拉克里特的论点和阿那克萨哥拉的观点。前者断定"所有事物的都存在又不存在"，而后者则认为"似乎所有都混合为一"。因此根据前者，则似乎使一切都是真的了。而根据后者则"似乎使一切都是假的了"。（1012ª25—27）

当然，根据阿那克萨哥拉的论点，一切都无所谓真假，而赫拉克利特的观点则似乎一切皆真。这里要指出的是亚里士多德对赫拉克利特的攻击，是不正确的。赫拉克利特的"万物皆在流变之中"，是指的世界的万事万物都处于永恒的变化之中，这是一项世界的最高的辩证法规律。亚里士多德是从他的世界相对静止的状态，即事物处于量变阶段而未达到质变前的相对静止的状态，来观察和分析万事万物的。应当承认，这种观察分析问题的方法是绝对必要的。但这只是事物存在的辩证形式的一个方面，把它夸大为世界存在的唯一形式，而否定事物永恒变化的另一方面，就是一个极大的错误。黑格尔在分析人类思想发展时，对亚里士多德的许多自发的辩证法思想（比如，潜能和现实的论述）给予了高度的赞许，而对他的"片面静止的观察分析世界的思想方法"，则加以深刻的批判。黑格尔提出了"辩证的思想方法"，和以亚里士多德为代表的片面、静止、孤立地观察分析世界的方法对立起来，而且给亚里士多德这种方法起了一个名称："形而上学的思想方法"，这是很有历史意义的一个名称。这名称就是来自亚里士多德在《形而上学》一书中运用的这种与"辩证的思想方法"或"辩证法""相对立的"形而上学方法。这是对人类哲学思想发展的一个伟大的总结，我们应当予以高度的注意。

八、第四卷第八章（Γ.8）的提要与解说

——所有判断都是真的或者所有判断都是假的观点，以及
所有事物都是静止的，或者所有事物都是运动的这些
观点的虚假

（一）第四卷第八章（Γ.8）的提要

1012ᵃ29，这些讨论表明这些流行的陈述的错误，即没有判断是真的，或者全都是真的。（1）这些陈述就表示或者落入赫拉克利特的说明，即所有判断都是真的，并且都是假的。

2，（2）这些显然都是矛盾的，它们并不都是真的，而且有一些也并不都是假的，尽管后者关于我们已经说过的似乎是更加可能的。我们的论证必须从定义真理和谬误开始。如果断定"是"是真的，正如否定"是"错误的，每一个事物不能都是虚假的。并且如果每一个事物必定或者被肯定或者被否定，两个陈述不能都是假的。

13，（3）这些理论面对共同的反对，它们反对它们自身。那说每一个事物都是真的人必须承认他的反对者的观点是真的，并且因此他自己的观点是假的；并且那个说每一事物都是假的人，必须把他自己的观点也包括在他所指的之中。前者不可以说只有我的论敌的观点是假的，后者也不可能说，只有我的观点是对的。如果他们这样做，他们必须承认一个无限定数量例外；例如，后者必须主张他所说的真的观点是真的，是自身就是真的。

22，也不能说所有事物都处于静止中（因为这样同一事物将会永远是真的或者永远是假的，但是这里在这个方面有变化，那个持有这个观点的人在一个时间内曾经不变化，并且再次又将停止存在），也不能说所有事物都处于运动中（因为那样，每个事物都将会是假的，这个观点已经被否证，并且进一步说，那变动的东西必将本身是某种东西），也不能是所有事物在一个时间是静止的，在另一个时间是运动的，在被动的事物中有某种东西总在运

动，而第一推动（the first movent）自身必须被推动。

（二）第四卷第八章（Γ.8）的解说

在这一章中，亚里士多德进一步论证矛盾律和排中律，并进一步指出否定它们而引起的错误。他重申了在前面几章（3—6 章）中已经断定的"很明显，有矛盾的陈述不能在同一时间是真的，但也不全是假的"。（1012ᵇ4）

他进一步指出否定这两条规律的人，也将"摧毁自身"。因为，如果一切判断都是真的，那么他反对的论敌的判断就会是真的，因而他自己主张的判断就是假的了。同理，如果所有的判断都是假的，那么，他自己主张的判断也就是假的了，这样，岂不是"摧毁自身"吗？

但如果不遵循辩论的规则，只说论敌的判断为假，而自己的判断为"例外"，所以是真的，那么，对方也可以同样的手段说自己的是"例外"而是真的，这样就将有一个"这个进展将会无限地进行下去"。（1012ᵇ22）

亚里士多德还提出了："那些说一切都是静止的人是不对的，那些说一切都是运动的人也是不对的。"（2012ᵇ23）

亚里士多德在这里又将接触到静止和运动的问题，但他仍然是以"形而上学"的方法，来观察描述的。在他看来，这是因为如果一切都是静止的，那么同样的陈述将永远是真的和永远是假的，——但这个显然是变化的，因为那说话的人，在一个时间他不曾存在，而且他又将再一次地不存在。（1012ᵇ24—26）这似乎是一个很奇怪的说法，在这里亚里士多德考虑了时间的因素，不同的时间就有不同的情况。

他又指出："而如果一切都在运动之中，那么就没有什么会是真的，因而一切都将是假的，但是这已被证明是不可能的。"（1012ᵇ26—27）在这里亚里士多德重复了他的老师柏拉图的同样看法，变动不定的事物是无法认识的，必须有可以把握的稳定的对象。这里亚里士多德又同样陷入了柏拉图的困惑。

最后，亚里士多德从"存在必须是变化的"，"因为变化是从某物变为某物。"（1012ᵇ28—29）这里表明了亚里士多德将在第七卷中论述的可贵的"潜能与现实"的观点。他由此进一步提出，并非有的时候一切都是静止的或都在运动，而没有东西是永恒的，因为有种事物永远推动别的在运动中的事物，而这个第一推动者自己则是不运动的。(1012ᵇ29—32)

亚里士多德不了解世界万物由内在矛盾的推动，而永远运动。他从外部寻找运动的动力。在这里提出了他的重要论点："不动的推动者"、"第一推动者"。亚里士多德在这里没有时间进一步讨论，他将在以后第九卷和第十二卷来详细讨论。

亚里士多德对运动的看法也表现出他的形而上学式的运动观。他承认万物的生成和事物的位置移动（从 A 点运动到 B 点），也承认时间的变化（如一个人从 50 岁变到 51 岁），以及从潜能到现实的变化，等等，所有这些都是从相对静止的事物状态来观察运动的，关键是他不理解事物的内在矛盾推动事物发展变化的辩证法。

第五卷（△）

概　论

第五卷（△）是非常特殊的一卷。它章数最多，达到三十章，而其内容则是对在哲学中常用的词条作解释，因此，被学者们称之为"哲学辞典"。

这一卷是否为亚里士多德本人的著作也有争论。它可能是亚里士多德的某种"讲课提纲"，但更有可能的是学生们的笔记的汇编。而且，这一卷在全书中的位置，也很奇怪，它横亘在内容上相互联系颇多的第四卷和第六卷之间，显然是没有什么道理的、任意的编辑行为。这更证明《形而上学》不是亚里士多德自己的有计划的写作，而是后人把亚里士多德的某些著作，学生的听课笔记等资料汇集到一起而编著的。而且显然本卷是任意插入的。它与其他各卷都没有什么内在联系。

罗斯把本卷的内容在他的著作中将这三十章的内容归类为 14 小组，它们是：

1. 第 1，2，3 章：开端，原因，元素；

2. 第 4，5 章：本性，必然的；

3. 第 6，7，8 章：一，多；存在；实体；

4. 第 9 章：相同，相异，差别，相像，不相像；相反的，矛盾的，属性不同，属的相同；

5. 第 11 章：在先，在后；

6. 第 12 章：潜能，能够，无能，不能够，可能的，不可能的；

7. 第 13，14，15 章：量；质；关系；

8. 第 16，17 章：完成，限制；

9. 第 18 章：由于它；由于自身；

10. 第 19，20，21，22，23 章：安置，具有或习惯；感情；缺失；具有或持有；在……之中；

11. 第 24,25,26,27 章：由它，出于它；部分；整体，全部，所有切割的；

12. 第 28 章：种类，在种类上的不同；

13. 第 29 章：假的；

14. 第 30 章：偶然。

这个划分没有太大的意义，它看不出这些词彼此之间有什么关系，不知罗斯如此划分的根据是什么？留此存照，以备参考吧。

以下我们逐章来进行解说。

我们使用以下的符号来表示△卷的各章，即△.1，△.2，△.22，△.30，请大家注意。这些章的内容对于我们理解亚里士多德的形而上学思想还是有帮助的，因为它们的思想观点都是亚里士多德学派的。

一、第五卷第一章（△.1）的提要与解说

—— "开端"（原始）（beginning）

（一）第五卷第一章（△.1）的提要

1012^{b}34，"开端"（$\dot{\alpha}\varrho\chi\dot{\eta}$）的意思是（1）一个运动的起点（例如，一条路的起点）。

1013^{a}1，（2）一个事物的出发点（例如，对于学习一个主题）。

4，（3）一个事物生成开始的部分，一条船的龙骨。

7，（4）生成或者运动的永恒的起点（动力因）。

10，（5）由它的意愿而移动的别的某种东西（例如，城邦中的执政官）。

14，（6）一个事物的知识由它开始（认识的原因）。

16，"原因"有意义上的某些变化，因为所有的原因都是 $\dot{\alpha}\varrho\chi\alpha\iota$，对于所有开端共同的是起点，无论是内在的还是外在的，对于存在、生成，或者知识都是如此。这样，自然、原素的构成、思想、意志、本质、目的因，所有都是 $\dot{\alpha}\varrho\chi\alpha\iota$。

（二）第五卷第一章（△.1）的解说

在本卷中以"始基"这个观念开始讨论，这个安排是很有意义的。因为

"始基"一词在哲学中有极大的重要性，在古希腊哲学思想发展中，从最早的时候（现在一般把泰勒斯视为最早的哲学家）就提出了探索宇宙的起源和宇宙的最原始最基本的元素的问题。这些最原始、最基本的东西，就被称为"本原"、"基源"或"始基"。如泰勒斯认为世界的始基是"水"。

在古希腊文中 ἀρχή，就具有"起点"、"始基"、"原理"等意义，由于它具有庄严的始基的意义，又被认为是最尊贵的，具有极大权威，所以这个字又用来称呼古希腊城邦中的"统治者"——执政官，这个执政的集体（即多位执政官组成的委员会，就被称为 ἀρχαί）（复数）；每一位执政官就称作 ἀρχή。所以这个名词，可以既是普遍用语也是专门用语。

由于哲学的特点是追寻宇宙的终极真理：由此可见，这个词在其中扮演的重要角色。

在英文译文中，有 origin，principle，beginning；start point，rule，ruler 等译名，视其语境而可选用其恰当的用词。

二、第五卷第二章（△.2）的提要与解说

（一）第五卷第二章（△.2）的提要

"原因（Cause）"

1013^a24，"原因"的意思是（1）物质因。

26，（2）形式，类型或者定义（形式因）。

29，（3）变化或静止的原理（动力因）。

32，（4）目的因（对于一个目的因的手段有些是工具，其他的是活动）。

$^b4$，一个事物可以是多种这些种类中的一种原因（而且这不仅仅是偶然地），什么是一个事物的原因，在一种意义上可以是它的在另外一个中的作用因。

11，那个由于其出现而引起另一事物的东西，由于其不出现而引起相反的事物。

16，所有原因归入这些四种类型。（1）字母是音节的原因，质料是手工制造物的原因，元素是物体（body）的原因，前提是结论的原因，这些都是"那出自它的"的意义。

22，（2）但是本质、整体、综合或者形式也归入"那出自它的"之中。

23，（3）种子、医生、顾问，并一般说来，行动者则归入作用因。

25，（4）其他事物则是终极因意义上的原因；这就是善或显然的善（apparent good）。

29，直接通过这个归类，这里有一些区别。

32，（1）与动力因相通的诸原因，以及那包括这些的类别（特别的和普遍的）。

34，（2）固有的和偶然的；偶然的原因包括（a）那个属性的主体，那些属性是固有原因；

（b）包括主体的类；（c）它的另外的属性。

1014ª7，（3）潜在的和现实的。

10，关于动力因我们也可以区别特别的和产生的。

13，固有属性与偶然属性的合并可以被描述为一个事物的原因。

15，这样，这里有六类原因：（1）个别的原因；（2）个别原因的种；（3）偶然的原因；（4）偶然原因的种；（5）（1）和（3）的合并；（6）（2）和（4）的合并。

19，这些中的任何一个可以是现实的或潜在的。但是当现实的和特殊的原因的存在正如动力因存在的那么长，潜在的就不会这样。

（二）第五卷第二章（△.2）的解说

亚里士多德在这一章中论述原因，基本上是沿用他在第一卷讨论原因问题的结论，即原因可以归结为四种原因（"四因论"），即质料因、形式因、动力因和目的因。

在这里，亚里士多德又加入了必然的（固有的、本质的）原因及偶然的原因，以及潜在的和现实的原因，以及多种情况下，不同种类原因的组合的复杂性，来作进一步的说明。

他指出，"一个事物由它变为存在"就是原因的意思。（1013ª24）在这个理解下把"四因说"都归入其中，所以他指出，青铜是雕像的原因（质料因）；形式或模型（亦即本质的定义）（形式因）；变化或静止从它首先开端的东西（动力因）；"制造者是制造出的事物的原因。"目的，亦即一个事物是为了它的缘故的那个东西，所以，健康是散步的目的。他指出："这些就是实际上谈到原因时的所有意义。"（1013ᵇ4）因此，得出事物有几个原因，即就其不同方面而言，有时一个事物的出现或不出现，会有相反的结果，他举例说比如舵手的出席或缺席则是船只安全或遇险的原因。

他把事物的目的因与道德上的"善"联系起来，因为他认为事物变化达到的目的，或实现了的目的就是"善"（goodness）。不论是"善"还是表面的"善"。在这里何谓"表面的善"，亚里士多德未作明确的解释。

他在上述四分法的基础上，还讨论了一些复杂的情况。首先是偶然的原因，他指出还有偶然的原因和它的类。（1013ᵇ35）即在原因中与起作用的原因伴随着的"偶然"的情况，他举例说，比如"雕塑家造成了一座雕像"，而恰好这位雕塑家正好是"波里克利特"。而且像这样"偶然性"的类包括很多（如他是人、动物、白色的、有节奏的，等等），而且偶然的原因还可以和专门的原因结合起来（如"雕塑家波里克利特"等）。因此他说"所有这些在数目上不过是六种"。（1014ª15）这六种就是指：（1）个别的原因（如雕塑像）；（2）个别原因的种（如雕塑家里波特利特……），（3）偶然的原因（如白色的），（4）偶然原因的种（人、动物、有节奏的等）（5）1与3的合并，（6）2和4的合并。

同时，他又引进了"潜能的"和"现实的"来与这些原因相联系，从而形成了更为复杂的情况，而且因为"潜在的"和"现实的"并不一定同时出现，比如"这个特殊治病的人"和"这个特殊的正在康复的人"，以及"这个建造者与这个特殊的正在被建造的东西"，可以同时存在或同时不存在的。"但是潜在的原因并非总是处于这种情况，因为房屋并不与建房者同时消灭掉。"（1014ᵇ24—25）

对于这些复杂情况，亚里士多德并没有在这里作出进一步明确的讲述。

三、第五卷第三章 (△.3) 的提要与解说

——元素 (element)

(一) 第五卷第三章 (△.3) 的提要

1104ª26，"元素" 的意思是 (1) 原初的构成 (primary constituent)，它是不能分割为与其自身特殊的部分的，例如字母表中的字母，物理的元素。

35，我们也同样说几何证明的元素，或者一般证明的元素。

33，(2) 无论什么是一，小的和能够多样使用的，以及同样无论什么是最普遍的，例如，单位和点。

9，由此，种被某些人说成是元素，而且比它的种差更加会如此。

(二) 第五卷第三章 (△.3) 的解说

这一章讨论的是 "元素" (element)。这个概念在古希腊哲学家追寻宇宙的最终构成时，就常用这个概念来表示这种东西。他们把水、土、火、气叫作 "四元素"，即意味着他们认为构成宇宙的东西就是这四个终极物，亦是 "元素"。

亚里士多德在这一章中用明确的语言解释了何谓元素，他说："元素的意思是，(1) 内在于一个事物的原初成分，而且在种类上不能划分为另外的种……如果它们被划分，那么它们的部分是同类的，好像水的部分是水，……同样，那些谈论物体元素的人，他们的意思是物体最终划分成为的事物，而且它们不能再划分为在种类上不同的其他事物，而且不论这种事物是一还是多，他们就叫这些事物为元素。"(1014ª26—35)

这个意思引申出来的是："所谓如何证明的元素，以及一般地证明的元素具有同样的性质；因为原初的证明也属于许多的证明之中，这些原初的证明叫证明的元素。"(1014ª35—ᵇ1)

同样地，在三段论式中包含的大词、小词和中词，这三个词也是三段论的"元素"。（1014^{b}1—2）

（2）他叙述了另外一个引申的意义，即从上一个意义转而应用于那种是一和小的并对许多意图有用的东西；由于这种原因，那种小的、简单的和不可分的东西，也叫作元素。由此可以得到："那最普遍的东西都是元素。"这种统一体和点被许多人认为是本原（ἀρχη／first principle）。

现在他把"元素"和"本原"联系了起来，所以他指出："在所有意义中共同的是：每个事物的元素是内在于每一该事物中的基原的东西。"（1014^{b}14—15）

四、第五卷第四章（△.4）的提要与解说

——自然（nature）

（一）第五卷第四章（△.4）的提要

1014^{b}16，φύσις（自然）的意思是（1）成长事物的生成。

17，（2）成长开始的那个部分。

18，（3）在自然对象中的运动的内在原理。

20，成长是从某事物中产生增长而无须接触和凝聚或散开。

26，（4）未成型或未变化的质料，自然物从它之中产生出来。

32，在这个意义上，一个或更多的四元素被说成是自然对象的"本性"（nature）。

35，（5）自然对象的本质；

1105^{a}3，这样，我们说一个事物直到它有自己的形式之前就没有它的本性（nature），一个自然对象是（4）和（5）的联合。

7，这样，这两个的另一个（它可以意味着或者最接近的或者最终的）质料，而形式是这个生成过程的目的，都是"本性"（或"自然"）。

11，（6）一般的本质。

13，原初的意义是事物的本质，它有一个运动的本原在"作为"（qua）它们自身的自身之中；其他的意义都是由此引申出来的。

17，在这个意义上的自然（nature）是自然对象的运动的原理，潜在地或现实地呈现在它们之中。

（二）第五卷第四章（△.4）的解说

本章讨论的名词是"自然"（nature）。这也是一个多义字，nature 在古希腊语中是 φύσις。它的基本意义就是"自然的状态"、"自然中的存在物"、"在自然的生成，生长的事物"，等等。这是因为在自然状态下的事物总是处于生老病死的变化过程之中的，这是我们观察和感受自然状态时很明白地感受到的。

所以，亚里士多德关于自然物的存在和变化状态的学说和著作就叫作 φυσκή，英文翻译为"On Nature"或音译为 Physics（物理学）由此而引申出 Metaphysics（形而上学）这个字，用以称呼亚里士多德关于"超越于自然物体"，即研究超越于自然形体的东西的学问，亦即"哲学"（philosophy）；或者另一种解释为"写于物理学之后的诸卷"（因为 Meta 有在后的意思）。所以，"自然"一词就其基本意义上说就是自然状态下存在物的生成变化。亚里士多德在本章中列出的六种意义，即细数它们的各个侧面。

1."自然"（nature）的意思是：是（1）生长的，事物的生成，他还从字源学上考察了这个字，他说："如果把 φυσις 字中的字母 υ 为长音的话，就应当推荐这个意义"。这是因为 φυσις 这个字在字源上有"生长"的意义，动词 φυσι 的意思就是"生长"，在它的绝大多数的变形中，其中的字母都发长音。

2. 由此，衍生出"（2）一个生长事物的内在部分，该事物的生长首先是从这个部分进行的"。（1014^{b}18）

3. 再衍生出"（3）每一个自然的对象中的基本的运动的源泉，这种运动是由该事物的本质所决定的"。（1014^{b}19）对此，他还分析了"接触"和"有机统一体"（如胚胎）两种情况。

4."(4) 自然的意思是基本质料。(1014^{b}26) 例如，铜是铜雕塑品的材料，亦即自然，木材是木作的东西的'自然'。他进一步引申说：正由于这种方式，人们把自然对象的元素也叫作它们的自然，有人称之为火，其他人称之为土，有的人称之为气，有的人称之为水，其他人称之为这一类的别的东西，有的人提出一以上的东西，并且另外有人提出所有这些东西。"(1014^{b}32—1015^{a}1)

5.(5) 自然意味着自然的东西的本质，如像那些说自然是事物的基本的组合。……因此，关于存在的事物和由于自然而产生的事物，尽管它们的自然地从它产生或者存在的那些东西已经呈现，我们说它们还没有它们的自然（本性），除非它们具有了它们的形式或形状，那包含这两者的东西由于自然而存在，……自然不但是基本 [第一] 质料……而且也是形式和本质，它是生成过程的目的。(1015^{a}1—11) ——这时我们又看到亚里士多德又联系起他的"四因论"来阐述"自然"了。

6.(6)"自然"的这个意义的延伸，一般说来，每一个已经生成的本质也叫它的"自然"(本性)，因为一个事物的本性就是一种本质。(1015^{a}12—13)

在列举了上述这些意义之后亚里士多德总起来又说了一遍：从已经说过的，很明显，自然在基本的和严格的意义上就是事物的本质，它在自身中具有运动的源泉，因为生成和生长的过程被称作自然，是因为它们是由此而开展的运动，在这个意义下的自然，是自然的东西运动的源泉，它以某种方式存在于这些自然对象之中，或者是潜在运动，或者完全是现实的。(1015^{a}14—19)

五、第五卷第五章（△.5）的提要与解说

——必然的（necessary）

（一）第五卷第五章（△.5）的提要

1015^{a}20，"必然"(Necerary) 应用于 (1) (a) 一个条件，没有它，一个东西就不能存活。

22，（b）没有它，善（good）就不能存在，或变为存在。

26，（2）强制的，亦即，那阻碍某些事物和抵抗它的推动。

33，（3）否则，它就不能存在。

35，在这个意义上，其他的可能被涉及。

[b]6，也在这个意义下，证明是必然的，它的必然性依赖于诸前提的必然性。

9，所有事物是必然的是由于或者靠某些别的事物的理由或者由于它自己的缘故，它之所以如此，在后一种意义上是简单的，它只能是在一种方式上。因此，如果这里有永恒的，不变的实体，没有什么东西是强制的或者是非自然的能够保住它们。

（二）第五卷第五章（△.5）的解说

这一章讨论的名词是"必然的"（necessary），这也是一个重要的哲学概念，在亚里士多德的逻辑学说中，它是"模态"（model）的重要内容之一，还有偶然的、可能的不可能的等等，本卷在第十二章和第三十章中对它们加以讨论。

亚里士多德在本章中从以下各点来讨论"必然的"和"必然性"（necessity）。

1. 我们称为"必然的"（necessary）是指（1.a）作为一个条件，没有它，一个事物不能存在，例如，呼吸和食物对于动物都是必要的，因为，没有这些，动物就不能活下去。（1015[a]20—22）

这就是逻辑中的"条件命题"中的"必要条件"。即"有了它后件一定真，没有它，后件不一定不真。"与此相伴的是另一种"充分条件"的"条件命题"，即有了它后件不一定真，没有它后件不一定不真。后者例如，"如果天气好，我们就出去郊游"。

2. （1.b）有种条件，没有它，善就不能存在或产生，或者没有它我们就不能除去恶或摆脱恶。例如，为了我们可以治病，服药就是必要的。一个人为了钱财，航行到爱琴海就是必要的。

这仍然与第（1.a）条一样是个"必要条件"。

3. （2）强制的和强迫，亦即阻止并倾向于妨碍相对于冲动和目标的东西。由于这种必然性是来自强制的，所以亚里士多德风趣地引用尤埃诺斯的话"每一件必然的事物都是令人伤心的"。（1015ᵃ29）因而他也说："必然性被认为是某种不能加以说服的东西。"（1015ᵃ33）这是一种必然性遭此阻止时会出现的情况。

4. 我们说那个不能是另外一个样的东西就是必然地是像它那样的，并且从这个意义上的"必然性"，所有其他意义就都因为某种方式引申出来了。（1015ᵃ34—35）他进一步解释了强制下出现的情况。他说："因为一个事物被说成去做或承受那是必然的东西（在强制的意义上），仅仅是在它由于强迫的力量而不能按照它的冲动来行动的时候，——这就蕴含着：必然性是那由于它而使得一个事物不能是另外一个样的那个东西。"（1015ᵇ1—3）必要条件之所以"必要"就是来源于这种"必然性"。

5. 他还举出"证明是一种必然的事情"，比如，三段论的诸前提不能是别样的。

他还进一步指出："有的事物从某些别的事物那里得到必然性；有的事物则不如此，而是它们自身是其他事物的必然性的源泉，因此，那必然的东西在基本的和严格的意义下是那简单的东西，因为这不容得有多于一的状态。"（1015ᵇ11—12）

由此，亚里士多德进一步推论出以下结论："如果有任何事物是永恒的和不动的，那么就没有什么东西会强迫或反对它们的本性附着于它们。"（1015ᵇ14—15）这就是说一切事物都处于永恒的必然性之中了。关于这一点，亚里士多德在另外的地方有详尽的讨论，特别是在第十二卷中。

六、第五卷第六章（△.6）的提要与解说

——一（one），多（many）

（一）第五卷第六章（△.6）的提要

1015ᵇ16，诸事物形成一个统一体，做到这一点的可以是（1）偶然地，

就像：

(a) "科里斯库斯"和"有教养的"（或者"有教养的科里斯库斯"）；

(b) "有教养的"和"公正的"；

(c) "有教养的科里斯库斯"与"公正的科里斯库斯"。

20，两个事物在（b）的情况下是一，因为它们都是一个实体的属性；那些在（a）情况下都是一，因为一是另一个的属性，所以也在（b）的情况下，"有教养的科里斯库斯"与"科里斯库斯"是一，因为复合体的一部分是另一部分的属性；那些在（c）情况下的，因为"有教养的"和"公正的"是同一个实体的诸属性。

28，相似的（d）"人"和"有教养的人"是一，因为或者是"有教养的"属于一个"人"，它是一个实体，或者因为"人"和"有教养的"属于一个个体，尽管依据不同方式。

36，（2）诸事物本质上是一是由于（a）通过渐进性；诸事物由于本性，比起由于人工而逐渐地成为一个是更加地是一个。

1016^a5，逐渐的是那个它的运动本质上是并且必须是一，亦即，在时间上是不可分的，接触并不构成渐进性。

9，那逐渐的更加是一，如果它没有弯曲的话，因为那时它的运动必须是即刻完成的。

17，（b）（i）因为它们的载体在种类上是一，亦即，在感知上是不可分辨的。

24，（ii）因为它们的种是一，马和人是因为它们两者都是动物；平行四边形和等边四边形是一个形状，因为它们都是四边形。

32，（c）因为它们的定义是不可分割的。

1016^b1，那是整个地最为是一的，思想对它们在时间、地点或者定义上都是不可分的——特别是如果它是一个实体的话，一个事物是一，在那个方面实体不可分的。

6，大多数事物是一是由于有的关系直接地是一，那些事物在原初上是一，它的实体在渐进性上（参看 1015^b36—3016^a17）在种类上（1016^a17—

32）或者在定义上（ª32—ᵇ16）是一。

11，在有些事物中在我们把它们叫作一之前，我们要求形式的统一，以及渐进性的统一。

17，（3）是一就是在数目上成为一个起点，或者是一个种的第一个度量（measure）。不同的种有不同的单位。

28，在每一种情况下，单位都是不可分的，或者是在量上，或者在种类上。在数量上有绝对地不可分和无地点性（单位），绝对地不可分它有地点（点），那是不可分为一、二、三维的（线、面、体）。

31，再有，这里有在数目、属、种的统一，或者由于类此。这些的每一个，包含着那些跟随它的，但不是反之亦然。

1017，"多"（many）是有对应于本质上统一的三个种类的意义。

（二）第五卷第六章（△.6）的解说

这一章讨论的是"一"和"多"这两个哲学中常见的概念。在这一章中，讨论了它们的多种各自的意义以及它们彼此之间的关系。

本章从"一"的多种意义说起：

首先是，"一的意思是：（1）那由于偶然而是一的东西。"（1015ᵇ16）它是指一种偶性与一个主体连接或者几种偶性与一个主体连接，例如："一个叫科里斯库斯的人"与"有教养的"这种偶性，或"白色的"、"公正的"等偶性相连接，指的仍然是同一个主体，所以仍然是一。"因为词组的一部分是另一部分的一个偶性。""因为每一个词组的一部分都是一个，并且是相同东西的属性，甚至偶性述说一个种或一个普遍词项也与此相似"。（1015ª27—29）注意这里有偶性与主体的关系的问题，否则理解上会发生问题。

（2）有些事物由于它们本身而被称作一，（a）有些事物是由于它们是连接的，例如，一捆东西是由一个带子而捆成为一的，一些木片由胶水黏合了而造成为一的，而一条线，即使它是弯的，如果它是连续的，就称之为一，如同身体的一部分，如腿和胳膊是一。关于这些，由于本性而连续的比由于技艺使之连续的更加是一。"连续的意思是它们的运动本身是一，而不能是别样的；运动是一，如果它是不可分的，亦即它在时间方面是不可分的。那些本身是连续的就不是仅仅由于接触而成为一的；因为如果你把许多木片彼此接触地放置着，你不能说这些是一片木板，或者一个物体或者一个任何其他的连续的东西，在任何方式下是连续的事物被称为一，即使它被允许是弯曲的，而那不是弯曲的则更加是一。"（1016ª1—11）注意这里包含天然连续的一和人工使之连续的一的区别，另外不涉及整体的一和整体中的部分的一的区别。

（b）（i）"自然事物在另外一种意义上叫作一是因为它们的基质在种类上是没有不同的。"（1016ª18）注意，这样的基质为一的就有不同层次的划分，如酒和水各为一个种，它们二者又有共同的种：液体。

（ii）"那些在种上是一的事物也被称作一，尽管它被相反的差异区别开来。"（1016ª24—25）他举的例子是人、马、狗形成一个统一体，即种，因为所有这些都是动物，这一是和上述的（i）是一而二、二而一的，是从种属和基质之间的关系上看统一的。

（c）亚里士多德又指出一条重要原则，即"那原初也被叫作一的事物，则是那些在实体上是一的事物"。（1016ᵇ8—9）所以"或者在连续性上，或者在形式上，或者在定义上是一的事物"，我们把它叫作一，如果不是这样，则叫它为多于一，亦即是多。

他还指出任何事物，"如果它是一个量和连续的，在另一种意义上，除非它是一个整体"。（1016—1112）他举一双鞋子为例，如果是鞋的一部分，就不能称作是一，只有在它们放在一起，并因此具有形式时，才叫作一双鞋。

（3）"那是一的东西的本质应当是数的某种开端，第一个度量就是开端，因为我们借助于它而首先知道每个类的，这就是这个类的第一个度量。"（1016ᵇ18—19）"这样，一就是关于每个类的可知的东西的开端。"（1016ᵇ20）这就是说，每一类事物的度量的开端都是数量的一，如一件衣服、一斗大米、一颗珍珠等等，而这个"一"，无论在数量上还是在种类上都是不可分的。

他进一步论述："现在，那在数量上不可分的东西，如果在任何度上都是不可分的，并且没有位置，就叫作一个点；如果在一个度上是可分的，就叫作一条线，如果在两个度上是可分的，就叫作一个面，如果在所有（即三个）度上都是可分的，就叫作一个体。而从相反的次序说，即在两个度上是可分的，就是面，在一个度上可分的就是线，而在量上绝不是可分的就是点或单位——没有位置的就是单位，有位置的就是点。"（1016^{b}24—31）

对于一，亚里士多德作出了一个小结，他说："有些事物的数目是一，另外的在属上、在种上是一，有的由于类比而是一；在数目上是指那些质料是一的事物，在属上是指那些在定义上是一的事物，在种上是指那些相同的表述格式适用于它们的那些事物，由于类比是指那些相关的事物，如像第三个事物相关于第四个事物。当前面的类别的一存在时，后面的类别的一总是可以发现的，例如，在数目上是一的事物也在属上是一，但当事物在属上是一则并非全都是在数目上是一；但在由于类比上全都是一；有的事物由于类比而是一却并非全都在种上是一"。（1016^{b}31—1017^{a}3）

在这一章的结尾处，亚里士多德用了一个简洁的方法来分析"多"的意义，因为"多"是与"一"相反的概念，因此以上的解释说明了何为"一"的意义，由此，与之相反的就是"多"的意义。他说："显然，多会具有与'一'的那些意义相反的意义；有些事物是多，因为它们不是连续的，其他的是因为它们的质料——或者是最接近的质料，或者是终极质料——在种类上是可分的，其他的是因为陈述它们的本质的定义是多于一的。"（1017^{a}4—6）

七、第五卷第七章（△.7）的提要与解说

——存在（being）

（一）第五卷第七章（△.7）的提要

1017^{a}7，那"是"（is）可以是（1）偶然的。（a）那个公正的是有教养的；（b）那个人是有教养的；（c）那个有教养的是一个人。

13，（a）因为两者都是同一个主体的偶性，而且这个"是"；（b）因为表语是那个主语的偶性一个，而且这个主语"是"；（c）因为这个主语是这个表语的偶性，而且这个表语"是"。

22，（2）本质存在的类型回答所指范畴的形式、实体、质、量、关系、主动、被动、地点、时间；

27，因为任何表述像"这个人行走着"可以放入这个形式"这个人在行走"（the man walks）。

31，（3）"存在"（being）有时的意思是真（truth）。"非存在"（not–being）表示假（falsity），例如，在加强的语气中的"苏格拉底是有教养的"、"对角线与其边是不可通约的"。

35，（4）"存在"（being）的意思是或者潜在地存在，或者现实地存在。1076^b6，这个差别适用于实体以及其他事物。

（二）第五卷第七章（△.7）的解说

存在（being）这个概念是亚里士多德形而上学学说中的中心概念。对这个哲学概念的讨论和争论是十分复杂激烈的。它是我们理解亚里士多德哲学思想的重要钥匙。我们必须认真领会亚里士多德的有关论述，特别是在第七、八、九三卷中，亚里士多德作了详尽的分析和论述，是以后我们将要学习到的有关内容。我们现在的任务是要对这一哲学概念作一个初步的了解。

"存在"这个词是在希腊语是从系动词"是"ἐναι变化而来的一个现在分词（阴性 ov），又被转化为名词 τό ὄν，它的引申意义就是"存在"，也就是一切可以用系动词"是"来表述的事物，"这是一棵树"、"那是一朵花"、"他是一个人"、"它是一匹马"，等等，都表明：树、花、人、马都是一个独立的"存在物"。正是这些"存在物"构成了我们周围世界的丰富的内容。这些存在物的总称，我们就叫它为"存在"。所以，它天然地具有"是"和"存在"的两种含义，要看它的语境才可确定用哪个含义更为适合。因此，有些学者（比如陈康先生及其追随者）强调它词源上来自系动词"是"，而主张把它一概翻译为"是"。这在实践上是不可行的。因为在汉语中,"是"一般只作为系动词用,而极少有名词的用法。而且在语义学和文字学上看也是不正确的。所以,在中世纪时的拉丁文就把它译作 ens。在现代西方语文的英文中则译为"being"(恰是对应的动词"to be"的现在分词),都是很贴切的。

亚里士多德在本章中讨论了他们提出的四种存在。

他说:"事物被说成是(存在),(1)在一种偶然的意义上,(2)由于它们自己的本性。"(1019^{b}7—8)

下面我们先从这两种说起。

(1)他先列举了一些例子,如"正确行动的人是有教养的"、"那个人是有教养的"、"那个有教养的是一个人"等等,都说明主词与表语的联系都是"偶然的",而"那个有教养的人在建造",也是由于这两者(主语和表语)是偶然的联系。他小结说:"这样,当一个事被说成是在偶然的意义下的另一事物,或者是由于两者都属于相同事物,或者是由于那属性属于那个事物,或者由于那个事物是它所属于的和它所表述的事物"。(1017^{a}19—21)

要注意的是这里的联系都是偶然性的。

(2)"存在本身的种类刚好是那些表述它的谓语的类型,因为'存在'表示的意义刚好和这些类型一样多。这样由于有些表语指明主词是什么,另外的指明它的质、量、关系、活动、遭受、何时、何地,总是回答这些之中的每一个的意义。"(1017^{a}22—26)

这个叫作"由于其自身"的存在,在中世纪的术语叫作 per se 而"由于偶然的"叫作 per accident。

这个"由于其自身"在英语中译为 for itself 或 for their nature,即由于其本性(自然)的意思。这里涉及亚里士多德在《范畴篇》(参看 1^{b}25—27)列举出的十个范畴,即是什么、数量、性质、关系、处所、时间、姿态、具有、主动、被动。这就是亚里士多德有名的"十范畴论"。他认为"由于自己的本性"的存在,表现为命题中主谓语之间的内容,即这十个范畴里谓语中的十个表语,它们穷尽了这些表语,特别是第一个"是什么",亦即实体(substance)是最为重要的存在形态。这个问题我们在下一章(△.8)中将会接着讨论，并将在以下的七、八、九卷中作详尽的讨论。

往下，亚里士多德又列举了作为真、假的存在，和潜在的存在和现实的存在这样两种存在。

（3）"再有，'存在'和'是'的意思是一个陈述是真的，'不存在'则意味着不是真的或假的，——这在肯定和否定的场合也是相同的。"（1017ª31—33），他举的例子是："苏格拉底是有教养的"意思是真的。"四边形的对角线不是可以通约的"意思是，说它是（可以通约的）就是假的。

（4）"再有，'存在'和'是'的意思是，……有些是潜在地是，另一些则是现实地是。"（1017ᵇ1—3），关于这个意义在以下的第十二章将接着讨论，并在本书第八卷（H 卷）中详尽地展开讨论。

值得注意的是，亚里士多德在这里的（3）（4）两点中，将"是"和"存在"并列，说明它们是相通的，可以互换地使用的，并指明了它们在字源学的同一来源，这是很有启发性的。

八、第五卷第八章（△.8）的提要与解说

——实体（substance）

（一）第五卷第八章（△.8）的提要

1017ᵇ10，"实体"（substance）应用于（1）简单的物体或者一般的物体以及由它们构成的动物，星星以及这些的部分；这些都被称为实体，因为它们都不是属性而是主体。

14，（2）在那样的事物中的存在的内在原因，例如，灵魂。

17，（3）呈现在物体中并且规定着它们的个体性的限制。并且它们的毁灭包含着物体的毁灭，例如面、线、数。

21，（4）本质（essence）。

23，这样，实体的意思是（A）终极的主体，它不会是表语。（B）那是个别的和可分离的，例如，形式。

（二）第五卷第八章（△.8）的解说

这一章接着上一章讲"实体"这个词的意义。实体这个词如我们在上一章中所说，从字源学上说，它也是从动词变化而来的一个动名词，它是诸存在中最真实的个体，它是一个"这个"（"this"）而不是一个"那样的"（"such"）。

亚里士多德在本章中明确地说："我们叫作实体的是（1）简单的物体，例如木、火和水以及每一个这类事物，如一般地说由它们构成的物体或东西，包括动物、神性的存在物以及这些东西的部分。所有这些都被叫作实体，因为它们不是表述一个主语的，而是别的每一个东西表述它们。"（1017^b10—14）

这里明确表明的两点：（a）它是简单的个体；（b）它不表述别的事物，而是别的事物表述它，所以它永远是一个主体，一个简单的东西，是一个this（这个），而不是such（那样的）。

"（2）那呈现于那样的事物中而不是作为表述一个主语的，是它们存在的原因，如像灵魂是动物存在的原因。"（1017^b15—16）

"（3）出现那样的事物的部分，限制它们并使得它们成为个体，而且由于它们的消解，整体也被摧毁，正如有些人所说，体由于面的消解而被摧毁，点由于线的消解而被摧毁；一般说来有些人认为数就具有这种本性，因为他们说，如果它被摧毁了就没有事物存在，并且它限制着所有事物。"（1017^b13—22）

"（4）本质（它的公式就是定义），也被称作为每个事物的实体。"（1017^b22—23）

亚里士多德在这里所使用的这个词组（τò τί ἥν εἷναι）是一个很难准确翻译的词，从中世纪起，就被释译为"本质"（essence）。这是很贴切的意译，如果英文直译的话，就比较啰嗦，一般译为"是其所是"英译有"the what is beng"，"the being of that a this is"等等。从表达的准确来说，本质（essence）是最恰当的。

最后，亚里士多德总结提出，"由此得出实体有两层意思：（A）终极基质，它不再是表述别的任何东西的，以及（B）那个作出一个'这个'，它也是分离的，每一个个别事物的形状的形式就具有这种本性"。（1017^b23—26）

归根结底是两条：1. 它是一个分离的"这个"。这种叫作"这个性"（thisness）；2. 它不表述任何别的东西，而是别的东西表述它，即它是绝对的主体，这叫"主体性"（subjectivism）。

九、第五卷第九章（△.9）的提要与解说

—— "同"（the same），"异"（other），不同（different），
　　相似（like），不同的（unlike）

（一）第五卷第九章（△.9）的提要

1017^b27，事物是"相同"的，（1）偶然地。

（a）"白色的"与"有教养的"是等同的，因为它们是相同主体的属性。

（b）"这个人"与"有教养的"是相同的并且反之亦然，因为一个是另一个的属性。

（c）"有教养的人"与"人"或"有教养的"是相同的，反之亦然。

33，因为这些等同都是偶然的，它们之中没有可以一般化的(犹如在"每一个人都与有教养的是相同的")，因为普遍的命题都是本质的。

1018^a5，（2）本质的相同的意义是（a）质料的统一（i）在种类上，或（ii）在数量上，或（b）本质上的统一。等同是两个或者更多的存在的统一，或者一个事物被当作为两个或更多的事物。

12，诸事物被称为"相异"，如果（1）它们的种类，（2）它们的质料，或者（3）它们的定义都多于一个（参看以上的（a）(i)，(a)(ii)，(b)）。

（2）诸事物被称为"不同"，如果它们是相异的，作为在相同时间的一个存在——不是在数量上而是在种和在属上或者由于类比；同样，诸事物不

同的种，相反的，并且在它们的本质上具有它们的相异的诸事物。

15，诸事物被称为"相似"，如果在各个方面或者大多数方面它们是具有相同的属性，或者如果它们的质是相同的，或者它们在较大数量上是一致的，或者在更加重要的属性方面事物承受着相互变化。"不相似"具有相反的意义。

（二）第五卷第九章（△.9）的解说

在这一章中讨论了四个概念，即相同、相异、差异、相似。以下是亚里士多德的说明。

"相同（same）的意思是：（1）那在偶然的意义上是相同的，例如：'那个白色的'和'那个有教养的'是相同的，因为它们都是相同事物的偶性，……因为它是一个人的偶性，（复合的实体与组合成它的简单的偶性中的每一个是相同的，因'那个人'和'那个有教养的'都说成与'那个有教养的人'是相同的，反之亦然。）这就是为什么所有这些陈述都不普遍地作出，因为说每个人与'有教养的'相同是不真的（因为普遍的属性属于由它们自己的本性而存在的事物，它是偶性，并不属于由于它们自己的本性而存在的事物）；但是关于个体的陈述的作出则毋须限制。苏格拉底和'有教养的苏格拉底'被认为是相同的；但是'苏格拉底'是不可能陈述多于一的主语的，因为我们不能像说'每一个人'那样的说'每一个苏格拉底'。"（$1017^b27—1018^a4$）

在这里主语的个别和普遍是必须注意区分的，因为偶然只是与个别的东西相联结。

"另外的意义（2）是由于它们的本性是相同的，就像由于它自己的本性而是一那样的有那么多的意义，因为其质料在种类上或在数目上是一的事物，以及其本质是一的那些事物，这两者说成是相同的，因此，很明显，相同性是多于一个事物的存在物或者是一个事物而被当作多于一的存在物的一个统一性。例如，我们说一事物和它自身是相同的，因为我们把它当作两个事物。"（$1918^a5—9$）

下面接着讲"相异"（otherness）、差异（difference）和相似（like）。

"诸事被叫作'相异'（other），如果它们在种类或者它们的质料或者它们的本质的定义是多于一的；而一般地说，'相异'具有与那些相同的意义相反的意义。"（1018ª10—12）

"差异应用于（1）那些事物，尽管在某些方面相同，然而不仅在数目上，而且在属上或种上或加以类比都是不同的；（2）应用于那些种是不同的事物，以及相反者和在本质上具有差异性的所有事物。"（1018ª13—15）

"那些事物被叫作'相似'（like），即它们在每个方面都有相同的属性，以及那些有相同属性多于差异的属性的事物，以及那些在质上是一个的事物，还有那些拥有别的某些事物有关变化的可能的（亦即相反者）属性的多数或较重要的一些属性的事物，就相似于那个事物。'不相似'的意思是与'相似'的那些意义是相反的。"（1018ª16—19）

十、第五卷第十章（△.10）的提要与解说

——相反的（opposite），对立的（contrary），在种上相异（other in species），在种上相同（the same in species）

（一）第五卷第十章（△.10）的提要

1018ª20，"相反的"这个词被应用于矛盾、对立、相对的词，正面的词和它们的缺失、生成和毁灭的界限，以及不相容的属性或者它们的元素。

25，"对立的"是在种上相异的属性并且不能够属于相同的主体；在相同种或相同主体材料中或归入相同能力中的最大不同的属性；那些事物的差异是绝对地最大的，或者在种上或属上绝对地最大的不同的事物。

31，相异的对立者（other contratries）被如此称呼是由于对于这些的有些关系的缘故（例如，拥有、接受、主动、被动）。

35，"相同"、"相异"、"对立"的意义必须与"一"的意义和"存在"的那些意义一齐变动（诸范畴）。

38,"在属上相异"的诸事物都是那些作为相同种，都是并列的（coordinate）；那些作为在相同的种中具有一个差异的，那些在它们的本质上具有一个对立者，或者本身（per se）就是对立的；诸事物其定义在最小的属上（infima species）是不同的；相同实体的属性具有差异性。

2018^{b}5,"在属上相同"具有相应的意义。

（二）第五卷第十章（△.10）的解说

在这一章中讨论以下四个名词：相反的、对立的、在种上相异、在种上相同。

首先，关于"相反者"他列举了四种情况。

（1）矛盾的(contradictaries)；（2）反对的(contraries)；（3）缺失或具有；（4）相对的。

因为一个事物只是反对于或相反于另一事物是因为彼此的依赖性，它们是彼此相对的，或者是由于一个离开另外一个，这有三种情况：a. 一个完全离开另一个，这就出现一个否定（negation）；或者 b. 仅有一个留下来，这就出现了"缺失"（privation）；或者 c. 主体或者种留下来，这就有了反对的(contraries)，在不相同主体中而且也在种中有对立。

其次，他指出有两种方式来观察相反的。

1. 是包含运动的，运动的开端和终点是相反的，白是产生于不白的，火是从非火产生的。

2. 是包含着主体的，那些不能在同一时间属于同一主体的属性，必然是彼此相反的，因为一个身体不能同时是白的和黑的。

再次，对立使用于以下情况：

1. 主要的方式是某些属性，当其在种上不同，就不能同时属于一个主体，因为严格说来，对立的属性是属于同一个种的，比如重量和圆圈运动不能属于同一个主体。

2. 对立在三个方面有某种一致的东西，即在种上一致，在同一个主体的一致，在相同的力量中的一致。比如在一个种之中极端的属性就被叫作对立，如像黑和白在颜色这个种之中，在对一个主体中最不同的，如像在动物中的疾病与健康；对于同一力量的极端不同的，如像语句中的正确和不正确。这区别于那些居中的东西（如白与黑之间是灰色，因为它的不同不是在最大程度上的差异）。

由此，他指出诸事物具有对立的普遍概念，它们或者是绝对的对立，如地点运动的东和西就是两个极端；或者是在种上是对立的，即那种差异把不同的种区分开来；或者是在属上是对立的，如一种偶然的差异把相同的属中的诸个体区分开来。

另外还从潜在的、现实的、具有与缺失等方面分析了对立的情况。这样，这些对立关系就涉及三个方面，一是关于主体，二是涉及某些处在主动或被动的状态，三是涉及在生成和毁灭方面的，这或者是它的进行程序本身或者是它的终点，以及它或是具有和缺失。

再有第三种方式，名词"对立"在其中得以应用的原因，即是普遍的概念"一"与"存在"具有多种含义。例如，相同的差异出自"一"与"多"，而"对立"就包含在"差异"中。这样"差异"就会按照"十范畴"来划分；同样，对于"一"与"存在"来说也是一样。

最后，亚里士多德简洁地说到了"在属上相异"。他说，"在属上相异"应用于那样一些事物，它们是相同的种而并不彼此从属，或是在相同的种中而具有差异，或者在它们的实体中有一个反对，而且反对在种上是彼此相异的（或者它们所有的反对或者在原初意义上被叫作反对的）。并且那些定义在种的最后的属上不同的事物也是如此(例如，人和马在种上都是不可分的，但是它们的定义是不同的)，以及那些在同一实体中并有一个差别的事物。(1018^a35—1018^b9)

在说明了"在属上相异"之后，亚里士多德巧妙地用对比的办法，指出："在属上相同"有着与这些意义相反的意义。(1018^b9)

总的说来，在"不同"（other）中有"相反的"（opposite）和"对立"（contrary）两大类。"相反"是指两个不同的东西，在同一类的差异并非极端的、终极的，而是有着中间的不同程度，(如"白"与"灰"）。而"对立"

则是两者的差异是极端的、终极的，没有中间的程度的（如"白与黑"、"东与西"、"正确与不正确"、"理性与非理性"等等）。实际上它们就是我们称之为"矛盾"（contradiction）的东西。

十一、第五卷第十一章（△.11）的提要与解说

——在先的（prior），在后的（posterior）

（一）第五卷第十一章（△.11）的提要

1018^b9，"在先的"意思（1）那较为接近于绝对的或相对的确定的某个开端，例如，在以下方面。

12，（a）地点；

14，（b）时间；

19，（c）运动；

26，（d）排列；

30，（2）在知识上在先，（a）在定义方面，例如，作为与特殊相反的普遍，作为与实体的和主体相反的偶性以及偶然。（b）在知觉方面，例如，特殊的东西。

37，（3）由于自身（per se）的属性先于它的自身被说成是在先的。

1019^a2，（4）在本性（nature）和实体方面在先，亦即，那不需有另一个的东西，当其另一个不能没有它而存在，（一个柏拉图式的差别），（如果我们考虑到存在的意义的变化的话）。

（a）基质或者实体先于属性。

（b）作为与整体相对的部分，作为与具体实体相对的质料，是在潜在性方面在先的，而在现实性方面在后。

11，"在先"的所有意义依赖于这个最后的意义，例如，整体能够没有在生成它的部分而存在，部分能够没有在融解中的整体而存在。

（二）第五卷第十一章（△.11）的解说

这一章讨论"在先"和"在后"这两个语词，内容相对简单一些。"在先"、"在后"都是相对的概念，它们必须有一个"参考系"，即有一个相对什么而言的东西，才可以定出"在先"或"在后"；离开了这个"参照物"是没有什么"在先"和"在后"可言的。

（1）他首先指出："在先的"意思是指那较为接近于绝对的或相对的确有的某个开端。这可从以下的方面来看：

（a）地点，（b）时间，（c）运动，（d）排列，这些都是很自然的，根据一定的参照系而来的。

（2）在认识和知识方面在先，这是指在定义方面，它是普遍在先，这与感觉与知觉的在先，并不一致，因为感觉知觉是以特殊的东西作为在先的，在这方面是存在着矛盾的。

（3）在先的事物的属性也被称为"在先的"，如直是先于面的，因为线是先于面的。

（4）就本性或实体而言，那无须其他事物而存在的东西是在先的，而其他事物不能没有它而存在，那就是在后的。

（5）如果从潜能和现实上看，那潜在的是在先的而现实的是在后的，因为变化是从潜能转化为现实的过程。

亚里士多德认为这个"在先"、"在后"的概念，是主要依据于最后一个的意义（即潜能与现实的意义）。

十二、第五卷第十二章（△.12）的提要与解说

——潜能（potency），能够（capable）；无能（incapacity），不能够（incapable）；可能的（possible），不可能的（impossible）

（一）第五卷第十二章（△.12）的提要

1019^b15，"潜能"（potency）的意思是（a）在有些事物中的变化的原理，不同于变化了的事物，或者作为在它之中的它者。

20，（b）一个原理使得一个事物被变动，由于另外的或者由于自己作为（qua）另外的；（i）一般地，或（ii）为了更好的。

23，（c）成功地产生变化的力量。

26，（d）是成功地被变化的力量。

26，（e）一种状况，由于它一个事物不能被变化，或者不能被容易地变化为较差的。

32，相似地"潜能"或者"能够"的意思是：

（1）（a）那个具有潜能的（a）。

35，（b）那个具有潜能的（b）。

2019^b1，（c）那个具有一种变化潜能的，为了较差的或为了较好的。

3，甚至为了那被摧毁的必须具有能够被摧毁的。那些能够的事物有时是由于具有某种东西，有时是由于缺乏某种东西，如果缺失可以被叫作一种"具有"，所有事物能够做到如此的是由于具有某种东西——如果不同是由于有一种正面的配置，那就是由于具有它的缺失。

10，（d）那个有潜能的（e）。

11，（e）那个具有潜能的（c）。

（f）那个具有潜能的（d）。

15，无能（Incapacity）是缺乏那种力量，（a）在任何的主体中，或者（b）在一个自然地具有它的东西中，或者（c）在一个自然地具有它的东西中，当它自然地会具有它。再有，它可以是潜能的对立面（a）或者（b）或者是潜能（c）或者是（d）。

21，[无能]具有一个对应的意义（1），但是它的意思是（2）它的对立者必然地是真的。

27，所以"能够"的意思是（2）（a）它的对立面不是必然地是假，以及（b）

那是真的，并且（c）那可能是真的。

33，"能够"在几何学的意义是隐喻式的。

34，（能够的）和不可能的，并不蕴含一个可能性的意义；(1)的所有变种蕴涵在意义（a）中的"（可能性）"。这样（a）就是可能性的原初的意义。

（二）第五卷第十二章（△.12）的解说

这一章讲的几个概念都是与运动变化有关的，即运动变化的源泉问题。"潜能"就是指潜在的推动运动变化的力量，其他几个概念都是与此相联系的。

亚里士多德在运动变化问题上，有一个基本观点，他认为事物自身不会运动变化，必须有一个外来推动力量的推动，这样 A 的运动来自 B 的推动，B 的运动变化来自 C 的推动，……如此推论以至于无穷。所以，亚里士多德要寻求一个最终的推动者，而它本身是不动的，这就是亚里士多德的著名的"不动的推动者"。关于这个理论在本书第八卷中有详尽的讨论。

亚里士多德的这个观点、理论，就是黑格尔批评亚里士多德时所说的典型的"形而上的思维方法"，即它看不见和否认事物包含内在矛盾的开展是推动事物运动变化的根本动力，而只得出求助外力的推动，这样最后就只好请出上帝来承担这最后一击，即"不动的推动者"的任务了。

亚里士多德从解释什么是"潜能"开始。

"潜能"（potency）的意思是：(1)运动或变化的源泉，它是在另外的事物中而不是在被推动的事物中，或它是作为另一事物在同一事物中的。例如，建造的技艺是一种潜能，它不是在被建造的事物中，而治疗的技艺是一种潜能，它可能在被治疗的人中，但不是作为正被治疗的他之中，于是，（1019ª15—20）一般说来是在另一事物中的变化或运动的源泉，（"潜能"的意思）或者作为另一事物在同一事物中。

这里所说的治疗的例子，如果被治疗者恰好也是一位医生，他是被治疗的对象，那么这种治疗的潜能就是指的正在给他治疗的医生所具有的潜能，而不是他也具有的潜能，这时他是作为被治疗者而不是医生。这里必须区分清楚。

潜能的另一种意义是"被动的"（passive）潜能，亦即作为 act（主动的潜能）所加于一个事物而引起的遭受。他接着说：（2）一个事物被另一事物推动（或者被作为他者的自身的推动）的源泉，由于这个原因一个被作用者遭受每一样事情，我们称它为能够（capable）遭受；我们这样说，如果它毕竟遭受每一样事物的话，有时不是就它遭受的每一样事物而言，而仅有是如果它朝向更好的变化的话。（1019ª20—23）其实"朝向更好的变化"也好，"朝向更坏的变化"也好，对于作为"被动的"潜能来说，都是一样的。

第三个意思是涉及 capable（能够）意义的"潜能"，（3）很好地或按照意图表现这一点的能力；有时对于那些能够走或说，但是走或说得不好或者不像他们所意图的人，我们说他们不能走和说，这就是说他们"缺乏能力"做到他们所想作的，（托马斯·阿奎那在他的注释中，还举了一个例子，说一堆木柴有人说是易燃的，有人说它是不易燃的。）可以参考。

"（4）在被动性的场合也是如此。"（1019ª25）这短短一句话，说明"被动"的潜能（passive potency），也有被变动（即遭受）的不可预期的情况。这也是"无能"（incapable）。例如，一个事物被变得硬些或健康些，但它遭到了抗拒，达到了软或疾病的状态，这就表明了无能。

以上这四种的分析是亚里士多德在讨论"潜能"的基本思想。总的说来，首先，他把潜能划分为（1）主动的潜能（acting potency），这是最基本的；由此引出（2）被动的潜能（passive potency），实际上就是指潜能的缺乏而引起的被作用对象的遭受；（3）是指由于主动潜能的作用而出现的"能够"（capable）的状态；（4）是由于被动的潜能（passive potency）的出现而呈现出的"无能"（或不能够）的状态。

从这种对"潜能"的分析，亚里士多德达到的对于"可能的"（possible）和"不可能的"（impossibe）这种事物存在的模态的论述。严格说来，这两个概念与"潜能"和"无能"不是一个类型的概念。后者是从本体论上讨论实体变化的概念，前者是对事物存在的模态的逻辑学的概念。当然，它们是有联系的，前者是以后者为根据而来的逻辑推演。

他说:"可能的 (possible) 在一种意义上,……是意味着不是必然性的东西:一种情况下它是真的,一种情况下它也许是真的。"(1019^{b}31—33)

"不可能的 (impossible) 就是那对立是必然真的,例如,'四边形的对角线与其边的通约'是不可能的,因为这样一个陈述是假的,与它对立的陈述不仅是真的,而且是必然的;说它可通约,不仅是假的,也必然是假的。"(1019^{b}24—29)

亚里士多德在这里顺便说到了数学中的"乘方",因为这个字在古希腊文中与潜能 (ἡ δύναμις) 是同一个字。

十三、第五卷第十三章 (△.13) 的提要与解说

—— "量"(quantity)

(一) 第五卷第十三章 (△.13) 的提要

1020^{a}7,"量"的意思是那被划分为每个都是不可分的构成成分 (constituents),(1) 数字的量是复数,它是可分析为非连续的诸部分。

(2) 可度量的量是大小 (magnitude);它可被分解为连续的部分,为一、二、三维度,有限的量是一个数,一个线的有限长度,一个面的有限宽度,一个主体的有限深度。

14,诸事物都是可量化的 (a) 由于自身 (per se),或者 (b) 偶然的。

17,(a) 诸事物量化由于自身 (per se) 是 (i) 实在体 (entities) 的定义包含着量 (例如,线段),或者 (ii) 那样的实在体的属性 (例如,多少、长度)。

23,"大"(great)、"小"(small)、较大 (greater)、"较小"(smaller) 都是后来的类型,但是都被隐喻式地应用于非量化的事物上。

26,那偶然的量化是 (i) 有的音乐是量化的,因为它的主题是如此的,(ii) 有的运动是量化的,因为距离通过如此方式运动,并且正如时间是量化的,因为运动就是如此。

161

（二）第五卷第十三章（△.13）的解说

量和质都是事物的重要属性和我们认识事物的重要途径，它们都是十大范畴中的重要范畴。这一章讲"量"这个概念，下一章接着讲"质"的概念。

他说："量（quantity）的意思是那可以划分为两个或更多组成部分的，它们中的每一个在本性上都是一个'一'和一个'这个'，一个量如果是可数的就是多（plurality），如果它是可以量度的就是大小。'多'的意思是那潜在的是可分的东西，那在一个向量上连续的是长度，在两个向量上连续的是宽度，在三个向量上连续的则是深度。对于这些，限定的多是数，限定的长度是一条线，限定的宽度是一个面，限定的深度是一个体。"（1020^{a}7—14）

他进一步解释说，有些事物被称作量是由于它们自己的本性，有的则是由于偶然，例如，线由于它自己的本性而是量，有教养的事物则是由于偶性而有一个量。在由于它自己的本性而是量（因为这一类的量是呈现在陈述它是什么的定义中），而另一些则是这类实体的属性和状态，例如，多与少、长与短、宽与窄、深与浅、重与轻以及其他所有这样的属性。还有本身的以及彼此相对的大和小和较大和较小，都由于它们自己的本性而是那些是量的东西的属性；但是这些名称也转移到其他事物，那些偶然地是量的事物，有的被这样称呼是在这个意义上。"有教养的"和"白色的"被说成是量，亦即因为"有教养性"和"白性"所属的东西是一个量，而有的量则是一种运动和时间是量；这些也被叫作一种量的连续是因为有这些属性的事物是可划分的。我指的不是那运动的事物，而是指空间，运动是通过空间而发生的；由于它［空间］是一个量，运动也是一个量，而且由于这是一个量，时间也是一个量。（1020^{a}15—32）

在这里亚里士多德把时间空间是量的问题，一句话草草带过，其实，这里有着重要的理论意义，因为时间和空间就是运动的形式。这一点亚里士多德在《物理学》和第四卷第 11、12 章中讨论了。

在中国尺、寸、升、斗、斛、亩、斤等都是著名的量词。

十四、第五卷第十四章（△.14）的提要与解说

——质（Quality）

（一）第五卷第十四章（△.14）的提要

1020^a33，"质"的意思是（1）一个事物的本质的种差（differentia）。

2010^b2，（2）那除了量之外呈现在不可变化的（数学的）对象的本质之中的东西，例如，合成的数中的"平面性"（planeness）或者"立体性"（Solidity）。

8，（3）可变化的实体的特性（affections），它们在这个方面变化，例如，热。

12，（4）好（goodness）与坏（badness）。

13，这些归入两个主要意义，第一个是更加合适的；（2）是（1）的变种（variety）。

18，以及（3）和（4）。

23，好（goodness）和坏（badness）指示原本在活的事物的情况下的情况，特别是他们具有目的的时候。

（二）第五卷第十四章（△.14）的解说

亚里士多德首先列出了"质"的四个意义。

"质的意思是：（1）本质的种差例如，人是两足动物，马是四足动物，圆是没有角的图形，等等。"（1020^a33—35）

"（2）另有一种意思，它应用于数学的不动的对象，即数目具有一定的量的意思。例如，合成的数目，它不仅是在一个向量中，而是由平面和体来表示（这些都是平方数和立方数）；而且一般说来，那存在于量之外的数的本质中的东西就是质。因为每一个的本质就是它一度是什么，例如，6 的本质就不是两倍或三倍而是它一度是什么，因为 6 就是一度是 6。"（1020^b1—9）

（3）运动实体的所有性质（例如，冷与热、白与黑、重与轻以及其他的这类东西），当它们变化的时候，由于它们，物体被说成改变了。（1020^{b}9—12）

（4）关于德行与恶行的质，一般说来，关于恶与善的质。（1020^{b}13）

在这个基础上，亚里士多德又把这四种意思归结为两个，他说："这样，质似乎在实际上具有两种意义，而其中的一种是更加适合的。原初的质是本质的种差，在数目上的质是它的一个部分；因为它是本质的一个种差，但或者是不运动的事物的本质的种差，或者不是作为运动事物的本质的种差。其次，有些作为在运动中的运动的事物的属性和运动的种差。德行和恶行属于这些属性；因为它们标志运动或活动的种差，在运动中的事物根据它而很好地或很糟地作用或被作用；因为那能运动或作用的在一种方式中是善的，而能这样作用的在另一种——相反的——方式中则是恶。善和恶指明质，特别是在有生命的事物中，而在这些当中，又特别是在那些有目标的事物中。"（1020^{b}14—25）

关于善恶与目标的关系，亚里士多德在这里并未展开来细说，他认为有生命的东西的活动是有目的或目标的，达到了目的即是善，未达到目标就是恶。

十五、第五卷第十五章（△.15）的提要与解说

——相对的（relative）

（一）第五卷第十五章（△.15）的提要

1020^{b}16，相对的（relative）这个词是指（1）那超过的对于那被超过的；（2）主动的对于被动的；（3）被度量的对于度量。

32，（1）第一类是数目的相关，或者（a）无限量地，或者（b）限量地，（i）对于一个数，或者（ii）对于1，例如：（b）（ii）2对于1，（a）（i）3对于1，（b）（i）3对于2，（a）（i）n+1对于n。

1021ª3，超过和被超过对于数目来说完全是不限定的，因为数目是可通约的，但是超过的对于被超过的量完全是不限定的。

9，在另一种方式中，"相等"、"相似"、"相同"都是这种数目类型的关系；因为"相同性"（same）是实体的一性（oneness），相似性（likeness）是质的一性（oneness），相等是量的一性，而且"一"是数的开端和度量。

14，（2）主动和被动蕴涵着（a）潜能，例如，热的和能够被弄热的，或者（b）主动性，例如，那是热的东西和那被弄热的东西（数目的关系没有运动意义的主动性）。

21，有些关系词蕴涵着潜能也涉及特殊的时间，例如，那已造成的关系到那已经被造成的（父亲和儿子），那将要制造的关系到那将要被造成的。有些关系词蕴涵力量的缺失，例如，"不能够"（incapable）、"不能看见的"（invisible）。

26，类型（1）或（2）的关系词是在这种意义下相关的，在它们仅仅能够用与某些别的事物的关系而被陈述，但是（3）可度量的、可知道的、可思考的都被称作相关的，因为其他语词都是与它们有关的。

31，把一个事物叫作可思考的，意味着有一个确实的思想，但是思想并非适当的被描述为与"那个它思想的东西"有关；那将会是同语反复，并且，视力不是"那个它是视力的东西"，而是关于颜色的。

2021ᵇ3，（i）事物是由于自身（per se）的关系是：（a）诸事物在方式（1）（2）或（3）中是相关的。（b）集合的数都是在这些方式之一中相关联的，或者（c）它们的主体由于其属性而在这些方式之一中相关联。

8，（ii）事物由于偶然地相关都是这样的（a）犹如一个人是相关的因为他是某物的一倍，或者（b）犹如"白色"是相关的，如果一个事物是一倍的并且是白色的。

（二）第五卷第十五章（△.15）的解说

这一章讨论"相关的"（relative）这个概念。显然"相关的"总是某物与某物相关，或某物与某些物相关，这是很明显的。

亚里士多德在这里先提出:"三类相关的",即一、超过的对于被超过的,二、主动的对于被动的,三、度量的对于度量。

关于第一类,他分析了(a)无限量的和(b)限量的这样两种情况。他指出:"超过和被超过对于数目来说完全是不限定的"。(1021ª3—5)而那限量的,有"一倍大",就是"倍"与"一"处于一个确定的数的关系中。

关于"相等"、"相似"与"相同"。它们全部与"一"相关。"那些相同的事物,实体是一;那些相似的事物,其质是一;那些相关的事物,其量是一,而1是数量起点和量度。"(1021ª11—12)

关于"主动"和"被动"的事物,他指出蕴含着一种主动或被动的潜能以及潜能的现实化。例如,那能够热的东西对于那能够被弄热的东西,……以及那切割的东西相对于那被切割的。(1025ª15—16)另外,他还指出了"潜能"还包含有时间的关系(做成的东西和被做成的东西)也包含潜能的"缺失"(亦即不能够)等情况。

关于第三种"(3)那是可度量的可认识的和可思考的事物也被叫作相对的,……'那可以思考的'蕴含着对它的思考是可能的,但是思想不是相对于'那是关于它的思想的东西';因为那样我们都会把相同的事物说两次。相似地,观看是对某事物的观看,而不是'关于对于它加以观看的东西的观看'(当然尽管这样说是真的);事实上,它是相对于颜色或是相对于这一类的别的东西"。(1021ª29—b2)

十六、第五卷第十六章(△.16)的提要与解说

——完成(complete)

(一)第五卷第十六章(△.16)的提要

1021b12,"完成"(complete)的意思是(1)那个东西没有部分是在它之外。

14,(2)在卓越性(excellence)方面,它不会超过它的一类——它可

以有某些坏的品性，例如："一个完成的贼"。卓越性是一种完成，一个事物是完成的当其在它的适当卓越性方面它不缺多少它的自身的大小的任何部分。

23，（3）那拥有它目的的东西，这就是善（good）；因为目的（终结）是一个极端，我们甚至说一个事物是"完全地"浪费了，当它是处于坏的极端时。由此我们也把死叫作目的（终结），因为目的（终结）和死两者都是最后的事物；但是终极因也是一个目的。

（i）事物由于自身（per se）而完成的都是如此，（a）因为它们都不是在卓越性方面超越等于意义（2）（3），（b）因为它的不被在它们的类中的任何东西超越，不论它是什么，并且没有任何东西在它们之外[等于意义(1)]。

1022^{a}1，（ii）其他事物都是通过与前述的某种关系而完成的。

（二）第五卷第十六章（△.16）的解说

这一章讨论的词是"完成"（complete）或"完善"（perfect）。这本来是一个日常生活的词，但它在"目的"（end）和"善"（good）的意义上，与哲学用语有关。

他首先解释说：那被叫作"完善"的和"完成"的，（1）在它之外不可能找到它的任何的（甚至是一个）部分。例如，每一个事物的完成的时间是那在它之外不可能找到任何时间是它的特有的一个部分。（1021^{b}12）

这是就时间说，恰恰就是在那个时间段。

（2）那在卓越和善的方面，不能在它的种类中被超过的。例如，我们有一个完美的医生或者一个完美的笛子演奏者，当着他们在其特有的卓越性形式方面，并不欠缺任何的东西的时候，并且这样地把这个字转移到坏的事物上，我们说一个完全的丑闻传播者和一个完全的贼，的确我们甚至称他们为"好的"，例如，一个好的贼或一个好的丑闻传播者。而卓越性是一种完美，因为每一个事物是完成的而且每一个实体是完成的，如果在它的特有卓越性的形式方面并不缺乏它的自然的分量的任何部分。（1021^{b}15—24）

（3）"已经达到了它的目的（这就是善）的事物，被叫作完成的；因为事物由于已经达到它们的目的而是完成的。因此，由于目的是某种终极的东西，我们将这个字转用于坏的事物，并且说一个事物已经完全被损坏了和完美地被摧毁了，如果它一点也不缺少毁坏和坏性，而且处于它的最后一点上。"（1021^{b}24—28）

这第（2）点和第（3）点，都是说要达到"极致"，好要好到极致，坏也要坏到极致。这种状态就叫作"完成"或"完善"了。

因为"完成"或"完善"有终点的意义，所以引申到死亡也叫作"完成"。凡达到目的者，也都被视为"善"。

十七、第五卷第十七章（△.17）的提要与解说

—— "限制"（limit）

（一）第五卷第十七章（△.17）的提要

1022^{a}4，"限制"（limit）的意思是：（1）一个事物的最后一点，例如，最先的一个点，在它之外，没有部分是它的，而且在它之内每一部分都是它的。

（2）一个大小的形式或者具有大小的一个事物的形式。

（3）终点（end），亦即作为到达的终点，或者终极因——有时也是终点。

（4）本质：这是一个事物的知识的限制，并且因此是事物自身。

10，这里有许多"限制"的意义，如像"开端"（beginning），并且还有，因为开端是一个限制，但是并非每一个限制都是一个开端。

（二）第五卷第十七章（△.17）的解说

这一章讨论"限制"（limit）。首先是从时间上的开端（beginning）和终结（终点）来分析。

他说："'限制'的意思是：（1）每一个事物的最后的点，超过它就不

能找到任何部分，以及首先的一点，在它之后就是每一个部分，（2）一个空间大小的形式（无论它会是什么样的），或者是一个有大小的事物的形式；（3）每一个事物的终点（这个终点就是运动或活动朝向的点，而不是由它出发的点，但有时它同时是由之出发并朝向它的点，亦即终极原因）。"（1022^{a}4—9）

"（4）每个事物实体以及每个事物的本质；因为这是认识的限制，而如果是认识的限制，也就是对象的限制。"（1022^{a}9—10）

可以看出：（1）（3）是从事物的运动发展来看"限制"的，主要是指运动的起点和终点，所以，第（1）和第（3）实际上是一回事，第（3）点中讲到"但有时它同时是由之出发，并朝向它的点，即是起点并且朝向它的东西，"就有如直线的反向活动，或图形上的一个点，同时它也是终点，即目的。而第（4）点是从实体（即认识对象）和对它的认识（亦即定义）都是被限制的。

因此，亚里士多德说"限制"有着和"开端"一样多的意义，而且还要多些，因为开端是一个限制，但并非每一个限制都是一个开端，因为它还有每个实体都是限定的，而对它的认识也是限定的，因为"实体"是一个"这一个"。

十八、第五卷第十八章（△.18）的提要与解说

—— "由于那个"（that invirture of which；"由于自身"（invirtunre of itself））

（一）第五卷第十八章（△.18）的提要

1022^{a}14，事物形成是由于那个的意思是：（1）形式或本质；（2）一个属性直接地处于其中，它的质料或基质。

19，它有个"原因"的那些意义；它可以应用于（3）终极因和（4）动力因，它也涉及（5）对于位置。

24，事物说或是"自于自身"都是（1）本质。

27，（2）在"什么"中的元素。

29，（3）直接包含在主体中的属性或者在它的一个部分之中。

32，（4）那没有在它自身之外的原因。

35，（5）那仅仅属于一个主体的东西，并且由于它自己的本性。

（二）第五卷第十八章（△.18）的解说

这一章解释了两个词组："由于那个"、"由于自身"。

他说："事物被说成'由于那个'的意思是：（1）每个事物的形式或实体，例如，由于它一个人是善的即是善本身；（2）原初的东西，事物在其中自然地产生出来，例如，表面上的颜色。这样'由于它'的原初意义是形式，第二位的意义是每个事物的质料和每个事物的原始的基质。—— 一般说来'由于它'的意义是和'原因'的意义的数目一样多；因为我们不加区别地说（3）'他来是由于什么'或'他来是为什么什么目的'，以及'由于什么他错误地推论'或'什么是这个推论或错误推论的原因'。——进一步说，（4）'由于它'是用以指涉位置，例如，'他站在那里'或'他沿着那里散步'，因为所有这些词组指出地点和位置。"（1022ª14—24）

其次，他解释"由于它本身"。他说："由于它本身必定具有同样多的意义。它指明：（1）每个事物的本质，例如，卡里亚是由于他自身而是卡里亚，亦即作为卡里亚是什么。（2）无论什么呈现在'什么'中的东西，例如，卡里亚是由于他本身而是一个动物，因为'动物'呈现在他的定义中；卡里亚是一个特殊的动物。（3）一个事物直接地接受在它自身中或它的一个部分中的无论什么属性，例如，一个表面由于它自身而是白色的，一个人由于它自身而是活着的；因为灵魂是人的一个部分而生命是直接地包含在它之中的。（4）那除了它自身没有其他原因的东西；人有多于一的原因——动物、两足的——但是，人由于他自己而是人。（5）只属于一个事物的无论什么属性，而且就它们只属于它来说，仅仅是由于它自身与它自身分离开来考虑。"（1022ª25—36）

十九、第五卷第十九章（△.19）的提要与解说

——"处置"（disposition）

（一）第五卷第十九章（△.19）的提要

1022^b1，"处置"（disposition）的意思是一种排列。对于那些具有部分的东西，就其地点、能力，或者种类来说的排列，正如这个字表示的，这里必定有某种地点（位置）。

（二）第五卷第十九章（△.19）的解说

这是本卷最简洁的一章，只有简单的三行字。亚里士多德告诉我们："处置的意思是：那有部分的东西的安排，或者从地点方面，或者从潜能方面，或者从种类方面；因为必定有某一个位置，甚至'安置'这个字也表明了这一点。"（1022^b1—2）

二十、第五卷第二十章（△.20）的提要与解说

——"具有"（having）或者"习惯"（habit）

（一）第五卷第二十章（△.20）的提要

1022^b4，"具有"的意思是：（1）这个活动它穿着并且它被制造着；这种"具有"不能是本身具有的，如果我们要避免无穷的后退的话。

10，（2）一个配置是那由给它一个事物是好的或者坏的被配置，"由于自己"（per se）或者与另外的有关。

13，（3）那样的配置的一部分；由此，一个事物的一部分的配置就是这个事物的"具有"。

（二）第五卷第二十章（△.20）的解说

从上一章开始直至第三十章止，每章都相对简单，因为有些与前面诸章中的内容有可能重叠，有些则相对不是太重要，我们只要耐心地看下去就可以了。

托马斯·阿奎那在他的《形而上学注释》中，卷17、18两章，19、20、22、23这四章以及2、4、25、26、29这四章和28、29、30这三章都合并为他的一讲中，显然，他也考虑到它们的内容比较简单，而且有些相互有所关联的缘故，可作参考。

这一章讲的"具有"或者"习惯"，这在汉语中是很不好理解的，因为"具有"一词在古希腊语中同时有"习惯"的意义和"永久状态"的意义，好像具有一种永久状态，便可理解为"习惯"了。

他说"具有（having）的意思是（1）具有者和他具有东西的一种活动——某种像一个活动或运动的东西，当一个事物制作而一个被制作，在它们之间，有一个'制作'，同样地，在那拥有一件外衣的人和人所拥有的外衣之间有一个'具有'，那么明显地这种'具有'我们是不能拥有的，因为如果拥有我们拥有的具有，是可能的话，那么这个过程将会无限地进行下去。"（1022^b4—9）

在这段话中，亚里士多德解释了"具有"是具有者和被他所具有的东西之间的一种关系，而不是一种实在的事物，因此，他说："这种'具有'我们是不能'拥有'的"。他没有进一步举例加以解释说明，而只是说，如果[这]是可能的，那么这个过程将会无限地进行下去。对于这一点，是很费解的。托马斯·阿奎那在他的注释中把具有解释为一种"中介关系"，但为何这个"中介关系"会无穷后退而必须加以避免，也没有说清楚，我们在这里只好存下一个疑问。

他接下去说：（2）具有或习惯的意思是一个安排（disposition），根据它，那被安置的东西或者较好或者较差地被安置，而这或者是在它本身，或者指涉别的什么东西，例如，健康是一种"习惯"，因为它是那样的一种安置，（1022^{b}10—13）（3）我们说到习惯，如果有一种这样的安置的一个部分的话，并且因此甚至多个部分的卓越之处，也是整个事物的"习惯"状态。（1022^{b}9—11）

在这个（2）（3）两点，其实是讲的一回事，都是说的"习惯"。他把它看作是由于一种好的安排或安置，而带上的一种"状态"。这就是一个人的"健康"。这种安排既是从部分来看的，也是从整体来看的。整体和部分是一致的，都是安置得很好的状态。

二十一、第五卷第二十一章（△.21）的提要与解说

—— "情感"（属性）（affection）

（一）第五卷第二十一章（△.21）的提要

1022^{b}15，"情感"（affection）的意思是：（1）一种质，一个事物关于它可能改变。

（2）这个改变本身。

（3）伤害的改变，特别是痛苦的伤害。

（4）不幸和痛苦的极端。

（二）第五卷第二十一章（△.21）的解说

这一章也很简单，但是 affection 这个字的中译文很困难，它有"情感"的含义，但在亚里士多德把它用来指一种属性，一种质，但它通常不是指本质的东西，而经常是指偶然的，不重要的某种质，所以我们可以把它看作一种事物的属性，以下是亚里士多德的解释。

"情感"［属性］（affection）的意思是：（1）一种性质，由于它，一个事物能够被改变，如白与黑、甜与苦、重与轻，以及所有其他这一类的东西。（2）这些东西的现实——已经完成的改变。（3）特别是伤害性的改变和运动，尤其是痛苦的伤害。（4）不幸的和痛苦的经验在大的规模上被称

作"遭受"。

二十二、第五卷第二十二章（△.22）的提要与解说

—— "缺失"（privation）

（一）第五卷第二十二章（△.22）的提要

1022^{b}22，"缺失"（privation）被用于：（1）如果一个事物不具有某种属性，而那是自然地具有的，甚至尽管不是由于它；

24，（2）如果或者是它或者是它的种会自然地具有这个属性。

27，（3）它不具有这个属性，尽管与它会自然地具有它。其他的相似的性质可以被加给它。

31，（4）强暴地移去任何东西。

32，正如缺乏有多种意义，这里有多种缺失，它可能一般地包含着不具有一个东西，或者，有一个坏的它，或者有一个小的它，或者，不是容易的或者不是较好的。

1023^{a}4，或者根本没有，在这种情况下，这里有一个介乎具有的和缺失语词之间的意义，例如，在好与坏之间。

（二）第五卷第二十二章（△.22）的解说

"缺失"（privation）是与"具有"（possession）对应的一个术语。亚里士多德先一般地解释它的意义，然后又分三层意思来解释它的意义。

他说："缺失（privation）的意思是：如果某个事物不具有一个事物会自然地具有的诸属性之一，甚至如果这个事物本身不会自然地具有它，例如，一个植物被说成'缺失'眼镜。"（1022^{b}22—24）

他继续说："（1）如果一个事物不具有该事物自身其他的种会自然地具有的一种属性，例如一个盲人和一只鼹鼠在不同的意义下都缺失视力；后者是与其种［即动物］相对比。（2）尽管它应当自然地具有某种属性，并且当

它自然地应当具有它时，如果它不具有它；因为盲是一种缺失，但一个人并非在任何时候和每一个时候都是盲的，而仅仅在它应当自然地具有视力的年龄而不具有它。相似地，一个东西叫作盲的，如果它在工具方面、器官方面、关系方面和方式方面缺乏某属性，而它应当自然地拥有该属性。（3）任何东西被暴力剥夺叫作缺失。"（1022^{b}25—29）

这已经解释得很清楚了。往下，他还进一步发挥。他说：缺失恰好有如语词带有否定前缀那样具有那么多种类的意义；一个事物被叫作"不相等"，因为它不具有相等，尽管它应当自然地具有它；而"不可见的"则是因为它或者根本没有颜色，或者因为它有很不明显的颜色；"无足的"或者因为它根本没有足，或者因为它具有不很完善的足。再有，一个缺失的词可以意味着在很小程度上具有某事物，例如，"无效的"，这意味着不完善的方式具有它。再有，它可以意味着"不容易地"或"不是很好地"具有它，例如，"不可切割地"意思不仅指那不能被切割的东西，而且指那不容易地不能很好地被切割的东西。再有，它还可以意味着根本不具有某事物；因为不是一只眼的人，而是双眼无视力的人，才被叫作盲人。因而并非每一个都是好的或坏的、正直的和不正直的，还有着居间的状态。（1022^{b}34—^{a}5）

二十三、第五卷第二十三章（△.23）的提要与解说

——有或持有

（一）第五卷第二十三章（△.23）的提要

1023^{a}8，"有"（have）的意思是：（1）根据一个东西自己的本性（nature）或者推动（impulse）来加以处理。

11，（2）有如一个接受的质料具有印在它上面的形式。

13，（3）包容（contain）所有整体具有部分。

17，（4）阻止一个事物根据它自己的推动而来的移动，例如，把持住整个（together）。

23，"存在于一个事物中"具有相对应的意义。

（二）第五卷第二十三章（△.23）的解说

这一章是与上一章讲缺失是相对应的，因此，亚里士多德对它的解释也相应地是很清楚的。

"具有（或持有）（hold）有许多意义上被使用：（1）根据一个人自己的本性或者根据一个人自己的冲动对待一个事物，所以发烧被说成它持有人，僭主则拥有他们的城邦，而人则拥有他们穿的衣服；（2）一个事物呈现于作为它的受体的某事物中，（后者）被说成是持有那个事物，例如，青铜具有人的雕像的形式而身体拥有疾病；（3）那包含的事物持有被包含的事物，因为一个事物被说成是被持有，是由于那个它在某种犹如在一个容器中一般的东西，例如，我们说罐子装有液体，而城市拥有人，船拥有水手，所以整体也拥有部分；（4）那阻碍一个事物按照它自己的冲动来运动或行动的，被说成是持有该事物，正如柱子持有压在它上面的重量，如诗人们使得阿特拉斯（Atlas）持有上天。（此乃依据赫西阿德的《神谱》，阿特拉斯是希腊神话中的大力士，他背负着苍天）[李真注]，这蕴含着这样的意思，否则天就会崩塌到地球上来，如某些自然哲学家也是这样说的。在这种方式下，那把一些事物聚在一起的也被说成是持有这些事物，因为否则它们就会每一个按照它们的冲动而分离开。"（1023^{b}8—14）

二十四、第五卷第二十四章（△.24）的提要与解说

——来自某物

（一）第五卷第二十四章（△.24）的提要

1023^{a}26，一个事物被说成来自某物：（1）是出自它的生成的或者是特别的质料。

29，（2）来自它的作用因。

31，（3）来自它所属的质料和形式的复合物，正如部分来自整体。

35，（4）那个形式被说成是它的元素造成的；所以人是被两脚造出来，音节来自字母；这是与一个事物出自它的可感知的质料不同的关系。

1023ᵇ3，（5）一个事物来自以上的一种意义的那个从它进展的一部分，所以小孩来自他的双亲。

5，（6）一个事物来自它在时间上连续的东西，这个事物如此地关联着（a）有些变化进入彼此之中，正如白天和黑夜；（b）在另外的情况下，一个仅仅连续着另一个，正如一个节日连续着另一个。

（二）第五卷第二十四章（△.24）的解说

这一章讲的是两个联结词或介词：from（来自，从……）和 out of（出于……），它们都与表达因果关系有关。

亚里士多德解释说："来自某物"的意思是：（1）来自某物如来自质料，而这又有两种意思，或者对于最低的属，或者来于最高的种；例如，在一种意义上所有能溶解的东西都来自水，但是在一种意义上雕像来自于青铜。（2）作为来自第一推动的本原；例如，战斗来自什么？来自侮辱的语言，因为这是战斗的来源。（3）来自质料与形式的复合，如同部分来自整体，这段韵文出自《伊利亚特》，以及石头出自这座房子，（在每个这样的状况中，整体是质料与形式的复合），因为形式是目的，只有达到一个目的的事物才是完成的。（4）作为形式来自它的部分，例如，人来自两足的，而音节来自"字母"。这是与雕像来自青铜的意思不同的一种意义，因为合成的实体来自感性的质料，但是形式也来自形式的质料。——这样，有些事物在这些意义上被说成是来自别的什么事物；但是（5）如果这些意义中的一个可以应用于其他事物的一个部分，那么那些事物也可以这样描述了；例如，孩子来自他的父亲和母亲，植物来自土地，因为它们都来自这些事物的一个部分。（6）它意味着在时间上晚于一个事物，例如，夜晚来自白昼，暴风雨来自好天气，因为一个来的晚于另一个。对于这些事物，有些之所以如此描述是因为它们允许相互变成对方，如像现在提到的情况。有的则仅仅因为它们在时间上先后相继，例如，航行自春分（或秋分）进行因为它在春分（或秋分）之后进行，塔尔格利亚节来自狄奥尼西亚节，因为它在狄奥尼西亚节之后。(1023^{a}26—1023^{b}10)

这里表明的因果、部分和整体、时间的先后等关系都是很清楚的，但亚里士多德的有些举例说明则颇为费解(如孩子，为什么是来自父母的一部分，等等)，我们似乎也不必探究了，只得其大意即可。

二十五、第五卷第二十五章（△.25）的提要与解说

——部分（part）

（一）第五卷第二十五章（△.25）的提要

1023^{b}12，"部分"（part）的意思是：(1)(a) 那个东西量进入它就被分割，(b) 部分的那些在意义（a）中，它度量着整体（whole）（在这个意义上不是它的一部分）。

17，(2) 那个进入它形式就被分割，是量的一部分（由此，属是种的部分）。

19，(3) 那个进入它整体就被分割，整体意味着或者是形式或者是具体的整体（例如，铜和有型的角都是铜三角体的部分）。

22，(4) 在定义中的元素（由此种是属的部分）。

（二）第五卷第二十五章（△.25）的解说

这一章和下一章（二十六章）是讲部分与整体这一对概念，这与前面的有关论述，如第十三章讲的"量"，还有关于"一"和"多"的论述有所重叠，可见这一卷的编辑工作是很仓促和缺乏整理的。

亚里士多德解释说："部分（part）的意思是：(1)(a) 一个量能以任何方式划分为它的东西；因为那从作为量的量取走的东西，总是被作为它的一

个部分，例如，二在一种意义上被称为三的一个部分，它的意思是（b）关于在第一种意义上的部分仅仅是那些度量整体的东西；这就是为什么在一种意义上被称为三的一部分，在另一种意义上又不被称为三的一部分；（2）一类事物除了量之外可以被划分为它的元素，这元素也被称为它的部分；由此，我们说属是种的部分；（3）一个整体被划分为元素或者它由这些元素构成，整体的意义或者是形式或者是那具有形式的东西，例如铜球的形式或铜为立方体，不仅青铜是部分，亦即形式在其中的质料，而且 [它的] 角也是部分；（4）在定义中解释一个事物的因素也被称为整体的部分；它就是为什么种被称为属的一个部分，尽管在另一种意义上属是种的部分。"（1023^{b}12—25）

这里也有一个疑问：即（b）所说的在另一种意义上（2）也不被称为三的一个部分。这个"另一种意义"究竟是什么？为什么说二不是三的一部分——这是很费解的，不知亚里士多德在这里说的是什么。

二十六、第五卷第二十六章（△.26）的提要与解说

—— "整体"（whole），"全部"（total），"所有"（all）

（一）第五卷第二十六章（△.26）的提要

1023^{b}26，"一个整体"（a whole）的意思是：（1）没有它的部分由于自然（nature）这个整体是缺少的；

27，（2）它如此地包含着它的内容，它们是一个统一体，（a）在这个意义上，每一个都是与每一个的一个，或者（b）在这个意义上，所有的一起构成这个统一体。

29，（a）词组"整个集合是真的"并且"作为一个整体"蕴涵着包含许多部分的整体，这些部分都表述每一个，并且每一个都是其余的一个(例如，人、马、神由于具有他们都是活的存在物，而都是一个)。

32，（b）当一个统一体已经由几个组成部分形成时，连续的和限制的是

一个整体。(i) 特别是如果它们仅仅是潜在地存在的话,但是,(ii) 甚至如果它们现实地存在的话,就失败了,属于在 (b) 的意义下属于,自然的整体是比人工的整体是更加真实的整体(参看我们关于统一所说过的)。

1024,(3) 关于量,它有起点,中端和结尾,那个对于它,诸部分的位置并不造成差别,那就是一个全部 (total)。对于它的一个两者都可以是也可以不是两者,亦即一个在其中自然在变换位置后仍然保持着,但是形状等不保持 [例如蜂蜡(wax),或者一件外套]。

6,水、液体、数目都是"全部",而不是"整体",除非是在引申的意义上,诸事物放在一起,我们叫它为"全部",我们简单地说成是"所有"(all)("这个全部数目"、"全部这些单位")。

(二)第五卷第二十六章(△.26)的解说

这一章接着上一章,讲"整体"(whole)、"全部"(total) 和"所有"(all) 几个相互有联系的概念。

他说:"整体"(whole) 的意思是:(1) 那不缺少它的任何一个部分的东西被称为自然地是一个整体,并且 (2) 那如此地包含着它包含的诸事物而形成一个统一体的东西;而这有两层意思——或者每个都成为一体单独的事物,或者它们之间造成了一个统一体。(a) 共相或者一般地述说作为一个整体的事物,在它包含许多事物的意义上是共相,因为它表述它们的每一个,而且每一个以及所有它们都是一,例如人、马和神,因为它们全都是有生命的事物,(b) 那连续的并被限制的东西,当它是由几个部分组成的统一体时,就是一个整体,(特别是如果部分仅仅是潜在地呈现于其中的话;但是如果不是这样,即使它们实际地出现也是不行的)关于这些事物本身,由于本性而如此,比之由于技艺而如此的是较高程度上的整体,如我们所说在统一体的场合也是这样,事实上整体性是一种统一性。还有 (3) 都具有开端、中点与终点的量,位置对于它不造成区别的,叫作全体 (all, total),而对于它造成区别的,叫作整体 (whole),那些容许这两种描述的就既是整体又是全体,这些就是其本性在交换位置后的,就保持一样的事物,但是它们的形式则不保持一样，例如，蜡和一件外衣，它们被描述为既是整体又是全体，因为它们具有这两者的特征。水和所有的液体和数都被叫作全体，而不是整体数和整体水。是在一种延伸的意义上使用，对于应用，全体一词的，作为一种事物，当它们被当作分离的时候，所有这个词也可以应用，如"所有这个数"、"所有这些单位。"（1023ᵇ26—1024ᵃ10）

二十七、第五卷第二十七章（△.27）的提要与解说

——被切割（multinated）

（一）第五卷第二十七章（△.27）的提要

1024ᵃ11，那能够被切割（multination）必须不仅是：（1）一个量，亦即可分的，而且是（2）一个整体，因为不仅是数2，不能由于失去一个单位而被切割（multitation）（因为那在多边化之后剩下的必须大于那已移去的），而且没有数目能被切割，因为被切割后本质必须保持下来。切割必须具有不仅不相似的部分，正如数目具有的，而且部分的位置要造成和它的差异。

20，（3）它必须是连续的；一个音阶是一个上述意义的整体，而且不可分离，因此不能够被切割。

22，（4）甚至整体也不能用失去部分的办法，而"被切割（a）对它们的本质的要求，（b）不同于极端化，或者（c）在完全被移走之后能够重新生长"。

（二）第五卷第二十七章（△.27）的解说

这一章讲的"被切割"是一个外科手术式的用语，即把一个东西从它的整体中"切割"掉。

亚里士多德解释说："并非任何碰巧是量的事物都能被叫作'切割的'，它必须是一个整体而且是可分的，因为如果是两个一中的一个被拿走，不仅二不成为'切割的'（因为由切割失掉的部分并不等于剩余的部分）而且一

般地说没有数量那样被切割的；因为本质留下来也是必要的；如果一支杯子被切割了，它必须仍然是一支杯子；但数则不复是相同的数。再说，即使事物包含着不相等的部分，这些事物也不能全部被说是残缺的，因为在一种意义上一个数具有不相似的部分（例如二与三）以及相似的部分；但是一般地对于那些其位置并不造成差别的事物，例如水或火，都不能被弄残缺。被弄残缺，事物必须由于它们的本质而具有位置。再有，它们必须是连续的，因为一个音阶包含着不相似的部分并具有位置，但不能成为残缺的，因为去掉的部分必须既不是那决定本质的部分，也不是任何碰巧的与其位置无关的部分。例如：一支杯子如果它被钻穿了，就不是被'切割'的，但仅仅是它的把手或者一个突出部分被去掉了才是被切割的。"而一个人如果肉和脾去掉了还不是残缺的，但如果四肢之一去掉之后就是"残缺的"了。这不是任何一个肢体，而是一个完全去掉之后就不能再长的肢体。因此，剃光的头不是一种残缺。（1024^{a}11—28）

这里也有一个疑问：为什么脾去掉了，还不是"残缺"，难道是因为"脾脏"可以移植吗？

二十八、第五卷第二十八章（△.28）的提要与解说

—— "种类"（kind），"在种类上的不同"（other in kind）

（一）第五卷第二十八章（△.28）的提要

1024^{a}25，种类（kind）应用于：（1）相同类型的存在物，它有着不断地生成。

31，（2）有一个共同祖先的存在物，它们更为经常地以男性祖先来命名而不是根据女性的祖先，女性祖先仅仅提供质料。

36，（3）那潜存着属差的东西。

1024^{b}4，（4）在定义中的第一个元素。

6，这样，种类就蕴涵着：（1）相同类型的不断生成，或者（2）相同

类型的第一个运动者，作为它的后代，或者（3）在属差之下的一种质料或基质。

9，"在种类上的不同"（other in kind）应用于那些事物，它们的最接近的基质是不同的，并且不能把一个分析为另一个，或者将两者分析为相同的东西，例如，形式和质料，或者归入不同范畴的事物。

（二）第五卷第二十八章（△.28）的解说

这一章讲的是"种类"。这是一个与种属和分类与划分有关的概念。这里的"种类"亚里士多德把它解释为"人种"和种（race），也可以理解为种类（kind）。

他解释说："种"（race）在这个意义上被使用，（1）如果具有同样形式事物的生成是连续的，例如"当人的种族延续时"，意思是当他们的生成连续地进行下去。（2）它与那首先把事物带入存在的东西相联系而被使用；这样在种族上有的人叫作希腊人，有的叫作伊奥尼亚人，因为前者以海伦作为第一个生育者进行［繁衍］，后者则以伊奥尼亚作了第一个生育者进行繁衍。这个字在与生育的联系上使用更甚于与质料的联系，尽管人们也从女性那里获得种族的名字，例如"比拉的后代"。（3）有一种意义上的"种"，"面"是平面图形的种，"立体"是立体的种；因为在一种场合，这种图形的每一个都是如此这般的一类的一个主体；而这是那潜伏在种差下面的东西。再有，（4）在定义中，那被包含在"什么之中的第一个组成元素就是种，它的差别就被说成是质"。这样，种就在所有方式被使用，1.涉及在同一种类的连续生成；2.涉及在推动同类事物的第一个推动者；3.作为质料——对于差别或质所属的那个东西，乃是基质，我们叫它质料。

"那样一些事物被说成是在种上不同的"，（1）它的原初基质是不同的，它们不能从一个分析出另一个，也不能把两者都分析为同一事物（例如形式和质料在种上是不同的）。（2）属于存在的不同范畴的事物（有些事物）被说成是表示什么，另外的表示一种质，以及另外的表示各种其他的我们在前面区分过的范畴（备注：参看本卷第七章讲的"是"），这些东西也是不能从

一个分析出另一个，也不能把两者分析成为某一个事物。(1024^{a}29—^{b}15)

二十九、第五卷第二十九章（△.29）的提要与解说

——假的

（一）第五卷第二十九章（△.29）的提要

1024^{b}17，"假"（false）应用于：(1) 一个假的事物，这就是 (a) 一个东西它们不是放在一起的或者不能放在一起，例如 (i) 你是坐着的，(ii) 四边形的对角线边是可通约的；或者，

21，(b) 一个事物存在，但是有如表现 (i) 不像是它那样的，或者 (ii) 是某种并不是真正存在的东西，一张风景画在 (i) 意义上是假的事物，一个梦在 (ii) 的意义上是假的。

26，(2) 一个作为假的计算是对不存在的东西的计算；由此，任何计算除了那对于真的东西的计算外都是不真的 (untrue)，例如，对圆的计算与对于三角形的计算是不真的。

29，在一种意义上，这是只有一种对事物的计算，亦即它的定义，在另外的意义上，这里有许多种因为在一种方式中一个事物与具有一种性质的自身（itself with an attribute）是同样的（假的计算是一种在另一种意义上的计算）即什么都不是。

32，因此，安提斯泰里士认为没有什么（nothing）应当被描述，除非用它的固有的计算时是幼稚的，它造成矛盾，而且实践上也是假的，不可能的，可能描述一个事物不仅由于它的计算，而且由于别的某些东西的计算，这无疑的是被假地作的，但是，它可以被真的作于我们把它叫作加倍，使用它是2的"计算"。

1025^{a}2，(3) 一个假的人就是一个趋向于选择那样的计算，为了他自己的缘故并且用它们影响其他人，正如我们把事物叫作假的，如果它们造成假的印象的话。

6，由此在《希匹亚斯篇》中的论证表明一个同样的人在幻觉中是假的也是真的，它假定（a）他能说假的，（亦即谁知道呢），就是假，并且（b）它更好的是愿意地而不是不愿意地是坏的。这基于一个假的归纳，包含着一个在愿意的存在物和愿意地企图之间的混淆。

（二）第五卷第二十九章（△.29）的解说

这一章讲假的（false）这个概念，它是逻辑学中的一个基本概念（另一个是"真"）。但是一个特别陈述的真假的标准则是这个陈述与它所描述的事物的存在状态是否符合，这是这一章的核心思想。

他首先从客观事物的状态说起，他说："假的意思是：（1）那个作为一个事物是假的东西，并且因为（a）没有彼此一致或不能彼此一致。例如，'一个四边形的对角线与边是可通约的'，或者'你正坐着'；因为其中之一永远是假的，而另一个则有时是假的。在这两层意思中它们是非存在物，（b）有些事物是存在的，但是显示它的本性或者不是如像它们的本性或者那不存在的事物，例如，一个影子图（shadow gracapty）或者一场梦，因为这些真的都是指某种事物，但都不是它们造成的印象的那种事物，于是我们的这种方式叫这些事物为假的或者因为它们本身不存在，或者从它们产生的现象是某种不存在的东西的现象"。（1024^b17 26）

这里是从客观事物的状态来分析真假，他首先分析那作为一个事物是假的，实际上是分析表述某一事物的状态是"没有彼此一致"或不能彼此一致，比如说："你正坐着"，它可能是真的，如果你现在确实坐着的话；但如果你现在站着，那么它就是假的。另外一种情况则是"彼此不能一致"，如说："四边形的对角线可与它的边可通的"这就是假的，因为这是根本不可能的。

他还从（b）有些事物是存在的，但是它显示的本性或者不是像它们的本性或者是那不存在的事物来分析。他举例来说，"例如，一个影子图或一场梦，虽然影子戏图像和'一场梦'都是某种事物，即它们都是存在的，但都不是它们造成印象的那种事物，或者说从它们产生的观念是某种不存在的东西的现象。"

这仍然是从认识论的反映论进行分析的。"影子戏图像"好像也是一种"存在"，但它不是真实的存在而是虚幻的存在，严格来说，它仍然是非存在，至于一场梦，那更是虚幻的。所以，"它们本身不存在，或者从它们产生的现象是某种不存在的东西的现象"。

接着，他又从一个陈述来看什么是假的。他说（2）一个假的陈述，就这个陈述是假的来说，就是对于不存在的东西的陈述，由此每一个陈述是假的，当其应用不同于关于它是真的陈述的事物，例如一个圆的陈述应用于一个三角形时就是假的。在一种意义上说，每个事物都有一个陈述，亦即对它的本质的陈述，但在另一意义则有许多陈述，因为这个事物本身与带有一个属性的事物本身在一种意义上是相同的，例如，苏格拉底和有教养的苏格拉底。一个假的陈述绝不是对任何事物的陈述。（1024^{b}27—31）

至此，亚里士多德解释的意思是很清楚的，一个陈述如果是真的就一定是反映了它所描述的事物的真实情况，否则就是假的，但是真的陈述不仅局限于对事物的定义，亦即对事物的本质的陈述，它还可能与该事物偶有的某些属性在一起时的描述（如"苏格拉是有教养的"）等等，而且这类的描述还可能很多。

但是接下去他对安提西尼的主张的反对和批判则不是很清楚，从现有字面看：安提西尼主张对一事物的定义，正确的只有一个，因此，他主张对事物的认识不应当也不会有矛盾。亚里士多德批评说：这种观点是"头脑太简单了"，因为对于一个事物可以作出许多假的描述，这要全面深入地了解有关的评述，我们需要进一步参考柏拉图的《小希匹亚斯篇》、《智者篇》和《泰阿泰德篇》等文献资料，我们这里就从略了。

往下，亚里士多德还讨论了如何理解我们说一个人是假的，他说（3）一个假的人则是一个人故意地和处心积虑地作出那样的陈述，只是为了这样做而不是为了任何别的理由，以及是一个善于使别人也引出那样陈述的人，正如我们说事物是假的，它产生一种假的现象。（1025^{a}2—5）这就是说，一个人故意作出骗人的事。托马斯·阿奎那举了一些例子来加以解释，可供我们参考。阿奎那说，这犹如一个人有一种爱好和习惯，即他追求性交的缺点；但他如果这样做是为了偷盗，那他就是一个贼而胜过是一位好色的人，而如果一个人说假话是为了骗钱，那他就是比假的人更加邪恶的人了。还有，一个人说假话是为了在别人那里引起错误的观念，显然他所说的是与非存在有关的，所以一个假的人就是一个与非存在打交道的人。

至于亚里士多德提到柏拉图说他是"一个自愿地是坏的人是更好的人"是什么意思，我们就只有从柏拉图的论述中去找解释了，这里也放下不论。

三十、第五卷第三十章（△.30）的提要与解说

—— "偶然"（accident）

（一）第五卷第三十章（△.30）的提要

1025ª14，"偶然"（Accident）的意思是：（1）那属于一个事物的东西但不是由于必然性也不是对于大多数部分。

21，因为这里有诸属性而且它们属于主体，并且它们中的有些这样仅仅是由于在特殊的地方或特殊的时间，一个属性在现在和这里属于一个主体，但不是因为它是这个特殊主体，就是一个偶然。

24，因此，它没有确定的原因，而一个暂时的碰巧的原因，一个人"自发的"走向爱琴海，如果他不是根据自己的意愿而是由于别的什么原因，例如，一场暴风雨。

30，（2）那由于自己（per se）而属于一个事物的东西，尽管不是呈现在它的本质中，例如，使其诸角等于两个直角是一个三角的偶然，这种偶然可能是永恒的，而那些另一种的则不能。

（二）第五卷第三十章（△.30）的解说

这一章讲"偶然"或"偶然性"。这是与必然、必然性相对应的一个重要哲学概念（参看前面第五章讲的"必然性"）。

亚里士多德解释说："偶性（accident）的意思是：（1）那附着于某物并

能被真的断定的东西，但既非出自必然也不是经常地，例如，如果某人种树挖洞而发现了宝藏。这个发现的宝藏——对于挖树的人来说是一个偶然，因为一个并非必然地从另一个而来，或者在另一个之后，也并非一个人种树他就经常地发现宝藏。一个有教养的人可以是白色的；但这并非由于必然而发生，也非经常如此，我们就叫它是一个偶性。因此，由于有属性并且它们附着于主体，而且它们中有些附着于主体仅仅在一个特殊的地点和在一个特殊的时间，但是无论是什么[属性]附着于主体，只要不是因为它是这个主体，或者时间是这个时间，或者地点是这个地点，这就将是一个偶性。因此对于一个偶性也没有确定的原因，而只有一个碰巧的原因，亦即一个不确定的原因。前往爱琴海对于一个人来说是偶然的，如果他不是为了到达那里而行走，而是由于他被暴风雨或海盗俘获而被带往那里的话。偶然[事件]是发生了或存在着，——然而，不是由于主体的本性，而是由于别的什么东西，因为暴风雨是他来到一个地方的原因，他并未驶向那个地方，而这个地方就是爱琴海。"（1025ᵃ14—29）

他接着说："偶性"还有（2）另一个意义，亦即所有由于其自身而附着于每一事物的东西，但不是由于它的本质，好像有等于两个直角的角附着于三角形那样，这一类的偶性可以是永恒的，而没有其他种类的偶然是这样的，这一点在别处已解释过了。（1025ᵃ30—32）

亚里士多德没有进一步解释什么是"这一类的偶性是永恒的"，按理说：永恒的就应当是必然的，这里留下了这个疑问。（也可以参考本书第六卷的有关论述。）

第六卷（E）

概 论

第六卷（E）是除了第二卷（共两章）之外，章数最少（共四章）的一卷。就其内容讲，它与前面第四卷的第一二章有联系，都讲到《形而上学》研究的范围和它的特点，并与前面第五卷里的第七章（△.7）讨论的存在的意义有重叠。在第六卷第二章、第三章讨论偶然的存在，第四章讨论作为真假的存在。这些都表明第六卷与第四卷、第五卷都有关联，特别是和第四卷所讨论的问题有明显的关联。但是，在它们之间，插入了一个第五卷，即所谓的"哲学辞典"，这表明这本书编纂者的良苦用心，也表明第六卷本应与第四卷在连续性上应当处在先后相连的地位。

其次，第六卷第一章的引文与第四卷的一、二章相比，显得含混甚至有矛盾之处。这也许是文本本身有缺失或错误（"残简"和"误抄"的问题）。也许反映亚里士多德本人的思想中的含混或矛盾，这些问题揭示我们应对该卷的讨论持更为谨慎和更为批判的态度。这既是为了探索真理的需要，也是为了更深入地研究亚里士多德哲学思想的发展的需要。

在历代的注释家中，大体可分作三派，第一派以托马斯·阿奎那为代表，（参看他的著作《对亚里士多德〈形而上学〉的注释》，约翰·P.诺万翻译为英文并作序言，1995 年校订第二版，美国印第安纳出版）他原则上是将要把亚里士多德的含混和矛盾处多方解释为是合理的，可以称之为"迷信派"。第二派则以克里斯多夫·凯尔万为代表（参看他的《亚里士多德〈形而上学〉Γ.△和 E 的译文和注释》一书，牛津，1993 年），他从各个角度揭露亚里士多德论述中的含混不清和自相矛盾之处，可以称为"揭露派"。第三派以大卫·罗斯为代表（参看他的《亚里士多德〈形而上学〉的文本和注释》一书，1924 年第二版，牛津）。他多方考证，以说明可能出现错误的原因（文字的、历史发展的等等），以及如何正确加以理解，可以称之为"求证理解派"。对于读者来说，它们各有特长，但都有可资参考的价值。相比之下，罗斯的态度更为可取，但他又热衷古希腊文文字等的考证，而对于在阐释义理方面有所不足，让人感到遗憾。

一、第六卷第一章（E.1）的提要与解说

——把理论科学划分为物理学、数学与神学

（一）第六卷第一章（E.1）的提要

1025^{b}4，我们正在寻求作为存在的存在的事物的原因。每一门科学都与多少被精确地把握的原因相关。

7，诸科学（a）研究某个特殊的存在的事物，而不是那样存在的事物；

10，（b）没有提供本质的证明，而是使之对感觉明显或者设置它，并且对它们进行研究的种的性质的证明；由此，显然它们使得本质被认识不是用证明而是用某个其他方式；

16，（c）他们并不讨论它们的主体的种是否存在——这是对于同一种思想（它研究本质）的事务。

18，（1）物理学像更为特别的科学，研究一个特殊的种，亦即实体的种，它具有它自身的运动和静止的源泉。它不是实践的科学也不是生产的科学，因为制造万物的原动力是在制造者之中，亦即在制造那些事物的执行者之中。因此，它是理论的。

26，它研究可变的（mutable）的对象，以及大多数不与质料相分离的东西的本质。观察本质如何存在是重要的。

30，有些，如像"凹形鼻"，已经包含着质料（凹形鼻是一个凹形的鼻子）；其他的，像"凹形的"不包含可感知的质料。

34，因为所有物理对象都是"凹形鼻"这个类型的（例如动物、植物以及它们的部分），很明显物理学应当怎样研究本质，并且为什么它研究那包含物质的灵魂这一类的东西。

1025^{a}67，（2）数学也是理论的[科学]，它的对象是不是不可变的和分离的存在物，现在是不清楚的，但是不论怎样它的有些分支把它们的对象处

理为是那样的。

10，（3）如果有任何东西是永恒的、不变的和分离地存在的，它必定被一门理论科学来研究，即不是物理学，也不是数学，而是先于这两者的［科学］。因为物理学处理分离地存在的对象，但不是不可变的，而数学的有些分支处理不变的对象，但也许不是分离地存在的，而原初科学（primary science）处理分离存在的并且是不变的对象。

16，所有的原因必定是永恒的，并且特别是这些作为原因作用于神圣的可见的东西。

18，这样，这里有三种理论科学、数学、物理学、神学（theology）（因为如果神圣的东西出现在任何地方，它就是在那样的对象中），而最高的科学必定处理最高的对象。神学科学是诸科学中最高的，而这个就是诸理论科学中最高的。

23，因为如果问到这样的问题：是否原初的科学是普遍的或者处理一个特殊的种（这个区别在数学中被发现，几何和天文学处理一个特殊的种，普遍的数学处理所有的对象）。

27，回答是这样的：如果没有不同于自然的实体的其他实体，物理学就是这门原初科学，但是如果这里有一种不变的实体，研究它的就是这个原初科学，并且是普遍的因为它的原初的。它研究那样的存在（being as such）的本质和属性。

（二）第六卷第一章（E.1）的解说

在这一章中，亚里士多德首先提出了"我们探寻的是事物的原理和原因，而且很明显这些事物是作为存在的事物"。（1025^{b}3—4）这就是说，任何一门科学都是以探寻事物的原理和原因为目的的。接下来亚里士多德据此提出了各种科学的分类及其标准的说明。这是这一章的重要论题之一。他接着说："一般说来每一种思维的科学或者包含比较精确或比较简单的推理的科学，都是关于原因和原理的。所有这些科学都划出某个特殊的存在和某个种来从事研究，但是并非直截了当地研究作为存在的存在。它也不对它处理的事物的本质加以讨论，而是从它出发，有的使它在感觉上是明显的，另外的则设定本质作为假设，然后，他们或强或弱地证明有这些本质属于这类事物。因此，很明显，从这样的归纳方法，没有对于实体或本质的证明，而是某些其他的展示它的方式。同样，它们没有说它们加以讨论的这类事物究竟存在还是不存在，因为表明它是什么和它存在属于同一类的思考"。（1025^{b}6—18）

这一段话中，亚里士多德明确地指出了"这些科学"也就是"具体的科学"，"都划出某个特殊的存在和某个种来从事研究，但是并非直截了当地研究作为存在的存在"。这就把具体科学和哲学区分开来了。具体科学（如动物学、植物学、天文学等等）都是"划出某个特殊的存在或某个种来从事研究"。而哲学则是"直截了当地研究作为存在的存在"。这一点在第四卷第一、二章中已经明确地说过了。

但是，有几个问题：一是为什么说这些具体科学"不对它处理的事物的本质加以讨论，而是从它出发"呢？一门科学难道仅仅讨论它所研究的对象的现象，而不讨论它们的本质吗？那么这门科学何以能被称作"科学"呢？他还说："而是从它［即存在——李真注］出发，有的使它在感觉上是明显的，另外的则设定本质作为假设，然后，他们或强或弱地证明有这些本质属于这类事物。因此，很明显，从这样的归纳方法，没有对于实体或本质的证明，而是某些其他的展示方式。"（1025^{b}10—15）具体科学不是直截了当地在研究作为存在的存在，但它必须研究"作为那样的存在"（being as such）。这也就是要研究这个对象的本质（尽管在研究它的本质的程度上可以有不同的深度）。

二是为什么说："从这样的归纳方法，没有对实体或本质的证明"呢？从归纳的方法寻找出一般的东西，这是我们研究事物的方法论，为什么从"归纳"找不出实体或本质的证明呢？

接下来亚里士多德提出他的科学的分类。他说："在所有思维活动中或者是实践的，或者是生产的，或者是理论的。"（1025^{b}25—26）这样，他就把科学分为了三大类，随后，他撇开实践的和生产的科学不谈，单就理论的科学作进一步的划分。他的划分十分奇怪地分为三个属（或种），即物理的、数学的和神学的。

这里存在几个问题，第一个问题是划分的标准。他说第一，物理学"是关于那样一种存在的理论，这种存在是能够被推动，……而且这种实体其绝大部分与质料不可分离的。"（1025^{b}26—28）第二，"数学也是一门理论科学，但是，现在还不清楚它的对象是否不运动和可分离，而有些数学分支研究的是不运动和可分离的东西"。（1026^{a}7—9）第三，他指出："然而原初科学则是关于分离的和不运动的事物的，所有原因必定是永恒，而这些尤其如此；因为这些是那神圣的可以看见的事物的原因，因此将有三种理论的科学，数学、物理学和神学。"（1026^{a}16—19）

这里存在着明显的混乱和矛盾，第一是划分的标准：1. 有运动的和绝大部分是不分离的物理学；2. 不运动的和可分离的（数学）；3. 分离的和不运动的（神学）或"第一科学"。这里的问题是：这种划分标准并没有穷尽被分类的事物，比如数学是作为不运动的和可分离的对象，但并非所有"不运动的并且可分离的"都属于数学的范围。这样的划分标准是不正确的。

亚里士多德的这个划分，据《第欧根尼·拉尔修》记载，把这个划分归之于柏拉图，又，据晚期"逍遥派"人士以及新柏拉图主义者告诉我们，亚里士多德仅仅承认理论的和实践的两大类，而后者包括伦理学、经济学、政治学，此说可供参考。（参见大卫·罗斯：《亚里士多德〈形而上学〉的文本和注释》，1924 年版，第 352 页。）

第二个问题是哲学和科学的混淆，亚里士多德曾明确地规定哲学是研究作为存在的存在的，其对象是最大的普遍性，而科学则是研究存在一个特定部分，是研究存在的某个种，这二者不容混淆。但在这里亚里士多德沿用流行的说法既把哲学看作科学的一种（故他称为"第一科学"），又把科学提议是哲学的一种，把数学、物理学和神学说成是"三种理论的哲学"，这种明显的混淆和自我矛盾太令人惊讶了。

由于有了这些混淆，所以在本章最后一大段话中反复出现这种混淆就是可以理解的了。比如，他说："如果在那些自然地构成的事物之外，没有某些其他的实体的话，那么，物理学就会是第一科学了；但是，如果有某种不动的实体，那么，这一门［研究它的科学］就会是最优先的，并且是第一哲学，而且在这种意义上的普遍也将是唯一的，而对于作为存在的存在的研究也属于这门科学，既包括它是什么，也包括那些属于作为存在的存在的东西的属性"。（1026^{a}28—33）。

最后，我们将对亚里士多德把"哲学"也称为"神学"的问题，作一点讨论。这反映了亚里士多德深受当时大希腊传统文化的深刻影响，因为在大希腊文明的早期，人们惊讶于许多难以理解的自然现象，于是就将这些现象的操纵者想象成为"神力"，并演化成古希腊神话中的各种"神"，如风神、火神、猎神、雷神，以及宇宙的至上神——宙斯，等等。所以，从文化上说最高的学问，或者任何超越当时人们的认识极限的事物，都用一个"神"字来作解释，因此，"神学"就成了最权威、最神圣、最尊荣的"学问"。在这里"迷信"与"理性"相交织和混淆。随着人们理性认识的发展和逐步取得越来越大的胜利，所以"智慧之学"，亦即"哲学"逐渐代替了原有的"神学"的地位，而成了最敏感最尊贵的学问了。亚里士多德在这里把"哲学"和"神学"相混淆，相等同，正是反映了在人类文化进展上的哲学代替了神学的历史发展成果。

顺便说一句，当今的天主教会的神学，也是利用人类认识发展的无限和有限的矛盾来支持其神学信仰的。20世纪90年代我在比利时的卢汶大学高级哲学研究所作访问学者时，曾专门拜访一位哲学教授（他同时也是一位耶稣会士和天主教神父），与他讨论神学和科学的关系问题。他的回答是典型的当代天主教神学的观点。他说：在科学认识达到的地方，神学就后退了，而在科学还不能达到的地方，那仍然是神学的领域。因此不难理解在科学发达的当代，日心说当然战胜了地心说。罗马天主教会也曾为用火刑烧死坚持日心说的布鲁诺，并迫害科学家哥白尼。罗马教廷曾为天主教会的这些罪行"道歉"，但是它仍然坚持在"科学"的领域之外有一个"神学"的领域。这就是现代罗马天主教会玩弄的迷人的把戏！

二、第六卷第二章（E.2）的提要与解说

——偶然的存在，不是科学研究的对象

（一）第六卷第二章（E.2）的提要

1026ª33，"存在"（being）的意思是：（1）偶然的存在（accidental being），（2）作为真的存在，（3）范畴，（4）潜能和现实。

ᵇ3，（1）没有科学研究偶然存在，因为（a）一所房子的建造者不会造出对它是偶然的无限属性，它对有些人是有益的，而对另一些人是有害的。等等。

10，（b）几何学家并不研究图形的偶然的属性，例如，"这个三角形"是否与"诸角之和是两个直角的三角形"是一样的。

12，这是很自然的；偶然的不过是一个名字。柏拉图并非很错误，当他说智者是在处理非存在。因为它绝大部分都在处理偶然的东西——"是否有教养的"和熟知语法的是相同的，如此等等——疑惑指明偶然的是近乎非存在。

22，这个也由这个事实表明了，即存在于适当意义中的事物都是由一个程序生成和摧毁的，而偶然的并不是这样。

24，然而我们必须尽可能地陈述偶然的本性和原因；这可能表明了为什么没有它的科学。

27，（a）它的原因是，当其有些事物总是一样的和必然的（在它们不能是别样的意义上），另一些事物则大部分是如此；而偶然的则既不是总是如此，也不是大部分如此。

33，例如，在天狗日寒冷是偶然的，但热则不是（偶然的）。一个人是白色的，这是偶然的，而他是一个动物则不是偶然的。一个建造者能够治疗另一个人，因为这位建造者恰好是一位医生，这就是偶然的。

1027ª5，必然的或通常的事件是技艺的效果，这种技艺倾向于产生它

们；对于偶然的结果并没有确定的技艺，因为偶然的东西的原因它们本身就是偶然的。

8，这样，偶然的东西的存在是由于这样的事实，大多数事物仅仅由于大多部分，并且因此由于哪个质料允许离开通常的情况。

15，我们必须从这个问题开始，是否这是必定没有某种东西，它既不是永远的也不是大部分如此。这的确有那样的事物。我们可以听从这个问题：是否这里没有什么东西是永远的如此。

19，（b）显然，这里没有偶然的东西的知识，因为知识是那总是如此或大部分是如此的，否则学习和教导将是不可能的。

24，当偶然的东西发生的时候，我们不能够陈述。例如，"蜂蜜水对于发烧是有益的，除了在新月的时候"。如果我们能说这个，那么，那发生在新月时碰巧或者是永远是或是经常是；但是偶然的东西碰巧是既不是永远是也不是经常是。

26，这样，我们陈述了偶然的东西的本性和原因，并且没有关于它的知识。

（二）第六卷第二章（E.2）的解说

这一章是讨论"偶性"（包括偶然性和偶然的属性二者），可参看第五卷中的第五、二十九、三十章，亚里士多德在这章中的论述是很清晰的。

首先，偶然性是与必然性相对的一个概念，亚里士多德先从必然性说起，他说："必然性是说它使得事物不可能是别的情况"。他解释说："一个东西既不是永远如此，也不是经常如此，我们就把它叫偶性。"（1026^{b}31）由此可见，必然性就是"永远如此或经常如此的东西"。他举例说："一个人是白色的是一种偶然，（因为他并非永远如此，也不是经常如此），但他是一个动物则并非偶然。"（1026^{b}36—37）还举例说："一个建筑工人能治病是偶然，因为不是建筑工人，而是医生自然地适于做这件事，而这个建筑工人恰好是一位医生。"（1026^{b}37—1027^{a}2）

在这个基础上，他指出："偶性在实践上仅仅是一个名称。因此当柏拉图指出智者是与非存在打交道时，在一种意义上他是不错的。因为智者的论证主要是关于偶性的"。（1026ᵇ14—15）所以，他进一步指出："的确，偶性似乎是接近于某种非存在。"并指出没有关于偶性的科学，（1026ᵇ26）"没有关于偶然的东西的科学则是很明显的"。（1027ᵃ20）

三、第六卷第三章（E.3）的提要与解说

——偶然的本性与来源

（一）第六卷第三章（E.3）的提要

1027ᵃ29，显然这里有可能生成和可能消灭的原因，但它们并不进入被生成的和被坏灭的存在的程序之中，否则，所有事件都将会是必然的，如果那由一个秩序而被生成的和被坏灭的东西必须有一个非偶然的原因的话。

32，因为如果我们寻求对于一个未来的事件的条件的话，以及这些条件的条件，等等。我们最终来到那些现在存在或未存在的条件，或者（更加进一步地）那些在过去发生过或未发生过的条件，因此，根据这个思想的线索，所有未来的事件都由于必然性而发生了。

ᵇ10，但是在事实上一个活着的人将会死去，这个思想是确定的。但是，究竟那是死于疾病或是死于暴力则是不确定的。这依赖于某些事的发生。那么，显然，因果的联系退回到某个起点，但不会更远。这是碰巧发生的事件的原因，而它本身没有原因。

14，究竟这个是质料的原因，还是目的的原因，还是动力的原因，这是研究的一个重要课题。

（二）第六卷第三章（E.3）的解说

这一章讨论的是必然性的原因和偶然性的原因以及它们之间的关系，可以参阅前一卷中的第三十章（△.30）中关于必然、偶然的论述。

必然与偶然这两个概念是哲学探讨因果关系的两个极其重要的理论概

念。关于这个问题的论述是极其重要，也是十分困难的。

亚里士多德在这一章中的论述，虽然基本思想是十分明确的，但是他的论述失之于过于简短，而且文意十分不清楚，使人们对他关于这个问题的论述，感到十分困惑。最典型的是克里斯多夫·凯尔万在他的著作《亚里士多德〈形而上学〉Γ.△和E的译文和注释）》一书（牛津，1993年）中，对于亚里士多德在这一章的论述通篇都用"未解释清楚"和"含混的"来描述。

实际上，一个事物的发生、发展和终结必定有某种必然性伴随其中，这是由这一事物的本质所决定的。例如，一个生物既有它的发生，也必然有其发展（如由弱变强、由幼小到壮大等等）。

但是，在这个发展过程当中，就会面临很多来自各方面的不确定的因素的影响，而使得发展过程呈现出不同的情况，从而增加了复杂性。比如，一棵树苗的成长，它需要土壤、水分和阳光，如果土壤养分好，水分供应充分，而且阳光、湿度适宜，它会逐步成长为一棵参天大树；而如果土壤贫乏，水分不足，加上阳光照晒过强致温度过高，它就会逐步枯萎，甚至死去。这些因素（土壤、水分和阳光）的出现或不出现就决定了这棵树的成长呈现出不同的情况。这就是偶性对于必然性的影响。一般说来，事物发展的必然性一定是与伴随它的偶然因素交织在一起的，没有光秃秃的必然性，也没有光秃秃的偶然性。

对于一事物偶然性因素，就其自身来说也是有其因果联系的链条的，比如，为什么"阳光"温度异常，它可能来自"厄尔尼诺现象"的影响，也可能来自"温室气体效应"的影响，所以不能说偶发性的现象是没有原因的。

至于一事物发展过程中如何透过种种的偶然条件的影响而表现出一事物的内在必然性，这是一个需要具体分析的问题。

总的来说，我们必须把必然性与偶然性结合起来综合分析论述，就现实的事物发展的表现来说，必然性往往表现在许多偶然性事物的会合和交叉点。比如，亚里士多德举的例子，关于一个人的生死来说，一个人作为一个生物，他既有生，就必有死，这是他的本质（亦即他包含的内在矛盾）所决定的。但是他究竟会如何死去，则取决于很多偶然因素。如果他参加了军

队，会在一场战争中作战，他很可能死于战场。但如果他选择了学术研究的
道路，作为学者，他可能在科学考查中遇险而死，也可能因病而死亡等等，
但他总不会"长生不老"。这是它的本质所决定的，但他如果生活规律，保
养得好，则可享有高寿，等等。

还有，对事物的必然发展产生影响的偶然事件的出现或不出现，它本身
也是有原因的，它仍然要受因果规律的支配，没有什么东西是没有原因的，
也没有什么东西是有原因而无后果的。

就本章的文本而言，总的说来它的思想是清楚的，但它的有些表述，文
意含混不清，这是令人困惑的。而有的论断显然是错误的，比如，他说：
"这是碰巧发生的事件的原因，而它本身是没有原因的"（参看本章提要），
而在文本中（参看李真译《形而上学》第 185 页）是这样表述的："这就将
是偶然发生的东西的出发点，而将没有别的什么东西作为它进入存在的原
因。"（1027^{b}6—14）

我怀疑亚里士多德不会犯这种低级性的错误（认为偶然的东西没有原
因），多半有错误抄写和错误编辑的可能。

四、第六卷第四章（E.4）的提要与解说

——作为真的存在不是首要的存在

（一）第六卷第四章（E.4）的提要

1027^{b}17，（2）作为真的存在和作为假的非存在，依赖于把它放在一起
还是加以分离，两者在一起关系到矛盾命题的一个对子的分析。

20，（对于一个真的判断与主语和谓语事实上是相联结的予以肯定，而
当它们分离时则予以否定，而对于假的判断则与之相反。）如何思考事物，
发生相连接在一起或者分离是另一个问题——我的意思是思考它们。所以思
想不是一个前后相续而是一个连接。

25，因为真和假不在事物之中（例如，好的不是真的，坏的不是假的），

而是在思想中，并且是关于简单的事物，亦即本质，甚至在思想中也没有假和真。

28，在真的意义上的存在必须在以后讨论，但是因为它是在思想中而不是在事物中，是与那在严格意义上的是不相同的，本质意义上的是指本质、量，等等，思想把它们与主语相联结或分开，作为真的存在以及偶然的存在（后者的原因是不确定而前者的原因是思想的有些属性，而它们两者都预先设定在严格意义上的存在，而不是指定一个客观的存在），可以在当下不予考虑。

1028^{a}3，我们必须研究那样的存在本身（being itself as such）的诸原因。

（二）第六卷第四章（E.4）的解说

这一章是讲作为真假的存在的问题，关于这个问题的有关论述，可参阅本书第四卷第一章和第五卷的第二十九章。

亚里士多德对这个问题的论述是简明而清晰的。他从唯物主义反映论的认识论的原理出发，首先明确地指出："作为'真'的存在和作为'假'的非存在，由于它们决定于联结与分离……因为真的在[主语与谓语]的联结时给予肯定，而当它们分离时，则给予否定；至于假的，对于命题的分析则是相反的"。（1027^{b}17—21）这是从命题的主词和谓词的关系分析的。例如，我们说："这朵玫瑰花是红的"，如果在客观上，它的确是红的，那么，我们把这二者相联系，并给予这种联系以肯定，那就表明这句话或这个命题是真的；而如果我们把它们的联系给予否定，那么这种否定（即"这朵玫瑰花不是红的"就是假的。同样，如果客观上"这朵玫瑰花是白的"是真的，而如果对这个联结加以否定，即命题"这朵玫瑰花不是白的"就是假的。

由此，亚里士多德明确地指出："因为假和真不是在事物中（例如并非善就是真的而坏本身就是假的），而是在思想中。"（1027^{b}26）这是因为，"由于联结和分离是在思想中而不是在事物中"。（1027^{b}30）

这就是说，真和假并不是事物本身的属性，比如，我们刚才举的例子，究竟当前的这朵玫瑰花是红的还是白的，这是一个客观事实要凭它的存在的实际状况来决定，至于我们的断定是否正确，这就要凭给我们的主观认识（思想）与客观事实（客观存在物）是否符合、一致，所以说真和假不在事物中，而在思想中，一个单纯的客观事实是无所谓真或假的。

但我们可以说，思想中的"真"就是表明了客观事物的真实存在状况，所以，我们说"真"的判断代表了事物的真实存在状况，所以我们可以把它看作"存在"，而假的判断则未反映事物的真实存在状况，所以我们把它看作"非存在"。

再说一遍，客观事物本身是无所谓真假的，所以，亚里士多德强调说："简单事物和本质则在思想中也不存在真假的问题。"（1026^b26—27）正如他所解释的"并非善就是真的，而坏本身就是假的"，因为事物本身就无所谓真假。

第七卷（Z）

概　论

　　《形而上学》第七卷（Z）以及其后的第八卷（H）、第九卷（H），被学者们公认为是《形而上学》一书的"核心卷"。它们讨论亚里士多德的重要学说"实体论"。因为实体学说是亚里士多德哲学思想中的重要学说，所以这几卷理所当然地被认为是亚里士多德《形而上学》一书的"核心"，因此，它们处于十分重要的地位。就其内容而言，可以把这几卷所讨论的叫作"论实体"或"实体论"。考虑到第八卷及第九卷又讨论到实体的生成变化，如何从潜能变为实现等内容，也可以称之为"论实体及其生成"。亚里士多德多次讲到，"实体在定义上、在知识上、在时间上都是第一的"。又说："永恒的问题，什么是存在"真正的意思是"什么是实体"，这是我们的主要的、第一的并且在实践上是我们唯一的主题。

　　有一种意见认为：读亚里士多德《形而上学》的顺序，应当从第七卷开始。据说这是陈康先生提出的。这是我在 20 世纪 50 年代中期在北大哲学系学习时，在课堂上听当时授课的齐良骥先生转述的。而齐先生是陈康先生在西南联大时的哲学系学生，所以这个转述应当是可靠的。我不太同意这种看法，七、八、九卷固然重要，但并非因为它"重要"就得"首先"从它读起。这是不同的两回事。不然，为什么亚里士多德并没有把它当作《形而上学》的首卷来写，而《形而上学》一书的编辑者（参看本书"导论"）也未把它列为首卷呢？按现在的顺序，从 A 卷开始，循序渐进，这是符合亚里士多德本人多次在本书中谈到的学习方法，应当是从容易领会和掌握的东西开始，逐步向较难领会和掌握的东西前进。这是亚里士多德提倡的"循序前进"的读书方法，也是学习方法和研究方法。对此，我们要有所领悟。

　　当然，陈康先生强调这三卷（Z，H，H）的重要性，指出它所讨论的"实体学说"在亚里士多德的哲学体系中的核心地位，无疑是中肯的和重要的。所以，我们在学习《形而上学》一书的时候，也要对这几卷下大力气认真研读。

一、第七卷第一章（Z.1）的提要与解说

——实体：第一、二章，第一章什么"是"在首要的意义上是实体

（一）第七卷第一章（Z.1）的提要

1028[a]10，"是"（is）有各种意义，在△.9 中曾加以区别，什么"是"（what is）在基源的意义上是实体（substance）[例如，一个事物是什么——如人、神，以与"好"（good）相对，——或者一个"这个"]。

18，其他事物被说成"是"由于作为这个的量，等等。

20，由此，一个人可以怀疑像"行走"（walking）及其相似的东西是否存在，没有那样的东西能离开实体而存在。

24，"那个东西在走"是较为真的，因为它有一个个别的实体作为基质（substratum）。

30，实体在定义上、在知识上、在时间上都是第一的；在时间上，因为只有它在诸范畴之中能够分离地存在；在定义上，因为一个实体的定义被包含于别的任何东西的定义之中；在知识上，因为我们更好地认识一个事物当我们知道"它是什么"的时候，比起我们知道它的质等等，更好地知道它；甚至我们知道一个量或一个质也只有当我们知道它是什么的时候。

[b]2，永恒的问题是"存在什么"，真正的意思是"什么是实体"（正是实体被许多思想家说成是一或者多，而如果是多，在数量上是有限的还是无限的），因此，这是我们的主要的、第一的并且在实践上是我们唯一的主题。

（二）第七卷第一章（Z.1）的解说

第七卷要讨论的主题是：什么是实体。为了引出这个问题，我们必须回溯亚里士多德在以前已经有过的一些论述。

在第五卷第七章（△.7）中，亚里士多德讨论了"存在"（τό ὄν/Being）

的概念。他指出："存在"有四种意义，即（1）就偶性而言的存在；（2）就自身而言的存在；（3）作为真的存在；（4）作为潜能和现实的存在。

后来在第六卷（E）第二至四章中，他指出"就偶性而言的存在，不能构成科学研究的对象；而作为真的存在，则属于逻辑学中思维是否与存在状况符合的问题"。因此，这两项在《形而上学》的研究中可以排除出去，而只讨论第二项和第四项，即作为自身的存在和作为潜能与现实的存在。

关于作为自身的存在，我们可以在亚里士多德《范畴篇》关于十个范畴的论点中，找到有关的论述。亚里士多德从标准的"A 是 B"的语句表述形式，分析了主语和谓语的关系，指出表述一个主语（亦即主体）的谓语，不外乎十种类型，即实体、性质、数量、关系、地点、时间、姿态、状况、活动、遭受等十个类型。这实际上从语句中的主谓语关系穷尽地列出了事物存在的十种状况。在这个分析中，亚里士多德提出了"实体"这个概念。他指出在这十类谓词中，只有"实体"是可以独立自存的个体（即"这一个"），其他的范畴都没有这个独立自存的本性，而必须依附于实体才得以存在，所以，只有"实体"是最真实的存在，所以它才是"实在"、"真实"。

由此可见，对世界的认识，必须立足于对实体的认识。所以，在本卷中，亚里士多德就从多方面对实体的本性进行了分析研究，由此，构成了本卷的核心内容，也是整个《形而上学》的核心内容。

"实体"这个词，在希腊文中是 οὐσία 是系动词 εἰμί 的一个阴性的现代分词，它的意思就是真正的存在者，所以英文翻译中有人主张把它译为 entity 或 reality 即"实在"。这在意义上是十分恰当的，但现在通用的是 substance，这个词来自拉丁文 sutetantia，它的意思是"站在下面的"，因而也和 substance（载体，基质）的意思联系在了一起。另一些人用拉丁语系动词的词根 es 所构成的词来翻译，即是 essentia 而从词根为系动词的相近看，这似乎更能表明其"真实存在"的含义，因而把它翻译为 substance，是因为亚里士多德在定义 οὐσία 时强调其终极主词和终极主体地位时使用的那个词，从它的词构成来看，它的意思也是"躺在下面的"，恰好与 substance（站在下面的）相对应，也与主体或主词相对应，同样也是指"基础者"。所以用

substance 一词来翻译"实体"也的确是非常贴切的。有些研究者用"本体"来翻译 οὐσία 则似乎失之过于泛泛而谈，没有强调其作为终极主体或终极主词的意义。

明确了上述有关实体的理论前提和背景的情况下，我们对于本卷的第一章（Z.1）的论述也就十分清楚了。

第一，亚里士多德指明了"实体"的"原初的"（亦即第一的）意义，他说："一种事物可以在几种意义上被说成是'存在'，我们在以前讨论词的各种意义的那一卷[即指第五卷第七章——李真注]中已经指出过了。在一种意义上，'存在'的意思是'一个事物是什么'或一个'这个'；而在另一种意义上，它的意思是一种性质或数量或者一种用来作表语的其他东西。当'存在'具有所有这些意义时，显然，那个是'什么'，即指一个事物的实体（substance）的，乃是存在的原初的意义。而所有其他事物被说成是存在的，因为它们之中的有些是在这个基本意义上'存在'的东西的数量，有些是它的性质，有些是它的属性，而有些则是它的其他规定。因此人们甚至可以提出这个问题：'走'、'是健康的'、'坐'这些词，是否意味着这些事物的每一个都是存在的，而相似地，这一类的词项任何其他情况下都是如此，因为它们之中没有一个是独立存在的，或者能够与实体相分离。而毋宁说，如果有什么事物的话，它就是那在走着或坐着或者是健康的东西，它才是一个存在的东西。现在，这些被看成是更加真实的，因为有支撑着它们的某种确定的东西（那就是实体或个体）它是被包含在那样一个谓语之中的；……那么，明显地，是由于这个范畴的缘数，其他的每一个范畴才成其为'是'，因此，那原初的（亦即不是在限定意义上而是没有限定的）东西，必是实体"。（1028ᵃ10—32）

第二，亚里士多德指出："实体在每一种意义上都是第一的"。他这样说："现在，一个事物在几种意义上被说成是第一的，然而实体在每种意义上都是第一的，（1）在定义上，（2）在认识次序上，（3）在时间上，因为（3），其他范畴中的任何一个都不能独立地存在，而只有实体能够独立存在，而（1）在定义中这个也是第一的；因为在每个语词的定义中，它的实体的定义必定要出现，而（2）当我们认识每一个事物是什么时（例如，人是什么或火是什么），比起我们知道它的性质，它的数量，或者它的位置来说，我们认为我们对它的认识是最为充分的。因为只有当我们认识到这个数量或者这个性质是什么时，我们才认识这些谓词中的每一个谓词"。（1028^{a}33—1028^{b}3）

第三，亚里士多德指出，存在的问题是"永远困惑我们的主题"，也就是我们必须深入研究的问题。他这样说："的确，过去、现在以及永远会提出的问题并且永远是困惑我们的主题，即存在是什么，也正好是这个问题，什么是实体？"（1028^{b}3—4）

他随即指出，在他之前的哲学家，"有些人断言是一个，其他的人断言多于一个，而有些人断言在数目上是有限的，其他人则断言是无限的"，他强调指出，"因而我们也必须主要地和根本地并且简直是唯一地考虑在这个意义上的存在是什么"。（1028^{b}4—7）

这里说的"有些人断言是一个，指的是米利都和埃利亚学派；有些人断言它是一个，其他的人断言多于一个"，这个"其他的人"指的是毕达哥拉斯派和恩培多克勒，有些人断言它在数目上是有限的，其他人则断言是无限的，指的是阿那克萨哥拉和原子论者。

二、第七卷第二章（Z.2）的提要与解说

——对于实体的意涵的种种意见

（一）第七卷第二章（Z.2）的提要

1028^{b}8，（1）实体被认为最明显地属于物体——动物、植物和它们的部分，元素和它们的部分以及由它们所合成的，例如，物理宇宙以及星星。

16，（2）有的认为是物体的限制——面、线、点和单位，是更为真实的实体。

19，（3）有的认为有永恒的事物比起可感知的东西数量更多和更真实，

例如（a）柏拉图认为形式（forms）和数学对象是实体的其他两个种类。

21，（b）斯彪西波认为有许多种类的实体，每个都有自己的第一原理——数目、空间大小、灵魂，等等。

24，（c）有人认为形式（forms）和数是相同种类，但有其他的依赖于这个的种类——线、面，等等，直到可感的东西的类作结束。

27，在寻求对实体本性的首先的提要之前，我们必须验证这些观点。

（二）第七章第二章（Z.2）的解说

在本卷第一章（Z.1）陈述了什么是实体以及研究实体的极端重要性之后，在本卷第二章（Z.2）中，亚里士多德展开了这个问题，并从哲学史上追溯了有关的意见，以备进一步考察。

他首先就有些什么样的实体提出问题，他说："实体被认为最明显的属于物体（body）；所以我们说不仅动物、植物和它们的部分是实体，而且自然物体，诸如火和水和土以及这一类的每个事物也是实体，而且所有事物或者是这些事物的部分，或者由这些实体组成（或者由它们的部分或者由它们的整体组成）的事物，也是实体，例如宇宙及其部分，星辰、月亮和太阳。但是，是否仅仅这些是实体，或者还有别的东西，或者仅仅这些之中的某一些，或者还有其他的一些，或者没有这些之中的任何一个而只有某些其他的东西，才是实体？这是必须加以考虑的"。（1028^b8—16）

他在这里提到的问题在往下的篇章中都有所涉及。同时他又考虑了在哲学史上有的人提出的一些看法。他说："有些人认为，物体的限制，即面、线、点和单位，都是实体而且比物体或立体更加是实体。"（1028^b16—18）（这是指毕哥拉斯派——李真注）"再有，有些人并不认为在感性事物之外，有任何的实体性的东西，（指前苏格拉底哲学家——李真注），但是另外的人认为有在数上更多并且更为真实的永恒的实体，例如：柏拉图提出了两类实体——形式和数学对象——以及第三类实体，即可感觉物体的实体。而斯彪西波从一开始，还造出了更多种类的实体，并设定了对每一类实体的本原：一个是关于数的本原，另一个是关于空间量的本原，以及另一个关于灵魂的原理，并且用这个方法他使得实体的种类增加了许多倍。而有些人说，形式和数有同样的本性，而其他事物——线和面——是依赖于它们的，直到我们达到宇宙的实体，以及达到可感觉的实体。"（1028^{b}18—27）后面这一段中的有些人显然是指柏拉图以及柏拉图学院中的某些人，如克塞诺克拉底等。

针对这一些意见，他最后说："这样，关于这些问题，我们必须研究，这些一般陈述中的哪一个是对的，哪一个是不对的，并且有什么实体，以及究竟在感性实体之外有或没有什么实体，以及感性的实体又如何存在，以及是否有一种实体能够分离地存在（并且如果是的话，为什么是和怎样是这样的），或者没有那样一种与感性实体相分离的实体；并且，我们必须首先勾画实体的本性"。（1028^{b}29—32）

亚里士多德在这一章中，密集地、连珠炮似地提出了一系列的问题，最后他都归结到一起，即"关于这些问题，我们必须研究"。而且他提出："我们必须首先勾画出实体的本性"。这样，他就指出了我们要进一步研究和分析的论题：研究实体的本性。

三、第七卷第三章（Z.3）的提要与解说

——作为基质（substratum）的实体

（一）第七卷第三章（Z.3）的提要

至少四件事被说成是实体：

A. 本质

B. 共相

C. 种

D. 基质

36，D, 基质就是那是别的任何事物的主词，而不是谓词的东西，它比任何其他东西都被认为是实体。

1029ª2，在一种意义上，质料，在另一种意义上形式，在另外一种意义上，它们（两者）的复合，被说成是基质。

5，如果形式先于质料，它就先于它们的复合物。

7，我们对实体的考虑，作为那个永远是主词是不合适的，因为那将得出质料是实体，因为它是那所有属性都去掉之后仍然保持着的东西。

20，质料是指那在它自身不是任何特殊的东西，既不是任何量，也不是其他被确定的东西，其他属性都是表述实体的，而实体是表述质料的。

27，但是实体必须能够分离地存在而且是一个"这个"，所以形式和形式与质料的合成物是比质料更为真的实体。

30，我们认定复合物在本性和相似性上是在后的；我们将研究形式，这三者中的最困难的，我们寻求它首先确定一般地被认为是可感的实体。

ᵇ3，因为我们学习的次序是从本性上较少可知的而对我们更加可知的，进到在本性上更加可知的。

（二）第七卷第三章（Z.3）的解说

这一章，亚里士多德进一步讨论什么是实体的问题，他首先列出四种被认为是实体的说法，即本质、共相、种、基质。接下来他就逐项来讨论它们是不是实体，究竟哪种是实体。

这里首先遇到的一个问题是：罗斯在这一章的翻译中的"基质"（substratum）是翻译的古希腊文 ούτοαί，此问题可供进一步考虑。

亚里士多德按照列出的这四项，首先就对载体（或基质）加以讨论。他指出"基质"是我们通常理解的一个事物如果把它所有的属性都铲除，那么，剩下的就只有没有任何规定性的"纯质料"了，而这个"纯质料"却是个完全否定的概念，即"什么都不是"。这与我们要求的"实体"应"有其所是"，而且是"实质的所是"，是显然矛盾的。因此，他否定了"基质"作为实体的可能性。但是他又明确地指出，"基质"还包括形式及形式与质料的合成物这二者。这是很令人费解的。从而，他认为能够作为"实体"的就应当是"形式"。因为形式是先于质料的，而且因而也先于质料的和形式的合成物。

211

这也许是他认为实体应当是一个"什么"和"这一个",所以基质必是有质料、形式和质料与形式的合成物这三者。

再往下,在排斥了质料、质料和形式的合成物这二者是实体之后,亚里士多德进一步考察本质、共相和属这三个选项。

下面让我们看看亚里士多德在第七卷第三章(Z.3)的原话是怎么说的,他说:"基质就是拿别的每一个事物表述它,而它本身不表述别的任何事物的。因而我们必须首先确定,这个东西的本性;因为那原初地支撑着一个事物的东西被认为是在最真实的意义上的它的实体。而在一种意义上,质料被说成具有实体的本性,在另一种意义上,形状;而在第三种意义上,这两者的结合也被说成是实体。用质料这个词,我的意思是指例如青铜,形状是指它的形式的模型,而这两者的结合是指雕像这个具体的整体。"(1028b36—1029a7)

他随即指出:"如果形式先于质料并且更真实的话,那么由于同样的理由,它也将先于这两者的结合。"(1029ª5—6)

在我们已经说过的他驳斥了质料是实体之后,进一步说:"如果我们采取这种观点,那么,就会得出质料是实体,但是,这是不可能的,因为可分离性与'这个'这两者都被认为是主要的属于实体的,因为形式和形式与质料的结合,将会被认作是实体,而不是把质料认作是实体,实体由二者(即质料和形式)构成,也许可以不予以考虑,因为它是在后的,而且它的本性是显然的。而且质料在一种意义上说也是明显的,但是我们必须研究第三类实体,因为这是最复杂的"。(1029ª26—33)

这里的"第三类实体"究竟是指"形式"还是别有所指,是不够清楚的。不过从以下的第四章(Z.4)是讨论的"本质",也许"第三类实体"也有可能是指此而言。

第三章中最后一大段文字,从1029ª3开始直到这一章结束,显然是另外讨论关于学习和认识的顺序问题,而与本章主题是讨论"什么是实体"无关。故许多学者都认为它是由于"错简"而被插入此处的,而"勒布丛书"的版本则将它们列为第四章(Z.4)的开始处,可供参考。但即使移入第四章的开始处，它仍然是一个与此处讨论主题无关的一个"插入"而已。

关于这个问题，托马斯·阿奎那在他的《对亚里士多德〈形而上学〉的注释》一书中对此则认为是说明对实体的认识的不断深化的描述。此说可供参考。

四、第七卷第四章（Z.4）的提要与解说

——第四—六章，作为本质的实体；第四章，什么事物具有实体

（一）第七卷第四章（Z.4）的提要

1029^{b}1，（A）我们进而研究本质。

13，（1）抽象地说，一个事物的本质是那就自身而言（per se）是什么，例如，（a）你的本质不是文雅的。

16，但是不是所有的这个；例如（b）白的本质不是白性（whitenes）也不是（c）是一个白色的面，因为这里"面"本身不合适被加入到定义之中了。对一个事物的定义的考虑是考虑哪个状态是自然地但不使用它的名称。

22，（d）这里有实体和另外的范畴的复合物，这里有对于每一个那样复合物的考虑吗？它们有一个本质吗？

27. 例如："白色的人"有一个本质吗？它可能被反对，说"白色的人的本质"不是一个由于自身（per se）而存在的一个事物。但是一个提出的定义可以是对于它的主体"不是由于自己的"，仅仅（i）由于一个不适当的增加（这样白性必须不由于你给予对白色的考虑而被定义）。

33，或者（ii）因为这个主体有一个限定，而它在定义中被省去了（例如，"白色的人"必须不由给予白性的考虑而被定义）。

1030^{a}2，但是"是一个白色的人"，根本有一个本质吗？不，因为一个本质就刚好是某物是什么，但是当一个事物断定另一个，如在"白色的人"

中那样，这不是"刚好某物是什么"，因为它不是一个实体。仅仅那些事物具有一个本质，它们的考虑才是一个定义。

7，如果我们仅有一个考虑，它意味着与一个名字一样，它就不是一个定义（因为那样所有考虑将会是定义了，因为任何东西可以有一个加之于它的名字），但是仅仅如果它是对首要的真实的考虑，亦即，一个不包含某物对别的某物的断定的考虑。

11，这样，仅仅一个属具有一个本质或定义，（因为在一个属中并且仅仅在一个属中，一个元素不仅仅由于分有或者由于偶然而属于其他的元素）；或者一个精细的考虑，能够提出以代替一个粗糙的考虑。

17，或者，也许定义有比一多的意义，正像"一个事物是什么"现在表示实体，现在又表现其他的另一个范畴，"一个事物是什么"，像"是"本身，首要地属于实体，其次地属于其他范畴。

23，因为我们甚至可以问一种性质它是什么；正如非存在是存在，就其是它是非存在而言，所以性质在一种意义上是"它是什么"。

27，（2）因为恰当的方式使用语词本质，现在是清楚了，我们可以说在事实上本质属于（a）首要地属于实体，（b）次要地属于其他范畴，作为在它们的状况下"一种性质的本质"，等等。

32，其他范畴被说成"存在"是以一种同音同义或者以一种限制的方式而言的；或者毋宁说，它们的"是"既不是像实体那样的一个意思，也不是一种仅仅同音同义，而恰恰是像许多不同的事物都是"医疗的"，是由于与一个目的的关系的缘故。

ᵇ4，这样，定义和本质，首要的是关于实体，其次是关于其他范畴。

7，但是，这里有定义，仅仅如果这里有一个名字它的意思是与一种考虑是一样的，那就是"一个"的意义下的一个一，它回答"存在"的意义，亦即诸范畴的意义。

12，由此，（c）这里有一个"白色的人"的定义，但是在定义的另一种意义上，它不同于这里有一个"白"的定义或者一个实体的定义。

（二）第七卷第四章（Z.4）的解说

亚里士多德在本章一开始的时候，就指出在前面第三章中已列出四种被认为是实体的说法，即本质、共相、种、基质。在第三章中讨论了基质，接下来在第四章（Z.4）中他就开始讨论本质。

他首先解释何为本质？他说："每一个事物的本质就是那看作是由于自己的东西，你由于你的本性而是什么，那就是你的本质。"（1029^{b}13—15）

这里关于"本质"这个词作一点解释。亚里士多德原来用的希腊文是一个词组直译就是"那是什么的是"。从中世纪以来，就被拉丁译文译作"本质"。这是一个简单明了的译名，而且实质上就是苗力田先生在他的中文译著《形而上学》（中国人民大学出版社 1993 年版）中，把它译为"是其所是"。这个译法也被一些学者采用，本书则采用"本质"一词，请读者注意。

所谓"由于自己"是指"由于你的本性"，也就是由于你的"实体"，因为实体是作为一事物最真实的存在，因为它是一个独一无二的"这一个"，并且只有它是可以分离存在的，亦即一个真正的个体，其他事物都是不能独立存在的，而只能附着于实体之上，作为实体的质、量、处所、时间、被作用，等等状态（也就是十范畴中除了实体之外的其他九个范畴）。

对此，亚里士多德进一步严格地规定了作为揭示本质的语言公式必须是"在一个公式里，一个词本身不出现，但是它的意义却被表达出来了，这就是一个事物的本质的公式"。（1029^{b}19—20）这个公式就是"定义"。

他还考察了实体和其他范畴相联结而出现的复杂情况。他说："恰好有两种方式，使一个谓词不会由于自己而使主语是真的：（a）一个是出于某一种因子的附加；（b）另一个则是出于一个因子的省略。"（1029^{b}30—31）他举例说，前者如定义"白色"时，实际上却在定义"白色的人"，后者则如定义"白色的人"时，却省去了一个因素，因此，而定义的是"白色的"。

对此，亚里士多德问道："然而，作为'外衣'，[即指一个复合词——李真注]毕竟有一个本质吗？"他回答说："很可能没有。"（1030^{a}3）为什么这样说呢？他解释说："因为本质准确地说是某个东西是什么；但是，当一种属性被断定属于一个不同于它本身的主体时，那个复合物并非确切地是某个'这个'。例如，白色的人并非确切地是某个'这个'，因为'这一个'的性质仅仅属于实体。因此只有它们的公式就是一个定义的东西才有本质。但是，并非在我们有一个字和一个公式意义等同的地方就有了一个定义［因为如果那样的话，所有公式或一组字都将会是定义了；因为将会有表示任何一组无论什么字的某个名称，以致《伊利亚特》也将会是一个定义了］，而是有某个基本的事物的公式的地方才有一个定义；而基本的事物就是那些不包含一个因素表述另一个因素的事物。"（1030ª3—11）这里《伊利亚特》是指荷马描写特洛伊战争的史诗。

由此，亚里士多德推论："那么，凡不是种的一个属的东西就不含有本质——只有属才会有本质，因为在这些属中，主体不被看作分有属性并且作为一种性质而具有它。也并非由于偶性而具有它"。（1030ª12—14）这就是指明这种东西（属）不是由于分有种的属性，也不是作为一种性质，也不是由于偶性而作为主体，它们就是独立的、分离的存在的"这一个"，也就是实体。

在这种严格的规定下来讨论实体之后，亚里士多德从另一个视角来讨论这个问题。他提出问题说："或者，有定义就像一个东西是什么那样，有几种意义吧？'一个东西是什么'在一种意义上，指实体和'这个'，在另一种意义上指这个或者另一个谓词、数量、性质，等等。因为就'是'属于所有事物而言，无论如何不是在相同意义上来说的，而是对一类事物来说是基本的意义，对其他事物来说，则是次要的意义；所以同样一个东西是什么，在简单的意义上属于实体，而在有限制的意义上则属于其他范畴。因此，甚至关于一种质，我们也可以问它是什么，所以质也是'一个是什么东西'。"（1030a18—24）

由此，他得出结论："就像'一个东西是什么'，所表示的，本质将首要的并且在简单的意义上属于实体，而在次要的方式上属于其他范畴——不是在简单的意义上的本质，而是一种质或量的本质"。（1030ª29—32）

这样，在这种类比的方式中，亚里士多德解释了"存在"和"本质"的严格意义和宽泛的意义上的用法问题。他还以"医疗的"一词可以指涉"一个病人"（医疗的对象）、一个手术（医疗的实施）和一个器械（医疗的工具）的多方面的意义。他最后重申讨论的主要结论："显然，定义和本质在首要的和简单的意义上属于实体，它们也还属于其他事物，只是不在首要的意义上。"（1030^{a}5—6）

最后，他还提出了一个限定：一个事物是指自然地是一的事物，而不像《伊利亚特》那样由于连续性而成其为一，也不是由于诸事物被捆在一起而成其为一，而是在"一"的主要意义上成其为一，现在那存在的东西在一种意义上指一个"这个"，在另外的意义上指一个量，在第三种意义上指一种质。这就是说除了实体这种事物的最真实的存在之外，其他的范畴（如质、量、状态等等）也都可以说有其"存在"，但它们不是在指实体那样的"基本意义"而言，这一点必须分清楚，以后会出现的种种复杂情况，都与此有关。

五、第七卷第五章（Z.5）的提要与解说

——双字词（coupled terms）有一个本质和定义吗？

（一）第七卷第五章（Z.5）的提要

1030^{b}14，关于（d）一个双字词像"塌鼻"（snub nose），它按自身（per se）属于鼻子，不像"白色"属于卡利亚斯或者属于人，但是像"雄性"属于动物，（i）那样一个词项怎么能被定义，如果定义必须不包含一个不适当的添加的话？

23，属于自己（per se）的属性都是那些在它的定义中考虑或者主体的名字必须出现。如果它们有一个本质，它必定有一种意义上不同于那个严格的定义。

28，（ii）还有另一个关于这些的困难，如果凹的鼻子 = 塌鼻子，凹的 = 塌的；但是，如果这不能是这样，因为我们不能说"凹鼻"不包含鼻子，"凹的鼻子"是一个"同语反复"的（tautological），它等于"塌的鼻子的鼻子"，

这样，如果那样的词项有一个本质，它就会包含一个无穷的后退。

1031ª1，这样，仅仅实体是可定义的，因为任何别的事物会包含一个不适当的增加，奇数（odd）不能脱离数来被定义。

5，因此，（2）如果词项是双字词，如像奇数（odd number）那样的组合不能被定义，任何比奇数(odd)更甚的词项或者能被定义，仅仅在"定义"的另外一种意义上。

（1）这样，实体是定义的唯一的或者首要的主体。

（二）第七卷第五章（Z.5）的解说

亚里士多德在这一章中，紧接着前一章（Z.4）已讨论的，本质和定义主要的是属于实体的结论，进一步讨论更为复杂的情况，即两个紧密相联的东西形成的一个独立的联合体（比如，塌鼻是凹性和鼻子的结合）是否有其本质和实体的问题。

亚里士多德研究实体的目的在于要寻求客观事物存在的真实状态，他认为真实存在的应当是独立的个体，这就是为什么他强调具有"那样"性质的，又具有可分离独立存在的"这一个"，亦即"实体"就是这样的真实存在。所以，他一再强调比之于质、量、状态、时间、遭受等范畴的存在状况，只有实体是真实存在的，亦即可独立存在的，而其他范畴的存在必须依附于这个实体之上，所以只有实体才是真的存在，或者说是首要的存在，因为只有实体才是被表述的主体，而不是表述其他的什么。从这个意义来说，实体才是永恒的主体，或者从语言表达上来说就是永恒的主词。

在此基础上，揭示实体的本质的定义，亦即表明实体本身是什么的公式，一定是这个主体不出现在公式中的一种定义，这就是亚里士多德规定的定义就是"种"加"属差"。"属"就是指的最低一级的存在形态，即"种"就是比"属"高一级的大的类，由这个定义的公式可以看出被定义的事物（独立存在的个体、属）不出现在定义中，而定义则由"种"和"属差"构成。比如"人是两足无毛的动物"，就是用"两足无毛"这个属差，加上"种"的基本属性（动物），就构成了对人的本质的揭示。

现在，亚里士多德提出了一个新的进一步的问题：如果一个"双字词"，即由两个独立的词结合而构成的一个单纯意义的词，如"塌鼻"，它是由凹性和鼻子结合而构成一个整体，它不像"白色的人"那样的是由一个"人"加上"白色的"这样一个因子而构成的松懈的外在的结合物，那么，这样的"双字词"是否也有其本质或实体呢？

他首先解释说："例如，有鼻子，凹性，还有塌鼻性，后者是由前两者的联合造成的，它们彼此呈现在对方之中，而且并非出于偶性使得那个鼻子具有或者凹，或者塌的属性，而是由于它们的本性。并且它们之附着于它也不是像白色性质之附着于卡里亚，或附着于人（因为卡里亚碰巧是一个人，而且是白色的），而是像'雄性'附着于动物上和'相等'附着于数量上，以后像所有的所谓'由己的属性'附着在它们的主体上一样。并且这样的属性，是包含特殊属性的主体的公式或者名称在它之中的那些属性，而且它们不能抛开这一点来加以解释；例如，白色可以抛开人来解释，但是雄性则不能抛开动物来解释，因此，要么任何东西都有本质和定义，要么，如果它们是有本质和定义的，但是那是在我们说过的意义之外的另一种意义上来说的。"（1030ᵃ16—28）

这里的"那是在我们说过的意义"指的是第四章（1030ᵃ11—13）所解释的定义或本质有几种意义，对一类事物来说是基本的意义，对其他事物来说，则是次要的意义，所以同样"一个东西是什么在简单的意义上属于实体，而在有限制的意义上则属于其他范畴"。这是一种较为宽泛的理解，在第五章（Z.5）中，亚里士多德也用同样的方式来处理这个"双字词"的本质和定义的问题，即所谓"在我们说过的意义"之外的另一种意义上说的。（1030ᵇ28）也就是承认这种"双字词"是可以定义的。

这一切显得复杂纷繁，而似乎难以理解。但我们只要记住：存在、本质、定义，"在首要的意义上"只属于实体，这是在语词的唯一意义上说的（univocal），而"在次要的意义上"这是在同名异义上说的（homonymy）也可以属于其他范畴，甚至属于"双字词"之类的组合物。因为真正意义的存在、本质和定义，在最真实的意义上只属于具有可分离性存在的这个"个体"，也就是实体（substance），其他的在次要的意义上属于那些的东西，只可以说是"实体性的"（substantial）。这是托马斯·阿奎那在他注释这个部分时表达的看法。我看是很恰当的，可供参考。（参看托马斯·阿奎那《对亚里士多德〈形而上学〉的注释》中 Z.5 的注释。）

六、第七卷第六章（Z.6）的提要与解说

——一个事物与它的本质是一样的吗？

（一）第七卷等六章（Z.6）的提要

1031^{a}15，一个事物与它的本质是一样的吗？这关系到实体的研究，因为一个事物似乎是存在 = 它的实体，而它的实体的存在 = 它的本质。

19，（1）一个偶性的统一体如"白色的人"会像是不存在 = 它自己的本质。因为人的别的本质 = 白色的人的本质，因为人 = 白色的人。

24，但是也许它不追随白色的人存在 = 白色的人的本质，那个偶然的联合的本质，与那个简单的词项（白色的人的本质 = 人的本质）是一样的；因为三段论的端词，并不与中词一样的方式相等同，无论如何，我可以似乎至少跟随那个偶性的端词（例如，白色的本质和文雅的本质）是相同的；但是它们却不是。

28，（2）一个属于自己（per sae）的词项必然地是与它的本质是一样的吗？（a）初始词项像理念吗？如果善本身与善的本质是不同的（i）这就将是实体先于理念，如果本质是实体的话。

^{b}3，（ii）如果诸理念从它们的本质被分离出来的话，（a）它们将不会被认识，而且（b）诸本质也将不存在。因为（a）我们认识一个事物仅仅当我们认识它的本质，并且：

9，（b）如果善的本质不是善，存在的本质将不存在，而且因为所有本质都是在相同的立脚点上，就将没有本质。

11，（iii）作为善（being good）将不会附着它的那个东西，亦即善本身

(good itself) 这将不是善。

因此，所有词项（无论是理念或者不是理念）那些是自我潜在存在 (self-subsistant) 的东西必定是与它们的本质相同的。

15，如果理念像柏拉图设想的那样，它将不是质料（substratum），那是实体，因为它们是实体而它们并不包涵质料。

18，(b) 一个事物与它的本质一样从这一点看也是清楚的，认识一个事物就是认识它的本质。

22，如果我们考虑一个偶性词项像"那个白色"。白色的本质将不会与那是白色的东西（那个白色的人）一样，但是它将和白色性质是一样的。

28，(c) 分离一个事物与它的本质的荒谬将会进一步看到，如果我们把每个本质取一个名字的话，因为这样，它将会有它自己的另外的本质，比较好的是立即认识到有的事物 = 它们的本质。

32，一个事物的定义也 = 它的本质的定义；因为不是由于偶性，例如一个联合体和它的本质是一个。分离它们会产生无穷的后退。

b4，每一个由于自己（per se）的词项，这样就与它的本质是一样的。

6，巧辩的反对会以相同的方式遇到，就像是否苏格拉底 = 存在苏格拉底这个问题一样。

（二）第七卷第六章（Z.6）的解说

这一章，一开始，亚里士多德就提出了一个问题："我们必须研究到底每个事物和它的本质是相同的还是不同的。这对于实体的研究是有益的工作，因为每个事物被认为不是与实体不同的，而本质被说成是每个事物的实体"。（1031ª15—17）

往下，亚里士多德就展开论证与剖析，究竟在什么意义上说它们是相同的；又在什么意义上说它们是不同的。对这个问题的分析表面上十分纷繁复杂，而实际上如果我们弄懂了亚里士多德的意思，那么就条理分明，十分清楚了。

首先，我们要搞清楚两个词组的意思，以及由此而引出的不同后果。这两个词组就是"就偶性而言"（per accident）和就自身而言（per se）。

一个事物呈现在我们面前，总是与若干"偶性"相联结的，比如，一个"人"，他要么是一个"白色的人"，要么是一个"高个子的人"，要么是一个"有教养的人"，等等，而根据亚里士多德的严格标准看来这些都不能代表"人"的本质，也就是"人"之实体。他所谓的实体，就是"就自身而言"的对象，即它是作为一个单一体的"这一个"，它被别的范畴表述而它不表述别的范畴。即它是最真实的存在形式，即"实体"。而"本质"就是表述"实体"的，也只有"实体"才有它的"本质"。两个偶性联结的结合物，虽然是现实世界事物呈现的形式，但它不是实体，而是有若干"偶性"（比如，质、量、状态、遭受等等）附着在"实体"之上，这样的"偶性"存在是没有本质可言的，尽管也可以描述它们，但那都是描述一些什么偶性附着在某个实体上，从而也没本质可言。——这是一个与我们普通人的看法不一样的更加深刻地认识到实体与本质的同一关系的观点，它表明实体不但是真正的"存在"，而且还是"本质的存在"。

所以，我们要记住：偶性的存在（即偶性附着于实体的存在），它是没有"本质"的，因此，它没有与本质的同一关系，所以，它的存在与本质是"分离的"。而只有"由于自身"的存在，亦即实体，才有本质而且实体与其本质是同一的，也就是说它们是不分离的。

根据这样的准备，我们就可以在本章的令人眼花缭乱的论述中，始终能跟随亚里士多德的思路，逐步前进，直到他的最终结论。

亚里士多德在我们上述引用的话中，明确地说："因为多个事物被认为不是与其实体不同的，而本质被说成是每个事物的实体"。

接下来，亚里士多德说："现在，在偶然联结物的场合，一般说来都认为这两者是不同的"。这里的"这两者"就是指这个联结构成它的本质，也就是他举的例子，例如，"白色的人"会被认为是与"白色的人的本质"是不同的，因为如果它们是相同的，那么，"人的本质"，与"白色的人的本质"也会是相同的，因为正如人们说的，一个人和一个白色的人是相同的事物，所以"白色的人的本质"与"人的本质"也将是相同的。——为什么会这样说呢？因为"白色的人"和"白色的人的本质"是不同的（因为根本没有白色的人的本质），这样，如果它们是相同的话，那么"人的本质"与"白色的人的本质"也会是相同的了。为什么呢？"因为正如人们所说的，一个人和一个白色的人是相同的事物"。亦即都是一个独立存在的实体，即人。

这里的论述很复杂，有点像是念"拗口令"。

有人（例如罗斯）认为，亚里士多德在这里是用两个三段论式来证明（错误的大前提亦即"白色的人"＝白色的人的本质），就可以从加上的一个以前前提（亦即"一个人"＝"一个白色的人"）得出"一个人"＝"一个白色的人的本质"的结论。如果再以此结论作为大前提，再加上小前提"一个人的本质是一个人"，那就将得出结论："人的本质"＝"一个白色的人的本质"，——这个结论显然是错误的。这是一个"归谬法的推论，结论的错误，证明了大前提是错误的"，因为"人的本质"和"一个白色的人的本质"根本不是相同的（因为"一个白色的人的本质"是没有的，只有一个人的实体，即真正存在的"这一个"个体的"人"才有本质。）——这种对于这里的推论的分析可供参考。

至此，亚里士多德作出了一个结论："也许所有偶然性的结构的本质应当与简单的语词的本质是相同的并不必然是真的"。（1031ᵃ23—24）也就是说，偶然的联结物和它的本质是不同的。

再往下，亚里士多德考察："由于自身"而言的事物。他首先提出问题："但是，关于所谓由于自己的事物的场合，一个事物必然地与其本质是相同的吗？"（1031ᵃ28—29）

亚里士多德对这个问题的思考和论证也是运用"归谬法"来进行的。他首先设定如果事物本身和它的本质是分离的（即不是同一的），那么会得出什么后果呢？他指出："如果它们彼此是分离的"那么就会有两个荒谬的后果，而（a）对于前者［即分离存在的实体——李真注］（a）就会没有前者的知识，而（b）后者即分离存在的本质，即柏拉图的理念（——李真注），将会没有存在。

我们用"分离的"指的是，如果善本身没有善的本质，而且善的本质不具有善的性质。因为（a）只有当我们知道一个事物的本质才有关于一个事物的知识，并且（b）对于其他事物来说，正如对于善来说，情况也是一样的；所以如果善的本质不是善，那么存在的本质也不是存在，一的本质也不是一了。（$1031^b3—9$）——这样的一种后果太严重了，是完全违反现实的，因此，是完全应当加以否定的。因为从它可以推论出更荒谬的后果："并且，所有本质都一样地存在或者它们都不存在；所以如果存在的本质不是存在，那么，任何其他东西也都不是存在的了。再有，善的本质并不属于的东西，就不是善的。"（$1031^b9—12$）

由此，亚里士多德得出了肯定的结论："那么，善的必须是一个善的本质的东西，而美丽的必须具有美的本质的东西，因而，对所有不依赖于别的某种事物而是自身维持的以及第一性的东西都是如此"。（$1031^b14—15$）对此，亚里士多德进一步抨击柏拉图的那个与实体分离的"理念"的理论。他说"如果它们都是这样的，那就够了。即使它们都不是形式也是如此；也许毋宁说，即使它们都是形式也是如此"。（$1031^b14—15$）这里所说的"形式"就是指的柏拉图的"理念"，第一个"形式"是指柏拉图的与实体相分离的理念，第二个"形式"是指亚里士多德解释的与实体相结合的本质的那种"形式"，亦即亚里士多德的"实体"。对此，他还进一步解释说："同时，很清楚，如果像某些人说的那样有理念，它也不会是那个实体的基质；因为这些必须是实体，但是不能表述一种基质；因为如果它们是的话，它们会仅仅由于分有而存在。"（$1031^b16—18$），为什么说"它们会仅仅由于分有而存在呢"？因为柏拉图及其追随者所主张的"理念"是与实体分离存在的，它们不是内在于"实体"之中的"基质"，亦即其"本质"，而必须靠"分有"来取得其存在的根据，亦即其本质，是从外面强加给它的，而不是实体内在固有的，所有与实体分离的柏拉图式的理念，与"由于自己"而存在的实体根本是不同的。

至此，亚里士多德在论证和解答了他在本章开始时提出的问题，他由此宣称："于是，每一个事物本身以及它的本质，在并非仅仅偶然的方式下，就是一个并且是相同的。"（1031^{b}18—20）它从进行的论证以及因此至少认识到每一个事物正是认识它的本质这两方面来看，是很明显的了。

接着，亚里士多德进一步明确地重申和解释了"根据偶性"而言的，可以具有两方面的理解，即从偶性与其附着的实体说（如"白色的人"和"有教养的人"），在一种意义上说是"不同"的，因为"白色的"和"有教养的"只是偶然地附着在同样的"人"的身上，而"白色的"和"有教养"的本质是不同的。从另一个意义上讲"白色的"和"有教养的"究其本身的本质是"白"的颜色，和"有教养"的状态，我们也可以说，它们与其本质是相同的，这就是在1031^{b}23—28这段话表达的意思。

亚里士多德还进一步提出了一个对于将一个事物本身与它的本质分割开来而会产生的荒谬后果，以此来证明它将导致"无穷后退"的不能接受的荒谬，从而证明其应予以否定，而肯定事物及其本质的同一。但这个论证有许多费解之处，比如，他说"如果人们把一个名称派给每一个本质，那么这种分离的荒谬性也会出现，因为在原有的本质之外，还会有另一个本质属于马的本质"。不少注释者认为亚里士多德在这里指出将会出现"无穷后退"，但是为什么呢？——这有待于进一步的思考。

亚里士多德在本章结束处，在明确了"每一个原初的和由于自己"的事物与其本质是一个并且是同样的东西之后，又提到对智者们关于苏格拉底和存在苏格拉底是否同一回事这个问题。罗斯的解读是这回答要看"苏格拉底存在"作何理解。他认为如果把苏格拉底存在的本质理解为苏格拉底的灵魂，亦即其形式，那么苏格拉底和它的本质就是一样的，而如果把苏格拉底的本质理解为苏格拉底的灵魂与质料的结合体，那么，它们就是不一样的。罗斯认为本章通篇都是在澄清对于"就自己本身看"和"就偶性看"而引起的混淆，例如，把苏格拉底的存在和本质理解为其灵魂加上质料的合成物，就是"从偶性看"而导致的混淆的后果，即表现为苏格拉底与它的本质的不同一。此说可供参考。

七、第七卷第七章（Z.7）的提要与解说

——第七—九章：生成的含义；第七章：各种不同生成的条件

（一）第七卷第七章（Z.7）的提要

1032ª12，事物的生成（come to be）：（1）由于自然，（2）由于技艺，或者（3）自发地。某物的生成（genesis）是从某物，经由某物（genes is by something，from something of something）；这些"事物"可能是在任何范畴之中的。

15，（1）自然的生成是那种发动者（agent）和成就者都是自然的存在物，如像人或者植物；"从什么"，在这里就像在技艺的生产中一样，是质料，也就是存在或者不存在的动力。

22，那个从那个以及根据什么发生了自然的生成，这两者都是自然的；所以那个由于什么而它被产生出来，亦即在双亲中的特别地等同的自然本性。

26，（2）所有其他的生成都被叫作制造（making）；它由技艺、能力或者思想来进行。有些技艺的产品，像某些自然产物一样，也能够是自发地产生的。

32，技艺的生产预先设定的产品形式出现于技艺家（artist）的灵魂中。对立的在一种意义上具有相同的形式；疾病正是健康的不出现，而健康就是在医生（physician）的灵魂中的定义并且是药物的技艺。

ᵇ6，健康被产生于（a）由于对健康的条件的以及对这些条件的条件思考，直到我们达到在我们的能力中产生的某些事物。(b) 当这个思考完成时，制造就开始。

11，这样，在一种意义上健康来自健康，房子来自房子（质料的来自非质料的），因为医疗科学就是健康的形式。

15，这样，生成有两个阶段，思考和制造。在生产中的每个中间阶段都

相似地被产生的。

21，当在技艺生产中的行动者（agent）是灵魂中的形式，而在（3）自发地生产中就是那在技艺生产中开始制造的那个东西，例如，在身体中的热量，它或者是健康的一部分或者是随着健康而来的一部分。这就如同是那个产生了健康的一部分的东西，它是健康的最低必要的基础，正如石头之于一座房子一样。

30，这样生产的有些部分必须是预先存在的，亦即质料。质料也是在这个事物的定义中的一个因素吗？是的；在一个铜圆圈的定义中，我们同时陈述质料和它的形式两者。

1033ª5，有些事物被一个名字所描述，这个名字是从它所从出的那个东西的名字导引出来，如像"木头的"（wooden）；但是一个健康的人并不是如此描述的。理由是当生成预先同时设定一个缺失和一个基质时，健康被说成是从缺失开始进行，"疾病"，而不说从基质，"人"开始的（所以健康的不被说成疾病的，而说成是人的）。

13，但是当缺失没有名字，例如，在木头中一座房子的形式的缺乏，房子被认为是来自木头，正如健康被说成来自疾病，所以，正如一个健康的人不被说成是疾病，房子也不被说成是木头，而说成是木头的。

19，尽管直截了当地说它并不是来自木头，因为"从什么"必须变化而不是保存。

（二）第七卷第七章（Z.7）的解说

亚里士多德在前几章中着重讨论了实体与本质的问题后，从第七章起，他转而讨论关于事物的生成问题，对于这样一个论题的转换（包括 Z.7 至 Z.9），不少研究者认为它是一个"深入"的部分，并引起了不少争论。对于这个问题，我们不打算在这里作进一步的讨论，而把 Z.7 至 Z.9 这几章仍然看作是亚里士多德形而上学研究中的固有论题来研究，而不多涉及其文本次序及写作时间等有争议的问题的讨论。

亚里士多德在前面的 Z.5、Z.6 章中对实体及本质问题进行了深入的探讨，认定本质和实体是同一的，而定义就是表述本质的公式。现在，在 Z.7 中，亚里士多德从事物生成的角度，对于本质是在生成过程中展现的，而不是孤立静止的存在，加以讨论，对于实体和本质的论述就更加深入了。

亚里士多德一开始就明确指出："关于生成的事物有些是由于自然而生成，有些是由于技艺而生成，有些则是自发地生成的。但是，每一样生成的事物由于某种事物的作用而得以产生，并且从某种事物出发而生成为某种事物。我们说的生成的某种事物可以在任何范畴中发现，它们可以生成为'这个'。或者具有一定的量，或者具有某种性质或者在什么地方。"（1032ᵃ12—16）

往下亚里士多德逐一地解释这三种不同的生成。

他首先说："自然的生成物是那些由于自然的作用而生成为事物的生成；它们由之生成的是我们叫作质料的东西，它们借助其作用而生成的是某自然存在的东西；它们所生成的东西是一个人，或者一株植物，或者是这类事物中的别的什么东西，这样的事物我们称之为最高程度上的实体。所以由自然地产生或由技艺产生的事物都有质料；因为对于它们中的每一个说来既能存在也能不存在，这种能力就是在每一个别事物中的质料，而且，一般说来，它们从其中产生出来的东西是自然，它们产生出来所依据的也是自然。（因为那产生出来的东西，例如，一个植物或一个动物，都具有一种自然本性），因而它所借以产生出来的东西也是如此，——即所谓'形式的'本性，它在事物产生时具有相同的形式（尽管这是在别的什么事物中）；因为人生人。"（1032ᵃ17—25）

亚里士多德在这里谈到了"质料"和"形式"。他解释说："自然产生的或由技艺产生的事物都有质料，因为对于它们中的每一个来说既能存在也能不存在。"这是因为，生成是一个变化的过程，单有"质料"（而质料在生成中是被动的），如果它能与适当的"形式"（形式在生成中是主动的）结合，那么，它就可以变为现实的生成物。即它可能存在；如果它未能与适当的形式结合，则它就不能变为现实的生成物，所以说它也可能不存在。那么一个自然物产生出来所依据的也是"自然的本性"，即所谓的"形式的本性"，它

228

使得自然物具有相同的形式，尽管这是在别的什么事物中。他举例说，比如，人生人、植物生出植物，等等。亚里士多德在这里强调了"形式"的决定作用，因为决定事物的本质是形式。这是在第四、五章中已阐明了的。

他接下来讲"由于技艺的"和"自发地发生的"。

他说："于是，自然地产生出来的产物就是这样产生的；所有其他的产物都被称为'制造物'（production），而所有的制造物的制造或者出于技艺，或者出自一种能力，或者出自思想。它们之中的有些也是自发地发生的，或者是由于机遇而发生的，正如自然产物有时所发生的情况；因为也有同样事物有时无须种子而产生出来而且也有从种子产生出来的。"（1032ª25—32）这就把除自然产生以外的归入制造物一类，这其中又分为"出于技艺"、"出于一种能力"和"出自思想"三种情况。"出于技艺"是指制造者拥有的一种制造的技术或技巧。"出于一种能力"是指比如水力能推动水车的车轮作出制造的功效。"出于思想"是指在制造一种事物之前对它的构造的设计，如建造一座房子的蓝图。

在"制造物"中，他又列举了"它们之中的有些也是自发地发生的"，这就把"自发地发生"总的归入了"制造物"这一大类中，不过它的制造者是凭"机遇"而发生的自然作用，就这一点讲，它又接近"自然产生"的情况。对此，他举的例子，却有点令人费解。他说："因为也有同样的事物有时无须种子而产生出来，而且也有从种子产生出来的。"一个新的有机事物的生成，一定得有"种子"，这里却说"有时无须种子而产生出来"。为什么会如此呢？除非有一种"机遇"，这里的"种子"不是被现成地提供的，而是凭"机遇"从别处飞来的或飘来的，否则"无须种子"而产生出来是不可能的。

他往下就"技艺而产生"的事物来分析。他说："但是出于技艺而产生的事物，它们的形式是在艺人的灵魂之中，（我说的形式是指每个事物的本质和它的第一实体。）因为在一种意义上，甚至相反的东西也有相同的形式；因为一种缺乏的实体就是对立的实体，例如健康是疾病的实体，因为疾病就是健康的缺乏；而健康就是在灵魂中的公式或者它的知识。这个健康是这样思考而得出的：——因为这个是健康，如果这个主体是健康的，这个就必须呈现出来，例如身体是平衡状态；如果这个被呈现出来，就一定是热的；而这位医生就这样继续进行思考一直到他把事物推论到他本人最后能够产生的某种东西。这样，从这一点向前推进的过程，亦即朝着健康推进的过程，就叫作'制作'。因此，在一种意义上，就得出健康来自健康而房屋来自房屋，那具有质料的东西来自那不具有质料的东西；因为医疗的或建筑的技艺就是健康或房屋的形式，而且当我说到没有质料的实体时，我指的就是本质。"（1032^{a}35—^{b}14）

这是一段很关键的话。亚里士多德在这段话中，引入了并且解释了他所说的"形式"是什么，为什么"实体"和"实体的缺乏"是一回事，而为什么"本质"就是没有质料的实体，把这些弄懂了，才能懂得亚里士多德所说的生成是怎样一种过程。

他说："出于技艺而产生的事物，它们的形式是在艺人的灵魂之中。"他解释说："我所说的形式是指每个事物的本质和它的第一实体"。他把在艺人灵魂中的东西叫作"形式"，艺人的制造就是将这个"形式"赋予到产生出这个某种事物，这时这个在被产生中的事物被看成是"质料"，它当然也有与之结合的形式，但它在这个产生的过程中则仅仅当作"质料"而接受艺人们赋予它的"形式"从而变成了一个产生出来的事物，而这个事物就不能再叫作原有的质料了，而只能说是由原来那个质料变成的。他举例说，一个"铜圈"你不能再把它叫作"铜"，而要叫作"铜做的"，一所房子用石头造成，你不能把这座房子叫"石头"，而要说是石头做成的，一个木盆，你不能仍然叫它是木头（wood），而要叫是木头做的（wooden）。这是因为原有的质料虽然也有其自身的形式（因而它们是铜，是石头，是木头，等等），但是作为制成物，它已经被赋予了另外的"形式"，因而变成了另外一种本质的实体了。这就是为什么亚里士多德把这个"形式"叫作本质或第一实体的缘故。

对于这一理解，亚里士多德往下举例反复地，甚至不厌其烦地加以说明。他首先举医疗和健康的例子。他说："在一种意义上，甚至相反的东西也有相同的形式，因为种缺乏的实体就是对立的实体"，例如"健康就是疾病的实体，因为疾病就是健康的一种缺乏。"这里所说的"疾病的实体"、"健康的实体"指的就是"疾病的人"和"健康的人"。因为疾病和健康都是人这个主体的某种对立的状态，它们本身并不就是"实体"。他接着分析治疗的过程，也就是"产生"或"生成"的过程。他说医生灵魂中关于健康的知识就是健康的形式，据此，医生要逐渐促成构成健康的条件进一步实现，比如，他使身体发热（医生用摩擦来做到这一点），由此而促成身体平衡的出现。由此，身体健康所需的东西就已经潜在地呈现了，从而这个"潜在的"变为"现实的"，就实现了一个病人的健康，也就是从"疾病"产生出"健康"。从实体来说，就是从"健康的缺乏"（疾病）转化为"疾病的缺乏"了，亦即实现了"健康"了。他指出："对于变为健康的过程来说，能动的本原与起点，如果是由技艺引起的，就是在灵魂中的形式，如果是自发地发生的，它就是那开始制造的东西。"（1032ᵇ23—24）他指出，不论这个生成过程要通过几个中间的步骤，一直达到最后阶段，即生成的完成，都是如此。

这样，生成的过程必须有某种东西"预先存在"，即必须有"从什么东西变为什么东西"中的那个"从什么东西""预先的存在"。如果没有什么东西在以前的存在，那么任何东西要被产生出来就是不可能的。"那么，显然，产生出来的有些部分将会必然地预先存在，因为质料是一个部分；因为它是呈现在过程中的，而且它就是那变为某种事物的东西。但是质料甚至在事物的公式中也是一部分吗？我们肯定地在两种方式中来描述铜圈是什么，我们描述质料，说它是铜，我们描述形式，说它是如此这般的形状；而形状是置身于其中的最接近的种。于是铜圈在它的公式中有它的质料。"（1032ᵇ34—1033ᵃ5）在这段话中，亚里士多德在强调形式在生成过程中起决定作用的同时，也对于质料在生成过程中的作用，给予了应有的评价。他这样说："至于某些东西由质料制成，在它们制成之后，这些东西就被说成不是那个质料而被说成是'由那个质料制成的'；所以，雕像不是石头而是石头制成的，而一个健康的人并不被说成是那他从它得变健康的东西，这个理由就是，尽管一个事物既来自它的缺乏也来自它的基质（我们称它为质料），例如，变得健康的既是一个人也是一个病人，说它变成为毋宁说是从它的缺乏而变成

（如一个健康的主体的产生是来自一位病人而不是来自一个人），因此这个健康的主体不被说成是一位病人，而被说是一个人，而这个人则被说成是健康的。"（1033^{a}5—13）一个事物的本质和它的缺乏构成一个实体的辩证存在的两个相互说来的两个方面，而作为一个实体，支持它的基质当然是质料。所以一个人从生病变为健康就是它的基质，即质料的存在状况的变化，所以这个变化中既涉及一个人也涉及一个病人，说一个病人变成为一个健康的人，它的主体仍然是这个人，如果把病人看成为一个"主体"，那么它变成为健康的人之后是不是成了另一个"主体"了呢？——所以，在生成过程中，质料也扮演着不可能少的作用，首先，它必须是生成之前预先存在的东西，即从那个事物而变化来的东西；其次，它是这生成过程中的主体，是它由一种状态（即一种形式）变成了另一种状态也就是另一种形式。在这个生成过程中显然"形式"，也就是事物的本质起着决定性的作用。

他最后进一步解释了"另一种情况"。他说："但是对于那样一些事物，它的缺乏是模糊的和无以名之的，例如在铜中缺乏一种特殊的形态或者在砖和木板中缺乏房屋的形状，这种事物被认为是从这些材料制造出来的，就像在前一种情况下那个健康的人从一位病人产生出来。因此，正如也有一种事物不被说成是从什么东西变成，在这里雕像也不被说成是木头，而通过语言的变化被说成是用木头做的，不是黄铜而是用黄铜做的，不是石头而是用石头做的，而一座房子不被说成是砖而是用砖做的。"（1033^{a}14—19）

怎么区别这两种不同的情况呢？亚里士多德在本章的最后说："如果我们仔细地注视着这个情况的话，我们就不应当不加限制地说，一座雕像是从木头生成的或者一座房子是从砖生成的，因为'生成'包含着在一个事物从它'生成'的变化，而不是保持着。于是，由于这个理由，我们使用了这样说话的方式。"（1033^{a}19—23）这句话说得比较简单。它的意思是"生成"包含一个事物从另一事物，在生成过程中的变化，什么变化呢？就是那变化后的主体的出现，不总是变化前的主体的状况如一个病人变成了健康的人。而这里说的另一种情况，即砖或木头造成了房子，但砖和木头仍为保持着原有"基质"一些特性（即所谓"保持着"），但在整个结构上（亦即"形式"）

完全是崭新的"形式"了，它们从木头和砖变成了房屋了。

八、第七卷第八章（Z.8）的提要与解说

——形式比起质料也不是生成的，而仅仅是两者的结合

（一）第七卷第八章（Z.8）的提要

1033ᵃ24，那生成的东西来自于被某些东西和从某些东西（让我们把这叫作缺失，但不是质料）而生成为某些东西。例如，一个圆，这个圆圈较之于铜不是被制造的，铜是质料，除了由于偶性，因为铜的圆圈是一个圆圈而且是被制造的。

31，因为制造一个"这一个"，不是从基质来制造它，在全部意义上（亦即出自一个给定的形式以及一个给定的质料）。如果基质是被制造的，它将会是从别的什么事物被制造的，并且由此导致无穷。

ᵇ5，那么，显然，形式不是被制造的；这个具体事物是把形式加之于质料而被制成的；如果形式是被制造的，那就将被划分为质料和形式。

19，这里有一个圆圈与那个特殊的圆圈分离存在吗？一座房子与那些砖头分离存在吗？肯定地如果这样的话，这里将根本不会有一个"这一个"变为存在。形式是一个"这样的"而不是一个"这一个"，造成一个"这个这样的"（a this such）是从一个"这一个"造成的，整个的"这一个"。例如，卡里亚斯，是类似于"这个铜圆圈"，人类似于"铜圆圈"。

26，如果有任何形式（forms）与特殊事物分离的话，那么形式（forms）在解释生成或者实体方面什么作用也没有，并且，至少在那方面考虑上不被看成是自存的实体（self subsistent Substances）。

29，在有些情况下，很明显，制造者是某种与产品在种类上是一样的，例如，在自然的生殖中，除了不正常的情况像驴和马的产物，甚至这类包括双亲也许具有两方的特征，并且是某种像一个驴的那种东西。

1034ᵃ2，这样，我们不必设置一个柏拉图式的形式（platonic forms），

因为活的事物都是最真的实体，并且这里将会有一个形式如果在任何地方的话，生殖者（the begetter）是适合于把一个形式加之于质料之上的，个别的东西就是"这样的形式在这个质料之中"。质料是在形式上相同的区别开个体的东西。

（二）第七卷第八章（Z.8）的解说

这一章亚里士多德继续就生成的过程来分析形式在生成中的中心作用，以及形式和质料的密不可分的合作关系。

他首先重新阐述了生成过程中的几个要素，即："因为任何生产出来的东西是被某种东西生产出来的（我把这叫作生产的起点），并且是从某种东西中生产出来的（让这个不当作缺乏而作为质料，因为我们附加在这个上面的意义已经区分过了），并且有某种东西被生产出来（这或者是一个球，或者是一个圆圈，或者任何别的可能碰巧是的东西），正如我们不制造基质（铜），所以我们也不制造球，除非偶然地制造了，因为那个铜球是一个球，而我们制造了前者，因为制造一个'这个'，就是从基质（在这个字的完全意义上）来制造一个'这个'。我的意思是制造这个铜环，不是造这个环或圆球，而是制造的什么东西，亦即在某种不同于它自身的事物中产生这个形式"。（1033^{a}24—35）

在这段话中，他首先列出了制造或生成的必有的三个要素，即（1）被某种东西生产出来的；（2）从某种东西中生产出来的；（3）有某种东西被生产出来。同时他对每一个要素，都在括号中作了解释。他把被某种东西生产出来的叫作生产的起点，这就是指在生产中的那个在技艺人员灵魂中的"形式"是由于他把它加之于"从某种东西生产出来的"那个基质（亦即或者是实体的缺乏，或者与某种形式结合的预先存在的质料），从而"有某种东西生产出来"，即被加之以某种形式而后呈现的新的质料与新形式的结合物，即一个新的实体，一个"这样的这一个"的生成。他举例说，如一个球或一个圆圈，或碰巧生成的任何东西。

他在这里特别强调指出："有某种东西生产出来"是一个新的形式与质

料的结合体，即一个实体，如他所说的"一个球或者一个圆圈"。它们是具体的个别的存在物，是形式质料的结合体，它们是铜球或木球，是铜圈或木圈，而并不是"生成"出了"形式"即球形或圆形，因为形式是不能生成的。

为什么"形式是不能生成的"呢？他进一步解释说，因为现实的形式总是和现实的质料结合在一起而不能彼此分离单独地存在。分离地存在的形式，只是一种思维的抽象，就像柏拉图式的"理念"那样的东西它可以是一种思维的存在物而不是现实的存在物。这一点是亚里士多德的"实体"（即形式与质料结合而存在的"这一个"）与柏拉图的"理念"的根本区别，也是亚里士多德反对柏拉图的理念论的根本之点。从理论上剖析形式如何不是被生成的，亚里士多德提出了以下的论证：他指出"制造出形式"就是在某种不同于它自身的事物中产生这个形式，因为如果我们制造这个形式，我们必须从某个别的东西来制造它，因为这是被设定的。例如，我们造一个铜球，而在从出自这个意义上的这个东西就是铜，我们把这个造成了另一个东西。那就是一个球，（也就是一个铜球——李真注），这个产物是一个形式与质料相结合的具体事物，如果你想要单独地制造出一个"形式"，也就是亚里士多德在这里所说的"如果我们也想制造这个本质本身"。他的意思是"本质本身"就是形式和质料相结合的，他接下来说，"显然我们也将以相同的方式来制造它，而这个制造的过程将无限后退了"。他对此用了很大篇幅来加以论证和说明，因为"从那个东西生产出来"的那个东西就是质料和形式相结合的东西，它"所生产出来的"只能也是质料和形式相结合的东西，而不可能是单独的形式，因此，你想要生产出一个单独的形式，那你就必须尝试从事另一个生成过程，但结果却是如前面一样的，你又将从事新的生成过程，如此就形成了所谓"无穷的后退"，而这显然是荒谬而不可能的，这个论述一直持续到 1033^b19。

但是在这里有两个问题是令人困惑的：（1）一个是在 1033^b18 的一段话："那么，很显然，从我们所说过的那叫作形式或实体的不是被生产出来的，而是由此获得它的名字的具体事物是被生产出来的，而且质料呈现在任何被生产出来的东西之中，并且事物的一部分是质料，而另一部分是形式。"为什么说"那个叫作形式或实体的不是被生产出来的"呢？如果是因为"形式"在先的原则，它是早已存在的，那么"实体"，即我们所指这一个的具体事物为什么也不是生产出来的呢？"生产"不就是要生产出一个具体的"这一个"吗？有人认为这里的"实体"就是说的作为本质的"形式"（所以亚里士多德说的是"形式或实体"），所以，由于形式在先，故它（和其"实体"）都不是被生产出来的，——但这种解释显得很勉强，不能令人满意，不知应如何恰当理解。这里留下的一个问题，（2）另一个问题是往下在1033ᵇ20—23的那段话，"那么，在个别的球体之外，有一个球吗？或者在砖之外，有一所房子吗？我们也许宁可说没有'这个'曾经生成过，如果曾经是这样的话。但'形式'的意思是'那样的'，而不是一个'这个'——一个确定的事物。"在这段话中，亚里士多德说了："如果曾经是这样的话，但'形式'的意思是'那样的'，而不是一个'这个'。"——这样，"形式"的意思就成了表示"那样的"亦即表示一个"类"或"种属意义下"的"类"了。这就是抽象的与质料相分离的"形式"了。这就是相当于他在"范畴"篇里讲的"类"，即他称之为"第二实体"的思维抽象物，而不是在第七卷中讲的与质料结合的"第一实体"了。——这样解释和理解的话，那么，有的学者（如罗斯等）提出的亚里士多德在《范畴篇》及第七卷中对实体的看法存在矛盾的说法就不能成立了。其实，亚里士多德在这里规定这样的"形式"是"类"的概念，是与质料相分离的"形式"，是明确表达了的。正如他所说，是否在具体的球之外存在一个一般的球，或在一所砖建成的房子之外有一所一般的房子，他说："我们宁可说没有'这个'曾经生产过"。但他又假设：如果曾经是这样的话，即如果有这样的一般的球或一般的房子的话，那么，就会有表示"那样的"形式。这就是与质料相分离的一般的形式。这当然就是所谓表示"类"或"种、属"意义下的"形式"了。这样理解的话，所谓在《范畴篇》中的"第二实体"变成了第七卷中的"第一实体"的说法，便显然不能成立而且不攻自破了。

往下，亚里士多德继续对柏拉图式的与质料相分离的"理念"，即这样的"形式"加以批判。他说："显然，对于形式构成的原因（采取某些人主张形式的存在意义，亦即，如果它们是某种与个别事物相分离的东西）是毫无用处的，对于生成和实体来说都是无用的，而且至少由于这个缘故，形式不必要是'由于自己'的实体。"（1033ᵃ26—29）这也就是说，这样的形式（即柏拉图式的"理念"）对于生成或者实体都是没有作用的，是无用的。

他指出，那些生育者与被生育者在形式上都是相同的，甚至在有些违背自然的情况下（比如驴和马生出骡子），也是相似的，因为它体现了马和驴的共同之处，"即紧挨着在它们之上的种，而没有得到一个名称，但是它无疑是这两者，事实上是某种像骡一样的东西"。所以，他作出的结论说："显然，完全没有必要设置一个形式作为范型"。因为生产者将会把形式因引进质料的，这就是多种"这一个"的实体的生成。

九、第七卷第九章（Z.9）的提要与解说

——自发生产的条件回答（a）对于技艺的（b）自然的生产，在诸范畴中的生产的条件不同于实体

（一）第七卷第九章（Z.9）的提要

1034ᵃ9，（1）（a）为什么有些事物（比如，健康）是自发地以及技艺地产生的，而其他的（比如，房子）并非如此？理由是在有些情况下，那开始生产的质料是那样地由它自己所发动，而有些情况则并非如此；再有，有的时候，它能在所需要的特殊方式下发动自身，有的时候则不能。

18，相应地，产品将需要或不需要工匠来支持它的生产，在后一种情况下，它能由并非工匠或者由某些别的事物来使之运动它并不具有技艺或者由已经存在的产品的一部分来开始一个运动。

21，这样，所有人工制品都是从某些别的事物，以它们自身的名义来生产的，如同活的事物都是被生产的，或者从同样名称的一部分（例如，从一所房子产生一所房子，因为建造房子的技艺等同于在一所房子中的形式因素），或者从那包含着部分的东西——除非生产的仅仅是偶然地。

25，因为那直接的由于自身（per se）的生产是产品的一部分，热在摩擦中产生在身体中的热，它或者是由健康伴随的，或者是健康的一部分，由此它被说成是产生了健康，因为它产生了那健康伴随着的东西。

30，这些生产，像三段论式一样，从实体或者本质开始。

33，（b）自然的生产就像人工的生产一样；(i) 种子像由技艺起作用的那些事物一样的起作用，种子的源泉是某种具有相同名字的事物，在一种意义上，如像生育(仅仅是在一种意义上，对于女人是被男人生产出来的)——除非这个生育是一种不正常的那就是骡子的双亲不是骡子。

b4，(ii) 自发地生产，像以前一样，发生于当质料能够给它自己这个运动时，这个运动正常的是种子给予它的；当它不能时，那么由双亲来生成就是必然的。

7，（2）至于一个实体的形式不是被生产的，对于其他范畴也都是如此。

14，不是质和量而是那样的质和量的木头被生产出来；但是另外的同一类的个别物不需要实际地预先存在，如像在实体的情况那样，只要质等潜在地预先存在就足够了。

（二）第七卷第九章（Z.9）的解说

亚里士多德在这一章中继续讨论以上各章几种生成的方式的问题。他首先提出问题："可以提出一个问题：为什么有些事物自发地产生并且也由技艺产生，例如健康，而另外的则不是这样，例如一座房子。"（1034a9—10）他回答说："理由是，在有的场合，质料（它支配任何技艺产品的制造和生产，并且产品的一部分呈现于它之中）是那样的，它能发动自己的运动，而在另外的场合则不是这样，就前一类说，有的能以一种特殊的方式发动运动，而在另外的质料则不能做到这一点。因为许多事物能够移动它们自身，但不是在某种特殊方式下，例如跳舞的方式，那么，其质料为这一类的事物，例如石头，不能在这个要求的特殊方式下运动，除非是由某个别的东西推动；但是在另一种方式下他们给自己运动——火也是如此，因此，有些事物不会与具有创造它的技艺的人相分离而存在，另外一些事物则会这样，因为运动将由这些事物开始，而这些事物没有技艺，但它们本身能够由其他不具有技艺的事物所推动，或者由预先存在于它们之中的产品的一部分的运动所推动。"（1034ª10—21）

亚里士多德在这段话中，详细解释了"为什么有些事物自发地产生并且也由技艺产生"。他以健康为例，健康可以由医生的诊治、处理而获得，而且它也可以由身体的自愈机能而逐步获得。这个原因就是身体可以发动某种运动（比如使体温增高），这与医生采取按摩使身体增温（由于技艺）的效果是一样的。但是对于一座房子来说就不是这样了，因为构成房子的石头和木头，就缺乏这种自己引发的运动（即建造房子），而必须由建造者（建房工程师和建筑工人）来发动建房的运动。这倒并不是说，作为质料的石头或木头完全没有自己发动运动的能力（比如，石头也是属于这一类的，它的本性有作下沉运动的能力，就好像火可以作上升的运动一样），他指出："因为许多事物能够移动它们自身，但不是在某种特殊方式下，例如跳舞的方式，那么，其质料为这一类的事物，例如石头，不能在这个要求的特殊方式下运动，除非是由某个别的东西推动；但是在另一种方式下，他们能自己运动——火也是如此。因此，有些事物不会与某些具有创造它的技艺的人相分离而存在，而另一些事物则会这样，因为运动将由这些事物开始，而这些事物没有技艺，但它们本身能够由其他不具有技艺的事物所推动，或者由预先存在于它们之中的产品的一部分的运动所推动。"（1034ª15—21）这样详细地解释了这种现象之后，亚里士多德进一步解释说："从我们已经说过的，这也很清楚，在一个意义上每种技艺的产品都是从一个分有它的名字的事物产生出来的（正如自然产品被生产出来），或者从分有它的名字的自身的一部分产生出来的（例如，一座房子，是从一座作为由理性所产生的房子中产生出来的，因为建造的技艺是房子的形式）或者从包含着它的一部分的某事物中产生出来——如果我们排除由于偶然而产生的事物，因为一个事物直接地由于它自己（per se）而产生产品的原因是那个产品的一部分，在运动中的热引起在身体中的热，而这或者是健康，或者是健康的一部分，或者是健康的一部分而来，或者是由健康本身而来，因而它被说成引起健康，因为它

引起那健康作为一个后果而附着于它的事物。"（1034ª23—30）

在作了上述解释之后，亚里士多德用一个类比的说法，把这个现象与"三段论式"的推论相比拟，指出："因此，正像三段论中一样，实体是每个事物起点，三段论从'一个事物是什么'开始，而我们现在发现生产过程也从它开始"。（1034ª31—33）

我们知道：三段论式是亚里士多德总结人类思维活动而提出的推论模式，它由大前提、小前提这两个命题中所包含的共有的相同词项中词的联结作用，而推论出合乎逻辑规律的包含大词和小词组成的命题，它的典型例子就是："人皆有死，苏格拉底是人，所以，苏格拉底是有死的。"

亚里士多德之所以把事物的变化比作"三段论式"，这是因为最基本的变化是实体的生成（当然也有不同范畴的生成，如质量、状态等等范畴），而在这个生成过程中，起点总是每个事物的实体，这就好比三段论中的大小前提推论出新的结论。实体中包含的质料和形式，或由其潜在的状态向现实转化而生成新的实体。这个转化的过程就是生成。

他指出：由技艺产生的事物与自然而产生的事物之所以具有同样的情况，因为技艺创造了像自然产生那种需要的条件。他以种子自然产生为例，说明技艺也是创造了同样的条件，使得潜在存在的形式得以与潜在存在的质料结合而产生出新的实体。这里说明了一个生成的重要原理，不但形式不是被生成的，质料也不是被生成的，质料和形式都是预先的存在，不过它们在生成过程中从潜在的转化为现实的了。这是亚里士多德关于潜能和现实的理论的一个重要论述。所以，他说："因为质料和形式永远必须先存在"。（1034ᵇ13）因为作为生成起点的"实体"就是一定质料和一定形式的结合体，所以在生成中，如果没有那种能由它们自身把它们的质料推动的事物，那么生产就不能进行。

由于生成变化是实体的变化，所以除了实体之外，其他范畴也可有自己的变化（比如，数量的大小、色彩的浓淡等等），或者从抽象的数学上来讨论数量的变化。但是一般说来，这些范畴都是与实体相结合而变化的，"因为质并未生成，而是那种质的木材的生成，而且量并未生成，而是那个尺寸

的木材或动物在生成"。(1034^{b}14—16)

亚里士多德在本章的最后,总结性地说:"我们可以从这些例证中理解实体的一些特性,即必须有另一种实体在完全的现实中预先存在,这种预先存在的实体产生出现在存在的实体,例如,一个动物,如果一个动物被生产出来的话,但是一个质或量的预先存在则是不必要的,它们仅仅是潜在的"。(1034^{b}16—19)

质料结合而产生出来就像"人类的产物来自人类"那样。那些甚至能由它自身把它们的质料推动的事物,这种方式就是种子经常推动它的方式;那些没有那样的质料的东西除非从作为双亲的动物自身获得那样的质料,否则就不能够产生出来。(1034^{b}5—7)

最后,亚里士多德指出:形式不是生成的,对于实体以及量,质以及其他范畴都是如此。

他还指出:"实体的一种特性,即必须有另一种实体在完全的现实中预先存在,这种预先存在的实体产生出现在存在的实体,例如一个动物,如果一个动物能产生出来的话,但是一个质或量的预先存在则是不必要的,它们仅仅是潜在的。"(1034^{b}16—19)

十、第七卷第十章(Z.10)的提要与解说

——第十一—十二章:本质与含义,第十章:(1)对整体的考察应当包含它的部分吗?(2)什么部分是先于那个整体的?

(一)第七卷第十章(Z.10)的提要

1034^{b}20,(1)一个整体的定义必须包含它的部分吗?一个圆的定义并不包含诸部分扇形的定义,但是音节的定义包含字母,为什么是这样?

28,(2)如果部分先于整体,锐角应当先于直角,手指应当先于人,然而整体在定义和在独立存在物的分离能力这两方面都优先。

32，（1）真的，"部分"是一字多义的，实体的诸部分是质料和形式，但是在一种意义上，仅仅形式的诸因素才是这个事物的诸部分。

1035ª4，例如，肉是凹性（snubness）一个部分，但不是塌鼻（hollowness）的一个部分；铜是整个雕像的一部分，但不是作为形式的它的一个部分（一个名称，像"雕像"也许可以应用于形式或有形式的一个事物，但是并不应用于那光秃秃的质料）。

9，这就是为什么圆的情况不同于音节的情况（参看1034ᵇ24），字母是音节的形式的部分；圆的弧是质料、形式加之于在它之上，尽管它比铜在一个铜的圆圈上的形式更接近于形式。

24，在一种意义上，所有的字母都是呈现在音节的定义中；在蜡上的或在空气中的字母仅仅是音节的感性质料，因为一个整体被融入的诸部分可能是具体的整体的诸部分但不是形式的诸部分，并且因此不呈现在定义中。

25，由此，由形式和质料组成的事物（例如，塌鼻、铜的圆圈）能够被分解为它们的质料的诸部分，非质料的事物则不能被如此分解。

31，这样，泥的雕像能够分解为泥，并且甚至圆圈也可以分解为它的弧——亦即个别的圆圈，而不是抽象的圆圈。

ᵇ3，（2）再陈述质料，（a）那是定义的部分的诸部分并且定义被分析为它们的诸部分，都是至少是它们的有一些，是先于整个定义的；但是直角的定义不被分析为锐角的定义的部分，但是，反之则不然，因为锐角被定义为"小于直角"。

9，在圆与半圆上，在人与他的手指上亦是如此。那是质料的诸部分都是后于整体的；而实体的诸部分，犹如定义的那样是在先的，至少，它们中的一些是这样。

14，（a）因为灵魂是如定义的那样是如此这般的身体的实体（或者形式）（至少没有这个身体的部分能够被恰当地离开它们的功能而被定义，这个功能包括感知），所以（b）灵魂的诸部分都是（全部或有些）先于具体的动物的，而身体及它的诸部分是后于灵魂的并且都是并非它的组成部分而是具体的整体的组成部分。

22，因此，（c）当身体的诸部分在一种意义上是先于具体的整体的，在一种意义上它们都不是先于的（因为手指在恰当的意义上不能离开动物而存在）；当有些身体的部分既不先于也不后于，亦即，本质直接后于其中的最高部分，例如，心或大脑。

27，那些被普遍地表述特殊的（例如，人）都不是实体，而是被普遍看待的这个定义和这个质料的复合物，而个体包含一个最终个体的质料的成分。

31，（1）（回到第一个问题）这要有形式的诸部分，具体事物的诸部分，以及质料的诸部分；仅仅第一个是定义的诸部分，它是普遍的定义。

1036ª2，具体的个别的，无论是像铜圆圈那样可感的东西，还是像数学的圆圈那样的可知的东西，它们都是不可定义的，而是借助直观或感知加以认识的；当圆圈已经从现实性上消失，究竟它们存在还是不存在是不清楚的，但是它们都是用普遍的定义可以被描述的。

8，它们的质料本身是不可认识的。质料是感性的和可变的，或者是较少可知的——亦即，在感觉中存在的质料，不是作为可感知的。它是数学的图形。

12，我们现在处理了整体与部分，在先性和在后性，其次我们必须回答问题（2）（回到第二个问题）究竟直角、圆、动物，或者它们的部分是不是在先的，我们以一个区别来回答。

16，如果"动物"可以意指灵魂，"圆"指圆性，"直角"指直角性，那么当其整体在一种意义上是后于在一种意义上的部分，这就是铜的直角或者由特殊线条形成的直角是后于在定义中的部分的，并且后于特殊直角的部分，非质料的直角是后于在定义中的部分的，但是先于那些在特殊中的部分。

24，但是如果灵魂不能被说成是动物，那么那样的话有的整体就是先于它们的诸部分的，其他的正如我们已经说过的则不是。

（二）第七卷第十章（Z.10）的解说

亚里士多德在这一章中，从生成分析的问题（它占据 Z.7—Z.10）回到对于本质问题的讨论（它占据 Z.4—Z.6）。他在这一章中提出了两个问题：（1）一个整体的定义应当包含部分的定义吗？（2）部分是先于整体的吗？

在亚里士多德看来，一个定义的定义项至少要包含两个语词，即种和至少一个属差，例如，"人是两足无毛的动物"。

他说："因为一个定义就是一个公式，而每个公式都有部分，并且正如公式与事物有关，公式的部分也与事物的部分有关。"由此，他提出的问题是："部分的公式是否必须出现在整体的公式之中"。但是，"在有的情况下部分的公式被看作是出现的，而在有的情况下则不出现"。圆的公式并不包含扇形（segment）的公式，但是，音节的公式包括字母的公式，但是圆形被划分为扇形，正如音节被划分为字母。这样，看来问题就复杂化了，到底整体的公式包含还是不包含部分的公式呢？

他进一步分析这种复杂的情况说："再有，如果部分是先于整体的，锐角是直角的一部分，手指是动物的一部分，那么，锐角将先于直角，而手指将先于人了。但是后者被认为是在先的。（1034ᵇ27—31）这里说的'后者'，是指'直角'和'人'，认为它们分别是先于'锐角'和'手指'的。"为什么会是这样的呢？他解释说："因为在公式中，部分以与它们相关的办法来加以解释，而且就存在物分离存在的能力来说，整体是先于部分的。"（1034ᵇ31—33）这里的所谓"在公式中，部分以与它们相关的办法来加以解释，而且是还就存在的分离存在的能力来说"，是指前面所举的例子，锐角，我们在定义它时，说它是"小于直角的"，这就是"以与它们相关的办法来定义它"。但定义直角时，我们则不必提到锐角。另一个例子是手指与人的关系：我们说人可以分离地独立存在，即使他缺了一个手指甚至全部手指，他仍然是人，但是手指在与人相分离后，就再不是活的手指，而是僵死的手指。这种所谓"独立存在"的手指实际上不过是"字面上的"手指罢了，即使我们也可以在语言上仍然把它叫作"手指"。

为什么会出现这种复杂的情况呢？他分析指出，也许我们毋宁应当说"部分"是在几种意义上使用的，其中之一是那个从量的方面来度量另一个事物的东西，继而他说，"让我们探究那组成实体的部分，于是，如果质料是一个东西，形式是另一个，这些的组合是第三个，而质料、形式以及这个组合都是实体，甚至质料在一种意义上被称作一个事物的部分，而在另一种意义上，它又不是一个事物的部分，而仅仅是构成形式的公式的元素。例如，肉不是凹性的一部分，因为肉是凹性在它之中产生的质料，但它是塌鼻的一部分。再有，青铜是这座具体雕像的一部分，而不是形式意义下的雕像的一部分。（因为形式，或者具有形式的事物，应该说成是一个事物，但是对于质料元素本身，我们就不能这样说。）所以，圆的公式并不包括扇形的公式，但是音节的公式包括字母的公式，因为字母是形式的公式的部分，而不是质料，但是扇面是质料意义下的部分，形式伴随着这质料的产生，然而它们比青铜（当圆的性质在青铜中产生之时）更接近于形式。但是在一种意义上也并非每一类字母都会出现在音节的公式中，例如，特殊蜡板上的字或者像在空气中运动的字，因为在这些之中我们已经有了音节的部分的某种东西，不过仅仅在它是可感知的质料的意义上而已"。（1034^{b}34—1035^{a}18）他在这一大段话中，着重从质料、形式和质料与形式的组合物这三层实体包含的意思来分析。他指出：音节的公式包括字母的公式，因为字母是形式的公式的部分，而不是质料，而扇面是质料意义下的部分。他以此来解释字母的公式为何包括在音节的公式中，而扇面的公式为何不包括在圆的公式中，因为公式是就形式，也就是本质而言的，扇面的定义是质料意义下的部分，所以，它不包括在圆的公式中。所谓"特殊蜡板上的字"或"在空气中运动的字"，因为蜡板会随着温度升高而融化，"在空气中运动的字"就是说话时在空气中的振动。这些文字和字母作为质料来看都是不持久的，是就质料而言的，所以都不可能作为部分呈现在文字或音节的定义中。

他接着说："即使线被划分时就成为它的对半，或者人就分成为骨头、腱子和肌肉，但这并不能得出结论说：它们是由于这些作为它们的本质组成的，而毋宁是作为质料；而且这些都是作为具体事物的部分，而并非是形式的部分，也就是说，并非是公式涉及的东西的部分，因此它们也不出现在公式中。于是，在一类公式中那样的部分的公式会出现，而在另一类的公式中，它并不必定出现，除非它是具体对象的公式。"（1033ª18—24）简言之，如果是有关形式的部分，它会作为一个部分出现在总体的公式中，如果是有关质料的部分，则不会作为部分出现在整体的定义中。这里的分界线仍然是从质料和形式的不同关系上来看的。

对此，他进一步解释说："由于这个缘故，有些事物具有作为它们的组成来源的部分，它们消溶于这些部分，而有些事物则没有这样的部分，那些把形式与质料搞在一起的事物，例如塌鼻或者青铜圆圈，消溶于这些质料，而质料是它们的一部分，但是那些不包含质料，而是不具有质料的事物，它们的公式仅仅是形式的公式，[这些事物]并不消溶或者根本不消溶或者无论如何并不在这种方式下消溶于质料，因此，这些质料都是具体事物的来源和部分，而非形式的部分或来源。从而，黏土的雕像消解为黏土，球消解为青铜，而卡利亚消解为肉和骨"。（1035ª24—34）这里仍然是严格地区分这些来源和部分是形式的还是质料的，由此判定它是否属于整体公式的一个部分。

亚里士多德在作出上述分析后，在本章的后半部分提出"让我们更加清楚地来陈述它，重新把这个问题加以处理，公式的部分，即公式被划分成的东西是先于它的，或者先于它们的全部，或者先于它们中的某一些，因此，……具有质料本性的部分，而且一个事物也被划分为作为其质料的这种部分，都是在后的；但是那样一些具有公式的部分的本性的，以及根据它的公式具有实体本性的部分，则是在先的，或者是全部[在先]，或者它们中的某一些[在先]"。（1035ᵇ4—14）他举例说："灵魂的部分或者全部或者它们中的某一些，是先于具体的'动物'的。这对于每一个个别的动物也是如此；而躯体及其部分是后于这个实体的，而且并非实体而是具体事物的被划分为作为它的质料的这些部分。因此在一个意义上这些部分先于具体的整体，而在另一个意义上则并非如此。"（1035ᵇ19—23）为什么会是这样？因为"灵魂"作为形式的这个部分，它是先于动物这个整体的；而作为质料的躯体及其部分，则是后于这个实体的整体的。他进一步解释说：作为质料的人的躯体的一部分的"手指"，如果离开了活的躯体，它甚至不能存在，它不过是一个"死的手指"，仅仅在名称上是一个手指罢了。可见它是后于作为躯体这个整体的。他还指出，还有"有些部分既不先于也不后于整体，这就是占统治地位的以及公式和本质首先出现于其中的部分，例如，也许是心脏和大脑"。（1035^{b}26—27）其实，应当说，这种情况，仍然应当认为它们是在先的，因为它是体现形式和本质的。

他还指出："人"和"马"这类种的名称用来表述其下的"属"和"个体"，是将"普遍词项"应用于个体事物。至于真的个体事物，如"苏格拉底"和"卡利亚"则是包括着"终极的个体质料于其中"的个别事物。

他又一次地重复指出："所谓'一个部分'可以是形式（亦即本质）的一部分，或者是形式与质料的结合的一部分，或者是质料本身的一部分。"（1035^{b}32—33）所以，我们要分清在每个具体情况下，这个"一部分"究竟是指的哪一种意义上的"一部分"，而不能不加以区别的，笼统地来说"一部分"。他明确地指出："只有形式的部分是公式的部分，而公式是关于普遍的。……但是当我们说到具体事物，例如，这个圆，亦即一个个体的圆，不论是可感的还是可知的（可知的圆则指的是数学上的圆，而可感的圆指的是那些铜的圆和木的圆），则没有关于它们的定义，对它们的认识是借助于思考或感觉；而当它们从现实中消失后，它们存在与否是不清楚的，但是它们永远由普遍公式来陈述和认识。但是质料是不能按照它本身来加以认识的，有些质料是可感的，有些则是可知的，可感的质料如像铜、木头和所有可以变化的质料，而可知的质料，如像那些呈现于可感事物的东西，但不是作为可感知的，这就是数学的对象。"（1035^{b}35—1036^{a}4）这里他除了强调公式是就"形式"来说的之外，还特别解释了一般的质料和特殊的质料的区分。所谓"特殊的质料"是具有特殊的质、量、形状等等的具体存在物中的质料，如铜、木等等，而一般的质料，则是我们常说的，具体质料的抽象物，它已把一切的质、量、性状等去掉而变为不可感知的，即只能用思维把握的可知的东西。亚里士多德指出：这就是"数学的对象"，其实这就是只能在思维中把握的抽象的"质料"概念。这也就是亚里士多德所讲的"原初的质料"，即没有任何质量性状的原始的质料的抽象概念。在现实中是没有这样的"质料"的，而只有各种具体的质料。

最后，亚里士多德总结这一章的论述。他说："这样，我们陈述了关于整体与部分，以及它们的在先性和在后性。但是当任何一个人问是直角与圆与动物在先呢，还是它们被划分成的东西及组成它们的东西，亦即部分在先时，我们必定会答复说，这个问题不能简单地加以回答。"（1036ᵃ14—17）这是一个很精彩的总结，也就是说我们必须"对具体问题具体分析"。他随着进一步解释说："因为灵魂如果也是动物或是活的东西，或者每个个体物是个体的本身，而且是一个圆就是这个圆，'是一个直角'与直角的本质就是这个直角，那么在一种意义上的整个必定被叫作是后于一种意义上的部分，亦即后于包括在公式中的部分，以及后于个别直角的部分（因为由铜作为物质的直角，以及那个由线形成的直角，这两者都属于它们的部分）；而非物质的直角，后于包括在公式中的部分，但是先于那些包括在特别事例中的部分，并且这个问题必须不要简单地加以回答。然而，如果是某种与动物不同即不是等同于动物的东西的话，即使如此，有些部分，像我们曾经坚持的，必须称作是在先的，而其他的则必须不是在先的。"（1036ᵃ17—25）

这段文字有点费解，我们慢慢解释一下。亚里士多德反复讲了三遍："这个问题不要简单地加以回答"，就是要提醒我们要认真地分析不同的情况。在这里，他说："在一种意义上的整体必定叫作是后于一种意义上的部分，亦即后于包括在公式中的部分，以及后于个别直角的部分（因为由铜作的物质的直角，以及那由线形成的直角，这两个都后于它的部分）；而非物质的直角后于包括在公式中的部分，但是先于那些包括在特别事例中的部分"。（1036ᵇ19—23）这里的"在一种意义上的整体"是指以质料为内容的整体，亦即他解释的"由铜所作的直角，以及那线形成的直角"都要"后于包括在公式中的部分，以及属于个别直角的部分"。因为它们是指带着质料的整体。所谓"非物质的直角"这样的整体则要后于"包括在公式中的部分"。这是因为这样的整体是指直角的形式，它会从形式上看后于这个在公式中的形式的部分，但是它先于"个别的直角"，因为个别的直角包括着形式和质料，所以在公式中的形式部分也是先于它的。

十一、第七卷第十一章（Z.11）的提要与解说

——哪个部分是形式的部分，哪个部分是具体的整体的部分？

（一）第七卷第十一章（Z.11）的提要

1036ª26，哪个部分是形式的部分，它们仅仅是具体事物的部分吗？直到我们知道这一点，我们不能定义任何事物，因定义是关于形式的。

31，当形式偶然地发生于特别地不同的材料（例如，在铜、石头、木头之中的圆），这些材料显然都不是形式的部分，但当这个不是如此时，是难于把这个质料在思想中消除掉的。

ᵇ3，例如，人的形式总是在肉、骨头等之中被发现，那么，这些形式的诸部分，或者质料的诸部分就难于消除掉，因为这些形式并不是偶然地发生在其他材料中吗？

7，有些人提议，线对于圆正如肉和骨头对于人一样；他们把所有数学的对象化归数目，并且说线的定义就是"2"的定义。

13，有些柏拉图主义者说，二就是线本身；另外的人说它是线的形式（form），主张二与它的形式是一样的，但线并不与它的形式是一样的。

17，这将会随这得出：（1）有一个许多事物的形式，这些事物显然有不同的诸形式；（2）在这个情况下，可以有一个最高形式，而其他的根本不成其为形式，但是这样所有事物都将是一了。

21，我们已陈述过关于定义的困难，以及它的理由，它随之而来的就是像消除质料那样的一个错误，有些事物本质上是"这个形式在这个质料中"，或者"这些事物在这个状态中"。

24，青年苏格拉底使用的把"人"对于"圆"的比较是误导的，它包含

着人能够不要他的部分而存在，就像圆能够不要铜一样；但是动物是一个感觉的对象而且不能离开运动来定义它，亦即与它的部分相分离，而这些处于某种状态中，因为仅仅手能作它的工作，亦即它是活的，那就是一个人的一个部分。

32，为什么半圆的定义不被包括在圆的定义中呢？不是因为它们是感觉的对象，因为它们不是。但是真的有的非感性事物具有质料；每一个个别的事物具有质料，可知的如果不是可感觉的话，半圆不是普遍的圆的部分，尽管它们是特殊的圆的部分。

1037^{b}5，灵魂是原初的实体；身体是质料；人是这两者当作普遍的统一体。苏格拉底也许可能被等同于或者是他的灵魂或者等同于具体的统一体；但是如果仅仅是后者，那么特殊的（苏格拉底）是对普遍（人）的回答。

10，无论这里有没有那样的实体的一个另外的脱离质料的质料，而且另外的实体，必须在以后加以考虑。正由于着眼于此，我们才正在测试可感的实体，它在一种意义上属于物理学，因为物理学必须研究像我们定义的实体，甚至更胜于它对质料的研究。

17，在定义中的元素怎样是它的部分，而且什么组成了定义的统一，必须以后再研究。事物显然是一，但是什么使它成为这样的呢？

21，我们已经一般地陈述了：(1) 什么是本质以及在什么意义上它是自我存在的（self subsistant）；(2) 为什么有些事物的定义包含事物的部分而另外的事物的定义却又不如此。

24，(3) 材料部分不呈现在定义中（因为它们不是如所定义的实体的诸部分）而是具体实体的诸部分，这些部分在它与质料的联结中不能被定义，但是仅仅能够根据它的原初实体而被定义，那个寓于其中的形式（例如，凹性之相对于塌鼻性）；但是在具体的实体中（例如，塌的鼻子），这里有质料；

33，(4) 原初实体（亦即那些不包含某些事物呈现于某些别的事物之中，这些别的事物是它的基质），例如，弯曲性与它们的本质是一样的，而包含质料的具体事物，以及与一个偶性相联结的实体，例如，苏格拉底＋文雅的，则与它们的本质是不一样的。

（二）第七卷第十一章（Z.11）的解说

在这一章中，亚里士多德从"定义是关于普遍和形式的"说起。他要分析"什么种类的部分属于形式，什么种类的部分不属于形式而属于具体事物"。这里说的"具体事物"是指形式与质料相结合的东西，也就是他称之为"具体的实体"的，也就是个体的事物。在亚里士多德看来，形式是实体的本质，公式就是表示这个本质的，也就是表现形式的。它与事物的质料无关，尽管在有的时候事物的质料（比如人的骨、肉等等）很难与其形式分离开。

他还顺便批评了毕达哥拉斯派把数看成事物的本质，以及柏拉图把"理念"看成事物的本质的观点。

他接下来讲"关于数学的对象，为什么部分的公式不是整体的公式的部分呢"？他的解释是："在每一个事物中都有一些质料，它不是本质或光秃秃的形式，而是一个'这个'，于是半圆将不是普遍的圆的部分，即是个别圆的部分。"（1037^{a}1—3）这个解释是没有说服力的。为什么它是个别圆的部分，而又不是普遍的圆的部分呢？"这个半圆"当然是具体的半圆，它也可以被看作"普遍的半圆"，因此也就当然是普遍的圆的部分了。

他接下来举的苏格拉底和科里斯库斯这两个例子，也说明了这一点。他们两人都是灵魂和肉体的结合物。亚里士多德把"灵魂"称作是"原初实体"，也就是人的形式。而人们用"苏格拉底"和"科里斯库斯"这两个名字就是既指他们的灵魂又指灵魂与质料的结合体，也就是说这两个个体存在于普遍的形式之中。

他往下又讨论："为什么某些事物的本质的公式包含着被定义事物的部分，而其他的事物则不是这样。"他解释说："我们已经说过，在实体的公式中，质料部分将不会出现，因为它们甚至不是在那个意义上的实体的部分，而是具体实体的部分；但是有关于这个，在一种意义上有一个公式，但在另一种意义上又没有；因为没有带着它的质料的公式，因为这是不确定的，但是有关于它的第一实体的公式——例如，关于人的场合，灵魂的公式——因为实体是存在于事物中的形式，从它和质料中得出所谓的具体实体；……我们说过，本质及事物本身在有些情况下是一样的，亦即在第一实体的情况下，例如，曲率与曲率的本质，如果这是原初的话（'原初的'实体，我指的是一个不包含某种事物在别的某种事物中呈现的东西，亦即在某种潜伏在它之下作为质料起作用的东西之中）。但是那具有质料的本性的事物，或者那包含质料的整体都与它们的本质是不相同的，也不是偶然的统一体，像'苏格拉底'和'有教养的'；因为这些仅仅是由于偶性而是相同的。"（1037^{a}23—1037^{b}6）

这里的关键仍然是公式是就形式而言的，在那些形式能抛开质料来考虑的情况下，它就不包含质料的部分，但在无法与质料分离的情况下，这时的公式就会出现质料的部分。这就是所谓"具体实体"的情况下。

十二、第七卷第十二章（Z.12）的提要与解说

——什么构成了一个定义的主体的统一？

（一）第七卷第十二章（Z.12）的提要

1037^{b}8，让我们讨论定义，就其迄今尚未在《分析篇》中讨论过的而言，这里陈述的问题对于我们关于实体的研究是有益的，亦即这个问题：为什么对于它的考察是一个定义，是一。

13，为什么是"两足动物"，是一而不是二？"人"和"白色"，当其一个并不属于另一个时，是两个，而当其一个属于另一个时，就是一个。

18，但是在"两足动物"中，一个因素并不分有另一个；这个种并不分有属差，否则它在同时会分有对立（contraries）。甚至如果它分有它的属差时，同样的困难会出现，因为人的属差比一还多——拥有脚，两足的，无翅的。为什么这些是一呢？并不是因为它们都出现在一个种之中，因为那时所有属于一个种的属差将会形成一个统一体。

24，但是在定义中的因素必须是一，因为实体，定义的主体，是一个统

一体，一个"这个"。

27，首先让我们考察由划分而达到的定义。在定义中，没有什么而是第一个种（例如，动物）以及属差，较低的种就是第一个种＋属差（例如，两足动物）。

33，在定义中的因素的数目没有造成任何差别，让我们把它们还原为种和一个属差。

1038ᵃ5，现在（1）这个种并不是与属分离而存在，或者如果它是的话，仅仅是作为质料而存在；因此定义，是构成属差的考察。

9，但是（2）我们必须在每个阶段由前一个属差的属差来划分；我们必须划分"拥有脚"为偶足的和"全足的"（whole footes），而不是划分为"有翅的"和"无翅的"。

15，我们必须如此进行，直到我们到达不能分的属，这时将有许多种类的足以及有足的动物，正如这里有多个属差，那最后的属差将是实体和事物的定义。

20，如果我们也注意到较早的属差，我们将重复我们自身。

25，这时，如果我们拿一个属差的属差，一个最后的属差将是形式；但是如果每一个属差对于前一个都是偶然的，这里将会有如这里有在划分中的步骤那样多的属差。这样，定义就恰当地由最后的属差所构成。

30，如果我们改变了定义的次序，把"两足的"先于在"有足的"之前，那么稍后的将是明显地多余的；但是在实体中是没有次序的（因此，有的必定是多余的甚至当它是站在第一位的时候）。由划分的方法而得到的定义就说这么多。

（二）第七卷第十二章（Z.12）的解说

亚里士多德在这一章中主要讨论为什么定义是一个统一体，而不是多？他主要是根据定义的形式是"种＋属差"，而在分析"种"和"属差"间的关系中，得出定义必须是一。

他指出"种"是一个事物的质料部分，而使一个事物区别于在种之中的其他许多事物的是"属差"。正是这个"属差"标明了一个定义所定义的事物是区别于其他的事物的唯一的事物。这也和实体的要求是一致的，因为实体就是"一个""这个"，而定义是标志实体的方式，是就实体的形式来下定义的，而不是根据实体所包含的质料。

他首先指出，属差可以有很多，比如"人"，作为动物这个种中的一个属，它区别于其他动物之处就是它的属差。但是"属差"可以列举很多，如：有足的、有两足的、无翅的、有脚趾的，等等。他说，如果用划分来得出定义的话，那么这些属差可以列出许多，甚至有先后次序之分，比如说，天生有足的，就在两足的之前，如果我们已经列举了"两足的"然后再来说"天生有足的"就是多余的。但如先说"天生有足的"，再说"有两足的"那就是合理地进一步向更确定的方向前进。这样的划分步骤到了最后一个，就是"两足无毛的"这个属差了。这就是"人"的唯一正确的定义。因为这也符合实体的本质，它就是"一个""这个"。

显然，定义中的属差必须是在本性上必然属于该事物的属性，而不是任意的偶性，比如说，"白色的"、"黑色的"、"有教养的"、"无教养的"、"身高的"、"身矮的"等等，这些都可能是人具有的偶性，但这些偶性都不表示人的本质。

亚里士多德分析的结果，表现在以下几个论断："那最后的属差将是事物的实体及其定义"，（1038^{a}19—20）"最后一个种差将是形式和实体"。（1038^{a}25）

最后，说一点译文的问题。在我翻译的《形而上学》上海人民出版社2005年、2006年版中，此处均把 diferencies 译作"种差"。这一点应加以更正，它应译作"属差"。如果译作"种差"的话，它就意味着它是对于这个种的更高一级的种所属事物间的差异了。本来种和属在亚里士多德那里都是相对而言的，但我们通常却把亚里士多德关于定义的规定说成"种加属差"，所以这里相对于种之中的不同的属之间的差异，还是译作"属差"为好，这一点请读者注意。

十三、第七卷第十三章（Z.13）的提要与解说

——第十三—十六章：没有共相是实体，没有实体是由诸实体构成的。第十三章：共相不是实体

（一）第七卷第十三章（Z.13）的提要

1038^b1，（B）（参看 1028^b33）我们已经讨论了两件事，它们都是主张实体——本质和基质（我们把它以两种方式显示"在下面"，作为"这个"在偶性的下面，而作为质料在现实性下面）。

6，我们现在进到讨论共相（universal），有人认为它是最真的原因。但是似乎没有共相能够是实体，因为：

9，（1）如果它被提出：共相是一个事物的实体，我们回答说：（a）一个事物的实体是对它特别的东西，但是共相是对于许多的共同的东西，它必定是所有东西的实体或者一个东西的实体，但是它不能是所有东西的实体，并且如果它是一个东西的实体，这一个将会是另一个，因为诸事物的实体或者本质是一的都是一。

15，（b）它是那个不是一个主体的谓语，它那是实体，但是共相是一个主体的谓语。

16，（2）如果它被提出：共相不是在本质意义上的实体，但是被包括在本质中，例如，在人之中的动物。这样（a）显然地它是可以定义的（并且所以这里将会有一个无穷的倒退）。

19，但是（b）即使如果不是所有在实体中的因素都可以定义的，共相将会是某事物的实体，正如"人"是人的实体，它是呈现在这个人中，"动物"将会是实体，并且对它加以规范，那它在其中呈现（这样，提出的第一点转变成第二点了）。

23，再有（c）一个"这个"或者实体，如果它是组合成的，必须不是由性质构成，而是由诸实体构成。否则非实体将会先于实体了；而这是不可

能的。因为诸属性在定义上，在时间上或者在生成上都不是先于实体的，否则它们将是能够分离他存在的。

29，再有，(d) 在苏格拉底那里一个实体（动物）将被呈现为一个因素，并且，将因此是两个事物（动物这个类和苏格拉底）的实体。

30，(e) 总的来说，如果最低属是实体，那么在它们的定义中没有因素是任何事物的实体，或者能够与它的特殊事例相分离而存在或者在别的任何事物中。

34，(3) 没有共同的谓语指示一个"这个"，而只有一个"那样的"，否则我们得出"第三人"和其他的困难。

1039^a3，(4) 一个实体不能由现实存在的其他诸实体构成，因为现实的二不能是现实的一（例如，一条线是另外的线的一倍仅仅能够由潜在的两个半条线构成，因为它们的实现把它们分离开）。

9，德谟克利特把我们的观点说得很好，当他说一不能够从二产生出来，反之也不行；他涉及原子，他认为它是唯一的实体。相似地，像有些人说的，数是单位的综合，数目二不是一，或者别的实际地不包含单位。

14，我们的结果包含一个困难。如果没有实体能由共相构成（因为它们标志一个"那样的"而不是一个"这个"），也不是由实际地存在的诸实体构成，所有实体将是不是合成的，并且因此是不可定义的。

19，但是普遍地承认实体是定义的唯一的或者主要的对象，那么或者所有事物都是不可定义的，或者它们在一种意义上是可定义的，而不是在另一种意义上是可定义的。我们的意思在后面将显得更加清楚。

（二）第七卷第十三章（Z.13）的解说

在本章开始处，罗斯把第十三—十六章合在一起，给了一个标题："没有共相是实体，没有实体是由诸实体构成的"，这是为了说明这几章（第十三—十六章）围绕这个主题而从不同方面加以论证和叙述，它们形成了一个特殊的单元。这一点在我们学习时应予以注意。

在第十六章的最后一句话，它提纲挈领地又重复在第十三章首先明确提出的："没有普遍词项是实体的名字，而且没有实体是由诸实体构成的。"（1041ᵃ4—5）把这一组（十三—十六章）论述再次作了总结。

在第十三章中，亚里士多德旗帜鲜明地提出："任何一般词项（亦即共相——李真注）都应当是实体的名称，这似乎是不可能的"。（1038ᵇ9）

他首先回顾了我们在本卷第四—六章中对实体的分析，指出"基质和本质以及这两者的组合都叫作实体"。并指出"基质在两种意义上是支撑，或者作为一个'这个'（它是一个动物支撑它的属性的方式），或者作为质料支撑着完全的实在。"再往下，他就开展"共相不是实体，实体也不是由诸实体构成的"这个主题的详细地论证。罗斯对这些论证的条理层次，在提要中用（1）（2）（a）（b）（c）……等数字来标出，对于我们的学习是有帮助的。

他的第一个论证是："每一个事物的实体是那个对于它是特殊的东西，它并不属于别的事物；但是一般是共同的，因为那叫作一般的东西是属于多于一的事物的那种东西。"（1038ᵇ10—13）同时还有："实体指的是那不表述主语的，而一般永远是表述某个主语的。"（1038ᵇ15—16）

他的第二个论证比较复杂，罗斯又把它们细分为（a）（b）（c）（d）（e）五个小项，下面我们逐个来加以审视。

他要驳斥的论点是：共相不是在本质意义上的实体，但是它被包括在本质中，例如，在人之中的动物。

他的驳斥是：（a）显然地它是可以定义的。但罗斯在这里又着重指出："所以这里将会出现一个无穷的后退。"这句话的意思很不清楚，为什么会出现无穷后退，这个"无穷后退"指的是什么？

（b）即使不是所有在实体中的因素都是可以定义的，共相将会是某事物的实体；正如"人是人的实体，它呈现在这个人之中"。罗斯指出，这样这第二个问题又变回到第一个问题了。

（c）"一个""这个"或者实体，如果它是组合成的，必须不是由性质构成，而是由诸实体构成。否则非实体将会先于实体了；而这是不可能的。因为我们在以前讲过，诸属性在定义上、在时间上、在生成上都不是先于实体的，否则它们将是能够分离地存在的了。

（d）在苏格拉底那里一个实体（动物）将被呈现为一个因素，并且因此将是两个事物（动物和苏格拉底）的实体了。

（e）总的来说，如果最低层即是实体，那么在它们的定义中没有因素是任何事物的实体或者能够与它的特殊的事例相分离而存在，或者在任何别的事物中。

第三个反驳是，没有共同的谓语指示一个"这个"而只有一个"那样的"。罗斯在这里又提出：否则会出现"第三人"和其他困惑。这是亚里士多德的原文中没有的，不知他是指什么？

第四个反驳是，一个实体不能由现实存在的诸实体构成；因为现实的二不能是现实的一（例如，一条线是另外一条线的一倍，仅仅能够由潜在的两个半条线构成，因为它们的实现把它们分离开来）。

他在最后还指出了"我们的结果包含一个困难"。（1039^{a}14）什么困难呢？他说："如果没有实体能够由一般构成"，因为一个一般指出一个"这样的"而不是一个"这个"。而如果没有实体能由存在于完成的实体中的诸实体组成，那么，每一个实体将会是非组成的，以至于没有任何实体的公式。我们以前就曾说，或者只有实体或者首要地是实体，才能加以定义，然而现在似乎甚至实体也不能被定义了。那么，就不能有任何事物的定义了。（1039^{a}14—22）亚里士多德这里提出的他在理论上的困难和困惑是一个十分深刻的问题。但在随后的两句话更说明了这一点，他说："或者在一种意义上能够，在另一种意义上不能够。"（1039^{a}23）他没有解释和说明，能够是在一种什么意义上，不能够又是在什么"另一种的意义上"。这似乎也表明他的犹豫不决的态度。实际上，这个问题早已存在，只是他未正式地加以解决而已。问题在于，我们认识事物要从个别的事物开始，个别事物（"这一个"）也的确是事物存在的基本形式。但是，当我们的认识进一步深化后，我们要从认识个别事物上升到对一类事物的认识，例如，我们认识了苏格拉底、卡利亚，等等之后，我们得到了一个"种"的名称"人"，所以在人的认识过程和交换意见的过程中，都少不了这种"种"概念，亦即是一般或共相。单凭"个别的东西"人们是无法交往的。所以，亚里士多德经常举的"实体"的例子，也是："人"、"马"、"动物"，等。种属的名称，他经常举的定义为例子："人是两足无毛的动物"，也包含着"人"、"两足的"、"无毛的"、"动物"这一类的"共同名词"，亦即表示"种"、"属"的"共相"。因此，要求在定义中没有"共相"是不可能的，就像他在本章最后说的，那样就没有定义可言了。这是亚里士多德在一般与个别、共相与殊相这个理论问题上存在的一个大问题。

另外，本章还存在一个文本上的大问题，即我们在"提要"的 1038^{b}9 这个标题上的一段话（参见李真译《形而上学》上海人民出版社 2006 年版，第 226 页倒数第 4 行至第 3 行），"一般会是什么个别的实体呢，或者是所有的或者是无有的"。这里的"无有的"是翻译的罗斯英译文中的（none），但这样译与以下亚里士多德对这句话的解释是不符合的。他下面的解释很清楚地是说"它不能是所有（个体）的实体，而如果它成为一（个体）的实体的话，那么，这一个体也将是其他事物了；因为实体是一，而且本质是一的诸事物，它们自身也都是一了"。

从翻译工作的角度说，罗斯是没有错的。他是忠实地依据希腊原文翻译，因为希腊原文就是如此。因此，我查阅了乔纳森·巴恩斯的校订本《亚里士多德全集》中也是这样译的（他本来就是用的罗斯的译文，见 3.7 卷第 1638 页），而且哈佛大学出版社的希英对照本（见勒布丛书《亚里士多德著作集》第 XVII 卷，第 378 页）也是如此译的，该书译者是 Hugh Tredeennic。甚至德国学者维纳·耶格尔校订的《牛津古典文本丛书》中的《形而上学》希腊文本，此处亦是如此。但是，只有托马斯·阿奎那的对《形而上学》一书注释中把亚里士多德此处的文本明确地译为"all or one"。他所根据的可能是中世纪的拉丁文译文。所以，这一个错误的"根源"是出自希腊文本的原文。这就是亚里士多德这部著作的"错简"或误抄的一个生动的实例。奇怪的是，中世纪时的托马斯·阿奎那能发现和纠正了这个错误，而大约一千年后的罗斯等人仍然未辨认这个错误，而且在他的注释中讲了一套勉强和强词夺理的解释，绕开了这个错误，这就使人怀疑罗斯在这里是打了马虎眼，把明明往下亚里士多德自己讲得很清楚的问题，视而不见。这缺乏一个学者严谨治学的态度，给我们一个很好的教训。这也许是过分相信古希腊原文，因而强加解释，可谓是"智者千虑必有一失"了。

十四、第七卷第十四章（Z.14）的提要与解说

——理念不是实体

（一）第七卷第十四章（Z.14）的提要

1039^{a}24，观察那些人说理念是分离地存在着的实体的后果，并且同时解决属进入种和属差。"动物"将是或者相同或者不同于在"人"之中和在"马"之中——亦即数目上的；在定义中它明显是相同的。如果"人"是一个分离的"这个"，动物也必定是如此的。

33，（1）如果"动物"被设定为在马中和在人中是同样的，（a）它怎么能够在分离存在的诸事物中是同样的？它会不会是从它自身划分出来的？

^{b}2，再有，（b）如果它分有"两足的"和分有"多足的"，那么通过一个个体，它将有，反对的属性；如果它没有，在什么意义上它能是两足的呢？"由于组合"，也就是说，由于接触或由于混合，那是荒谬的。

7，（2）如果"动物"在每一个属中是不同的，（a）那么在实际上将有无限的事物它的实体是"动物"。再有（b）几个事物的每一个将是"动物本身"，因为（i）在每一个属中的"动物"将是那个属的实体，因为是它而不是别的任何东西，每个属据以被称呼；否则的话，其他的将会是人的种；并且（ii）在进入人的本质中的所有因素将会是理念；并且因此，因为那是一个事物的实体的东西不能是另一个的理念，在动物的每个属中的"动物"将是"动物本身"。

14，再有，（c）在每一个属中的"动物"从什么来引出的呢？这怎么能从"动物本身"被引出呢？这个动物（它的本质正是动物）怎么能从"动物本身"分离的存在呢？

16，（3）甚至更大的困难出现了，如果我们考虑理念和感性事物之间的

关系的话。显然地，这里没有像有些人假定的感性事物的"形式"（forms）。

（二）第七卷第十四章（Z.14）的解说

这一章中，又是亚里士多德所钟爱的对柏拉图理念论的批评。

他首先指出：理念论的种种主张会得出种种荒谬的后果，由此证明理念论的主张是不能成立的。然后，他具体地进行分析。

第一，他指出：如果理念和现实事物分离地存在，并且感性事物由于分有理念而获得其本质，那么，"（1）如果这个'动物'在这个'马'之中和在'人'之中是一个并是同样的，像你与你本身一样，那么，（a）在分离存在的诸事物中的一，怎么会是一呢？并且这个动物怎么能避开被分割甚至从它本身被分割开来呢？"（1039ª33—1039ᵇ3）

这里的关键是"理念"是分离地存在的，它在数目上是一，而现实存在的感性事物是多，本性是一的东西怎么能被本性上是多的东西"分有"而在数目上变为多呢？

接下来这个问题的另一个形式："（b）如果它分有'两足的'和'多足的'一个不可能的结论会随之而来，因为相反的属性会在同一个时间属于它，虽然它是一并且是一个'这个'。如果它不分有它们，那么当人们说这个动物是两足的或拥有足的时候，意味着什么关系呢？但也许是这两个事物是'放在一起的'并且'是有接触的'，或者是'混合着的'。然而，所有这些表达都是荒谬的。"（1039ᵇ3—7）

这里指种包含的属拥有不同属性的事物，如"人"是"两足的"而"马"是"多足的"，如果这两个属性都是两个"理念"，那么，它们同时包含在一个种类中，就是对立的"理念"了。那么，对立的理念怎么能同时被一个事物"分有"呢？如果分有它而把它解释为"是接触的"或"是混合着的"，即意味它是一个事物，这显然是荒谬的。但如果说它们不能同时被事物分有，那么当人们说这个动物是两足的或有足的时候，它意味着什么呢？因为根据理念论事物因为分有的"理念"而获得其本质，从而获得表现这一本质的名称。如果没有分有它们，那么怎么能够称呼它们是"有足的"，或"两足的"呢?

他接下来又说:"但是(2)假设这个'形式'在每个属中都是不同的,这样在实践上会有无限数目的事物,其实体是'动物';因为有'人'并非出于偶性而有着'动物'作为它的因素,而且还有许多事物将是'动物本身',因为(i)在每一个种中的'动物'将是那个种的实体,因为那个种并非根据别的什么东西而被如此称呼的,如果情况是这样的话,其他的将会是在'人'之中的一个因素,亦即会是人的种。"(1039ᵇ8—12)这里的根本问题仍然是具体事物如何"分有"理念(从而获得它的名称)的问题,亦即"分离存在"的理念本是唯一的,它为何能为数量众多的以致无限的事物(实体)分有呢?这是一个柏拉图自己在《巴门尼德篇》中已经自觉到并提出了的问题(但他并未能解决这个问题,也根本不可能解决的问题)。亚里士多德指出,以它们为例,"动物"作为"实体",数量上是无限多的,它们每一个都"分有""动物"这个理念,亦即每一个都是"动物本身"。而根据柏拉图的理念论,"动物本身",亦即是"动物"的理念只能是唯一的一个,它怎么能被无限多的"动物"的实体"分有"而又保持其为唯一的特性呢?这在柏拉图的理念论中是一个"无解"的问题。

再接下来,亚里士多德继续说:"还有,(ii)人由之构成的所有因素将是理念。这样它们(即理念——李真注)中没有一个会是一个事物的理念并且是另一事物的实体了;这是不可能的。于是,呈现在动物的每一个种中的'动物'将是动物本身。还有,这个在每个种的'动物'是从什么引申出来的呢?并且它将怎样从动物本身引申出来呢?或者这个'动物'(它的本质简单地是动物性)怎么能与动物本身分离存在呢?"(1039ᵇ13—16)这仍然是根据理念论的前提推导出不可能的结论,从而证明了这个前提是不能成立的。他指出构成人的因素,如两足的、无毛的等等,都是理念。这些组成因素,显然是多,那么它们怎么能"分有"唯一的理念呢?如果在动物的每一个种中的"动物"都是"动物"的理念。那么这么多的"动物本身"是如何从唯一的"动物本身"引申出来的呢?而且它们怎么能是与"动物本身"分离地存在的呢?这一切显然都是不可能的。

在以上论证的基础上，亚里士多德最后作出了明确的结论："(3) 在感性事物的场合，这样的推论以及其他更加荒谬的推论都会随之而来。那么，如果这些推论是不可能的，显然，感性事物就没有某些人坚持其存在的那种意义上的形式"。（1039^{b}17—19）这里所说的"形式"在英文中是大写的 FORM。它就是柏拉图派坚持其分离存在的"理念"。全章证明了："理念不是实体"这个论题。

十五、第七卷第十五章（Z.15）的提要与解说

——个体，因而理念，都是不可定义的

（一）第七卷第十五章（Z.15）的提要

1039^{b}20，具体的事物都是可以生成的并因而是可以毁坏的，诸形式都不是在可被摧毁的过程中，也不在可被创造的过程中，它们都是或都不是没有生成和被摧毁的。

27，这就是为什么（1）特殊的感性的实体都不是定义和证明的主体，亦即因为它们是质料，能够存在和能够不存在。如果知识不能够变成无知，那么就没有偶然的东西的证明和定义，而仅仅有意见。

1040^{a}2，因为可消灭的事物当它们从我们的知觉中消失时都是不能被认识的，并且，尽管在灵魂中的公式仍然是一样的，这样，这里就没有定义和证明了；这样，总能够抛弃一个特殊事物的一个定义，因为它不能够真正地被定义。

8，（2）因此在理念中也不能被定义，因为（a）它被说成是一个分离的特殊物，它的定义将会由语词组成，但是新铸造的语词，不能被认知，而老的语词都是对于一类东西的所有事物共同的。

14，如果被说成当一个标志在定义中分离地使用而属于许多事物时，它们共同可以只属于一个，我们回答道：(i) 它们也同时属于在定义中的两个因素，例如，"两足的动物"对于"人"以及对于"两足的"（当诸因素是永

恒的，这个必然如此，因为它们是先于合成物的，并且还有是分离地存在，因为，如果"人"是与它的特殊物分离存在，那么"动物"也必然如此，而且如果"动物"如此，那么"两足的"也是如此）；再有，(ii)诸因素是先于整体的，并且因此当整体被去掉时，诸因素不会被去掉。

22，(b)再有，如果诸理念的因素是理念，（正如它们必须是的，因素比组成物更简单）诸因素例如，"人"和"两足的"，将是对许多实体是可表述的。否则的话它们怎么能被认识呢？所有理念都是被诸主体的一个繁多所分有的思想。

27，在永恒事物的情况下，特别是如果它们是独一无二，像太阳，人们不会意识到，定义的不可能性。定义可能由于添加了无关的属性而变为错的，如像"绕地球运行"（太阳仍旧会是太阳，如果它不这样做的话，因为太阳意味着一个确定的实体）；

33，但是也能够把属于另外一个主体的属性用来称呼它的办法。例如，一个定义将是共同的，而太阳被设想是一个个体。——为什么某些柏拉图主义者不产生一个理念的定义呢？我们这个提示的真理将会变得显然了。

（二）第七卷第十五章（Z.15）的解说

在这一章，亚里士多德主要讨论和论证个体，因而，理念是不可定义的。为什么把个体与理念并列呢？因为柏拉图主义者认为理念是分离存在的个体，所以，它也是个体的一种，这样，凡是关于个体是不能定义的论证，同样适用于理念。

他首先从区别于实体的两种意义说起。他提出我们规定实体有两种：一是形式与质料结合在一起的结合体；另一个是指形式，亦即事物的本质的形式，它是不含质料的。由于含有质料的东西，都是可以生成与毁灭的，所以它是变动不定的。而我们追求的科学知识应当是确定不变的，那变动不居的东西的认识可以是一会儿是这样的，另一会儿又是那样的。这种认识就不是知识而是意见了。相反，公式是没有生灭的，它既没有生成，因而也没有毁灭。因此之故，关于感性的个别实体，既没有定义，也没有证明，因为它们有质料，其本性是那样的，它们既可以存在也可以不存在；由于这个原因，所有它们的个别实体都是可毁灭的。于是，如果有必然真理的证明和定义需要科学知识，并且正像知识不能有时是知识而有时是无知，如果像那样的变动的状况只不过是意见，那么证明和定义也不能像那样变动，而处理能够与其存在状况不同的东西只不过是意见。显然，既不能有感性事物的定义，也不能有关于感性个别事物的证明。（1039^{a}25—1040^{a}2）

他又指出："因为消灭的事物，当其通过我们的知觉时，对于那些具有有关知识的人来说，是含混的；而尽管公式在灵魂中保持不变，也将不再有定义和证明了。"（1040^{a}3—5）这就是进一步指出变动不定的恶性个体，我们凭知觉来认知它们只能得到含混的"意见"。而要根据这样的意见来试图定义任何个别的事物时，我们一定不能不认识到我们的定义永远可能被推翻；因为定义这些事物是不可能的。（1040^{a}3—8）

以上这一组论证，托马斯·阿奎那认为是本章中三个论证中的第一个，它也是罗斯用（1）标示的第一个论证。

罗斯和托马斯·阿奎那认为第二个论证是［罗斯用（2）来标示它］：因此，理念也不能定义。因为（a）它被说成是一个分离的特殊物，它的定义将会由语词组成。但新铸造的语词不能被认知，而老的语词都是对于一类东西的所有事物共同的。（见前面的提要）

这个论证是从它没有适当的语词来表达它的定义这个角度来说的，因为我们所使用的语词都是共同的名词（common nouns）它们无法描述一个特殊的个体。而"理念论"的主张者都认为理念都是一个分离存在的特殊个体。这是一个很巧妙的论证，它指出没有合适的语言来表达理念论者想要给理念下的定义，因为它被认为是独立存在的特殊个体。

第三个论证是随之而来的［罗斯把它标示为（2）（b）］。他指出，柏拉图主义者辩解说："也许所有属性单独列举可以属于许多主体，但是它们在一起只能属于这一个（主体）。我们必须首先回答说，它们也同时属于各个元素；例如，'两足动物'属于动物以及属于两足的，在永恒实体（指柏拉图派的'理念'——李真注）元素的场合，这甚至是必然的。因为元素先于复合物而且是复合物的部分，还有，它们也能分离存在。如果'人'能分离存在的话，要么都不能，要么都能，如果都不能，那么属将不与各样的种相分离而存在，但是如果它是那样存在，种差也会是那样。其次，我们必须回答说，'动物'和'两足的'都在存在上先于两足的动物，而先于其他事物的事物不会与它一起被摧毁"。（1040ª14—23）

对此，他还补充说："再有，如果理念由诸理念构成（正如它们必须是那样，由于元素较复合物简单），那么构成理念的元素也如此就将是进而必然的了。例如，'动物'和'两足的'应当表述许多主体，如果不是的话，它们怎么全变得被认识呢？因为这样就将有一个理念它不能表述比一更多的主项，但这不被认为是可能的——每一个理念都被认为是能被分有的"。（1040ª24—28）

亚里士多德在这里的反驳，都是巧妙地运用"以子之矛，攻子之盾"的办法。从理念论者承认的前提出发，推论出与他们的主张相反的结论，从而证明理念论者的主张是不能成立的。在这第三个论证中，他首先指出，理念论者企图说：所有属性单独列举可能属于许多主体（即它们可以表述许多主体）但是结合在一起（即成为一个理念）就只能属于一个主体（即只能表述一个主体）。这是想避开一个理念不能同时被许多主体分有的困难。但亚里士多德指出，它们即使结合在一起也能表述许多主体（像两足的动物属于动物和两足的），即使把被结合的看成元素也是一样，因为即使结合物消灭了，它的元素也不会随之消灭，因为元素是先于结合物的。这样，一个理念仍然要面临表述许多主体的情况，而这本来也是理念论者自己主张的一个理念可以同时被许多事物分有的，由此看来这个单独的分离存在的理念也是不可定义的。

本章最后一大段话是讲，定义个别事物的不可能性在永恒事物的场合避开了注意。他的意思是想说明什么，不是很清楚，是说"永恒的事物"也是如此，是一样是不可定义呢，还是说它们是可以定义的呢？从这个例子也看不出来，他举的例子是"太阳和月亮"这类他所谓的"在月上的世界"里的事物。那么亚里士多德所说的"因为人们出错不仅在于增加了属性，去掉这些属性太阳仍会继续存在"。这究竟是指什么呢？那么，在亚里士多德看来，"太阳意味着一个确定的实体，而且也由于提到能属于另一个主体的属性，例如，如果具有陈述的属性的另一事物变为存在的，它将是一个太阳"。那么是些什么属性呢，是他所说的"围绕地球的"、"夜里躲藏"吗？——这些都不清楚，我们对此只好"存疑"了。

十六、第七卷第十六章（Z.16）的提要与解说

——关于实体的两个错误观点

（一）第七卷第十六章（Z.16）的提要

1040^b5，（1）大多数所谓的实体都是潜在的——动物的部分（它并不分离地存在，并且甚至当分离的时候仅仅都是质料）和其因素，它们都不是统一体而仅仅是组成部分，直到它们被融合为一。

10，一个人可以假定活的事物的部分，以及与之相当的灵魂的部分，两者都是存在于现实地和潜在地两者之中，因为活的事物有运动的源泉在它们的连接中，所以，有些动物在分割时活着，然而它们仅仅潜在地存在当它们由于本性被联结起来时，不是用强力或者由于粘连，那是一个坏的形成。

16，（2）因为"一"的意义回答"存在"的意义，并且那是一的东西的实体是一，而且它们的实体是一的诸事物都是一，统一和存在不可能是诸事物的实体，而一个元素和原理的存在也是如此，我们还必须问这个原理是什么。

21，"存在"和"统一体"比"原理"或者"因素"或者"原因"更加是实体性的，但是都不是实体，因为（a）它们是共同的，而实体仅仅属于它自己并且属于那具有它的东西。再有（b）一个事物不能在许多地方，但共同的东西可以这样，没有共相是与诸特殊物分离地存在的。

27，形式（forms）的相信者在说形式是分离存在的，如果它们都是实体的话，是对的。但是说一在多之中是一个形式，是错的。因为他们不能说

那些永恒的实体都是那些与感性的特殊物分离的存在的，他们把它们造成了在种类上和可消灭的事物是一样的，这些东西我们知道，仅仅加上了"它本身"而已——"马本身"等等。

34，但是甚至如果我们未曾看到过星星时，它们都会有与我们认识的事物分离的永恒的实体；并且甚至我们不知道这里有什么永恒的实体，然而这里必须有一些。

1041ᵃ3，这样，没有共相是一个实体，并且没有实体是由诸实体组合而成的。

（二）第七卷第十六章（Z.16）的解说

在这一章中，亚里士多德继续围绕在关于实体的两个主要错误观点来展开论述。这两个错误观点就是它在这一章最后一句话中用正面的语言所说出的："很清楚，没有普遍词项是实体的名字，而且没有实体是由诸实体组成的。"（1041ᵃ4—5）那么不正确的观点就是要用反其道的手法来表述的：一是有普遍词项是实体的名字，二是主体是由诸实体组成的。

在第一大段话中，他首先指出："即使被认为是实体的东西，大多数也仅仅是潜在的——动物的各部分（因为它们都不是分离存在的，而且一旦它的被分离开，则它们虽仍存在，但仅仅是作为质料存在），以及土、火和气都是如此；因为它们中的任何一个都不是统一体，而仅仅作为一堆东西，直到它们发动起来并由它们形成某个统一体。人们可能会十分有把握地设想，活的东西的诸部分以及与之密切相关的灵魂的诸部分是这两者，即存在于完全的现实中与存在于潜能之中，因为在它们的结合中，它们具有在某种东西中运动的源泉；由于这个原因有些动物在被分割之后也还活着。然而所有的部分，为其本性是统一体并继续存在时，它们必定仅仅是潜在地存在"。（1040ᵇ5—14）这一大段话，主要是讲有生命的有机体的统一体，当其现实地存在时，它的各部分也都是"潜在地存在"着的。如果它们与这个统一体分离地存在的话，那就不过是一堆东西而已，也就是一些"质料"。这里也接触到亚里士多德实体论的一个主要问题，即实体存在的形式问题。一般说，他强调的是实体是个别存在的"这一个"，但事实上谈论起实体来，他又不得不用"共同名词"，亦即共相，来称呼这些实体，如动物、人、马等等，而不能直接地用"这一个"（如苏格拉底、卡里亚等人）来讨论。这里就潜藏着一个"实体论"的巨大矛盾，即如何处理"个别"与"一般"的关系问题，他所说的："没有普遍词项是实体的名字"，实际上是大多数实体都是用普遍词项来命名的。

亚里士多德在这个矛盾中挣扎，在第二大段话中也表现了出来。他指出，像"统一体"或存在这些词也不是实体，尽管它们比"本原"、"元素"或"原因"更加有实体性。他说："一般说来，共同的东西都不是实体，由于实体不属于任何事物而只属于它自身，而且属于那具有它的东西，它就是那个东西的实体。再说，那是一的东西不能同时出现在许多地方；但是那是共同的东西才同时出现在许多地方；所以，很清楚没有普遍与其个体相分离而存在。"（1040^{b}23—26）这一大段话说的都是大实话。但是最后一句话却是要害；它指明：没有普遍与其个体物相分离而存在。这里说的是普遍和个别的关系，普遍当然不能与个别相分离而存在。这是指实际的存在状况。但是"普遍"可以离开一般而在思想中独立地存在。柏拉图的理念论正是在这个问题上混淆了这两者，把思想中独立存在的普遍也当作在现实中存在的一个个别物。亚里士多德正是在这个理论关键问题上指出理念论的根本弱点和理论错误。这是他的一项重大理论成就和在学术上的巨大贡献。可是他自己在实体论的理论中又犯了片面强调实体的单一性（"这一个"），而忽视了它与一般、共相不可分的内在的联系，而力图要把它与一般割裂出来，从而使自己陷入了自相矛盾的理论困境之中。

在往下的一大段（第三大段）话中，他指出了理念论的根本错误：理念论者让这种不消灭的实体（即指理念——李真注），在种类上与消灭的事物是一样的（因为这类实体我们是知道的），把"本身"这个词加到可感觉的事物上，造出"人本身"与"马本身"。（1040^{b}32—35）

在这一章中，亚里士多德说了一些关于普遍词项与实体的话，但是他未能论证他的一个主题，"没有普遍词项是实体的名字"。至于另一个主题，即

"没有实体是由诸实体组成的"，就根本未加以论证。所以说，总的看来，亚里士多德在这一章中并未能完成他想完成的任务。

十七、第七卷第十七章（Z.17）的提要与解说

——实体的真的观点；实体是形式

（一）第七卷第十七章（Z.17）的提要

1041^{a}6，让我们重新面对实体的本性这个问题；这样我们可以学习到关于实体与感性事物相分离而存在，我们开始于这个事实，即实体是一个本源的源泉和原因。

10，"为什么？"这是意味着"A 为什么属于 B？""为什么这个有教养的人是一个有教养的人？"的意思，或者是"为什么这个人是有教养的？"或者某种不同于这个的事物。

14，现在"为什么是一个事物自身"是无意义的；因为在我们问为什么之前，事实必定是清楚的，事实是一个事物就是它自身已经回答了为什么一个人是人，或者有教养的是有教养的——除非一个人宁愿回答"因为一个事物是与自身不可分离的"。但是这是对于所有这样的问题的一个坚定和简明的回答。

20，真正的问题是为什么人是如此这般的一类动物？亦即为什么 A 变成了 B？为什么打雷了？为什么在云层中产生了声音？

27，显然地我们在寻找原因，亦即（抽象地说）本质，它在有些情况下是一个目的（例如，在一所房子的情况下），在有的情况下是一个第一推动者。后者仅仅是在变成和消灭的情况之中，前者也是在存在之中。

32，研究的对象逃出注意大多数是当主题和属性没有区分清楚，例如，在"什么是人"的问题中我们必须使得问题是连接的，否则它难以是一个真正的问题。

^{b}4，一个人真正地问"为什么这个材料是一个研究的事物？""为什么这

些事物是座房子?"因为房子的本质呈现在它们之中。这样，我们寻求原因，由于它的缘故这个质料是某个事物，亦即形式；而这就是实体。显然地，研究的方法进入了简单的实在，就与我们上面描述的是不同的一个。

11，章节与它的字母是不等同的，肉也不是与火和土等同的（因为在诸元素消溶之后，那个整体将不存在，尽管诸元素会存在）；它们还包含着别的东西。

19，现在（1）如果这是一个元素，肉将包含火和土并且这个元素＋某些别的东西，并且如此直到无穷；（2）如果它是一个复合物，它必定有多于一个的元素，而且同样的困难会出现，正如在肉和章节的原来的状况中一样。

25，然而这个"其他的"是某个事物，不是一个元素，而且是为什么这是肉而那是章节的理由。这就是诸事物的实体（因为它是它们存在的基源性原因）。因为所有实体都是根据本性并由于本性而一起成立的，这个"本性"，它不是一个质料元素而是一个原理，似乎是实体；这些元素，在另一方面都是诸事物的物质的构成成分。

（二）第七卷第十七章（Z.17）的解说

这一章罗斯在提要中给了它一个标示性的名字："实体的真的观点，实体是形式。"这是很恰当的。通篇文章都是围绕这个主题的。就内容看，它并没有多少新意，只不过是简单地重述了他在本卷第一至七章中反复论述过的观点，即形式是实体的本质，也是实体的公式。尽管一个实体的形式是与一定的质料结合而形成"实体"这个质料与形式的结合体。但形式是独特起作用的因素，是它决定了一个"实体"的本质。

在这一章中，并没有出现什么新的理论的突破，只不过反复地重述了前面已经说过的话和又一次分析前面已经分析过的例子（如音节与字母、肉和组成它的火和土）。但从一种意义上说，它表明了亚里士多德对这一章重新加以阐述的这个论点的重视，所以，这一章也被它的编纂者放在本卷的最后一章，有反观全卷的中心论点的意味。

亚里士多德在这一章一开始就提出了一个新想法。他说:"也许我们将得到一个关于可感觉实体相分离而存在的实体的清楚观点。"这是一个什么观点呢,不就是柏拉图派的理念论的理念吗?尽管在这一章中,他并未真正地讨论到这个问题,但这表明了一个动向。亚里士多德很想讨论在不断变化的世界中的事物的本性,这与他后来在第八、九卷中讨论的问题有一定的联系,值得我们注意。

他接下来说:"由于实体是本原和原因,让我们就从这个起点来追索它。"(1041^a8—9)他对此的分析是对于"为什么"这样的问题的回答,"总是要寻求原因。(抽象地说)这就是本质,它在某些场合就是目的,……而在有些场合则是第一推动者——因为这也是原因。我们在生成和消灭的情况下寻求动力因,但是在存在的场合则在寻求目的因"。(1041^a28—32)随即在寻找原因时,他突出了"形式"。他说,"因此我们寻求的原因即形式,由于它的缘故,这个质料成为某个确定的事物,而这是事物的实体"。(1041^b8—9)

他再往下谈到了元素和由诸元素组成的统一物。他最后总结起来说:"所有实体都是按照它自己的本性并由于自然而构成的,实体似乎就是这种'自然',它不是一个元素,而是一个本原,一个元素是那作为质料呈现在事物之中而事物又被划分为它的东西,例如 a 和 b 是这个章节的元素。"(1041^b28—31)他在这里说的"自然"就是指形式因和必然性,参看本书第五卷第五章(V.5)的 1015^a3 与 1015^a27。

第八卷（H）

概　论

从第八卷开始，以及随后的第九卷，亚里士多德开始对实体的生成变化加以讨论。其主要理论问题是他提出的"潜在"与"现实"的学说，详细地考察了事物如何从"潜在"转化为"现实"，亦即从"潜在的存在"向着"现实的存在"的转化。这个过程就是"实现"，即一个事物从"潜在的存在"转化为"现实的存在"。

这个理论是亚里士多德关于世界的运动变化理论的主要内容，是亚里士多德哲学体系中的重要部分。

对于这方面的内容，随着第八卷和第九卷的逐步推进，将获得全面的展开，这也是《形而上学》一书中的"核心卷"（即 Z、H、Θ）的重要内容，我们必须认真学习和掌握。

一、第八卷第一章（H.1）的提要与解说

——感性的实体；质料

（一）第八卷第一章（H.1）的提要

1042^a3，我们进展到总结曾经说过的并将我们的研究引向它的结论。我们曾经说过（1）原因和实体是我们研究的对象。

6，（2）有些实体是普遍地被承认的，亦即物理的实体，也就是元素、植物和动物以及它们的部分，物理宇宙以及它的部分；而有些思想家把形式（forms）和数学的对象当作实体。

12，（3）其他的实体则由论证加以建立——本质、基质、种、共相；后面的两种与理念相联系。

17，（4）因为本质就是实体，我们必须讨论定义并因而也讨论什么部分是实体的部分，以及这些是否也是定义的部分。

21，(5) 共相和种都不是实体；理念（ideas）和数学对象必须在以后讨论。

24，我们现在必须讨论认识了的实体，亦即那些都是可感知的，所有它们都是有质料的。基质是实体，而这就是（1）在一种意义上是质料（它潜在地是一个"这个"），(2) 在另一种意义上是定义或形状（它是一个"这个"，并且是在定义中可分离的），(3) 在另一种意义上是这些的联结，仅仅它是生成和坏灭的主体，而且在充分的意义上是可分离的（而仅仅有一些实体在可确定的本质的意义上是可分离的）。

32，这三者之中，只有（1）质料是实体，因为在所有变化中都有某种东西在变化的下面，无论变化是在地点、大小、性质或者是关于实体的（生成和坏灭）。

ᵇ3，反正最后一种变化包含所有其他的，但是其他的一个或两个并不包含它，一个事物在生成和坏灭方面不需要有质料，如果是在地方的变化方面，有质料或者潜在性的话。

（二）第八卷第一章（H.1）的解说

在这一章的开始处，它对于在前一卷（Z）中的一些内容作了一个提要，但它不包括对 Z.7—9 的内容，这又似乎证明了 Z.7—9 的内容本来不在 Z 卷的原始写作计划之中，而是一个后来的"插入"。但在本章的最后部分（1042ᵃ30 以后）又涉及它们，所以这又证明了 Z.7—9 即使是以后"插入"的，但它也是必要的和合乎需要的。

他首先指出："实体的原因、本原及元素都是我们研究的对象。"（1042ᵃ5）并列举了"有些实体是每个人都承认的"，"那些一般被承认的是自然的实体，即火、土、水、气等等简单物体。其次是植物和它的部分，动物和它的部分，最后是物理宇宙及其部分"。（1042ᵃ6—10）至于"有些实体则为特殊的学派所宣扬……而特殊学派说形式和数学对象都是实体"。这里的"形式"就是柏拉图派所说的"理念"，而"数学对象"则是指毕达哥拉斯派的主张。

他还列举了"有各种论证导致这样的结论，即还有其他种种实体——本质与基质。再有在另外的方式中，种似乎比形形色色的属更具有实体性，而普遍的似乎比特殊更具有实体性。并且理念与普遍和种是相联系的，由于同样的论证，它们也被认为是实体"。（1042ª12—15）在这里，亚里士多德又提到了在第七卷中多次涉及普遍和种属是否也是实体的问题（这个总问题在《范畴篇》中，亚里士多德曾称它们为"第二实体"，但在所谓"第一实体"（即确定的是"这一个"，别的范畴表述它而它不表述别的范畴，亦即是绝对的"主体"或"主词"）和"第二实体"的关系上，第七卷始终没有作出确定的结论。这表明了亚里士多德在这个问题上的疑惑和猜疑，这是他的实体学说中的一个"软肋"，是大可进一步讨论的地方。

往下，他提出："现在让我们重新开始关于一般承认的实体的讨论。这些都是可感觉的实体，而可感觉的实体全都有质料。基质是实体，而这在一种意义上就是质料（我用质料指的不是作为一个现实'这个'，而是一个潜在的'这个'），而在另一种意义上就是公式或形状（那存在为一个'这个'的东西能够分离地给出公式），而第三种意义就是这两者的结合，只有它是被产生出来的和可消灭的，并且无限制地是能够分离地存在的；因为可以完全地表达在一个公式中的实体，有些是可分离的，而有些是不可分离的"。（1042ª24—32）这里就是在第七卷中亚里士多德反复说过多次的"实体"的三种意义即它指质料、形式以及质料和形式的结合体。而它们可以完全表达在公式中的实体有些是可分离的。这是因为形式或质料与形式的结合体，是可以分离的存在的，而"质料"由于它是潜在的（即未赋予形式的）则不能分离存在的。

值得注意的是，亚里士多德在这里明确地提出了"潜在的"和"现实的"这一对范畴，这就标志着第八卷将要围绕讨论的主题，也就是说对于实体的变化和运动有一个深入的剖析。

往下，亚里士多德从变化和运动中来看作为"实体"的质料的作用，他说："很清楚，质料也是实体；因为在发生的所有对立的变化中，有某种东西在下面支撑这些变化，例如，关于地点，现在在这里，而随后在别的什么地方；关于生长，现在是这样大，而随后则小些或大些；关于变动，现在是健康的，而随后则生病了。而同样的关于实体（的变化），现在有某个事物被产生出来而随后被摧毁了；并且现在作为一个这个的主体，而随后又作为否定的主体。并且在这个变化中，包含着其他的（变化），但是这个变化并没有被包含于其他的一个或者两个（变化）之中；因为如果一事物包含着实体位置变化的质料，并非必然地也包含着可以生成或可以消灭的质料"。（1042ª33—ᵇ6）

他在这里讲述了位置、大小、状态的变化，这些都是数量上的变化，至于生成和消灭则是实体的质的变化。一个位置的变化，并不必然包含性质的变化（生成或消灭），而性质的变化则可能包含位置和大小的变化。这些都是人们在常识中可以察觉到的变化现象。

在最后，他还提出了"在充分 [绝对] 意义上的生成（coming to be）和限定意义上的生成的区别。这是在《物理学》第一卷第七章中，已论述过的，亦即前者属于实体的变化生成，而后者仅是偶性的变化生成"。

二、第八卷第二章（H.2）的提要与解说

——第二、三章：形式或现实性，第二章：不同属差的不同
类型或者组成的形式

（一）第八卷第二章（H.2）的提要

1042ᵇ9，因为作为质料的实体，亦即实体是潜在的实体，是普遍地被承认的，我们其次（2）讨论作现实性的实体，可感事物的实体。德谟克利特似乎认为有三种差异——形状、位置和顺序。

15，但是这里有许多；事物都由合成来刻画（例如，由加以混合），由被捆在一起，黏在一起，钉在一起；由位置、时间、地点；由感性的质，如硬与软，有些由于一些，有些由所有这些，而一般说来，由过度或不足。

25，"是"因此必须有恰好那么多的意义，因为门槛的存在意思是处于

如此的位置；因为"是"的意思是如此的凝结；某些事物的存在，例如，一只手将会由所有的这些特征来定义。

31，我们必须掌握属差的种类，因为它们将是存在的原理，例如，过度和不足，直性和弯性，混合。

1043ᵃ2，因为实体是一个事物存在的原因，我们谈论的事物具有什么种类的存在，将依赖于这些属差。它们都不是实体甚至当它与质料结合时，然而它们类似于实体；至于在实体的定义中那表述质料的是现实性，在其他的定义中，它是那极近似于现实性的东西。

7，例如，定义"门槛"，我们说"在那样一个位置上的木头或石头"（有时增加一个目的因）。

12，对于不同的质料，这里回答一种不同的现实性或者定义——组成、混合等等。那些人把房子定义为"石头、砖和木板"是陈述那个潜在的房子；那些说"一个为动物和货物的遮盖物"的，是陈述现实性。那些把这两者的陈述结合起来的则给出了那个具体的实体。

22，那后面的一种是阿尔克塔（Archytas）所认同的定义，例如："平静的天气是大量空气的运动的不出现"。

26，这样，感性的实体是（1）质料，（2）形式和现实性，（3）这两者的联合。

（二）第八卷第二章（H.2）的解说

亚里士多德在这一章中，继续就"可感觉的实体"作分析。他的结论就是这一章的最后一段话："可感实体是什么，它们怎样存在就是很清楚的了。——它的一种是作为质料，另一种是作为形式或现实性，而第三种则是由这两者组成的东西。"（1043ᵃ26—28）可以看出，这是重申在第七卷中反复讲过的对实体分析的结论。

为什么讲到实体离不开"质料"？这是因为"实体"是现实世界运动变化的主体，而任何运动变化都必须有在这个运动变化之下支撑它的"基质"，这个"基质"就是"质料"。没有运动是可以没有质料的。这就是质料的潜在地可以与不同形式结合的可能性。一块木头，它经过雕作，可以作为"赫尔墨斯雕像"，这时它与"赫尔墨斯"的形式结合成了雕像；如果它与"木盒"的形式结合，它可以变成一个"木盒"，如此等等。可见质料是潜在地有可能与不同形式结合的事物，所以它表现出了"潜能"亦即"潜在性"。

至于"形式"在运动变化中的作用就更加明显了。在运动变化中只有将一定的"形式"加到一定的"质料"之上，才会出现一个新的事物，也就是"形式"和"质料"的结合体。一个新的可感知的"实体"也就由此生成了。

在这个生成过程中，呈现出纷繁复杂的状态。质料被各种偶性所附着。这对于一个新事物的形成至关重要。这就是亚里士多德所谓的在"种"之下的多种"差异"（也就是"属差"）。例如，"有些事物由于它们的质料的组成方式来决定其特点，例如，由搅拌而形成的事物像蜂蜜水一样；以及另外的由捆在一起形成的事物，例如，一束东西；以及另外的由黏结在一起而形成的事物，例如一本书；以及另外的被钉在一起而形成的事物，例如一个小匣子；以及其他的以这些方式的多种方式而形成的事物；以及其他由于位置而规定的事物，例如门槛和门楣（因为这些是由于在一定方式中被放置而不同的）；以及另外由时间而形成的事物，例如，正餐和早餐；以及另外的由地点形成的事物，例如风；以及另外的由专属于可感觉事物的性质而形成的事物，例如，硬、软、密、稀、干、湿；以及由一些这样的性质构成的事物，与由所有这些性质构成的另一些事物，以及一般说来一些由于过度和而一些由于不足而造成的事物。那么，显然，'是'这个词具有与此相同数目的意思；……因此我们必须掌握不同种类的差异（因为这是这些事物存在的理由）。"（$1042^b15—34$）

由此，亚里士多德推论："从这些事实，很明显，如果实体是每个事物的存在的原因，我们必须在这些差异中寻求什么是这些事物中的每一个存在的原因。现在，这些差异中没有一个是实体，甚至这些差异中任何两个的结合也不是实体，然而它在每个场合下都是与实体相类似的东西；并且正如在实体的场合一样，那表述质料的东西是现实性本身，在所有其他的定义中，它也是最相似于完全实现的东西"。（$1043^a3—7$）这里所谓"与实体相类似的东西"是指与实体相结合的种种偶性而呈现出的种种实体存在的现实状况。所以才会是"在所有其他的定义中，它也是最相似于完全现实的东西"。也就是说它是一个具体的感性存在物的实体，亦即一定形式与质料相结合的感性实体。

总之，在这一章的论述中，亚里士多德在本章最后一段话中，重新点明了它的重点，那就是"可感觉实体是什么，它们怎样存在就是很清楚的了。——它的一种是作为质料，另一种是作为形式或现实性，而第三种则是由这两者组成的东西"。(1043ᵃ26—28)

三、第八卷第三章（H.3）的提要与解说

——具体实体与现实性或形式的区别，前者是可完成和被
摧毁的，而后者则不是，形式与定义及数的类似。

（一）第八卷第三章（H.3）的提要

1043ᵃ29，有时候究竟一个字的意义是具体的实体还是现实性的是不清楚的，例如，"房子"、"线"、"动物"。

36，这两个意义有一个共同的相关者，如果不是相同的定义的话。问题是两个意义的不同并不影响可感知的实体的研究；因为本质显然地附着于形式，因为"灵魂"和"成为灵魂"(to be soul) 都是一样的，而"人"或"成为人"则不同的，除非灵魂能够被称为人。

ᵇ4，音节并没有组成文字加文章；因为文章并不是从复合的事物中导引出来的。位置不是从门槛导引出来的，而是相反。

10，人不是动物加两足；如果这些是人的质料，那必会有某些事物与这些相分离——既不是一个元素，也不是一个复合物，而是那个实体。那些把人描述为动物加两足的都省略了这一点，而陈述质料。那么，如果这是人的存在的原因，并且那就是人的实体，那么，他们将不是陈述人的真正实体。

14，这既是永恒的，也是可消灭的和可生成的，而不用在消灭和生成的

过程中的存在。它不是形式而是被生成的具体事物。显然地，有些可消灭的事物的实体不能分离地存在，亦即那些不能与特殊实例分离存在，例如，房子，也许这些，以及的确所有并非由自然形成的事物，都不是实体；在自然对象中的自然是仅有的在可消灭的诸事物中的实体。

23，这样，在安提斯底尼斯（Antisthenes）问题中有某些点；他说他不能定义一个事物是什么（定义是简单地循环说法），但是能教导它是何种事物（例如，银是像锌的）。

28，所以，合成的实体，无论是可感觉的还是可知的，能够被定义，但是它的元素不能 [被定义]，因为定义是表述另一事物（质料）的一个事物（形式）。

30，如果数是实体，它是在这种方式中而不是像单位的组合物；因为（1）定义是一种数，可以被划分，并且划分为不能划分的。

36，（2）定义，像数一样，丧失其同一性，如果任何事物被从它减去或增添于它。

1044^{a}2，（3）一个数必须是某种由于它而是一的东西——或者仅仅是一个集合（aggregate）；一个定义也是一；但是在两者中的统一的原理是共同地失去了。这是自然的，因为实体有这种统一（unity），即是一个数而不是一个单位具有的；它是一种现实性并且是一种确定的（definite）本性。

9，（4）形式的实体像数一样，不容许有程度；如果任何实体是这样的话，它就是具体的实体。

这样，我们已经表明，在什么意义上所指的实体的生成和消灭是可能的，并且已经处理了实体归结为数的问题。

（二）第八卷第三章（H.3）的解说

罗斯在他的书中把这一章叫作"这一章是坏的相关的对于有关本质和定义的不同论题的一个汇集"。（参看罗斯《注释》第231页），由此可见，他对这一章的论述及其理论意义的评价是不高的，或者毋宁说是相当低的，而就现有文本的内容看，有不少地方的错误是简单的，而且文意也是不清楚的，所以，对于这一章的内容的理解也是有困难的，或者只是尝试性的。

他首先指出："一个名称究竟意味着一个组合的实体还是现实性或形式，有时是不清楚的。"（1043ᵃ24—30）他举例说，比如"房子"究竟是表示组合的事物（即形式与质料的结合物）的符号呢，还是表示现实性和形式呢？一个"动物"是表示"在一个躯体中的灵魂"呢，还是"一个灵魂"？因为前者是质料和形式的结合体，而后者是表示某躯体的实体或形式。他又说："灵魂"和"是灵魂"是一样的，因为它们都是"形式"，但"人"和"是人"则并不一样，因为前者是指质料和形式的结合物，而后者是指人的形式。这就是说一种解释是就质料与形式的结合物而言。而另一种解释是只就形式或本质而言的。——这一点，亚里士多德曾经反复说过：实体可从三方面分析：（1）质料，（2）形式，（3）形式与质料的结合物。在不同的情况下，我们要注意区分这三者。

他进而分析："音节并非由发音元素加上联结而得出"、"房屋也不是由砖加上联结而成"、"因为联结或者混合不是由那些是它们联结或混合的事物引发出的"。引出这个联结或混合的必定另有其他的东西。正如"人也不是由动物加两足，而是必须在这些之外有某种东西"。那么，是什么"某种东西"呢？他认为"动物"、"两足"都是质料，在这些之外的东西就是实体，也就是形式。所以，他说，如果一个定义只有陈述了质料的话，而实体才是这一产生的事物存在的原因，那么，这样的定义就不是在陈述它的实体了。这也就是说，定义必须包括实体也就是形式，才是一个正确的公式。

从1042ᵇ14末尾起至1043ᵇ23放在括号内的一大段话，是十分令人费解的，如"（实体）必须是可消灭的而无须总是在被摧毁的过程中，而且必须是生成的而无须总是在生成的过程中"。这究竟是说的什么意思？不十分清楚。亚里士多德在这里又明确说了："没有人制造或生出形式，而是制造出个别的东西，生成形式和质料的综合体。"这是他一直坚持的观点。但是，接下来他所说的"可毁坏的事物的实体是否能够分离地存在，这仍然是完全不清楚的；除了在有的情况下，这明显的是不可能的——在不能与个别事物分离存在的事物的情况下，例如，房屋或者容器。的确，也许这些事物本身或者任何其他的不是由自然形成的事物，都根本不是实体，因为人们可以说[自然物体]本性，是在可毁坏事物中发现的唯一的实体"这一大段话，也不知他是在说什么。也许这以上所说这一大段话，包含着太多令人难以理解的东西，所以，罗斯的译文中才把它加上了括号，并评之为"坏的连接的聚集"。但乔纳森·巴恩斯在校订《亚里士多德全集》时，又把这个括号取消了（参见普林斯顿大学出版社 1984 年版）。

往下，亚里士多德又以同情的语气，说到了"安提斯地尼学派提出的难题，即有时候精确的定义，是很难作出的，只能加以描述，比如银是什么，就只能说它像铅或锌。他并没有对这种意见作出明确的反对和分析，只是指出这是个'难题'"。

本章中的最后一部分（也是一大段文字），亚里士多德把有些人（可能是指毕达哥拉斯派）主张把实体看作"数"，他对此加以评述，指出"数"的确有和实体类似的一些属性，他指出了四点，（1）他说数目作为实体看而不是作为单位看，它与定义有相似处，因为它是可分的，它是可分到它不可分的部分，因为定义和数都不能无限地划分的；（2）如果从中加上一小部分或者拿走一小部分，这个数就不是原来的数了。而定义也如此，如果对它增加一个部分或者拿走一个部分，那么这个定义也不是原来的定义了；（3）数目必须是由于本性而成为一的东西，定义亦然，它所定义的，实体也是如此，它必须自然的一，不是一堆集体，或绑在一起的一，而每一个都是一个完全的现实和一个基本的实体；（4）数不容许有多些和少些，实体在形式的意义上也是如此，（但如果有任何容许的话，那就是指它包含的质料了）。

最后一句话，讲到实体的生成和毁坏，他指出："在什么意义是可能的"。那就是质料和形式结合体的具体实体的生成和毁坏；至于"在什么意义上，是不能的"，那是指形式或质料都是不能生成和毁坏的。它们不过是在生、灭的过程中，从潜在的状态转化为现实的状态而已。

四、第八卷第四章（H.4）的提要与解说

——自然实体可生成的各种原因，永恒的自然实体，以及自然的事件

（一）第八卷第四章（H.4）的提要

1044^{a}15，甚至所有事物都有一个相同的终极质料，它们都有不同的最接近的质料。

20，同样的事物有多于一种的质料，来自（1）（a）那是脂肪的东西，直接地，（b）来自甜的东西，因为脂肪来自于甜的东西，（2）来自，由于溶解为原初质料。

25，从相同的质料，不同的运动原因有时能够产生不同的事物；在另外的情况下，不同的事物包含不同的质料。如果相同的事物能来自不同的质料，那么运动的原因必须是相同的。

32，当我们寻求一个事物的原因时，我们必须陈述所有我们能够陈述的原因——质料的、形式的、目的的（后两种也许可能是一样的），注意掌握那最接近的原因。

^{b}3，对于可生成的自然实体就说这么多。永恒的自然实体的情况是不同的，有些事物也许没有质料，或者仅仅有能够使得事物作空间运动的质料。

8，在自然事物中，那些不是实体的就没有质料；实体就是它的基质。没有月蚀的质料；月球是遭受到它的；动力因是地球；这里也许没有目的因。形式因是定义，但是这是隐晦的，除非它是陈述动力因的。如像定义"由于地球的居中而剥夺了光线"所作的那样。

15，掌握最接近的原因的重要性可以被睡眠的原因所说明。

（二）第八卷第四章（H.4）的解说

这一章是讲原因与结果种种复杂的关系。但亚里士多德强调，（1）要尽

量列出所有的原因；(2) 要找出最接近的起作用的原因；在多种原因中要找出那不同的原因能起到相同效果的原因；等等。

这一章的内容和他的逻辑学中讲到的原因与结果的关系的部分，可以互相参照来看。

他首先提出：关于质料的实体，亦即在变化中支撑变化的基质或质料，如果追溯到最初的出发点即所谓"第一原因"，即使有多种多样的情况，但仍然有适合每一个变化的质料，或者有几种都适合于这个变化及其结果的质料。他举的例子是："甜的东西或油脂之于黏液，苦的东西之于胆汁。"也就是说黏液来自甜的东西或油脂，胆汁来自苦的东西。

他还解释了"一事物来自另一事物有两种意义"，即"包含在较后的阶段被发现"，即从结果找出原因来，"或者如果另外的东西被分析为它的起源组成物的话，这就会产生出来"。也就是把起因分析为它的起源的组成物。

还有，在质料是一个时，不同事物可以由运动的原因方面的差异而得以产生出来。例如，同样是木材而由于加工的工人的不同意图（即运动原因方面的差异）而生产出柜子和床这两样不同的东西来。

但有时不同的事物得具有不同的质料，比如生产一把锯子，就不可能从木材或羊毛这种质料产生出来。

当然不同的质料要造成同样的事物，那么运动的原因，亦即制造的技艺必定是相同的。而质料和运动因都不同，那么，当然制成品就一定也是不同的了。

他指出：原因在几种不同的意义上使用，亦即有质料因、形式因、动力因、目的因等。但我们必须找出"最接近的原因，比如我们说质料因，不能泛泛地从一般的物质构成的土、水、火、风四大元素说起，而要找到特别属于我们所讨论的该事物的质料"。

他又指出：对于自然的可生成的实体，我们寻找原因，大体就是我们以上所说的程序。但是他又提出"在自然的并且是永恒的实体的情况下，就必须作出另外的考虑。因为，也许有些没有质料或者没有这一类的质料，而仅仅是在地点方面能被移动。质料也不属于那些由于本性而存在的但并不是实体的事物，它们的基质是实体"。（1041^{a}6—9）亚里士多德这里提出一个困惑而又严肃的问题。他从我们日常接触的具体世界上升到"天体"这个宏观世界，一系列的与我们在地球日常见到的现象完全不同。他感到困惑，他认为难以用我们熟知的常规见解来观察和解释它们。因此，他提出，也许它们并不是我们所说的"实体"。（但他又说它们的基质是"实体"），又说"有些没有质料，或者没有这一类的质料"，而仅仅有地点方面的移动，等等。

这是亚里士多德在第八卷中提出的一个重大的哲学问题，而且看来也是他无法理解和解释的问题。这个问题，将直接把他引导到"神学"领域。这特别与后面的十二卷相关，请读者高度注意。

本章往下关于"日蚀"、"月蚀"问题的论述，亚里士多德坚持了"实事求是"的唯物主义的解释。他基本上是用天体（日球、月球、地球）的运动而引起的使光线消失来解释"日蚀"、"月蚀"。这在当时我们对宇宙的知识有限的条件下，能作出这样的观察和解释是十分不容易的，是极为难能可贵的。

至于本章结尾部分的论述，文字既不清楚，十分难以理解，他到底说的是什么，这个部分大概有脱简、错抄、缺失等诸多因素导致了这样的结果，我们也不必胡乱猜测了，因为它们在理论上没有什么重要意义。

五、第八卷第五章（H.5）的提要与解说

——仅仅从属于生成和变化的事物具有质料，质料和它的相反状态的关系

（一）第八卷第五章（H.5）的提要

1044^{b}21，因为点，并且一般说来形式既是又不是，没有生成和毁灭（因为白并不变为存在而是木头变为白色的），并非所有相反者都是由另一个变成的（苍白的人，从黑人变来，而不是苍白从黑色变来）；并非所有事物都有质料，而仅仅从属于生成和重复变形的事物才有质料。

29，质料怎样与它的相反状态相关的呢？一个身体难道潜在的是有病的吗？以及潜在的是健康的吗？水难道潜在的是醋以及潜在的是葡萄酒吗？这是一个的质料由于处于正面的状态或形式，而另一个的质料由于处于形式的缺失。

34，再有，为什么葡萄酒不是"潜在的醋"，为什么一个活的人不是"一个潜在的死人"？这些坏灭都是偶然的，一个活人的质料由于坏灭的力量潜在的是一个死人，而且水（葡萄酒的质料）潜在地是醋，那里像这里一样，相反者相反变为对方，否定的（例如，死人的身体、醋）在它能够变为它的正面以前，必定被溶解于质料。

（二）第八卷第五章（H.5）的解说

亚里士多德在这一章中提出了几个重要的理论问题：（一）"有些事物既是又不是"，这是一个自然现象中的辩证状态的问题；（二）事物的相反状态的相互关系问题。这个问题就和事物从潜能到现实的转化密切相关。——这两个问题在第八卷中有着重要的地位。

在这两个问题上，亚里士多德在探索的过程中，既获得了极大的启发，也陷入了一定困惑和混乱。弄清楚这一些，对于深入理解亚里士多德的哲学思想及其体系是有重要意义的。

这两个问题都与如何理解运动变化相关。我们先从第一个问题说起。他在本章一开始就提出："有些事物既是也不是，没有生成和消失的。例如点，并且一般说来形式，如果它们可以说成是。"（1044^{b}21—23）请注意，他这里说的是"有些事物既是又不是"。他把"既是又不是"这个现象限制在"有些事物"，就是说他不认为这是一个普遍现象（从而也是一条普遍的辩证规律），那么什么事物不是这样的呢？他举出了"点"和"形式"。为什么是这样的呢？他认为"点"这种数学对象是静止不动的，为什么它是静止不动的呢？说穿了，就是因为它是人类思维的抽象物。它和"数"一样，都是思维的抽象的数学对象，而不是现实中事物的点和数，因而它也没有现实事物的运动和变化可言，这是可以理解的。但是"形式"为什么也是不运动变化的，它也有"存在"和"不存在"的内在矛盾呢？特别是亚里士多德在他的实体学说中一再强调"形式"是实体的形式，它与实体的质料紧密关系而不可分，这样的形式难道不随着实体的运动变化而变化吗？如果说要规定"形式"是不运动变化的，那么，这和他批判的柏拉图的可以分离存在的"形式"，亦即"理念"又有何区别呢？不是和它们是一样的了吗？显然，亚里士多德在这里是陷入了把可以在思想上抽象地来分析"形式"这样一回事与在现实中与质料结合的"形式"（它是从属于运动变化的）这另一回事相混淆了，从而陷入了他自己所设下的陷阱之中而无法自拔。这是亚里士多德实体学说中的一个根本性的矛盾。至于把"质料"分析为没有任何属性的"纯质料"或"第一质料"，他所陷入的矛盾与陷阱则与这里对"形式"的处理是同样的。由此，我们便不难理解，为什么他在下面说出这样的话："也不是每个事物都是有质料的，而仅仅那些生成和彼此变为对方的事物才具有质料，那些从来不在变动过程中存在的事物，都是或都不是，都是没有质料的"。（1044^{b}27—29）——请注意，亚里士多德在这里明确地承认了：有些事物是没有质料的，也"从来不在变动的过程中存在"。这一点与上一章（H.4）中提到的"自然的并且是永恒的实体"是有密切关系的。

至于第二个问题，即"每一事物的质料是如何与其相反状态关联的问题"，（1044^{b}30）他首先指出："存在着困难"。为什么困难呢？他说："例如，如果身体潜在地是健康的，而疾病是与健康相反的，是不是潜在地是健康的和疾病的两者呢？而水潜在地是葡萄酒和醋吗？我们回答说，一种事物的质料是由于它的正面的状态和它的形式，而另一种事物的质料则是由于正面状态的缺失和它的败坏而相反于它的本性，也很难说为什么葡萄酒不被说成是醋的质料，也不能说成是潜在的醋（尽管醋是从它生产出来的），并且为什么一个活人不被说成是潜在的死人。事实上它们都不是，而所说的败坏都是偶然的。而且，是动物的质料本身，由于它的败坏而成为一具尸体的潜能和质料，而正是水是醋的质料。因为这具尸体来自这个动物，而醋来自葡萄酒，正如夜来自白昼。所有这样的变化的事物都必须返回到它的质料，例如，一个动物从一具尸体产生出来，这个尸体首先要返回到它的质料，而

仅仅这时才变成为一个动物；醋首先返回到水，而仅当这时才变成葡萄酒。"（1044^b31—1045^a6）

亚里士多德在这里的惶惑和困扰，在于第一点他忘记了他在前一章说过的正确的话。他曾说：在诸多原因中我们要找出"最近的原因"由水变成醋或葡萄酒，要经过许多变化过程，我们不能把最远的那一个原因，设想为它在某个变化中的直接的"最近的原因"，水要经过与葡萄汁的化合，才能变成葡萄酒，而葡萄酒作为原料以及经过化合作用，才能变成醋。一个人是存在内在的活的细胞和生命现象，它要从健康的人变为一个死人，或一具尸体，要经过漫长的"量的变化过程"，最后才能达到一个临界点，而发生"质的变化"，从活人变成了死人。一个死人或一个尸体，也不能简单地由"返回"到某种元素（哪怕它们是构成人的机体的元素）就可以简单地、直接地变为一个活人。这是第二点，即对复杂的量变、质变的区分，和对于有机体内部生和死的对立因素的矛盾斗争的复杂情况的了解。

亚里士多德明确地提出了他的困惑之处，这是他实事求是地对待科学研究的认真态度。他不会强不知为有知来糊弄自己，这恰恰表明了他追求真理的忠实与热忱。《形而上学》不是一部"包医百病"的"验方大全"，而是亚里士多德追求真理的真实脚步的真实记录。

六、第八卷第六章（H.6）的提要与解说

——定义的统一性

（一）第八卷第六章（H.6）的提要

1045^a7，我们回到这个问题（参看1044^a3），什么造成一个定义或者是一个数目成为一，所有的整体作为相对于仅仅是聚集（aggregates）的必定有成为一的一个原因，那在身体上就是接触、黏附等等。

12，一个定义是一，不是由于外在的联结，而是由于是一个对象的定义。那么，是什么使人成为一的呢？不是动物加两足的吗？特别是，如果这

里有一个动物的理念和两足的理念，那么为什么人的存在不是分有这两个理念而是分有一个理念呢？

20，通常的定义的模式没有提出对这个问题的答案，但是形式与质料的区别回答了它。

25，至于"圆的铜"的联结的困难也是一样的，如果这是某些词项的定义的话。它是一个简单地因为铜是质料而圆是形式，在事物从生成的状况之下，这里没有原因说明现实的怎样从曾是潜在的变来的，除了动力因之外。它是潜在的球形变成为现实的本质，也是曾经是潜在的变为现实的球形的本质。

33，质料可能是可感的或者可知的；在一个定义中，总有一个质料的因素以及一个现实性的因素，例如，在圆的定义中的平面形状。

36，不具有任何一科质料的事物，亦即范畴，都是直接地或本质地某种的一，正如它们都是某种的存在；由此，这里没有它们的和它们的存在和它们的统一的原因；因为每一个都直接地是一个存在和一个一，尽管存在和统一都不是它们的种而且并不与它们的特殊的种类和统一相分离而存在。

ᵇ7，有人以"分有"来解决统一的问题，但他们不能解释或定义这个"分有"；另外的人以"接触"（吕科弗隆就是这样）"组合"、"联系"来解决这个问题——公式可以被应用于任何的无论什么事物。

16，他们的错误是，他们在潜在性和现实性之间寻求差异，并在统一的公式中寻求潜在性和现实性，而真正地最接近的质料和形式是一个，第一个是潜在的存在，而第二个是现实地存在，所以，除了那引起从潜在性到现实性的运动之外，没有它们的统一性的理由；而在非质料的事物都是没有限制的和本质的统一性的。

（二）第八卷第六章（H.6）的解说

罗斯在他的注释中明确提出："这一章在事实上仅仅讨论了定义的统一性问题"（参见罗斯著作第 238 页），这个论断表面上看是对的，实际上本章还有多处涉及潜能和现实的论述，它们才是本章的重要论点。这一点请读者予以注意。

亚里士多德首先提出了他的疑问："关于定义和数这两者……什么是它们的统一的原因呢?"（1045ᵃ7—8）他认为"在所有的具有几个部分的事物的情况下，并且在其非仅仅是（正如它似乎是）一堆东西，而整体是某种在部分之外的东西"。所以他认为这里就有整体是一个统一体的原因值得加以探索。他举例说：定义当然是一串字，但它不会是像 Iliad 即荷马的史诗《伊利亚特》这个字那样仅仅是字母的联结而已。他指出定义是处理一个对象，是要揭示这个对象的本质，那么是什么使得它成为一而不是多呢?

在探讨这个问题时，他又对柏拉图的理念论加以批判。他说，根据理念论的理论，人要"分有"人和两足的这两个理念，那么，这样，人就不成其为一（即一个统一体）而是二（即人和两足的），这样人就成为"多"了。

那么，怎么解决这个问题呢? 他指出，在实体的变化中，一个因素是质料，一个因素是形式，而且一个是潜在的（指质料），一个是现实的（指形式），而一个现实的实体就是从潜能的质料转化而为现实的形式，即形式与质料结合而成的质料与形式结合体，新的统一体的现实的实体。他说："它们每一个的本质，由于它们的本性是一种统一体，正如它是一类的存在，因而这些之中没有一个有任何理由为了成为一而置身于它自身之外，也不会为了成为一种存在而置身于它自身之外，因为每一个由于它们的本性都是一种存在和一种统一体，不是作为存在于'存在'或'一'这样的种之中，也不是在存在和统一体能够离开特殊事物而存在的意义上。"（1045ᵇ3—8）

他在谈了人们用认识与灵魂的沟通，"联结"或"组合"来解释寻求统一起来的公式之后，他重申："最接近的质料和形式是一个并是相同的，一个是潜在的，而另一个是现实的，……因为每一个事物都是一个统一体，而且那个潜在的和那个现实的是一个，因此在这里没有其他的原因。除非某种东西引起从潜能到现实的运动"。（1045ᵇ17—22）。

但是在最后半句话却说："而且所有没有质料的事物无条件地本质上都是统一体。"这半句话究竟是想说什么呢? 什么是"没有质料的事物"? 难道是指离开质料的形式吗? 或者是分离存在于思想中的思维抽象物吗? 它们当然是一个统一体，但是，这与前面说过的质料与形式紧密不可分的论点是矛盾而不可调和的。所以，有理由怀疑这半句话里有文字的错误，应当改为"所有有质料的事物"才能和前面的大段论述相一致，这个问题可供进一步思考。

顺便说一说托马斯·阿奎那对于这一句的注释。他只是若无其事地、轻描淡写地说了一句："但是那些简单地没有质料的事物都是它们自身的某一种事物，正如它们都是存在着的某种事物一样。"（参看下册第 649 页），我觉得，这种"注释"与其说是"注释"，不如说是敷衍搪塞。

第九卷（θ）

概　论

第七、八、九（Z.H.θ）这三卷被视为《形而上学》一书的核心卷，前两卷集中地讨论了亚里士多德的实体学说，而第九卷则集中地讨论了潜能和现实的问题。在本卷中只有第十章有一点例外，它讨论了"存在"作为真假的意义上的有关问题，但也联系潜能和现实的问题展开讨论。所以在我们学习第九卷时，要特别注意亚里士多德关于潜能和现实以及运动的理论。这是亚里士多德哲学思想中很宝贵的成分，而且它们与亚里士多德的逻辑学说中的模态理论有关。我们要以极大的关注来认真地学习与领会。

一、第九卷第一章（θ.1）的提要与解说

——在严格意义上的潜能，亦即产生运动的能力

（一）第九卷第一章（θ.1）的提要

1045^{b}27，我们已经处理了原初的存在（priamry being），对于它，所有其他的范畴都与它相关，那就是实体；因为存在根据它意味着潜能或完全的实在（completereality）以及根据诸范畴来加以划分，我们必须讨论潜能和完全的实在。

35，首先，我们将要讨论在严格意义上的潜能，然而它不是最适合于我们现在的目的，稍后，在我们讨论现实性时，我们将解释潜能的其他意义。

1046^{a}4，我们可以暂时把由一词多义被如此叫着的潜在性放在一边（亦即，在几何中的潜在与乘方）。

9，在适当意义上的潜能是发动运动的来源，并且被称作与一种原初种类（primary kind）潜能（a），那在另一种事物中变化的来源或者作为在事物自身中的它物（qua other）而引起变化的来源。缺失的种类有（b）被作用于的潜能，被另一个或被事物自身作为它者而被变化的潜能，以及（c）

294

被另一个事物的作用或者事物自身作为它者的作用而对于更坏的变化的不易遭受性。

16，再有，这些都是潜能作用于或被作用于简单的，或者作用于或被作用于更好的；前者的定义被包含在后者之中，

19，在一种意义上，作用的潜能与被作用的是一个，在一种意义上又是不同的。一个是在患者中（这是因为甚至质料也是一个动力的原则，以致事物能够被作用，不同的事物被不同的事物作用）；另一个是在作用者之中。这样，由于事物是一个有机的统一体，它不能由它自身来施加作用，因为它不包含作用者和患者的不同。

29，对于每一个潜能都回答一个潜能的缺失，一种无能（imcapacity）来作那在相同关系中的相同事物。我们说一个事物被"剥夺"了一种属性，（1）当它不具有它，（2）当它可能自然地具有它但是并不具有它，——不具有它，（a）在任何时候，或者（b）当它可能具有它，而且再一次地（i）在一种特殊的方式下不具有它。（例如，完全地）或者（ii）根本不具有它。再有，我们有的时候意指它被一种力量阻止它自然地会具有的东西。

（二）第九卷第一章（θ.1）的解说

亚里士多德在这一章开始时回顾了第七、八卷中（特别是在第七卷中）对存在的论述，指出在首要意义上的存在就是实体，因为其他范畴都是与它有关的。

然后他就转入"另一方面又可就潜能和完全的现实以及就其功能来加以述说，让我们也对潜能和现实加以讨论"。（1045^b34—35）

在讨论潜能和现实的问题时，亚里士多德首先就解释了它们的多种意义。他说"潜能（potency）和能够具有多种意义"，"一种是在几何学中，我们说事物可能或不可能，因为它们在某种特殊方式中出现或不出现"，在几何学（和数学）中我们说到（power）（能力，乘方），比如 3 的自乘（乘方）即 3×3，等于 9，这意味着 9 会来自 3 的乘方，所以这也是一种能力（power，capacity），但这是一种类比方法的使用，这与我们要讨论的"严格意义上的

潜能"不是同样一回事。

真正严格意义上的潜能是与运动相联系的。因为运动就是一个事物从潜在到现实的活动，即潜能是引起运动的原动力（"本原"）。这个潜能是在某些其他事物中的变化的源泉，这也是一个活动的原理。由此也引出了"主动的潜能"（active potency）和"被动的潜能"（passive potency）的区分。主动的潜能是指在某个其他事物中引起变化，或它自身作为一个他物在事物中引起的变化。"被动的潜能"则意味着这个原理使得一事物被其他事物所推动，以及被它作为他者所推动。这是因为一事物可能被它自己所推动，以及被它作为他者所推动，这是因为一系列事物中这个"被动的潜能"就还原为"主动的潜能"了。因为任何运动都是被一个"作用者"所推动的。

在另一种意义上，潜能意味着不易遭受性，"变得更坏些"，亦即安排一事物不会变得更坏些，就是说它不会变到坏灭的结果。

由以上论述可见：潜能这些意义包含着进行变化的动能；有些是不能被作用的，有些是可被作用的。由于被作用依靠的是作用，所以，正面的潜能是优先的。

"潜能"还不仅是指作用于和被作用于，而是指作用得好或被作用得好。例如，说人能够走，不是指他的任何方式能走，而是指他能走得好。在相反意义上，我们说某人跳，是说他不能够走。说一块木头能燃烧是指它容易被燃烧。而一块湿的木材，我们说它不能燃烧是指它不容易被燃烧。对于这些潜能的描述都是不限定的意义上说的。潜能一词的所有这些用法不是一词多义的而是类比的。

由此，他作出结论说，作用与被作用的潜能就是一个，而在另一种意义上说，它们又不是一个。"因为一种是在被作用的事物中；这正是因为它拥有某种本原，甚至质料也是一种本原，那被作用的东西被施加作用，一个事物被另一个事物施加作用；……另一种是在作用的事物中，例如，热与建筑技艺，前者在产生热的事物中，后者在精通建筑术的人中。因而就事物是一个自然综合体来说，没有什么事物是被它自己所作用的，因为它是一个事物

而不是别的事物。"（1044^{a}22—29）

他还解释了"非潜能"和"不能"。他说："非潜能与'不能'是与这种意义的'潜能'相反的缺失，因为每个'潜能'都有一个相反的'非潜能'属于同一个事物而且涉及同一方面。"（1046^{a}29—31）缺失也有多种意义，他解释说：它的意义有：（1）不具有［某属性］，以及（2）本性上具有，但却没有［某属性］，这或者是（a）总是如此，或者（b）当其可能自然地具有它，而或者（i）在某种特殊方式下，例如不完全具有它，或者（ii）它根本不具有它。在有的场合，如果自然地具有一种性质的事物，由于强力而丧失了它，我们说它"被剥夺"。（1046^{a}32—35）

托马斯·阿奎那在注释这一种章时，举了一些例子（参见托马斯一书第 658 页），我们可以参考。他举出石头本来就没有感觉，来说明"本来不具有某属性"；"本性上具有，但确没有"，他举的例子是：一只狗本应具有视力，但却因为"第九日"而丧失了视力。由于强力而失某种性质，他举的一个例子是男人被阉割了生殖器变成了"太监"。

二、第九卷第二章（θ.2）的提要与解说

——理性的和非理性的潜能

（一）第九卷第二章（θ.2）的提要

1046^{a}36，有些潜能是无理性的，其他的是理性的；这样，诸技艺都是潜能。

^{b}4，理性的潜能都是相反的，非理性的潜能仅仅只有一个结果；热的仅仅能生热，但是医疗技艺能够引起或者疾病或者健康，因为知识是一种考察，而且同样的考察同时解释一个事物及其缺失。

9，但是它本质地解释一个，另一个则以第一个的不出现而偶然地加以解释。

15，这样，一个科学的人，从运动的第一的原理出发（它是在他的灵魂

中具有的）能够产生相反的结果，办法是以三段论的方式，以同样的理性考察把运动联系起来。

24，把一件事情作为的能力（或者很好地被作用）包含着作好它的能力（或者被作用于它），但并非相反亦然。

（二）第九卷第二章（θ.2）的解说

亚里士多德在这一章中提出了理性的潜能和非理性的潜能这样两种潜能，并进行了分析和论述。

他说："由于这样的 [推动事物运动变化] 的源泉有些存在于无生命的事物中，而另一些存在于有生命的事物中，存在于灵魂和灵魂的理性部分中。很明显，有些潜能也将是无理性的，而有些则是与理性在一起的，[因而也是理性的潜能]。"（1046^a36—1046^b2）他指出："所有的技艺与生产性科学是潜能，因为它们是在别的事物中的变化的来源，或者是作为他者在它们本身中引起变化的来源。"这些都是"理性的潜能"。他还指出："所有当理性伴随的 [潜能]，都有同样多的相反者，而无理性的潜能，每一个只有一个相反者，例如热仅仅能够产生热 [也能够产生冷]，而医术则关系到疾病与健康两者。其原因在于，科学是理性的说明，而理性的说明解释事物及其缺失，尽管不是以同样的方式；在一种意义上它应用于两者，在另一种意义上更多地应用于实际存在的事物。因此，那样的科学必须处理对立的东西，一种是由于它们的本性，另一种则并非由于它们的本性，因为理性一方面应用于那些根据其本性的事物，另一方面也应用于根据偶然的方式的事物。因为它用否定和排除来解释对立；因为对立是基本的种类，而这就是另一方排除。"（1046^b5—16）。

亚里士多德以上这些话，说得很明白，但又有些简单化，他没有进一步分析一些比较复杂的情况。托马斯·阿奎那在他注释这一章时则进一步分析了比较复杂的情况可供我们参考。（参见该注释第 660—662 页）

托马斯·阿奎那关于理性潜能的部分，他指出由于身体是肉体与灵魂的结合物，属于肉体部分的潜能与无生命的东西的"非理性潜能"是没有区别的，比如，营养等活动以及感受性和反应也是凭冲动而作出的，也与无生命的非理性的潜能没有什么区别。而属于灵魂的理性部分的潜能，如科学知识，比如建筑术与医术等则与非理性的潜能不同，它们可以产生不同的效果。如治疗疾病导致健康或引发疾病，等等。而对于"非理性潜能"，亚里士多德仅指出，它们只能产生一个效果（如热能产生热）。托马斯·阿奎那也指出，在一定条件下，热也可以产生冷，他以太阳为例，太阳可以引发热，但当它的光被遮蔽时，也可以产生冷，甚至一颗星球都有可能因太阳的缘故而变冷，等等。这些都是可以参考的。本来亚里士多德的灵魂理论中，他也将灵魂划分为几个部分，即本能、欲望和理性，这个理性乃是灵魂的最高的部分，它具有控制本能和欲望的能力。托马斯·阿奎那就是根据亚里士多德这个理论来发挥的。

亚里士多德继续指出："一个有科学知识的人能产生对立的两者的后果，因为理性具有这两者，尽管不是以同样的方式，而且在灵魂中有运动的本源，因而灵魂以这个本源作用于这两者而把它们联结于同一个事物。因此，具有根据理性的潜能的事物对于没有理性潜能的事物，造成对立的东西，因为它被包容于一个本原，即理性。"他在这里是解释理性的潜能对于非理性的潜能有其包容的作用。托马斯·阿奎那同样对于这一点作了更加清晰的说明。他说，非理性潜能只能产生一个唯一的后果，但是，理性的潜能由于它具有产生相反后果的能力，所以当一个自然事物自身来活动时，它只有一个后果产生出来，如热产生热、冷产生冷。但如果是理性的潜能应用于这个自然物的变化，它就可以产生出相反的后果。这是因为在理性的潜能中包含着产生相反的两种后果的能力。

在本章的最后，亚里士多德还就"做了一件事"和"做好了一件事"加以区别。他说："那仅仅造成一个事物或使得一个事物遭受的潜能，是包含在很好地造成或遭受的东西之中的。因为一个做好一件事，必定也做了它，但是一个人仅仅做了一件事，则并非一定做得好。"（1046ª25—28）这最后一句话，从模态逻辑来分析，应当说："一个人仅仅做了一件事也不一定是没有做好。"也就是说，它也可能是做好了，也可能没有做好。

三、第九卷第三章（θ.3）的提要与解说

——奋起反抗的潜能

（一）第九卷第三章（θ.3）的提要

1046^{b}29，有一些人说，像墨加拉学派那样，只有在有现实性的地方才有潜能，这会导致最显著的悖论；

33，（1）一个人不是一个建筑者如果他没有正在建筑的话，因为成为一个建筑者就是能够建筑。现在，如果一个人没有学习过它，他就不会具有一门技艺，或者，后来没有失去它的话，他会不具有它（亦即由于遗忘、疾病或时间的流失，因为技艺的对象不能够被摧毁），难道我们假设他停止建筑的那一刻他就丧失掉那个技能；如果他又立刻开始建筑，他怎样恢复了那个技艺呢？

1047^{a}4，再有，没有什么事物将会是冷的或热的，当它没有被知觉到对（所以，它们是真正地坚持着普罗泰哥拉的理论）。也没有任何事物的被感知，如果它是没有被感知的话，人们将会在一天之内多次是瞎的和聋的。

10，（2）那未曾发生的东西将是不能发生的，而且我们必须不说它将会，所以变化去掉了，那站着的就将永远站着，那坐着的就将永远坐着。

17，要避免这些后果，我们必须区分潜能和现实。

24，一事物"能够"（capable）作某事，如果这里没有什么事物是不可能的，在它的具有的现实中它被说成它具有潜能的话。

30，"现实"这个字，我们把它与"完全的实在"相联系，本原上涉及运动；由此我们不描述对于不存在事物的运动，尽管我们分配给它们像可以思考的这类谓词，因为它们有时将会实际地存在。

（二）第九卷第三章（θ.3）的解说

这是很有趣味的一章。罗斯在他的提要中给它起了个标题："奋起反抗

的潜能"。这个语言生动的标题，表明本章意在驳斥那些否定潜能存在的人们，特别是墨加拉学派，揭露他们的主张的种种荒唐可笑的后果。他的根本立意就是，否定了潜能的存在，就是否定了运动和变化，以至于世界的一切都处在静止中，而这个与千变万化的存在的状态是完全不相合的，因此也是完全站不住脚的。

亚里士多德在本章一开始就指出墨加拉学派的谬论，他们说："一个事物仅仅当发挥作用时，才'能够'作用，而当它不发生作用时，它就'不能够'作用。例如，他们说：一个人不是在建筑，则它不能够建筑，只有一个人在建筑，而且当他正在建筑时，才能说他能够建筑，在其他情况下，也是如此"。（1046^{b}29—33）

这个论点的荒谬是十分明显的。它把事情弄颠倒了，应该是：一个人"能够"建筑，也就是说他有建筑的"能力"或"潜能"，他才可以实际地进行建筑。

亚里士多德对此进行分析和批判说："因为，很明显，[按照这个理论]，一个人除非正在建筑，他就不会是一个建筑者（因为是一个建筑者，就是他能够建筑），对于其他技艺也是如此。这样，他就不能拥有这些技艺，如果他没有在某个时候学习过并掌握了这些技艺的话，而且也不可能不拥有它们，如果他没有在某个时候丧失它们 [由于遗忘，或者某个事物，或者时间（的流逝）而丧失，当然不是技艺对象的毁坏，因为它是常存的]。当一个人停止使用技艺时，他就不拥有这个技艺；然而当他立即再进行建筑时，他又将怎样获得这个建筑技艺了呢？"（1046^{b}34—1047^{a}4）这就是指出，要进行建筑，一个人必须已经拥有了建筑技艺，而这种技艺的获得，是这个人已经学习过并掌握了这个技艺。如果这个人在获得并掌握了这个技艺后，如果不是他又丧失了这些技艺的话（比如由于遗失，或者遭受了严重的伤痛事故，或者由于时光流逝得太长久而导致技艺荒疏等等），那么他会仍然保有这些技能。正是由于这个缘故，也就是说，由于这个人已经拥有建筑的技艺，那么，他才在建筑时表现出来，他能够建筑，而拥有建筑的能力，这就是他的潜能，如果不是这样的话，那么在建筑时，这个人如何表现出他能够建筑的才能呢？而这个可能又是从何而来呢？——这个逻辑是很清楚的，否则的话，这个人如果停止了建筑活动，那么按照墨加拉派人的说法，他就是"不能够"建筑的了，那么，他的建筑才能潜能又到那里去了呢？如果他又进行建筑，这又表明他有建筑的才能，那么这个才能（"潜能"）又是怎么来的呢？所以，这个论点的荒谬是显而易见的了。

下面他又以"没有生命的事物"为例来说明这个问题。一个没有生命的事物的运动变化也是一个从潜能到现实的转化，比如甜的葡萄汁酿造成了带酸味的醋，这是因为葡萄汁有变为醋的潜能，这是一个客观事物的运动变化过程，它并不因为没有人去感知而不被认识。因为葡萄酒和醋的味道并不是因为有人感知它才存在，它是客观存在的，不管是否有人去感知它。如果一切都要由人的感觉来确定，而人的感觉是千变万化，因人而异的，那么我们就要陷入普罗泰哥拉的"人是万物的尺度"的主观唯心主义的泥坑里去了。

从这个论断，亚里士多德回到原来的论题，他说，人如果不实际地使用他的感官，比如眼睛的视力，当然就是瞎的（尽管他的确拥有这个看的能力——视力）但如果他睁开眼睛看事物，那么，根据墨加拉派的说法，他就有能看的能力潜能了，那么，如果这个人把他的眼睛一会儿闭上，一会儿又睁开，那么他就一会是能看的人，一会又变成"瞎子"了。对于听力也是一样，一个人一天之中多次是能听的人，又多次变成聋子了。这当然是荒谬至极！

在以上的基础上，他指出："不能就是潜能的被剥夺，那么生成的东西，就将是不能生成的，但是那个人说不能生成的东西存在或者将存在，那么，他就是错的，因为这是不可能的含义，因而这些理论，既抛开了运动又抛开了产生"。（1047ᵃ11—14）

由于抛开了运动变化，所以"那站着的永远站着，那正坐着的将永远坐着。因为如果他是正坐着的，就不会站起来，因为任何没有可能性站起来的就是不能站起来的"。（1047ᵃ15—18）

为什么会导致这种可笑的结果呢？他指出：这是由于"潜能和现实是不

同的，但是这些学说使得潜能和现实是一样的。"（1049ᵇ19）而这个区别是如此的重要，所以亚里士多德幽默地说："所以，他们试图消灭的东西绝非是微不足道的"。（1047ᵃ20）

亚里士多德进一步分析了现实和潜能之间的关系。他说："由此可知，这是可以接受的，一个事物是可以存在的，但它还没有存在，能够不存在的，但是还存在着，关于其他一些谓语，也同样如此：能够行走，但没有行走。能够不行走，但是却在行走，并且一个事物，是能够作某种事情的，如果对于它具有的潜能的实现，没有什么东西使之不可能的话。我的意思是：例如，一个事物是能坐着的，而且被承认是坐着，那么在实现其坐时，它就没有什么是不可能的。同样，如果它是能够被移动或者移动，或者能够站立或使之站立，或者能够存在或将存在，或者能够不存在或将不存在，也都如此。"（1047ᵃ21—29）

在本章的最后，亚里士多德从词源学上考察了"现实"这个词，他指出"现实"这个词。我们把它与"完全现实"相联系，主要是从运动扩展至其他事物。因为现实在严格的意义上被认为是与运动等同的，因而人们并不把运动解释不存在的事物，虽然用其他的谓词来解释它。例如，他们说不存在的事物是思想和愿望的对象，而不是在运动中的事物。这是因为，"尽管这些事物现实上并不存在，但它们现实上将会存在，因为有些不存在的事物潜能地存在着；然而它们并不存在，因为它们并不是完全实现的存在"。（1046ᵇ30—1047ᵃ2）在这段话里，亚里士多德很明确地把现实和运动等同，因为"完全的现实"就是运动的结果所呈现的东西。他最后几句话也是解释的这个意思。但是其中有点混淆和令人费解之处，是关于所谓"不存在的事物"，究竟这是所指的是什么，是他下面立即说的不是现实存在的，而只是"思想和愿望中的"事物，如果是指后者，那就是说的"思想中的东西"，因为它们也可以说是"非存在的事物"，它们在现实世界根本不存在，比如，亚里士多德曾举过的例子，如"独角兽"完全是想象中的东西，那么我们就不能把它们看作"潜能"，因为它们是"非潜能"，即永远也不能变现实的存在的。

四、第九卷第四章（θ.4）的提要与解说

——对可能性的进一步思考

（一）第九卷第四章（θ.4）的提要

1047^b3，这样说："这个是能够存在的但是将不会存在"，是不真实的（这将包含着没有事物是不能存在的）。

9，因为它从我们的定义得出：如果我们设定存在它不是存在但是能够存在，那就包含着没有事物是不可能的。也包含着我们攻击的观点有些事物是不可能的，不可能不是与假的是一样的。

14，这也是很清楚的，即如果设想 A 存在，B 必定存在，那么如果 A 是可能的，B 必定是可能；因为否则就没有什么阻止它是不可能的。让 A 是可能的，那么（我们已同意）当设想 A 是实际的存在，就包含着没有什么是不可能的；但是，如果是这样，B 必定存在，但是（参看 1.17）它曾被设定是不可能的，这样，让它是不可能的。那么，如果 B 是不可能的，A 就是不可能的。但是 B 已经被设定为是不可能的，因此 A 也是如此的。

如果 A 是可能的，那么，B 必定是可能的，如果它们是如此的相互关联，那么如果 A 存在，B 必定也存在。

26，并且如果，设定 A 是可能的，B 必定是可能的，那么，如果 A 存在，B 必定存在。

（二）第九卷第四章（θ.4）的解说

这一章的文字虽短（仅仅两大段话），但它涉及的内容则比较复杂。因为它不但涉及了"可能"和"不可能"、"存在"和"不存在"，还涉及了"必定"的问题，也就是"必然性"的问题。按通常的理解，讲"潜能和现实"的关系，并不一定要涉及"必然性"。但从事物的模态来分析则又少不了"必然性"，亦即我们通常讲的"必然"、"实然"和"或然"、"这三种模态在现实

变化中的相互关系。这是逻辑学中讲到事物的模态时必然要分析到的三种模态。所以，我们在学习这一章时一定要记住，现在，我们处理的不仅是潜在（或然）和现实（实然），还"必然"涉及其他，使得我们面临的情况更加复杂化，也更加全面。

他首先指出："如果像我们说过的，可能的东西不会伴随着不可能的东西，那么，很明显，说某某是可能的而又将是不存在的，就不是真的了；这样，不可能的东西就这样消失了。我的意思是，例如假定有人，（他不认为不可能是存在的），说度量四边形的对角线是可能的，但它将不是被度量的，因为没有什么东西会阻碍一个可能存在的东西变为存在的东西，或者不存在者或者将不存在。但是从［前面说过的］那些，必然会得出的，如果我们假定不存在但可能存在的东西是存在的或将变为存在，那么就必定没有什么东西是不可能的。但是，有的情况将会出现：因为度量［四边形的对角线］就是不可能的。假的和不可能并不是一回事；尽管说你现在站着是假的，但它不是不可能的。"（1047^{b}3—14）

这一大段话主要是说明，说"没有什么事情是不可能的"，亦即"所有事情都是可能的"是不能成立的。因为的确有的事情就是不可能的，比如，四边形的边和它的对角线是不可通约的。可见在这种情况下，你要作出全称肯定的判断（"所有事情都是可能的"）或全称否定判断（"所有事物都是不可能的"）都是错误的。你只能作出"特称肯定判断"、"有些事物是可能的"和"特称否定判断"（"有些事物是不可能的"），这才符合实际。

这里有一个问题，即在这一大段话中，有一句话，即"说某某是可能的而又将是不存在的，就不是真的了。这样，不可能的东西就这样的消失了。"这句话的意思有些费解：为什么"说某某是可能的而又将是不存在的，就不是真的了呢"？可能的东西完全可能变为存在，这是没有疑问的。但"可能性"中本来就包含肯定和否定两重因素，即有可能是肯定的后果，即它将变为存在；也有可能是否定的后果，即它将不会变存在，即将变为不存在。比如，一个人努力做一件事，他可能最后做成了，但也可能最终没有做成（由于种种复杂的原因，包括很多偶然性因素）。这样，这句话怎么就"不是真的了"？又怎么是"不可能的东西就这样消失了"呢？我怀疑这里的文本是否存在错简、误抄等问题，可以进一步加以考查。

这一段话的最后，亚里士多德区别了"假的"和"不可能"，话虽然短，但道理是明显的。他说："尽管说你现在站着是假的，但不是不可能的"。这就是说："说你现在站着是假的"，亦即你现在是坐着的而不是站着的，所以说你现在是站着的，当然就是假的了；但是这并非是不可能的，因为你坐着和站着都是可能的，所以你现在有可能是站着的（当然也有可能是坐着的），所以，"假的"和"不可能的"不是一回事。

本章第二段话，就是分析 A 和 B 这两个相关事件之间的必然应当有的联系。他指出："如果 A 存在，则 B 必定存在"，他用这种条件句来表示两者之间的关系。由此，他推论出："如果 A 是可能的"，那么，"B 也必定是可能的。"然后，他用"归谬法"来反证这个推论是成立的，他指出："如果 B 不是必定是可能的，那就没有什么东西阻碍它不是可能的"。这样，"但是我们假定 B 是不可能的"。于是"A 也一定是 [不可能的]"。然而，我们"已经设定""A 是可能的"。那么，A 和 B 就将不是像所设定的那样相互关系着了。这就证明了，设定"B 不是必定是可能的"与原来设定的应推论出的后果是不一样的，说明它不是原来那个设定推论出的应有的后果。

请注意，在这段论述中，亚里士多德已经不自觉地把"必然性"的论断形式也使用上了。其实，这种必然性也就是表明命题之间推断的逻辑的联系。

五、第九卷第五章（θ.5）的提要与解说

——潜能怎样被寻求以及被实现

（一）第九卷第五章（θ.5）的提要

1049^b31，由于实践和学习而来的潜能都是由以前的练习（exercise）而获得的，那些都是内在的或者都是被动的潜能则并非如此。

35，非理性的潜能必须在和被作用中获得，当其作用者与被作用者在适合于它们的潜能的方式相遇之时。

1048ª7，理性的潜能不必要这种结果；因为它们都是对于相反后果的潜能，如果它们被现实化了，它们必然地会在同一时间，产生相反的后果，而这是不可能的，这里必定有别的某种事物决定那种后果会发生；这将是愿望或意志，任何一种活动作用者决定的希望，那它就会作，当其在合适的方式中与被作用者相遇之时。

15，它的潜能对于被作用者的呈现以及处于一定的状态是有条件的，（我们不需要加上"并且在外在的阻碍不出现时"，那是包含在潜能的正面的条件中的）。

21，在同一时间作相反的事的可能性被排除了，甚至如果一个人自发地想作它们两者的话。

（二）第九卷第五章（θ.5）的解说

这一章是讨论潜能如何实现其为现实的。

他首先分析了"潜能"的来源，他指出（1）是生来具有的，如感觉的能力，这是一种先天具有，与生俱来的本能。比如能看、能听、能触摸、能消化，等等。(2)是后天通过学习和练习而获得的能力。这两种潜能也就是亚里士多德称为"非理性的潜能"（前者）和"理性的潜能"（后者）。理性的潜能一定是存在于有生命的事物中，而非理性的潜能则存在于有生命的事物中和无生命的事物中。他指出：后一种潜能，即非理性的潜能，当作用者与被作用者以适当方式相遇时，必定是一个起作用。而另一个被作用。它们每一个产生一个后果。而另一种潜能，即理性的潜能则产生相反的后果，因为它有理性的"选择"和"愿望"起作用。所以，它并不是同时产生两个相反的后果（这是不可能的），而是指可能出现某种后果，以及与这种后果相反的后果也就是前者的缺失。如医生的医术可能治愈病人，从而获得健康，也可以出现与之相反的另一种后果，即没有治好病人，从而得出病情恶化或加重的情况。当然这要加上一个限制："如果没有什么外在的事物阻挠的话。"甚至在某种强烈的"愿望"或"选择"处于支配地位时，即使是"外在的阻挠"也会被打破而不起作用。但是这两种不同的"后果"不是同时都能做到，（因为它们是相互排斥的），而只能是或者出现"这一种"，或者出现"另一种"。而不是同时出现这两种，为什么呢？因为它没有这个能力，它只能作它的潜能有能力做到的事。

六、第九卷第六章（θ.6）的提要与解说

——第六—九章：现实性，第六章：现实区别于潜能以及区别于运动

（一）第九卷第六章（θ.6）的提要

1048^{a}25，我们现在从潜能与运动的关系转到现实性；我们将在同时发现另外一种潜能，它真的是我们研究的对象。

30，现实性的意思是一个事物的呈现不是像赫尔墨斯潜在地在一块木材之中，或者半条线呈现在一整条线之中，或者知识呈现在一个没有沉思真理的人之中。

35，我们的意思能用归纳和类比来说明；公式并不是总是被期望的，现实性对于潜在性就像行走着对于沉睡着一样，等等。

^{b}6，它的相关或者像运动对于潜能一样，或者像实体对于质料一样。

9，潜能和现实在无限的情况下是不同的，虚空，和相似的实在与我们在看它们行走等等的情况下的它们的所是是不同的。在它将永远现实地具有分离地存在的意义下，无限并不潜能地存在，它仅仅潜在地对于知识存在，划分不会停止的事实蕴含着划分的活动潜在地存在。而不是无限分离地存在着。

18，因为所有活动都有一个限制，这意味着不是目的，它们不是真正地活动，或者一个完成的活动；在它那里目的是呈现在一个活动之中。

23，这样，在同一个时间正在看和已经看过了，正在思考和已经思考

了，正在认识和已经认识了，但这并非真的，一个人在同一时间正在学习和已经学完了，正在被治疗和已经被治疗了。

28，后者是运动，前者是活动或者现实，每一个运动都是未完成的。

35，现在我们已经解释了现实的本性。

（二）第九卷第六章（θ.6）的解说

罗斯给这一章的标题是："现实区别于潜在以及区别于运动"，这是切合这一章内容的。

亚里士多德在这一章对比潜能的一词的多种意义及其与运动的密切关系，来阐述现实一词的多种意义。

他说："现实就是事物的出现，但不是在我们说'潜能地'那种意义上。我们说'潜能地'，例如赫尔墨斯的雕像在一块木头中，或一半在整个中，因为它们能被分离出来；我们甚至把未学习过的人叫作'学者'，如果他能够学习的话。但是现实的东西是指在现实上［存在］的东西。"（1048ª31—35）他举例说："正如实际地建筑相对于能够建筑，醒相对于熟睡，以及看相对于闭着眼睛但有视力，以及那已由质料形成的东西，相对于质料，以及加工完成的加工产品相对于未完全处理的东西。"（1048ª36—1048ᵇ4）这都是与潜能及运动相对比而言的潜能的实现和运动达到的目的来说明现实的。

他接下来从潜能和现实的角度来解释"无限"这个概念。他指出："无限并不在它会在现实中分离地存在的意义上潜在地存在，它仅仅能够在认识中是分离的，因为划分的过程不会停止的事实，使得这个现实潜在地存在着，但不是分离地存在着。"（1048ᵇ14—17）这就是说"无限"不会在现实中分离地存在，它只能是在认识中（亦即思想中）存在，而我们说到"无限"时，在现实中它总是以"潜在的"形式存在着，即表明一种"无限"的可能性而已。

再就运动和目标的关系进一步解释运动。他指出：一个持续时间较长的运动，在这个运动到达其最终目的（亦即一个潜能的实现之时），它可能要经历一些阶段，这些阶段本身的目的，可能与其总的目的有所不同。他举了

"减肥"为例。"减肥"的总的目的是为了获得健康，但它在一定阶段达到的目的只是"瘦身"，即"减轻身体的重量"。到这时，这个运动还不是一个"完全的活动"，即不是以到达最终目的的全部活动。这与有些活动（例如看、行走）不同，这些活动的每一部分都可以是已经完成了活动的目的的，比如说，他在看，并且已经看了，他在走，并且已经走了。但他指出：我们却不能在同一时间说："我们正在学习而且已经学习了，我们正在受治疗而且已经治疗完了。"这就是因为"学习"和"被治疗"都要经过一个较长的过程，但是我们可以在同一时间说："我们生活得好，而且已经生活得好，我们幸福而且已经是幸福的"。因为这个运动的全过程虽然没有完结，但它在已经进行的部分已经达到目的，并且将继续这个过程并将继续达到它的长远目的。这就正好是把运动分成了两部分，一部分是潜能已实现的现实，另一部分是仍然作为潜能向现实转化过程中的运动。总之，我们要区分正在变化中而是未达到全部目的的运动，和已经达到全部目的的现实。

七、第九卷第七章（θ.7）的提要与解说

——什么时候一个事物是另一个事物的潜能？

（一）第九卷第七章（θ.7）的提要

1048^{b}37，什么时候一个事物是潜在地存在的呢？土是潜在的是一个人吗？直到它变成了精子，并且也许那时也不是，正如并非每个事物是能够医治的，而仅仅是潜在的健康。

1049^{a}5，（1）在技艺的制造物中，一个事物被说成潜在的是另一个，如果（a）当技艺家希望的时候，现实化得以发生，如没有什么外在的干扰，并且如果（b）没有什么东西在被施受者那里被干扰，那是一座潜在的房子，在那里没有东西阻挠它成为一所房子，而且它需要一个附加、基质或者变化；而且在所有情况下，那里的现实化都是外在的。

13，（2）当现实化的源泉是内在的时候，一个事物潜在的是另一事物，

如果没有什么东西是外在的阻挠的话，那么，现实化就由于事物自己的本性而发生。这个种子还不是潜在的一个人，因为它必须首先进入某个质料并被变化，正如土必须成为铜，以便它潜在的是一座雕像。

18，当我们说一个事物是由别的什么事物做成的，正如一个小盒是从木头或木头做的，而木头是土，而且土这样是由别的什么事物而来，那从什么东西而来就潜在的是它（在一种不限定的意义上），这样，木头，而不是土，潜在的是一个小盒，是小盒的质料。

24，如果有某种事物它不是从任何事物而来，它就是原初的质料，而不是一个"这个"，主体或基质的区别就在于是或不是"这个"。

29，(1) 那在下面的偶性，像"文雅的"，是一个像人那样的实体（并且他被叫作不是文雅而是文雅的，正如小盒，被叫作木头作的）。

34，但是 (2) 在谓语是一个形式或"这个"时，终极的基质是质料。

36，这是自然的，那来自或引出的形式，应当使用于与质料和偶然属性的相关者，因为二者都是不限定的。

（二）第九卷第七章（θ.7）的解说

亚里士多德在本章一开始就提出了："我们必须区分什么时候一个特殊的事物潜在地存在，而什么时候它不是这样，因为它并非在任何时候和每个时候都是这样的存在的。"（1048^b37—1049^a1）这里就涉及他曾提出的"最贴近的原因"这个概念。他举例说：我们不能说土潜在的是人，甚至在土变为精子时，我们也不能说精子就潜在的是人，因为它们距离变为人的潜在的东西（比如胚胎）还得经历若干的变化，它们都不是能"实现"为人的"最贴近的原因"。

他又以"医疗"为例来继续讨论这个问题，他说，"但是有些确定的种类的事物，却能做到这一点，而这就是潜在的健康的事物，……而且如果没有外在的东西阻碍它，它将被产生出来；而在病人的情况下，即在一个人被治疗的条件下，就是在他那里没有什么会阻碍这个过程，……对于生成的源泉是外在的所有其他的事物都是同样的。至于那生成的源泉是在那生成的事物本身之中的情况，如果没有什么外在的东西阻碍它的话，当它愿意自身变为另外的事物时，一个事物就潜在地是另一事物"。(1049ª4—14)

他还以"潜在的存在"不是一个特殊的事物，即一个"这个"，而是一个可以变为或做成另外一个事物的原料，即是"那样的"来解释这一点。他说一个盒子，它不是木头，而是木头做的，即木头是造成盒子的材料，正如青铜是造成一个雕像的材料一样。这时，这个材料就是我们所说的"质料"。所以，对于制造成的东西（为木盒、雕像）是现实的存在，制成这些东西的质料就是"潜在的存在"。

亚里士多德在这个论述的基础上，提出了一个"第一质料"或"原初质料"（primary matter）的概念，他说："如果有一个最先的事物，它不再是与别的某个事物相关而被称为'作成某物的材料'，那么，它就是第一质料"。(1049ª24—26)其实，这种所谓"原初质料"即不具有任何属性的质料只能是一个思维的抽象，在现实世界是没有其分离的存在的。

这样，亚里士多德归结起来说，潜在的存在的形式就是两个，一个是"实体"，另一个是"质料"（"质料性的实体"、"实体性的质料"）。

八、第九卷第八章（θ.8）的提要与解说

——现实性先于潜能

（一）第九卷第八章（θ.8）的提要

1049ᵇ4，现实性是先于潜能的，不仅仅是对于那些变化在另一事物中的原理或者在这一事物本身作为他者，而且是对于任何变化和静止的原理。自然是一个变化的原理，但是，是在这个事物自身作为自身的情况之中。

10，现实性对于任何这样的原理都是在先的，在定义上，并且在实体上，以及在一种意义上在时间上都是在先的；(1)在定义上，因为什么是"能够的"是由于能够起作用；这样，潜能的知识就预先设定了现实性的知识。

17，（2）在时间上，一个属的实际的数目先于任何潜在的数目，尽管个体化是潜在地先于它的实际的。

24，那潜在的是被另一个实际地存在的个体所现实化的，人由人，音乐家由音乐家。

29，由此，被认为一个人不能是一个建筑者，如果他没有建造过任何东西的话，由此出现了诡辩式的反对，即一个学习者没有任何的技艺来做那个技艺者做的事情。

35，回答是，因为那正在变为存在的，有时必须已经变为存在，这位学习者必须已经部分地具有这个技艺。

1050ª4，（3）在实体上，现实性在先，（a）因为在生成上在后的，在实体上在先，因为它已经拥有它的形式。

7，并且因为每一事物它变为存在是向着一个原点运动，亦即是一个目的，而活动是潜能的目的；动物有视力是为了他们能看，他们并不是看而为了他们可以具有视力。

15，再有，质料潜在地存在，正是因为它能够变成为它的形式；当它现实地存在时，它已经在它的形式中。同样的是真的，在那里，目的是一个运动，教师们认为他们已经达到他们的目的，当他们显示他们的学生们在工作，并且因此在自然中也是一样。工作是目的，而现实性就是工作；这样，EVEPREC（actualiy 现实性）这个字就是从 EPBOV（work/ 工作）这个字引申出来的，成为（come to）的意思就是（完全的现实）。

23，在有些情况下，活动（exercise）是终极的事，例如，看（sight），而在其他情况下，是一个分离的后果（例如，一座房子以及建筑的活动由建筑的技艺而来）；现实性在第一种情况下是目的，在第二种情况下无论如何比之于潜能更加是一个目的。

30，在有一个分离的后果的地方，现实性是在一个建成的事物中（建筑的活动在建成的事物中）；当没有的时候，它在施行者中（看在一个人的看的活动中）。

ᵇ2，这样，实体或形式是现实性，因而现实性在实体上先于潜能，并且我们已经看到（1049^{b}17—29）在时间上现实性预先设定了现实性笔直回到原初的推动者。

6，（b）现实性实体上先于在一个更加严格的意义上的"实体上先于"。因为永恒的事物是先于可消灭的事物的，并且没有永恒的事物潜在地存在着。每样事物能够存在的也能够不存在，并且因而可以消灭。

14，无论是绝对地在它的实体方面，或者在有些方面亦即可以在地点、数量或质量方面能够变化，那些在绝对意义上不消灭的东西，在绝对的意义上不能够"潜在地存在"（尽管它可能在一个限定的意义上）。

20，永恒的运动也不能如此地存在，一个永恒运动的对象也不能如此的存在，如果这里有那样的东西的话。这样，就不用怕太阳，或者地球，以及天空将会变为静止，也不用怕它们会疲于运动，因为它仅仅是质料和对于相反的能力（亦即对于静止）能够使得运动变得艰难。

28，甚至那些在连续的变形中的事物，像土与火，开启了不坏灭的事物，因为它们由于它们的本性而具有永恒的运动。

30，所有其他的潜能都是对于矛盾的潜能，理性的潜能都是能够相反的现实化的，而理性的潜能根据它们的出现或不出现而产生相反的后果。

34，可以反对这样的理念，即因为"科学本身"是一种潜能，那就必须有一种现实，它是比它更加科学的；以及在其他的情况下也是如此。

（二）第九卷第八章（θ.8）的解说

这一章讨论现实先于潜能的问题。这个问题有点像"鸡生蛋，还是蛋生鸡"，谁先谁后的问题。按照我们通常的理解，似乎现实由潜能转化而来，那么，当然应当是潜能先于现实了。可是亚里士多德老先生可不这样看，他认为是现实先于潜能。我们期待在这一章中，他说出他的高见来。

他一上来就旗帜鲜明地说："从我们关于'先于'的各种意义的区分，很明显，现实是先于潜能的。我所说的潜能，不仅指那确定的一类被说成是其他事物中或在自身中作为他者的变化的本原，而且也指一般的运动和静止的每一个本原。由于自然也在如像潜能的同一类中，因为它是运动的本源，但不是在什么别的事物中，而是在作为自身的事物自身中。对于所有这些潜能，现实都是在先的，现实在公式上在先也在实体上在先，至于时间上的在先，在一种意义上是这样，在另一种意义上并非这样。"（1049^{b}4—12）

接下来他分别分析从这三个方面来看的"在先"，即（1）在定义上，（2）在实体上，和（3）在时间上。

（1）在公式上，他说："很显然，它在公式上是在先的，因为潜在的东西在基本的意义上之所以是潜在的，是由于对于它来说变为现实是可能的。例如，我说'能建筑'是指那能够建筑的东西，说'能看'是指那能够看的东西，说'可以看见的'是指那可以被看到的东西，同样的原则对于所有其他场合也是适用的。所以一方的公式和知识必定先于另一方的知识"。（1049^{b}13—17）

这里分析现实在公式上在先的关键论点是，潜在以变为现实为它的目的，因此关于现实一方的知识（表现为定义）必定是要先于关于潜能一方的知识，即潜能必须明确它要变成"什么"。这个"什么"是在潜能中还不具备的，而是它力图要变成的，达到的。因此，我们在定义潜能时，一定要借助于现实，而不是相反。这就表明了现实在定义上一定是先于潜能的。定义现实必须借助归纳获得的知识，而不能借助潜能。

接下来，亚里士多德讨论（2）现实在时间上先于潜能，但在有些情况下，它又不是在先的。

他首先解释了为什么说现实在时间上先于潜能，他指出，在同一类的（他用的是在"属"上，亦即在一小类上）现实存在的，比如人、谷物及看的主体，它们在时间上比潜在的人、谷物或看的主体，一定是先的。因为这种潜在的存在还没有变为现实的存在。他更指出，在现实中还有先于这些现实存在的人、谷物和看的主体，它们是从已现实存在的人、谷物或看的主体中产生出来的。他说这是因为"现实地存在的事物总是从潜在地存在的事物中由一个现实地存在的事物把它产生出来，例如，人从人产生出来，有教养的被有教养的产生出来，永远有一个第一的推动者，而这个推动者已经现实地存在。"（1049^{b}25—26）

这里，亚里士多德提出了"第一推动者"的概念，但他没有作进一步明确的解释。这种互相作用的推动者，何以有这么一个"第一推动者"？是否它就是"不动的推动者"？还是因为"推动力"我们必须在某个阶段停下来，否则就会陷入他所说的"无穷的后退"的困境之中。这些都没有得到说明，我们也只把它当作一个有待解决的问题挂起来。

下面他还为了反驳智者派所提出的反对意见，作了说明和予以反驳。他说："这就是为什么这样的事情被认为是不可能的：如果一个人从未建筑过什么东西，但他能成为一个建筑者，或者一个从来未弹奏竖琴的人而是一位竖琴师；因为弹着竖琴的人，通过弹奏它来学习弹奏它，其他情况也是如此。"（1049^{b}30—33）智者派正是根据这一点提出反驳："即一个不拥有一门科学知识的人，将会做是那门科学的对象的事。"他对智者派的这个责难的回答是学习的一个过程。在一个长的过程中，他可能已经取得在一段过程中的成果。他说："正因为正在学习的东西就不是拥有的东西，但是由于正在变为存在的东西，某些部分必定已经变为存在，而且一般说来那正在变化的东西，某些部分必定已经变化了……，看来，那正在学习的人必定拥有这门科学知识的某些部分。"这就是说这个人可以已经掌握这门科学的部分的知识，因此，"他做这门科学的对象的事"就是可以理解的了。

关于现实在时间上先于潜能的问题，他在这里只论证了一半，即它在时间上是先于潜能的；还有一半，即他说的"至于时间上在先，在一种意义上是这样，在另一种意义上并非这样"。对于这个"在另一种意义上并非这样"，即它并非先于潜能，他并未给以说明和解释，这也就留下了一个问题。

再往下他要讨论：（3）现实在实体上也是在先的。

他说："首先，（a）因为在生成上是在后的事物，在形式和实体上则是在先的。"（1050^{a}4—5）这是因为生成上在后的，是变化运动所达到的目的，它就是将要变化成的实体（亦即与形式结合而成的质料与形式的结合体），它已具有形式，而由之变来的作为"潜能"的东西，还不具有这个形式，因此在实体上作为现实的存在就是在先的了。"质料潜在地存在，因为它可以获得形式。但是，当它现实地存在时，那时，它就是在形式之中了。"所以，他举例说："因为动物并不是为可以有视力而看，而是为了他们能看而具有视力。同样地，人们拥有建筑的技艺是为了他们可以建筑，而具有思辨能力是为了他们可以思辨"。（1050ᵃ10—12）他指出："活动是目的，而现实就是活动，所以甚至现实 ἐνέργεια 这个字就是从'活动'（ἔργον）引申出来的，并且倾向于具有'完全实现'（ἐντελεια）的意义。"（1050ᵃ21—23），这是一个从字源学上来追溯"现实"的意义的有趣做法。这里的"完全实现"，是指活动完全实现其目的。在过去的中文文献中，有人把它音译为"隐得来希"虽然是发音正确，但字义却令人不知所云，所以不是一个好的译名，应当译为"完全实现"。

他又指出：活动的目的是为了"使用"。比如视力就是为了看，建筑的技艺是为了得出一座房子和建筑的活动，当活动的结果是某种不同于活动的东西时，现实就存在于制造出来的事物中。"一般说来，运动存在于被推动的事物中，但在现实之外没有什么产物的场合，现实就处于自身之中，例如，看在看者之中，思辨在思辨者之中，生命在灵魂之中。"（1050ᵃ34—1050ᵇ1）

由以上论证，他得出结论说："很明显，实体和形式都是现实。于是，根据这个论证，现实在实体上先于潜能就是很明显的了；而且，正如我们说过的，一个现实在时间上永远先于另一个现实，一直到那永恒的第一推动者"。（1050ᵇ3—5）

往下，就把现实在先这个问题，从另一角度来加以讨论，即（b），他指出："永恒的东西"在实体上先于"可消灭的东西"。这是因为，他认为"永恒的东西"永远是现实，它没有潜在的存在的形态。他解释说："理由是这样的；每一个潜能在同一个时间都是一个相反对的潜能，因为当不能发生的东西不能在任何东西中发生时，每一个可能存在的东西也许可能不能实现。因此，那可能存在的既可以存在也可以不存在，因而，同一个事物既可能存在也可能不存在，并且那可能不存在的也许可能不存在，而那也许可能不存在的东西是可以消灭的，或者是在绝对的意义上，或者是在那种也许可能不存在的意义上或者是关于地点，或者是关于量，或者是关于质。'绝对地'意思是指关于实体。这样，没有在绝对意义上是不消灭的事物在绝对意义上潜在地存在（尽管没有什么东西阻碍它在某些方面是那样的，如在质的方面，或在地点方面）；这样，所有不坏灭的事物都现实地存在。没有由于必然性的任何事物能够潜在地存在；这些事物都是原初的；因为如果这些事物不存在，就没有什么事物会存在。运动也不是潜在的，如果有任何永恒的运动的话，如果任何事物在运动上是永恒的，它在运动上也不是潜在的，除非是就'从何处'和'向哪里'而言，没有什么事物阻碍它具有质料。"（1050^{b}8—23）

在这一大段话中，亚里士多德坚持的基本点是：永恒的事物，即不坏灭的事物，永远是现实地存在，它们没有潜在地存在。这样，它们的运动也是永恒不断的，因为它受它们内在的运动原理的推动，而这种推动也是永恒的。亚里士多德用这个理论构筑起他对天体（所谓"月上世界"）的永恒不灭、永恒运动的图案，并以此来解释我们这个现实世界（即所谓"月下世界"）的千变万化的最终解释。这就是他的所谓的"第一推动者"或者"不动的推动者"。

亚里士多德的这套理论是受到了当时人们认识和科学发展水平的时代局限，这是任何伟大的思想家所不能避免的。亚里士多德的这套永恒世界、永恒运动的理论就鲜明地表现了这一点。

其实，世界的普遍法则是一切皆在运动变化之中，没有什么是"永恒不变的东西"。如果有什么是永恒的东西的话，那就是世界的永恒的运动变化。亚里士多德想找出一个永恒的东西来解释世界，但他所找到的却是一个他想象的永不变化的"实体"，以至他的至上的统治力量也是来自这个最高实体的。这就是他的自然主义的神学观。它与柏拉图"德米阿尔格"即"创造者"是一样的幻想。只要稍加改造，它就可以人格化为万能的创世的"上帝"。这也与古希腊神话中将自然力量神化并人格化的奇思幻想一样，是一个类型的思维方式。这一点我们将在以后的关于亚里士多德的神学的第十二卷中详细地加以讨论。

有了这个基本了解，我们可以回过头来，对以上我们长段引用的亚里士多德的话来进行分析和了解。这样，他那十分费力的、佶屈聱牙语言中包含的意思，我们也可以逐步把它们"翻译"成我们能够理解的意思。

在亚里士多德看来，与我们这个世界上的生生不已的变化相比（因此才有所谓潜能和现实的运动变化）那个"永恒世界"里的事物，都是"现实地存在"，它们没有"潜能地存在"。因此，所谓"现实"当然是先于一切的，因为它就是唯一的存在形式。这就是他说的"永恒的东西在实体上先于可消灭的东西，而没有永恒的事物是潜在地存在的"。为什么呢？他解释说："理由是这样的：每一个潜能在同一个时间都是一个相反对的潜能，因为当不能发生的东西不能在任何东西中发生时，每一个可能存在的东西也许可能不能实现。因此，那可能存在的既可以存在也可以不存在，因而，同一个事物既可能存在也可能不存在，并且那可能不存在的也许可能不存在，而那也许可能不存在的东西是可消灭的，或者是在绝对的意义上，或者是关于地点，或者是关于量，或者是关于质。'绝对的'意思是关于实体。这样，没有绝对意义上是不消灭的事物在绝对的意义上潜在地存在……；这样，所有不消灭的事物都现实地存在，没有由于必然性的任何事物，能够直接地存在；这些事物都是原初的；因为如果这些事物不存在，就没有事物存在。运动也不是潜在的，如果有任何永恒的运动的话。如果有任何事物在运动上是永恒的，它在运动上也不是潜在的。"（1050^{b}7—22）从这段话可以看出永恒的事物永远都是现实，它的运动也永远持续不停，所以说运动也不是潜在的。这样，他也解释和回答了某些自然哲学家和普通人们的担心和忧虑：永远处于运动中的"太阳、星辰以及整个天空"会不会停下来，而且被累倒了，因为它们没有可消灭事物那样的对立的潜能，因为它们都是"现实"。

亚里士多德还顺便又批判柏拉图的理念论的荒谬。他指出：按照"理念论"的论点来解释永恒的事物，那么就会有比"绝对知识"更高级的"绝对知识"，有比运动更高级的运动。这些都是对永不消灭的事物的可笑的描绘。

九、第九卷第九章（θ.9）的提要与解说

——关于潜能与现实的一些说明

（一）第九卷第九章（θ.9）的提要

1051ᵃ4，一个好的现实比一个好的潜能更好些。因为对于一个事物的能力总是对于相反者的能力，并且在同一时间也是如此（尽管相反者不能在相同时间存在），并且因而是既好又坏，或者既不好也不坏。

15，相似地，一个坏的现实性比一个坏的潜能更坏，而且后于它，并且因而恶不能是一个实际的实体分离于坏的事物而存在，因此，在永恒的事物中没有什么事物是恶。

21，几何的关系是由现实化而被发现，亦即用线来划分原来潜在地存在的给定的图形。参看，一个三角形的诸角＝两个直角，或者在一个半圆上的角是一个直角。那潜在的存在的被现实化的东西所发现。这个理由几何学家的思考是一种现实性。潜在来自现实性（并且因而知识由于行动来），尽管在生成上后于它自己的潜能。

（二）第九卷第九章（θ.9）的解说

这一章亚里士多德从功能上分析，得出一个结论："现实比起好的潜能还更加好和更有价值"。（1051ᵃ4）

他从两方面来分析这一点：

第一潜能是有两种可能的，同一事物能做什么，同时也能做出相反的事情。例发，医疗能做出有关于健康的事，也能做出有害于健康的事。这是潜能的本性。但是，这两种相反的及潜能不能够在同一时间出现，亦即在现实中它们不能同时出现，因此，现实是比潜能更好的。也就是由于这一点，我们在两种潜能并存的时候，我们要力争实现对我们最好、最有利的现实。

他由这一事实推论到永恒的事物中，没有恶的存在，这是因为他认为永

恒的事物总是美好的，不存在任何恶的东西。

第二，他以几何学为例说明经过增加线段能使在一条直线上的角是两个直角的形象，把三角形三内角之和等于两个直角，和半圆形中以直径为底边的在半圆的三角形的三内角等于两直角的事实显示出来。他以此来说明，现实优先于潜能。

这一章，这两大段话就说明这么两个简单的问题。我怀疑这一章可能是这一卷中游离于整卷论题之外的材料，很可能有文本上的错乱的问题。

十、第九卷第十章（θ.10）的提要与解说

——真理的本性

（一）第九卷第十章（θ.10）的提要

1051ᵃ34，"存在"（being）和"非存在"（not being）被用于与以下相关联（1）对于范畴，（2）对于潜能和现实，（3）对于真和假。真理的意思是思考那被划分的或联结的，那些相应地是被划分的或联结的；错误的意思是在一种状态下与事实相反。

ᵇ5，什么时候真理呈现？你不是白色的因为我们真的认为你是，但是，反之亦然。

9，（1）有些事物总是联系着，其他的总是被划分的，再有其他的可能是两者，存在是存在联系的；非存在是非存在联系的。所有的事物可以是或者联系着的或者是被划分的，相同的意见在不同的时间是假的或真的；并非对于事物如此，事物必须是像它们所是的。

17，（2）在非组合的情况下，什么是存在和真理呢？对于它们，存在不是被联系着的，而且真理不是它在组合的情况下的所是的。

22，（a）真理在这个情况下是接触和断定（如同与确定不同），无知仅仅能够意味着在这种情况下没有接触；关于一个事物是什么或实体，错误是不可能的（除非由于偶性）。那样的实体全都是现实地而不是潜在地存在；

否则它们将会变为存在或者坏灭，但是没有事物出于它们存在本身能够变为存在。

30，关于所有是本质和现实性的东西，我们不能有错误；或者我们知道它，或者我们不知道。但是我们可以研究它们是什么，它们究竟是不是如此这般的。

33，（b）那回答真理的存在，在这个情况下并不是被联结着的，如果这个事物毕竟存在，那么它以某种方式存在。真既意味着知道那样的对象；关于它们没有错误是可能的，而仅仅只有无知——无论如何不是类似于盲目的无知，它将是一个认知能力的完全的不出现。

1052ª4，（回到1）关于不能变化的我们如果相信它是不能变化的，我们不能够错误地假定它有时具有某种属性而有时又没有，而是我们可以假定这一类的一个数量有一种属性而另一种没有。关于一个单个数目我们甚至不能犯这个错误，究竟我们是对还是错，它蕴含这个事实是永恒的。

（二）第九卷第十章（Θ.10）的解说

这一章在整个卷中也显得是格格不入的，与一整卷讨论的潜能和现实的问题，没有什么关系。与上一章（第九章）一样，我也怀疑这里有误编或错简的问题。关于这一点，不少学者也持有这样的怀疑。

这一章亚里士多德突然返回到"存在"和"不存在"在真和假的意义上的使用，他称它们是"在最通常的意义上"的使用。他这样说："由于'存在'和'非存在'不仅作为范畴的类型来使用，而且也作为这些范畴的潜能和现实或者作为相反的东西来使用，但最通常的意义上还是真和假，而这有关客观对象为联结和分开。所以一个人认为那分开的东西是分开的，那连结着的东西是联结着的，他的认识就是真的；而与事物的状况相反的认识就是假的。"（1051ª34—1051ᵇ5）

这个对真和假的解释是亚里士多德的逻辑学中所坚持的"反映论"的观点，即认识符合客观事实的，即主观认识正确反映了客观事物的情况的就是真的；如没有正确反映事物（认识的对象）的客观情况，那么这个主观认识就是假的。这是一个正确的唯物主义的观点。所以，他说："并不是我们真的认为你是白的，你就是白的，而是由于你是白的，我们这样说才是真的"。（1051^{b}7—8）对于复杂一点的情况，他说："关于那些容许可能的，同一个意见同一个陈述会成为真的或假的，它可能在一个时候是对的而在另一个时候是错的，甚至那些不能是另外的状况的事物，则不发生有时真有时假的情况，它们永远是真的或永远是假的。"（1051^{b}14—16）托马斯·阿奎那在注释这个地方时举的例子是："人是动物"永远是真的，而"人是驴子"则永远是假的，可供参考。

以下一段关于"组合的事物"和"非组合的事物""以及它们和真、假的关系"，究竟是指什么而言，由于亚里士多德在这里的语言非常晦涩，因而文意不清，不少研究的学者提出了种种的猜测，想弄懂它的意思，但都莫衷一是。有一种说法，（参看罗斯此处的注释，参看该书第274—279页），可供参考。可以把"组合的事物"从判断的命题中的主语和表语的关系来看，肯定主语和表语的关系是"组合的事物"，如，S 是 P；而否定这两者的关系的是"非组合的事物"，如 S 不是 P，如果我们的认识与客观事物的状况是吻合的，就是真的，否则就是假的。所以，他说："（1）真和假是这样的：接触和述说是真的（述说和肯定是不同的），而无知是不接触，因为关于一个存在的事物是什么不可能被欺骗，除非是在偶然的意义上，这对于非组合的事物也是成立的（因为关于它们不可能被欺骗），它们全都现实地存在，而非潜在的存在，因为不然的话它们会被产生出来或被毁掉；但现在存在本身不是被产生出来的，也不是被摧毁了，如果它是的话，它就会是从某事物产生出来的了。这样，关于所有本质或现实事物，就不会有被欺骗的问题，而仅仅只是思考它们还是不思考它们的问题"。（1051^{b}24—32）它似乎是说，这时，我们认识的对象都是现实存在的，所以，没有"被欺骗"的问题，也许有某种"偶然的原因"，使认识对象有了某种假象，我们也许会受欺骗。否则的话，就是我们思考它们还是不思考它们的问题，因为如果不与认识的对象接触的话，我们只会陷入"无知"的状况，就像一个人不使用他的视力来看事物就等于是"盲人"（blindness）一样。

至于另一种情况，他接着说："(2) 至于真的意义上的存在和假的意义上的非存在，一方面如果它们是联结的，是统一体就是真的，如果不是联结的，就是假的。另一方面，这个统一体，作为存在，以这样一种方式存在，如果它不以这样的方式存在，它就不存在，真就是认识它们，假的就不存在，欺骗也不存在，而只有无知，而且不是像盲目那样的无知，因为盲目类似于思维能力的完全丧失"。（1051^{b}34—1052^{a}4）这仍是说：如果 S 是 P，表示一个组合的事物，是联结的，它就是真的，否则就是假的。同样，它也不可能产生"欺骗"，而只有主观认识不与这类客观事物的接触而产生的"无知"。这种"无知"与前面说的不一样，它类似于"思维能力的完全丧失"。前面的是"有视力而不运用"，现在这种则是"思维能力的完全丧失"。

他接着还分析了"不运动的事物"，"在时间方面不可能有欺骗，如果我们假设有不运动的事物的话。"他举的例子是"三角形"，它是不变动的，那么它的三内角之和一定是等于两个直角的。他还指出，有些事物有某属性，同时又没有这种属性，例如，偶数有些不是质数，而有一些，（即偶数 2）是质数。但有的情况，比如，一个单个的数，就不会如此，它只能或者是质数或者不是质数。

总起来说，这一章的内容难以确切理解，因此不少学者怀疑它不是亚里士多德的著作，或者被错误地放在了第九卷的末尾处。

第十卷（I）

一、第十卷第一章（I.1）的提要与解说

——统一的意义

（一）第十卷第一章（I.1）的提要

1052^{a}15，统一有四个主要的意义，除了偶然地统一之外，一是（1）连续的，特别是那在本性是连续的；不是仅仅接触或集结，而且更为特别的是它的运动是不可分的和简单的。

22，统一甚至更加属于（2）整体，它具有确定的形式，特别地对于自然的整体，它具有在自身之中的它们的连续性的原因，亦即，它们具有一种在地点上和时间上不可分的运动。这样，那自然地以一种运动的原初种类，亦即是圆形的沿地运动而运动，是一个在原初意义上的单个的大小。

29，再有，那些在定义上或思想上是一（亦即是不可分割的）的事物都是一（3）在数目上（亦即是个体的），或者（4）在形式上（亦即对知识）——它给了实体的统一。这样，"这一个"（the one）的意思是"自然地连续的"、"这个整体"、"这个个体"，或者"这个共性"。所有这些都是一或者由于它们的运动是一，或者由于它们的思想或定义是一。

^{b}1，这些问题，"什么事物的种类被说成是一"以及"它怎样成为一"是不同的，诸事物中的每一个我们已经名之的是一，但是要成为一，与其他在有时候意思是这些事物成为一，有时候意思是别的某事物是更有文字意义，尽管这些其他更好地表现这个语词的含义。

7，相似地我们必须区别这些问题："什么是终极的物理的元素"以及"是什么使它成为一个元素"？

14，成为一（to be one）就是成为不可分割的，作为一个本质上的一个这个和在地点上、在形式上、在思想上不可分离的，或者成为整体和不可分割的，但是根本地成为一个类的第一个度量，而且特别地是在量上，从它（量）扩展到其他状况。

20，一个度量是由于它的量被认识；这或者是一个单位或者是一个数目，而且数目被认识是借助一个单位。所以，所有量被认识都是借助单位，由此，单位是数目作为数目的起点。

24，由此，在其他情况下也是由它的一个事物原初地被认识就是度量，而每一个事物的度量是一个单位——在长度、宽度、深度、重量、速度等方面（后面两个语词适用于那是轻的或是慢的以及那是重的或者快的）。

31，在所有这些情况中，这里有一个度量和起点，它们是某种在质上和量上是一和不可分割的。

35，一个精确的度量是一个那种不能从它去掉或增加的度量，由此，数目的度量是精确的，因为单位在每一种方式上都是不可分割的。在其他情况下，因为一个大的量能够被加上或被去掉，而不被察觉，人们选择如同度量第一个事那样，它不能被加上或被去掉而不被察觉。

1053^{a}8，运动由最快的简单的运动加以度量（例如天文学，用天体的运动）；相似地，四分音符是音乐中的度量，字母是言词的度量。

14，有时，这里有多于一的度量，例如，在音乐中、在言词中、在不可通约的大小中。

18，一就是度量，在那种意义下，我们学习一个事物的本质是包含在划分它或者在量上或者在种类上成为一的东西。单位是在各种方面都不能划分的（像数目的单位）或者对于感觉来说 [也是不可分的] 像脚。

24，度量总是类似于它所度量的东西，例如，单位的度量是一个单位；我们必定不要说数目的度量是一个数目；那将会像说单位的度量是单位，因为一个数目是诸单位的繁多。

31，我们把认识和感觉叫作事物的度量，因为我们由于它们而对事物有所认识，但是真正地它们是被度量而不是度量，它就像我们知道我们的高度是用某个别的事物度量我们。普罗泰哥拉说人是万物的尺度，意思是说"这个人认识"或"这个人感受到"；在他的话中没有什么可值得注意的。

^{b}4，这样，"一"，如果我们容易地来定义它的话，意思是一个度量，原初地是关于量，第二位的是质；例如，在量上和在质上，什么是不可划

分的。

（二）第十卷第一章（I.1）的解说

在整个第十卷（I）中，亚里士多德集中地讨论了一和多的问题，以及与之有密切联系的事物之间的差异，包括对立、反对和矛盾（最大的差异）等问题。这是这一卷的一个很大特色。它表明了亚里士多德对问题的研究，步步深入、穷追不放、辟里入微的特色。我们在学习这一卷时，要特别注意从这一个角度来学习和体会。最后在本卷第十章中，亚里士多德又提出了他心爱的"不可毁灭的事物"的概念（这和他的不动的推动者是同一类的概念），并进行了深入的讨论。这种思想，直接导致他后来在第十二卷中对于他的"自然神学"的讨论。关于这一点，我们在学习第十二卷（Λ）时再来讨论。

以下我们先来讨论本卷第一章（I.1）的内容。

亚里士多德在这一章中首先提出一在多种意义上被使用，到底它的基本的意义有哪些？他指出："那些首要地和由于其本性被称为一，而不是在偶然意义上 [被称为一]，可以归纳为四项：(1) 是那连续的东西，……(2) 那是一个整体并具有一定形状和形式的东西更高程度的'一'……(3) 在数目上，个别的东西，是不可分的，而(4) 在种类上，它在可知性上和知识上是不可分的，所以那使得实体是一的，一定是在原初意义上的一了。"（1052^{a}16—35）这样，他首先列出了"归纳为一的四项"，同时逐一地对它们加以分析讨论。

他指出："(1) 那连续的东西或者是绝对地或者更加是由于本性而非是由于接触，也不是由于捆绑在一起而是联结的，在这些中间，其运动是更加简单和不可分的，就具有更大程度的统一性和优先性"，（1062^{a}19—31）这里就涉及他将要在以下一些章中详细讨论的作为单个的统一体（unity）的"一"的种种情况了。这也涉及下面他要讨论的作为整体的（whole）"一"的含义。

(2) 那是一个整体并具有一定的形状和形式的东西是更高程度的"一"，特别是由于本性如此而不是由于强制（像用胶水或者钉子，或者捆绑）而连在一起的，而是在它自身具有它的联结性的原因。一个事物如果它的运动在地点和时间上是一个而且是不可分离的，就属于这一类。所以，很清楚，"如果一个事物由于本性而具有第一种运动（我指的是沿轨道的圆周运动）的第一本原，它就是原初意义的大小和一"。（1052^{a}23—28）这一类是比较第一类更为稳定的作为一个"整体"的一。这种由于本性而非强制（用强力或捆绑或用钉子钉上或胶水粘上，等等）形成的整体，而并非仅仅如前一类那样的比较松散的连续性而形成的一，亚里士多德称之为"更高程度"的一，即统一（unity）和整体（whole）。关于这一点，他在前面有些卷中也讨论过，可见他很重视由于本性形成的"整体"和较松散的联结的区别，但是他没有考虑过"用强力形成的统一体"。如用胶水粘成的一本书，或用钉子钉成的一个衣柜，它们也是一个统一的整体。为什么这样的统一的整体，就没有和本性而形成的统一的整体具有相同的功能和地位呢？对于这一点，亚里士多德并没有作出任何解释或说明。其实，就这个问题而论，最强的统一体或整体是有机物（即有生命的动物或植物）的整体，其次才是其他的所谓由本性而形成的种种统一体和整体，最后才是用外力施加影响而形成的统一体和整体。亚里士多德有这个意思，但他没有明确地表达出来并加以发挥。

至于第三项："在数目上，个别的东西是不可分的，因而每一个别的东西，当然是一，而第4项，在种类上，它在可知性和知识上是不可分的，所以那些使得实体是一的一定是在原初意义上的一了。"（1052^{b}32—34）

他对以上四项加以概括地说："这样，'一'具有所有这样一些意义：在本性上是连续的以及整体以及个体，以及共相。所有这些都是一，因为它们都是不可分割的，有些是运动上不可分割，有些是思想上或者定义上是不可分割的。"

他接下来又指出："'是一'的意思是'不可分的'，真正地是一个'这个'，而且在地点、形式和思维中都是分离的；或者还意味着是'一个整体的不可分的东西'。但它特别意味着'是某一种事物的基本的度量'，最严格地是指数量上的度量，因为它由此出发延伸到其他（范畴）。因为度量是数量由之而得以认识的东西，而数量作为数量是由一个单位或由一个数目而得以认识，而所有数目都是由'单位'而得以认识的。因此，所有的数量作为数量是由一而得以认识的，这个一本身就是诸数量由之首先得以认识的东西。因而'一'就是数目作为数目的起点。由此，在其他场合也是如此，度量的意思就是通过它每一事物得以首先被认识，而对每一个事物的度量就是单位——在长度、宽度、深度、重量和速度方面都是如此。"（1052^{b}15—27）。

他从此处开始特别对"度量"和"单位"的问题进行了较为详细的解释，而把作为"单位"的"一"，突出出来反复加以解说。

他说："在所有这些场合，度量和起点都是某个'一'和不可分的东西（因为即使就线而言我们也把一条一尺长的线当作不可分的）。因为这就任何地方我们都取某个一和不可分的东西来作度量；这就是在质的方面和量的方面是简单的东西。"（1052^{b}32—35）为什么把"一尺长的线当作不可分的"呢？一尺长的线，一般来说当然是可以再划分的；但是，把"一尺"作为一个计量长度的"单位"（尺）来度量别的事物的长度时，我们是把它看作一个一尺长度的"单位"的，因此它是被当作不可分的"一"，即"单位"（尺）来看待。因为任何度量的"单位"，都必须当作"一"和"不可分的东西"，亦即"单位"。由此，他进一步指出："于是，在认为不可能去掉或增加的地方，度量就是精确的（因为数目的计量是最精确的，因为我们设定在每个方面单位都是不可分割的）；而在所有其他场合，我们都仿效这种计量"。（1052^{b}35—1053^{a}2）这里的所谓"不可能去掉或增加的地方"，既是指"单位"也是指"总量"。因为"单位"如果在量上有了不可确定的增加或减少，那么它度量的总量也会出现增加或减少。这是非常明显的。如果出现了这种情况，那么，这个计量显然是不精确的了。在我们的日常生活中，某些不良商人以"缺斤短两"的手段来非法牟利就是这样地制造"不精确"。所以，在有些市场，管理人员设置了"公平秤"来揭露这种不法行为，并显示正确的度量。

再往下，他解释了在某种情况下，度量的单位有时也可能不是"一"。比如，他说，用两个四分音符来度量一串语音的度。还有他说："正方形的对角线是由两个量来度量的。"为什么会是这样呢？这里是有争论的。从文本上说有两种解释，一个是我在中译本中将采取勒布版本的说法，它认为应为"正方形的对角线"是由两个单位来度量的。但这个说法很难解释这两条对角线为什么要用两种单位来度量，而且又是用的哪两种单位？另一种说法是罗斯的译法，他根据古希腊文本译为："四边形的对角线及边从而就是它们用两个单位来度量的。"这在译文上似乎解决了恰当的动词问题（勒布版本认为"及边"是抄写者误抄的），但同样难以解释，为何要用两个度量单位？又是用的哪两个度量单位的问题。罗斯在他的注释中（参看第 283 页）作了一个非常勉强的解释，他说："对角线本身被说成是由两个度量者来度量，亦即它被设想成：包括两部分，一部分等于一个边，而另一部分代表超过一个边的部分，并且这两个部分不能通约，被说成是由不同的单位来度量"。（参看第 283 页）这段话本身都是含混的，而且是文理不通的，特别是最后一句话根本是强词夺理的说法。试问，是用的哪两个不同的单位来度量的呢？所以，它根本无法令人信服，所以，我同意有些学者的看法，这里很可能存在错简和误抄的问题。

亚里士多德还指出了：尽管"单位"一般是不可分的，但是在有的情况下单位还有可以被分割的情况，比如作为计量单位来使用的"脚"（foot）[英国人至今仍把一英尺称作 foot] 都只是在知觉上是不可分的，而在生理上它是由一些部分联结而成，因此，也是可以划分的，——这些细节表现出亚里士多德在考虑问题时，是十分细密的。

他还指出："计量永远类似于被计量的事物，对大小的度量是一个大小，特别是对长度的度量是一个长度，对宽度的度量是一个宽度，对联结的声音的度量是一个联结的声音，对重量的度量是一个重量，对诸单位的度量是一个单位。"（1053^{a}25—28）

他还顺便以自己的观点，改造了一下普罗泰哥拉的著名论断："人是万物的尺度"（它的本意是否定事物存在的客观标准，而把一切归之为人的感觉）。他说，这就意味说我们的知识和感觉知觉是事物的尺度，这就和一个人把别人的身高看作是自己感觉到自己的身高时的一个尺度，实际上，这也是客观的尺度。

他最后总结这一章时，再次强调："显然，'一'［单位］在最严格的意义上，如果我们根据这个词的意义来定义它的话，它就是一个尺度，而更恰当地说，是量的尺度，其次是质的尺度。有些事物如果在量上不可分的话就会是一；其他的事物如果它们在质上不可分的话也就会是一。因此，一就是不可分的东西，或者绝对地或者作为一［是不可分的］"。（1053^{b}3—8）

二、第十卷第二章（I.2）的提要与解说

——统一不是一个实体而是一个与存在共同进展的谓语

（一）第十卷第二章（I.2）的提要

1053^{b}9，一是一实体吗？像毕达哥拉斯派和柏拉图所说的那样，或者是某种自然的东西存在于它的下面，例如（正如，自然哲学家们说的）友谊、空气，或者无限。

16，（1）如果像我们曾经说的，没有普遍是一个实体，而且存在不是一个独立的实体，而仅仅是一个谓语，那么一也同样是真的；存在和统一都是所有谓语词项中的最普遍的。这样，种也不是分离地存在的实体，并且统一不是一个种，比之存在和实体更是如此。

24，（2）因为在质或在量中，"一"是某种在它之下的属性，我们必须相似地在所有范畴中问什么是一，在颜色中一是一种颜色（例如，白色），所以，如果世界由颜色构成的话，它就会是一个数目，的确，但它是一个颜色的数目，并且这个一会是一个某事物。

34，所以，也是一样，如果这个世界由音调即联结的声音或者正边图形构成，它就会是四分音符、文字或者图形，而且一会是四分音符、文字或者三角形了，

1504^{a}4，如果在其他范畴中这也是真的，对于实体也必须是真的；这个一本身必须是一个实体。

13，统一在一种意义上与存在是一样的，这是清楚的了。（1）因为它

在各个范畴中都能发现；（2）因为它对于一个词项不加上什么，并不比"存在"所作的更多些；（3）因为对于一个事物成为一就是成为它是的那个特殊的事物。

（二）第十卷第二章（I.2）的解说

托马斯·阿奎那在他的注释中，给这一章的标题是："统一体的本性"。（参看该书第 706 页），而罗斯给这一章的标题是："统一不是一个实体而是一个与存在共同进展的谓语"。（参看该书的第 284 页）当然两个标题都是对的。但我觉得托马斯·阿奎那的更好些，特别是它使人不会误解亚里士多德在本章的第一句话："关于一的实体的本性，我们必须研究它在两种方式的哪一种中存在。"（1053^{b}9—10）这句话带给读者的困惑是：这里说的"两种方式"究竟何所指？是指"一"既指一个"统一体"又指作为"单位"的"一"吗？这有点让人摸不着头脑。而托马斯·阿奎那的那个标题有助于澄清这个问题。它径直地说：本章讨论的问题是"统一体的本性"，而在这一章中亚里士多德的确是将"统一体"和作为单位的"一"这两者（当然，它们本来就是一回事）联系着"实体"来讨论它们的存在的本性。这样就使人从"云里雾里"中走了出来。

亚里士多德的中心意思是指"一"（不论是作为统一体还是作为"单位"的"一"）不是实体。它的存在的本性和存在的概念一样，也不过是作为一个"表语"。"因为存在和一是所有表语中最普遍的。"（1053^{b}20）

为什么不能是一个实体呢？亚里士多德指出，"正如在讨论实体和存在时已经说过的，而且存在本身不能是一个实体（在与多分离的一）的意义上，因为它 [共相] 是多所共有的，而仅仅是一个表语"。（1053^{b}17—19）这就是说"存在"和"一"都不能有分离存在的"这一个"，因为"存在"和"一"都是共同名词，如果它们是"种"或"属"，它们不是可以与其他事物分离的某种实在和实体，而且"一"也不能是一个种，这和实体和存在不能是种的理由是同样的，"一"也不能是一个种。因为它不能像种一样包含可以分离存在的单个事物。结论就是"一"与"存在"一样只能是所有表语中最普遍的，亦即它是一种最普遍的属性，可以用以表述多种事物，所以他说："'一'具有与'存在'一样多的意义"。(1053^{b}25)

他接着说："这个状况对于所有种类的'一'必定是同样的。"(1053^{b}24) 这里所谓的所有种类的"一"就是在第一章中讨论过的四种意义的"一"。

他往下的讨论就是要表明"一"的本性就是一个"数目"，即最基本的数目的"一"，就是一个"单位"。这就是"一"的本性。他举例说：如果存在的事物是"颜色"，那"一"就是一种颜色，例如，"白色"（并由此而引出它的缺失，即黑色）；如果是声音，"一"就是这个声音的单位，即四分音符；如果是语言，就会是构成这个语言的单位的数目，即一定数目的音素；如果是图形，它就会是构成图形的单位的数目，即若干个三角形；如此等等。这些都很清楚，唯有一个令人困惑，即为什么图形的统一，是若干个"三角形"？这大概是因为"图形"中最简单的，可以作为是单位的是"三角形"吧？

他总结起来说："因此，由于在属性中，在质、量和运动中以及在所有相似的场合，都有数目和'一'，而数目是特殊事物的数目，'一'是一个特殊的事物，但它的实体并不就是'一'。"又说："这样，就很清楚，在每一个种类中，'一'是一个事物而没有一个场合它的本性仅仅是'一'。但是正如在颜色的场合，我们要寻求的'一本身'就是一种颜色，那么在实体的场合也是一样，'一本身'就是一个实体。……它的意义与诸范畴一一对应，而且它不是在任何范畴之内构成的（例如它既不是在'一个事物是什么'，也不是在质中构成的，而是与它们相关，正像存在那样）。"(1054^{a}10—16)

他最后举例来说："在'一个人'中并没有比在人中表达什么更多的东西（正如存在并没有什么在某一事物或质或量之外的东西），是'一'就是一个特殊的东西。"(105416—19)

实际上，从语法学上来看，一这个"单位"本身无非就是一个"量词"。所以说"一个人"不比"人"表达更多的东西，但就是"一"就是一个特殊的东西来说，还是有细微的分别的。"一个人"是强调的这是一个个体，而"人"作为一个集合名词（即种或属）它表示的是一个普遍的"人"。

三、第十卷第三章（I.3）的提要与解说

——统一与繁多；等同；相似；差异；不同；矛盾

（一）第十卷第三章（I.3）的提要

1054ª20，一与多在几种意义上是反对的，它们中的一个是不可分的或未被分的与可分的或已被分的相反对，这个反对是属于对立（contrariety）的（包括如它所包含的缺失），而不是矛盾（contradiction），也不是相关（relation）。

26，统一以与繁多的相关来解释，不可分的以与可分的相关来解释，因为后者在感觉上更为明显。

29，对于一，它属于语词一样（same）、相像（like）、相等（equal）；对于繁多它属于语词，不一样（other）、不像（unlike）、不相等（unequal）。相同的意思是（1）在数目上一样的，（2）在定义上或数目上都是一个（在这个意义上的，你与你自身是一样的），（3）在定义上是一个，（在这个意义上，相等的直线是一样的，在这里相等性是统一性）。

ᵇ3，诸事物是相像的，（1）如果不是绝对地一样，（例如，在它们的组成的实体上是没有差别的），它们在形式上是一样的（例如，大的四方形像较小的四方形），（2）如果它们有相同形式，而且在程度上也没有差别，（3）如果它们有不同程度上的相同属性，（4）如果它们有更多的属性，或者更多的明显的属性，那一样更胜于差异。

13，不同与不像具有相似的不同的意义。不同是（1）与一样相反，所以每一个事物或者是一样的，或者是与其他别的事物是不同的。它被用于（2），如果质料或者定义不都是一样，并且（3）如像在数学中一样。

18，不同不是与一样相互矛盾的（contradictory）；诸事物都不是既不是一样的或者也不是不同的，而是简单地"不一样的"；诸事物都是或者是一样的或者是不同的。

23，差异（difference）不同于不同（otherness）。不同不必要是在任何

特别的方面的不同，但是不同必须是在有些方面的不同，所以必定有某些等同的事物在它们当中，差异的事物有所差异，亦即或者是种或者是属。诸事物在种上的差异，如果它们没有一个共同的质料并且并不彼此相互间贯通（亦即属于不同的范畴的诸事物）；在属上不同，如果它们属于一个种。

31，对立是差异，而且对立是一种差异。所有对立是不同的；它们不仅相异，而且有的是在种上相异，而当有些是在相同范畴中的相异，因而在一个种之中，我们在别的地方区别过那些事物在种上是一样的或是不同的。

（二）第十卷第三章（I.3）的解说

这一章进入了本卷的精彩部分。亚里士多德在分析讨论了"一"的多种意义及其本性后，进一步讨论了"一"和"多"（或者"统一"和"繁多"）的多种情形。比如在"一"方面，有"相同"、"相似"和"相等"；在"多"方面，有"不同"、"不相似"、"不相等"。进而又分析了反对，对立和矛盾等等。这是关于"一"与"多"的关系的深入分析，非常重要，值得在学习它们时，特别予以注意。

亚里士多德一开始就提出："一"与"多"在几种方式中对立，其中之一是"统一"与"繁多"作为不可分与可分的对立，因为那被分割的和可分的东西叫作"多样"，而那不可分的和未分割的东西叫作"统一体"。由于对立有四种，而且在这一对立中的一个是用于缺失的含义，它们必定是相反者，而且既不是矛盾也不是那在说法上相关的东西，"统一"是由它的相反的方面——不可分的由可分的——来加以描述和说明，因为多样，亦即是可分的，比不可分的更容易被感知，所以由于感知的条件，在定义中多样先于不可分的。（$1054^a20—29$）

他就这样把以下各章的内容提要式地作了以上的说明。

在此基础上，他进一步指明："正如在相反者的区分中我们已列举的，相同、相似和相等都属于一，不同、不相似、不相等则属于多样"。（$1054^a30—32$）。

随后，他就对"相同"作出了解释和分析。"'相同'有多种意义：（1）我们有时候说'一'作为数目是相同的。再有（2），我们说一事物是相同的，如果它在定义上和数目上都是一。例如，你在形式和质料上都与你自己是一个。再有（3），如果第一实体的定义是一个，例如相等的直线是相同的，相等的与等角的四边形是相同的，以及还有许多的例子；但是在这些中间，相等性就是统一性。"（1054ᵃ32—1054ᵇ2）总之，最后的这句话"相等性就是统一性"把以上3种情况都加以概括了。

往下，他接着解释和分析"不相似"（unlike），他说："事物是相似的，（1）它们即使不是绝对地一样或者在它们的实体的构成方面不可区分，它们作为形式则是一样的，例如，较大的正方形与较小的[正方形]是相似的，以及不相等的直线都是相似的。这些都是相似而不绝对地一样。（2）另一些事物是相似的，如果它们具有相同的形式，但容许有程度上的不同，而它们没有程度上的不同。（3）如果诸事物具有一种相同的属性，而且在形式方面是同样的，例如白色，或者强一点或者弱一点，我们说它们是相似的，因为它们的形式是一个。（4）另一些事物被叫作相似，如果它们共同具有的性质比起它们的差异更多些——或者是一般的性质或者是突出的性质；例如就白色而言，锌与银相似，就黄色与红色来说，黄金与火相似"。（1054ᵃ3—14）为什么"黄金与火相似"是就黄色和红色来说呢？这是因为火焰闪光时，有时呈现为黄色，有时甚至呈现为红色。

再往下，他就对"不同"（other）、"不相似"，再加以解释和分析。他说："很明显，'不同'与'不相似'也有多种意义。（1）不同在一种意义上是相同的对立面，所以每一个事物对每一个其他的事物或者是相同或者是不相同。（2）在另一种意义上，诸多物都是不相同的，除非它们的质料和定义都是一个，所以，你和你的邻居是不同的。（3）第三种意义的[不同]，是数学中的。因此，每一事物对于每一个另外的事物都说成是相同或不同，但只是事物是一和存在的情况下；因为[不同]并不是与'相同'矛盾的，因此它不是表述非存在的事物的，'并非相同'是表述非存在事物的，它是表述所有存在的事物的。因为无论什么由于本性的存在并且是一的事物，对于

别的任何事物都或者是一或者不是一。"（1054ᵇ14—23）

往下他也解释差异（difference）与不同（other）的区别。他说："不同和相同，就是这样的对立着的，但是差异与不同不是一样的，'不同'于某个别的事物不必要在一个特殊方面是不同的（由于每一个存在的事物或是'不同'或是'相同'），但是差异于某事物是在某个特殊方面的差异，所以在它们的差异之处必须是同一类的事物；那就是相同的种或属。因为每个有差异的事物或者在种的方面或者在属的方面有差异，如果诸事物没有共同的质料而且不是彼此互相产生的，就是在种的方面的差异，例如，属于不同范畴的事物。如果它们具有相同的种（种是指同两事物对于有差异的一事物就它们的实体方面给予同样的表述）那就是在属的方面的差异。"（1054ᵇ22—31）

亚里士多德在"差异"这个概念上的思路与他在逻辑学中所讲的定义就是种和属差是一样的，他在这里讲的"差异"就是指"属差"意义上的差异。

本来，"差异"也就是意味着"不同"，在英文中这几个字的含义也是类似的，"不同"在英文中叫作 other 或 otherness。在托马斯·阿奎那注释的英译文中，叫作 diverse 或 diversity，而"差异"都是用的 difference。亚里士多德对它们的使用，我们在上面已经说过了。

最后，亚里士多德讲到对立，他指出"对立是有差异的"。在这里他又是在较宽泛的意义上使用差异。不过关于"对立"的进一步论述，亚里士多德是在下一章来展开讨论的。

四、第十卷第四章（I.4）的提要与解说

——对立（contrariety）

（一）第十卷第四章（I.4）的提要

1055ª3，对立是最大的差别。这是清楚的；因为当诸事物在种上不同时根本不能相互进入，对立是在属上他们相互进入的起点和极端，而且具有在它们之间的最大的间隔。现在，那在每一类之中最大的是完全的（complete）

（因为这里没有超过它的东西），所以，对立是完全的不同，"完全的"的意思是与"对立"的意思相联系而变化的。

19，一事物不能有多于一的对立，因为（1）没有什么能够是比极端更为极端的东西，也没有能够比两个极端对于一样的间隔更大的间隔，（2）对立是一种差异，而且差异是两个事物之间的事。

23，对立的不同定义的真理如下：（1）完全的不同就是最大的不同，因为（a）这里没有一个事物与其他诸事物在它们的种之外的不同，而且（b）完全的不同是一事物与其他诸事物在种之内的最大的不同。（2）诸事物在同一个种之中的最大不同，都是对立；所以（3）诸事物在一样的承受的质料方面的最大不同也是如此，并且（4）那些归入一样的能力中的事物也有最大的不同。

33，正面的状态和缺失是第一个对立——但是仅仅当缺失是完全的时候。其他的对立被如此称呼因为它们具有、产生、倾向于产生，或者是寻求或者丧失这些，或者寻求和丧失其他的对立。

38，反对的各种种类都是矛盾、缺失、对立、相关。（1）矛盾与对立不是一样的，因为它并不容许一个中间物，而对立容许。（2）缺失是矛盾的一种，一个无能（incapacity），它或者是决定着或者包含着一样的主体（主词），它是能够具有正面状态的。由此，当矛盾没有中间物，缺失有时候却有；每一个事物或者相等或者不相等，但是唯有那能是相等的事物必定是相等的或者不相等的。

ᵇ11，因为生成是从对立到对立，并且或者是从形式或者是从形式的缺失，所有对立都是缺失，尽管不是所有缺失都是对立，因为这里有不同形式的缺失；对立是极端，变化从头开始。

17.这能用归纳加以证明。每一个对立具有一个缺失作为它的语词之一，但是这是有不同种类的缺失。

26，很显然，两个对立的一方总是缺失。这在对立的最高的种（summa genua）中充分地显示了这一定点，例如，关于一和多；其余的也可以归结到这些。

（二）第十卷第四章（I.4）的解说

这一章，亚里士多德接着讨论差异和对立的问题。他说："因为有差异的事物能在较大或较小程度上彼此间互相差异，这就有某个最大的差异，我们把它叫作对立。"（1055ª3—5）请注意，亚里士多德在这里规定了"对立"是最大的差异。他在本章内，就是围绕这个论断来逐步展开讨论的。

他还接着就"种差"或"属差"来说，他说："在种上有差异的事物，没有途径彼此相通，而是有着较大距离和是不可比较的。在属上有差异的事物，对立是生成由之发生的极端；最大的距离是极端之间的距离，因此，对立的距离也是最大的"。（1055ª6—10）在这段话中，他把"种"之间的差异，排除在可比较之外，明确说：它们"没有途径彼此相通""是不可比较的"。例如，人和马都在一个种之中，它们之间的差异当然是很大的，而且它们之间也无法比较。但在属上，比如说"人"，它们之间的对立是由"生成"造成的，这种对立当然是大的，例如："白人"和"黑人"。其中"白人"与"黄种人"的差异尽管比较小些，它是处于"白人"与"黑人"两个极端之间的差异。

接下来，他把"最大的差异"与"完成的"亦即"完善的差异"相联系来讨论。他指出："但是肯定地在每一类事物中，最大的就是完成的。因为最大的是不能被超过的，而完成的是在它之外找不到别的东西。因为实现在差异就是目的（正如其他的达到其目的的事物被叫作是完成的），在目的之外没有别的；因为在每一个事物中都包含着最终的东西，因此，没有什么东西在目的之外，完成的东西不要求什么别的东西。由此可见，对立是完全的差异就是很清楚的了。"（1055ª10—18）

亚里士多德在这里把"完成的差异"看作是与"最大的差异"是有问题的。因为"完成的差异"是就差异已经实现，已经变成现实的差异。诚然，这样的差异不会是再有变动的了，亦即它不会再有在它之外的什么东西。这一切论断都是没有问题的。但是"完成的差异"，却不一定是"最大的差异"。因为"完成的"也可能是最小的差异或不是最大的差异，所以，我认为亚里士多德的这个论断是不能成立的。

也许亚里士多德在这里的意思是说："完善的差异"就是"最大的差异"就是"对立"。这样一种解释看来也可能是一种能够解释他的意思的，此说亦可加以考虑。

他接着又提出："一个事物不能有多于一的对立（因为既不能有任何比极端更加极端的东西，也不能在一个差异中有多于两个极端），而一般说来，如果对立是差异，则差异存在于两者之间，完全的差异也是如此。"（1055ª19—23）这里说的是一个事物不能有多于一个的对立，这是因为对立既然是距离最大的对方，也就是说对立双方彼此都是这个对立的"极端"，既然是"极端"，那就不会有比极端更加极端的东西，否则那个"极端"就不是"极端"了。

在以上论述的基础上，亚里士多德概括起来说："对立的其他定义也都必定是真的。因为（1）完全的差异为最大的差异由于（a）它们不能在它之外发现什么，不论事物是在种中有差异还是在属上有差异（因为我们已经表明，对于种之外的事物来说，是无差异可言的，这是它们之间的最大差异），以及（b）在同一个种之中最有差异的是对立（因为完全的差异是在同一个种之间的最大差异）。（2）在同一个质料受体之中的诸事物之间的最大差异是对立（因为质料对于这些对立是相同的）。（3）具有相同能力的诸事物中最有差异的是对立（因为一门科学处理一类事物，在这些事物中完全的差异是最大的）"。（1055ª24—33）

他这里说的定义是指"对立"的定义。它的基本的定义是"对立是最大的差异"，他指的这其他的定义，罗斯分为（1），（a）（b），（2），（3），托马斯·阿奎那在他的注释中（参看该书英译本第734—735页）则把它们说成4个，其实质是一样的，就是他把（1）（a）（b），分别看作两个，这就是（1）对立是事物具有最大的差异；（2）对立是在一个种之中最大程度的属性上的差异；（3）在同一主体中属性具有最大的差异；（4）在同一潜能下具有最大差异的属性。因为技艺或科学的潜能，一门科学就是处理一类事物的，——这里的第4个定义，涉及潜能而且是理性的潜能，它所处理的一类事物与另一类事物是当然不同的。这个论点出现在这里显得有些突兀，似乎有点离题了。

再往下，亚里士多德又花了大量篇幅来讨论具有和缺失之一的对立，以及它们之间是否有中介物的问题。关于具有与缺失，在前面他已有过一些论述，但在这里他集中地深入地讨论了这个问题，而且是就它们之间有没有中介物作了讨论，是很有兴味的讨论。

他说："具有和缺失是基本的对立：不是每一种缺失（因为缺失有多种意义），而是已经完成的任何一种[缺失]其他的对立是由此而被叫作是对立的，有的是因为具有这些[对立]，有的是因为产生或倾向于产生它们，有的是因为获得或丧失它们或其他的对立。现在，如果对立的种类是矛盾和缺失及反对与关系，而且矛盾是它们的基本形式，并且在矛盾之间没有什么中介物，但在反对之间可能有[中介物]，那么，显然矛盾就不是与反对一样的。而缺失是一种矛盾，因为或者是那整个地不能具有某种属性的东西，或者是那自然地会具有某种属性，但并没有具有的东西，才会遭受缺失，或者是绝对地或者是在某种特别的方式中遭受缺失。……所以，缺失就是一种矛盾或无能力（它是与接受的质料一起被规定的或者相伴的）。"（1055^{a}34—1055^{b}9）

亚里士多德在这段话中提出了"矛盾"的概念，但他却没有加以解释，也没有给出它的定义。这在理论上是一个缺点。实际上，它就是指"具有和缺失"之间这种对立的关系。前面讲过，对立就是两个事物之间的最大差异构成的关系。在这里实际上"矛盾"就是这种具有最大差异的对立面之间的关系。"具有和缺失"就是这种关系的一种表现。所以说"矛盾"就是指具有最大差异的两个对立面之间的关系，即正和反、有和无的完全相反对的两个对立之间的关系，这两个对立面之间的综合体就构成了矛盾"或称之为一对矛盾"。之所以说"缺失"就是一种"无能力"，设定"缺失"的对立面是正方，是"有能力"的一方，所以"缺失"当然就是"无能力"了。比如"进攻"代表强有力的一方，那么它的"缺失"就是"败退"，当然就是"无能力"了。

接下来，他讨论"尽管在矛盾中没有中介物，但在缺失中却有一个[中介物]"。这可是很令人费解的，"具有"和"缺失"构成一对矛盾，既然"矛盾"没有中介物，何以在"缺失"中却有一个呢？对此，亚里士多德解释说："因为每一个事物或者是相等的或者不是相等的，但是并非每一个事物或者是相等的或者是非相等的。如果它是的话，那就只有在容许相等的情况下才如此。这样，如果质料的生成来自对立，那么它或者来自形式和具有这个形式，或者来自某个形式或形状的缺失。显然，有对立就会有缺失。但是，也许并非所有的缺失都是对立。这是因为遭受缺失的可以在多种意义上遭受它；因为只有变化由之而发生的极端才是对立"。（1055^{b}10—16）这段话中也有令人费解的地方。如为什么说"虽然有对立就会有缺失，但是也许并非所有的缺失都是对立"呢？他归结为，这是因为"每一个对立包含着缺失作为它的诸对立面之一，并非以同一个方式：不相等包含着相等的缺失，不相似包含着相似 [的缺失]，恶包含着善 [的缺失]。其差异正如我们已经说过的：在一种情况下，反之就是缺失，在另一种情况下则它的缺失是在某个时间或某个部分（例如在某个年龄或某个重要部分），或者是整个的。所以在有些情况下有一个中介物 [有既不好也不坏的人]，而在另一些情况下又没有 [中介物]，如，一个事物必定或者是奇数或者是偶数"。（1055^{b}17—25）

在这段话中，亚里士多德举出了一些例外的情况。比如只在某个年龄段，或者是大的事物的某个部分，这时的缺失，可能不是对立的。但这种解释是不能令人信服的。因为我们谈论规律性或常见性，是不考虑某些情况下的例外的，而用"例外"来否定一般的或规律性的情况，在理论上是不容许的。

五、第十卷第五章（I.5）的提要与解说

——"相等"与"大些"和"小些"的反对

（一）第十卷第五章（I.5）的提要

1055^{b}30，如果一个事物只有一个对立，那么一怎样与多反对呢？或者相等对于大些和少些怎样反对呢？"是否"（whether）总是蕴含着反对；我们问"它究竟是白还是黑呢，是否它是白的还是不是白的"，但是不是"是否它是一个人还是白色的"。我们陈述在没有明显的反对者之间的交换时，如同我们问："是克里昂来了呢，还是苏格拉底来了？"我们蕴含着他们是不排

斥的，如果他们是排斥的，那么这问题就是荒唐的，而另一个反对会代替它的位置。"是否两者都来了，或者仅仅是两人中的一个"。

1056ᵃ3，现在我们问"它是否是较大的、较少的，还是相等的"：什么是相等蕴含的对于其他词项的反对项？它不是与一个或两者的对立，因为（1）它不是与一个的对立更甚于另一个。（2）它是与不相等相对立，所以，它会有多于一个的对立项。如果不相等是相当于大些和小些一起时，相等就会与这两者反对，但它仍然有两对立项，而这是不可能的。（3）相等是在大和小之间的，但是对立不可能是居其间，或者它不会是完全的。

15，反对必须因此是矛盾或缺失。"相等"不是更胜于矛盾或缺失；因此，它有两者的缺失的矛盾。由此它不是被陈述像只是交换它们中的一个。

20，它不是一个必然的缺失，因为不是每一个事物，既不是大些，也不是小些，就是相等，而仅仅是那些能够是大些或者小些的事物，是相等的，它是这两者的缺失的矛盾，并且因此是它们之间的居间者。

24，那是既不好也不坏的是与这二者相反对的，但没有名字，因为一些语词是含混不清的，而且没有一个适当的主体（subject），甚至那不是白也不是黑的东西也没有一个名字，尽管那个"既不是白的也不是黑的"颜色是被论述并且是没有限制的。

30，因此，反对那既不好也不坏的是处于两者之间的是不公平的，在两个词项之间总是有居间者的，例如，那既不是鞋也不是手的东西，会是在这两者之间的。即一个是一个反对的联接着的矛盾，在它们之间有居间者和间隔；在另一个两个词项之间没有区别，因为它们属于不同的种。

（二）第十卷第五章（I.5）的解说

亚里士多德在这一章中从语词形式的"究竟是……"语句表达的对于不能同时出现的事物的一些复杂的情况，进而讨论对立的一些复杂的情况。

他以"究竟是……"的句型举例说，如果我们问"究竟它是白的还是黑的，或究竟他是白的还是不白的"，这是可以理解的，因为"白的或不白"或者"白的或黑的"，这其中的两者是不可能同时出现的，因为它们是对立的。但如果我们问："究竟是克里昂来了还是苏格拉底来了？"那么就是可笑的了，因为这两个人可能同时出现的，所以，这个句型永远是和相反者相连接的。

但是相反也有一些复杂的情况。比如相反不仅是对一个相反，也可以是对几个相反。他举例说，比如，"相等"，它的相反者当然是"不相等"但"不相等"可以有两种情况，即"大些"和"小些"，所以"相等"就会是与这两者的相反了。他同时又指出：然而只有这种在本性上容许有大些和小些的情况出现的事物，才会有这种"缺失性的否定"，从而它们才会出现一个"中介物"即"大些"和"小些"的中介物，即相等。与此相仿，其他的对立，它们之间也可能有这种中介物，比如，好人与坏人之间，有一个中介物，但是习惯上我们没有给它一个确定的名称。又比如，在"黑色"和"白色"之间，也有中介物，而且可能不是一个，而且我们也没有给它们的恰当的名称。它们可能是"灰色"，也可能是"黄色"或"红色"。有趣的是，亚里士多德的这个论断，在现代物理学的实验中得到了证明，在色谱仪上，在白色与黑色之间的光谱上，的确有黄色、红色、赭色等等颜色。

最后，亚里士多德批判了那些胡乱以此为根据而推广到任意两个不同的事物之间也必然有一个中介物的谬论。比如说，他们说在"手"与"鞋"之间也必有某个中介物。亚里士多德反驳说，我们说的这个相反者(亦即对立)之间的中介物是指在一个种之间的事物，而并非是一个种中的事物，根本没有共同可对比的东西，所以，根本不可能加以对比或者作为相反者而得出什么"中介物"来。

六、第十卷第六章（I.6）的提要与解说

——"一"与"多"的反对

（一）第十卷第六章（I.6）的提要

1056^{b}3，关于一和多，一个相似的问题可能会被问起。如果多与一的反对是绝对的，困难会随之而来：(1) 一将是少 (few)，因为多是反对少

的；（2）二将是多，因此，一将是少，因为它仅仅是反对一的，而二是多；（3）多和少都是在繁多之中的，那长的和短的东西都是在长度之中，而许多（much）是多并且那是多的东西是许多繁多（除非流体是例外），所以，少将是繁多，并且因而一将是一个繁多。

14，真理在于：多（many）也被叫作许多（much），但是两个语词的意义是不同的；水也许是许多的（much）不是多（many），但是多是可应用于所有是不分的事物的，而且意义是（1）一个繁多，它是绝对地或者相对地优先的（superior），如同与少相反，但是也有（2）数目，作为反对于一的。一与多的反对是像一与诸个一或者白的事物与白的诸事物的反对；每个数目都是多，因为它包含着诸个一而且被一所度量，而且是作为与一的反对，而不是对少的反对。

25，在这个意义上，二是多；它不是在作为一个繁多的意义二的多，而繁多或者相对地或者绝对地是的。它绝对地是少，因为它是第一个较差的繁多（由此阿那克萨哥拉以下说法是错的。"所有事物都在一起，在多样性以及稀小性方面的无限"——他使用它们的意思是稀少性，（因为它们在稀少性方面并不是无限性的），因为稀少性不是由一而是由二构成的）。

32，一与多在数目上是反对的，这样，作为度量对于可度量的，这些都是反对的，犹如事物都是由于偶性而相对的。A 可以是相对于 B 的（1）作为是它的对立者，或者（2）因为 B 是相对于 A 的（在它之中，非直接意义上的"知识"是相对于"可认识的"）。

1057*1，一可能比其他的有些事物更少些，并不能因此得出它是少的。

2，繁多性是数目的一个种；数目是可以由一来度量的繁多，一和数目不是作为对立来相反对的，而是作为有些相对的词项曾被说成是反对的。亦即，像度量之于可度量的；因此，不是每一个是一的事物都是一个数目。

7，知识可以被认为是相对于可认识的，就像度量之于可度量的，但是事实上，当所有知识都是可知的，并非一切可知的都是知识；在一种意义上，知识是由可知的来度量的。

12，繁多既不是与少相对立（多作为对少的对立，犹如较强的繁多对

346

于较弱的繁多一样）并不是在每一种方式上与一相对立。在一种方式上，它与一相对立，因为它是可分的，而一是不可分的；在另一种方式上，它仅仅相对于它，犹如知识之与可知的，如果多的意思是数目而一是数目的度量。

（二）第十卷第六章（I.6）的解说

亚里士多德在这一章中集中分析了"一"与"多"的对立的种种情况和不同的意义，是十分精彩的一章，也涉及古希腊时期对于"数"的理论的一些基本观点。

他首先指出："关于一和多可以提出同样的问题，因为如果多是绝对地与一相反，那么就会出现一些不可能的结果。（1）'一'将会是少，因为多也与少相反。（2）'二'将会是多，因为'两倍'就是'多倍'，而'两倍'是从'二'引申出来的。因此'一'将是少；因为在什么关系中二能是多呢，如不是在与一的关系中的话？因而，一就必定是少了，因为不能有比一更少的东西。（3）如果'大［量］'和'小［量］'是关于繁多的话，正如'长'和'短'是关于长度，而且无论什么东西是'大［量］'的，也就是'多'，而'多'也就是大［量］的，（的确，除非在容易限定的连续体有某种区别），那么，'少'将会是繁多了。因此，'一'将会是繁多，如果它是'少'的话，但如果'二'是'多'的话，这是必然得出的结论。"（1056^{b}3—14）

这一大段话，又有点"绕口令"的味道，我们必须仔细地，一步一步地来学习领会它。他说："如果多是绝对地与一相反，那就会出现一些不可能的结果。"其一就是"'一'将会是少"，这是因为"多是与少相反"。这样，"'一'就必然是'少'了，因为我们刚刚设定了一与多是绝对相反的。进而出现的第二个结果，就是'二'将会是多"。因为"两倍就是多倍"。而且二是在与一的关系中成为多的，因为刚才已经证明一是少，而且因为"不能有比一更少的东西"。进而出现第三个结果就是，"如果我们在量上说'大量'或'小量'都是关于繁多的，因为一个量就意味着多，不管它是大量的还是小量的"。如果说少量的，它也是繁多。而我们前面说过一将是少，所以一就将是繁多了，因为刚刚设定了"少量"也就是"繁多"。而前面也说过了二也是多。——这是亚里士多德用了一个"偷梁换柱"的办法，把多与少量这样一个本身包含量的东西，也就是包含繁多的东西，因为量就意味着包含繁多与"多"和"少"的概念等，从而进一步推出了这第三个不可能的结果。

他接着进一步分析："多"在一种意义上意味"大［量］"，还是有一个区别。他举出例子来说："比如水就被说成大量，而不叫作'多'。然而对于可分割为事物来说，都可以说成是多；在一种意义上，如果是繁多的话，它包含着或者绝对地或者相对地过度的意思（同样），'少'是包含不足的繁多）；而在另一种意义上，它（多）仅仅是与'一'相反的。"（1056^{b}16—19）——这里涉及事物是可数的还是不可数的问题，亦即是可分割的，就是可数的，如一公里路可以分割为 1000 公尺，而非是不可分的，亦即是不可数的。这在英语中，可数的事物如钞票的单位很清楚，我们问有多少钱时说："how many"，而像水这种不可分的事物（当然它也可以有别的计量液体的单位，可以来度量，这里我不作讨论），我们问它的多少时，说成"how much"，这一点我们可以对比和参考。

他接着分析，"而在另一种意义上，在数目的意义上，它（多）仅仅是与'一'相反对的，因为我们说'一'或'多'，正像我们说'一'与'许多个一'或'白的东西'与度量［单位］比较一样，多种多倍也是这样的方式来述说的，每个数都是多，因为它包含着许多个一，还因为每个数都由'一'来度量，并与一相对立，而不是与'少'相对立，在这种意义下，甚至'二'也是多，但不是在繁多的意义上，然而繁多或者相对地或者绝对地包含着过度，所以它'二'是第一个繁多，然而'二'也是绝对的少，因为它是包含着不足的第一个繁多（由此阿那克萨哥拉就此所说的：所有事物都在一起，在繁多性及在小的方面都是不确定的，就是不正确的了。他应当说在少的方面来替换在小的方面，因为事物在少的方面不可能是无限的）。由于'少'不是如某些人所说是由'一'构成的，而是由'二'构成的"。（1056^{b}19—33）

在这段话中，他指出："在数目的意义上，它（多）仅仅是与一相反对的"。而一被看作"度量的单位"，数目就是这个度量的单位度量出来的结果，所以"数目"就是多。这在古希腊对于数的理论是一个很有意思的规定。它规定 0 不是数，它只表明什么也没有。1 也不是数目，它仅仅是度量数的单位，最小的一个数是 2，它绝对地少，也是第一个繁多。它既是奇数也是偶数，一切其他的数都由 2 加上 1 这个单位而推演出来，而多与一的对立是在多与一之间的对立，而不是多与少的对立。混淆了这一点，就将会出现我们在上面所说的那样三个不可能的结果。

他接着又指出："在数目的领域，'一'是与'多'相对的，正如度量相对于可度量的事物；并且这些是相对的东西，并非是由于本性而成为相对的。"（1056ᵇ34）这里的这个说法："并非是由于本性而成为相对的"。也是令人费解的。按理说，一对事物被说成是相对的，当然是由于它们的本性中包含着相对的因素，为什么亚里士多德却说一和多的相对不是由于本性而成为相对的呢？看来他是为了要强调它们之间的度量相对于可度量的事物而言，所以它们才是相对的，即一是度量的单位，而多是可被度量的对象。所以，他接着解释"相对"的两种意义，一是"或者是作为反对者"，二是作为知识相对于可知的东西。这后一种就是在"度量"和"被度量"之间的关系。所以，他又说："在某种意义上一和数目是相对立的，然而不是作为反对，而是和我们所说的那样，'一'相对于某些东西，因为它们是作为度量和可度量的东西互相对立。因而并非任何是一的东西都是一个数。例如，一个事物是不可分的，[就不是一个数]"。（1057ᵃ4—8）这里他还是强调一和多是由于"作为度量和可度量的东西互相对立"，同时，他也顺便指出：如果一个事物是不可分的，也就是被它不能划分的若干可以度量的单位，当然也不可度量，从而它也"不是一个数"了。

他还顺便指出："繁多在一种意义上是数的一个种"，也就是说，繁多是一个特殊种类的数，他也指出：一比多少些，甚至它比二也少些，但是"少些"并不就成为"少"，尽管少的概念中包含着是少一些——这是托马斯·阿奎那在注释此处作出的论断，可供参考。

七、第十卷第七章（I.7）的提要与解说

——中间体（intermediater）的本性

（一）第十卷第七章（I.7）的提要

1057^{a}18，中间体必须是由诸对立组合成的；因为（1）它们总是作为诸极端在相同的种之中，因为（a）它们是那进入其中后事物在它们到达那些极端之前必须变化，并且（b）所有中间体都是在诸反对之间（因为不可能从一个种变化到另一个种之中，除非是由于偶然，例如，从一个颜色变到一种形状）。

30，但是（2）（a）所有中间体都是在诸反对者之间的（因为它是根据本性只有在这些之间，变化才可能发生）；并且（b）对于反对者，（i）矛盾不允许中间者（矛盾作为诸对立者之间的，它们的一个必定对于所有主体都是真的），而当（ii）相对的词项没有对立的没有中间者，因为它们都不是在相同的种之中。中间体因此必须是在诸对立者之间。

^{b}2，（3）它们因此必须由这些对立者构成。因为诸对立者必须或者属于一个种之中或者不是，（a）如果它们是那样的，所以这里有某事物先于对立者，那么差异使得对立的属将会先于对立方；因为属组成种＋属差。

12，这些中间体将由种＋某些属差构成，它将不是第一对立者（否则每个颜色都会或者是白色或者是黑色），而是在它们之间的中间体。

19，这样，我们必须首先考虑，是什么在（b）中那些并非在同一种之间的对立者组成了中间体，因为在同一个种之中的事物必须由那些不包括种作为在它们之中的一个因素的词项组成，或者别的是不可组成的。诸对立者都是不能由彼此组成的，并且因此都是起点；对于中间体，所有的都是或者所有的都不是由那些对立者组成的。现在从对立面出现了某事物使得变化在到达对立体之前达到它（因为必须有某物它是少于一个而又多于另一个的）。因此，所有其他的中间体也都是组合成的；因为那有一个质的

东西比 A 在一个更高的程度上，而比 B 在一个更低的程度上，必须是由 A 和 B 组合成的。

29，但是由于没有什么东西与诸对立者是同质化的并且先于它们，所有中间者必须是由诸对立者组合成的，并且因此较低的词项，不论是对立者还是中间体，将是由第一对立者组成的。那么显然所有中间体都是（1）在相同的种之中，（2）在诸对立者之间，以及（3）由这些对立者所组成。

（二）第十卷第七章（I.7）的解说

在这一章中集中地讨论中介物的问题。他首先指出："因为在对立面之间可能有一个中介物，而且有些情况下确实有，中介物必定是由对立面而来。因为（1）所有中介物以及中介物处于其间的那些事物，是在同一个种之中。中介物，我们指的是进行变化的东西首先必须变成的东西。例如，如果以最小的程度从最高音变为最低音，我们首先变为居间的声音；而在颜色的场合，如果我们从白变为黑，在我们达到黑色之前，我们首先到达红色和灰色；在其他场合也是与此相似。"（1057ᵃ18—26）他随后又指出："但是从一种变为另一个种，除了偶然的情况外，则是不可能的。例如，从颜色变为形状。因此，中介物本身以及它们作为中介的那些事物，必定是在一个种之中。"这是很显然的，在不同种之间要寻找这样的对立的中介物是不可能的，因为它们之间没有可比性。

他接着进一步分析在并非对立的事物之间不能有中介者。为什么呢？他说这是因为："（2）所有中介都是处于某种对立之间的，因为变化仅仅能够由于这些事物并由于它们的本性而得以进行。因此，在并非对立的事物之间就不能有中介；因为如果有的话，就会在并非对立的事物之间，也有变化了。在对立中，矛盾没有中介（因为矛盾的意思是这样的：一个对立，它的一方或另一方必须应用于无论什么事物，亦即它没有中介）。至于其他的对立，有的是相对的，有的是缺失的，有的是相反的。那些相对的对立并非相反，就没有中介；其原因是它们并不是在同一个种之中。什么是知识和可知的事物之间的中介呢？但是大和小之间有 [中介]。"

（1057ᵃ30—1057ᵇ1）

这段话解释得很清楚。但亚里士多德在这里对于"矛盾"的解释是不能令人满意的（即在括号中的那句话），什么是"它的一方或另一方必须应用于无论什么事物"呢？实际上它是想说作为绝对对立的矛盾是没有中介的。但是，它为什么没有中介呢？这恰恰是要论证的。他在这里只是说出了"结论"，而没有得出这个结论的论证。

他接下来分析中介物在同一个种之中和不在一个种中的种种复杂情况。

他首先说："（3）如果中介是在同一个种之中，正如已经说过的，并且是相反者之间的中介，那么，它们必定是由这些相反者构成的。因为或者有一个同样的种，或者没有。如果（a）有那样一个种，它是先于对立面的，那构成相反的种差将是先于种的对立了，因为种是由属和种差构成的。例如，如果白色和黑色是相反的，而一个是穿透性颜色，另一个是压缩性颜色。这些差异，穿透的和压缩的，就是在先的，因而在先的意义上彼此相反。但是具有相反种差的种是更加真实的相反，而其余的中介都是来自属和种差。例如，所有的在白与黑的之间的颜色，都必定被说成是出自一个种（即颜色这个种）和某种种差。但是这些种差都不会是根本的对立，否则每一种颜色都将是白色或者黑色了。因此，它们是不同的，它们处于根本的对立之间；而根本的对立是'穿透性的'和'压缩性的'之间的差异。"（1057ᵇ2—19）这就是说，在种之中的中介物，必定是在两个对立之间的中介物。他以颜色为例，说明了这种情况。

他最后分析那些不在一个种中的对立之间的中介是由什么构成的。他说："因此（b）我们必须首先研究那些不是在一个种之中的对立，研究它们的中介是由什么构成的，因为在同一个种之中的事物必定或者是这个种的非组合的事物构成的。或者 [它们本身] 就是非组合的，这样，诸对立并非是彼此组合的，因而都是本原；但是中介则或者全部是组合的。或者没有一个是组合的。从诸对立中某些东西被产生出来，以致有一个它的对立面的变化快于对另一个对立面的变化；因为它将会有比一个对立面较少的性质而又有比另一个对立面更多些的性质。因此，这个也将是对立面之间的中介。所有其他中介因而也是组合的，因为那具有比一个事物较多些的性质，比另一个事物较少些的性质，是由这些被比较而说成是比之多些和比之少些的事物以某种方式组合而成的。所以，较低的类，包括对立面及其中介也将是由基本的对立而组合而成的。"（1057^{b}19—32）这一大段话是解释为什么不在一个种中的对立，其中介"全都是组合的或没有一个是组合的"。这里在语句上有一些含混，没有说这里说的中介物是指在同一个种中的对立的中介物，还是不在一个种中的中介物。按整个行文来看，应该是指"不在一个种中的事物的对立的中介物"。因为前面（3）（a）中已经讲了"在一个种中的对立"事物的中介物的情况，但这里认为这是不清楚的，容易引起读者的疑问，我们暂且按照他所说的是指不在一个种中的对立事物的中介物来解释。

这里的关键是这里说的"组合物"指的是什么？为什么它"或者全部都是组合的，或者没有一个是组合的"？这里的"组合物"显然指的是不在一个种中的对立的事物，例如"人"与"树"的对立，它们不是就在同一个种中（它们根本不是同一个种）的对立物，而是指就某个属性来作的对比，比如，树一般可以比人长得高些，这样，它们之间的中介物就在这"高些"还是"矮些"之间产生，因为它们是指"树的高"或"人的高"而言。因而它必定是"组合的"，即"不同事物的组合。这样来理解的话，这一大段话的意思才可以读懂。因为这样将会有不同性质之间的多少，变化的快与慢的差别显现出来，因而它的组合就将会是千变万化的。但是为什么这个中间物又可能"或者没有一个是组合的"呢？这又是一个令人费解之处。亚里士多德也没有予以解释，似乎是"当然如此"的，这是一个疑问。我怀疑这里有简错或误抄的问题。

最后全章的内容，他用一简洁的语言来加以概括："这样，显然，中介物是（1）全部在同一个种之中，以及（2）在对立面之间，以及（3）全都是由对立面组合而成的"。（1057^{b}33—34）

再说一遍：这里的（1），（2），（3）（a）（b），这些数字的标识，是罗斯为了层次分明而加上的，它代表了罗斯的分析，这有助于我们把握亚里士多德的行文的层次，也有助于我们的理解，所以我在译文中保留了它们。而乔纳森·巴恩斯的校订本《亚里士多德全集》(普林斯顿大学出版社 1984 年版)，则全部删去了这类数字标识。

八、第十卷第八章（I.8）的提要与解说

——在属中的其他者（otherness）

（一）第十卷第八章（I.8）的提要

1057^{b}35，那在属中是其他的，是与在其事物中的某事物不同的，而这必定属于两者彼此互相是另外的东西。它们因此必定是在相同的种之中，因为一个种就是那两个事物中的每一个被说成是由于本性而不同的。

1058^{a}2，因为不仅有某事物属于两者，但是，它们必须是彼此不同的。差异必须是种中的一个异类（otherness）；因为一个种的差异就是一个异类，它使得一个种本身成为另一个。

8，这个异类必须是对立的。因为所有划分都是由相反对者作出的，并且对立体都在一个相同的种之中，因为对立体是完全不同的并且在属中的不同总是在某事物不同于某事物，而且这个某事物是等同的，并且是包含着两个词项的种。由此，所有在属中不同而在种中没有不同对立体都是在同一范畴之中，并且具有最大差异而且是不可调和的。

17，在属中的他者，这样，是在一个相同的种之中，是对立的，并且不可分的（并且在属中是相同的，是不可分的，并且没有对立）——因为在中间体的划分阶段中，在我们到达不可划分之前，也是有对立的。

21，因此，没有属或者在属中是一样的，或者在属中是相异于它的种的（因为质料由于否定而得知的，而种是它的属的质料），也不是与不在同一个种中事物；它在种中与它们不同，而在属中不同于在同一个种中的事物，因为不同必须是一个对立体从那给定的属到达那个在属中不同的，而对立体仅仅存在于一个种之中。

（二）第十卷第八章（I.8）的解说

托马斯·阿奎那在注释这一章时，给它的标题是："对立在属中是怎样不同的"（how contiaring different in species），它比罗斯给这章的标题"在属中的其他者"（otherness in species）要明确些。它所讨论的不是在属中的相异或不同，而是对立在属中是怎样不同的。

这一章一共只有三大段话，每段话着重说一个意思。亚里士多德首先说："那在种上不同的事物是某种东西的不同，因而必定适用于两者。例如，一个动物 [与另一个动物] 在属上不同，[一定是] 两者都是动物。因此，在属上不同的东西必定在同一个种之中。我们所说的种指的是一个同一的事物，它表述这两者，而且，它不是由于偶然的方式而具有差异，不管是被当作质料或者是另外的东西，因为不仅共同的性质必须属于两者，例如，它们两者都是动物，而且这个动物性本身在特殊性上又必须是不同的，例如，在一种情况下是马的性质，在另一种情况下是人的性质，因此，这个共性在属上是彼此不同的。这样，根据它们的本性或者是这样一种动物或者是另一样的动物，例如一个是马，另一个是人。因此这个差异必定是在种之中的不同。（因为我说的'种的差异'是指一种不同，它使种自身成为不同的）。"（1057^{b}35—1058^{a}9）

他这里说的"在属上不同的东西必定在同一个种之中。"这就是亚里士多德常讲的定义就是"种加属差"。因为尽管在属上彼此不同，比如一个是马，另一个是人，但它们二者又同属于一个种之中，即在动物之中。他在这里说的："我说的'种的差异'是指一种不同，它使种自身成为不同的。"此句话有些费解。前面我们讲过，在动物这个"种"中，包含着在"属"上的不同事物，这也可以说是"种的差异"。但什么是"会使种自身成为不同的"呢？除了我们已经说过的那种"在种之中包含着在属中的不同"的意义外，再也没有什么是"使种自身成为不同的"了。

接下来第二大段话，他是这样说的："所有事物都是由相反者使之区分开来，而且我们已经表明，对立是在相同的种之中。因为对立是完全的差异，而在种上的差异总是与某些事物在某些事物方面的差异；因此，对于这两者来说这是同一个种。（因此所有在属上有差异而不是在种上的差异的对立都在表语的同一条线上，并且在最高程度上彼此相异；因为它们的差异是完全的，而且在同一时间它们并不相互产生），因此差异是对立的形成"。（1058^{a}10—17）这是解释反对是由差异形成的，最大的差异就是对立。他所谓的"在属上有差异而不是在种上有差异的对立都在表语的同一条线上"，这种语言的表达也是不清楚的，甚至是含混的，它的意思应该是说一个表语对它们都是一样适用的。

第三段话是这样的："因此'在属上有差异'的意思是：在相同的种之中，包含着对立而又是不可分的（所有在属上相同的事物都不具有对立，而且是不可分的）；在达到不可分的东西之前，对立产生于差异中和在中介中，因而很明显对于所谓的种而言，在一个种中的属，没有属在属上是更相同的或更相异的（这是恰当的，因为质料是由否定来揭示的，而种是被称为种的东西的质料；但不是在我们说到种的意义上或者赫拉克里特的部族的意义上，而是在我们说过的，在自然的种的意义上），也不是指那些不是在同一个种之中的事物，而是它在种上不同于那样的事物，并且在属上不同于在一个种中的事物。因为在属上不同的事物的差异必定是一个对立，而这仅仅属于在同一个种中的事物。"（1058^{a}17—28）这就是反复说明：在一个"种"之中的那些"属"必定是相互有差异的（否则就找不出什么是"属差"），而在种之中的这个"属"，必须是具有相同属性的，如果没有相同属性，那么，它就不能存在于一个种之中了。

九、第十卷第九章（I.9）的提要与解说

——什么对立体构成在属中的差异

（一）第十卷第九章（I.9）的提要

1058^{a}29，为什么女性在属上与男性没有差异，当女性和男性都是对立

的并且差异是一个那样的动物的差异?

34，这很像这个问题：为什么一个对立（例如拥有双足和翅膀）使得事物在属上是另外的，而另外一个（例如，白性和黑性）却不。理由仅仅是前者都是专属于这个种的。对立体在定义中造成了在属中的不同，那些在具体的整体中的则不会。

ᵇ3，由此，白性不造成人的一个属差，因为颜色属于人的质料一边，而质料并不造成一个属差。个体的人并不是人的属，尽管他们的骨头和肌肉是不同的；具体的整体是另外的一个，但不是在属上相异，因为这里没有在定义中的对立。人是最后的，不可分的属；卡利亚斯是定义＋质料，并且是（白色的人），也是如此，因为"这个人"仅仅是由于偶然而是白色的，因为卡利亚斯是白色的。

12，由此一个铜的和一个木头做的圆圈并不是属上相异的，而且一个铜的三角形和一个木头做的圆圈则在属上相异，不是因为它们的质料，而是因为在它们的定义中有一个对立。

15，但是也有许多质料在一个特别的方式中是另外的，使得在一种意义上，造成事物在属上的相异。为什么这匹马在属上不同于这个人，尽管它们的定义包含着质料？因为在它们的定义中有一个对立。一个白色的人和一匹黑色的马在属上相异不是由于白色和黑色，因为它们会如此甚至它们两者都是白色的。

21，雄性和雌性是专属于动物的属性，但不是由于它的本质，而是在于它的质料（并且由此同样的种子能够成为雄性或者雌性）。

（二）第十卷第九章（I.9）的解说

在这一章中，亚里士多德讨论了一个很有趣的问题，"为什么女人在属上并非不同于男人，而女性和男性是相反的而且它们的差异是一个对立"。并且为什么一个雌性的和一个雄性的动物在属上是并无差别的，尽管这个差别是"由于动物自身的本性而属于它的，而不是像白或者黑那样的差异"。（1058ᵃ29—33）这个问题换一个角度，或者换一个说法就是："为什么一种对立在属上使事物不同，而另一种 [对立] 则并不如此，例如'有足的'和'有翅的'属于前一种，而'白'和'黑'属于后一种。"（1058ᵃ33—37）

对于这个问题，亚里士多德解释说："也许是因为前一种都是关于种的特殊的属性，而后一种则较弱，并且由于一个因素是定义，而另一个是质料。那些在定义上的对立造成在属上的一个差异，而那些在具体事物也当作质料的对立则不造成这种差异。因此，一个白色或黑色并不产生这种差异，在一个白人和一个黑人之间也没有属性的差别，即使给他们每个人一个名称也不产生这种差异，因为人在这里是从他们的质料方面来加以考虑的，而质料并不造成差异；也由于这个缘故，[个别的] 人也不是人的一个属，尽管这个人和那个人的肉和骨头是不同的，具体事物是不同的，但并非属的不同，因为在定义中没有对立"。（1058ᵃ37—1058ᵇ9）

亚里士多德在这里的解释是不能令人信服的，而且暴露出了他的实体学说的一些破绽。他说"那些在定义上的对立造成在属上的一个差异，而那些在具体事物中当作质料的对立则不造成这种差异。"这种说法是含混不清的。什么是"在具体事物中当作质料的对立则不造成这种差异"呢？"白色"和"黑色"当然是对立的，"白色的人"和"黑色的人"也当然是对立的，只不过它们要放在另一个类来考察，如果我们把"人"作为"属"放到"种"中来考察，那么"白色的人"和"黑色的人"都是人，而不参与"人"与"马"或"骡"等的属差的比较的范围。但是如果我们从"人"这个"属"和一个 | 亚属 |，即在人的这个属之下，而把"人"当作"种"来考察时，那么，不同的人，就是它的"属差"了，这时，"男人和女人"、"白人和黑人"、"好人和坏人"、"亚洲人和欧洲人"等等，就成了"属差"了，它们当然是对立的，而不是不对立的，也不能用"不同的质料"的说法来抹杀它们之间的差异和对立了。另外，他在这里说的在定义中没有对立，是什么意思呢？只是因为有了对立才构成了事物的定义。

在这个亚里士多德的解答中也暴露了他的困惑，他也心中没有底，所以，他一开头就说这是"也许是"，即不能十分有把握地说"就是如此"！

十、第十卷第十章（I.10）的提要与解说

——可消灭的和不可消灭的在种类上不同

（一）第十卷第十章（I.10）的提要

1058^{b}24，对立在形式上是不同的，而且可消灭的和不可消灭的是对立的。因此，它们必定在种类上相异。但是迄今我们说过的仅仅是普遍语词，所以它不会得出每一个不可消灭的事物，在种类上不同于每一个可消灭的事物，它并不更胜于说每一个白色的事物不同于每一个黑色的事物。同样的事物可能既有白的也有黑的，并且，如果它是普遍的，可能两者在同一个时间。

36，但是当有此对立，如白色与黑色是由于偶然而属于某个主体，可消灭的和不可消灭的并不如此。没有事物是由于偶性而是可消灭的；如果它能够如此的话，同样的事物可以同时都是可以消灭的和不可消灭的。可消灭性在所有可毁灭的东西中或者是本质，或者包含在本质之内。对于不可消灭性，也同样如此。因此，本质的本性，由于它事物就是可消灭的或不可消灭的，都是相反的，并且因此在种类上是相异的。

1059^{a}10，因此，这里不能有那样的形式，如像有些思想家坚持的，因为如果有的话，这里就会有一个消灭的人和一个不可消灭的人。形式被说成是在属上作为特殊的是一样的，但事物在种上不同的比事物在属上相同是更加显然的。

（二）第十卷第十章（I.10）的解说

在这一章中，亚里士多德讨论了可消灭的事物及不可消灭的事物，在种类上是不同的，并顺便又揭露和批判了"理念论者"在这个问题上出现的矛盾和错误。

他首先指出："可消灭的必定是在种类上不同于不可消灭的"。（1058^{b}28）

这是可以肯定的。但正是他自己所说"但是迄今我们所说的仅仅是关于普遍词项本身，因而可能显得任何可消灭的事物与不可消灭的事物应当在形式上不同是不必要的，正如在白与黑的情况中一样，因为，同一个事物在同一个时间可能是这两者，如果它们是普遍词项的话。例如，人可以是白的，又是黑的，而且如果它是一个特殊事物的话，也还可以是这两者，因为同一个人可以是白的又是黑的，尽管不是在同一个时间"。（1058ᵇ29—34）这段话是清楚的，正如他所说，这都是指"普遍词项"本身，亦即是它代表的"类"的概念，在一类事物中当然会有属差，也就是有"对立"，如"人"之中，有白人与黑人的对立。但这里存在一个问题，即我们以前讨论过的都是可消灭的事物，什么是"不可消灭的事物"呢？为什么它可以像"可消灭的事物"在形式上是相同的呢？即他所说的"应当在形式上不同是不必要的"。这些都没有得到论证，因而它们都是亚里士多德的"断定"而已（亦即是未得到论证的）。

但是在下一段话中，他提出："另一些对立则不能"属于某些事物，而"这一适用于'可消灭的'及'不可消灭的'事物，因为'可消灭的东西'是一种出自必然性而出现的东西，因此，可消灭的东西必定或者是本质，或者是出现于每一个可以消灭的事物的本质之中。相同的论证也适用于不可消灭的事物，因为两者都是由于必须性而出现于事物之中的"。（1058ᵇ37—1059ª9）这和上一段文字一样，也没有说明：不可消灭的事物的必然性是什么？

他在最后一段话中，又批判了"理念论者"。他们认为"形式"即理念，是不可消灭的事物，而又把与分有它的可消灭的具体事物相等同。"然而'形式'又被说成在属上是与特殊事物一样的，而不仅仅是与它们分有共同谓词。""这样"就会有一个人，一方面是可消灭的，另一方面又是不可消灭的——这自然是"理念论"将思想（共性的东西）与个别的实际存在的实体混为一谈的必然结果。这一点，亚里士多德是把握得很准的。

综观整章，亚里士多德要想说明的问题不是很清楚。我怀疑这里也有错简及误抄的问题存在。

第十一卷（K）

一、第十一卷第一章（K.1）的提要与解说

——第三卷（B）第二、三章中陈述问题的回顾

（一）第十一卷第一章（K.1）的提要

1059^a18，智慧是第一原理的科学，从我们对于早期思想家的考察中是清楚的了，但是以下的问题出现了：

20，（1）智慧是一门科学还是多于一门的科学？

如果是一门，它将是关于对立的，但是第一原理是不对立的，如果是多于一门，那么哪些是这些科学呢？

23，（2）是一门科学的任务去研究公理吗？如果是一门科学，为什么这门科学多于任何其他科学，如果多于一门科学，哪些是这些科学呢？

26，（3）它研究所有的实体吗？如果不是所有的，那么是哪些呢；如果是所有的，那么一门科学怎么能够研究比一门多的主题呢？

29，（4）它研究属性，也研究实体吗？如果它是对属性的一个论证，它就不是关于实体的；如果一门不同的科学研究诸属性，那每一个是什么而哪一个是智慧呢？作为论证的，诸属性的科学会是智慧，作为原理的，诸实体的科学会是智慧。

34，我们正在寻求的科学并不处理四个原因，它不能处理终极因（final cause），亦即善，它是第一推动者并且不是由不运动的诸事物预先设定的。

38，（5）一般说来，这门科学是关于可感的实体的还是关于其他的东西？如果是关于其他的，那么或者是关于形式（forms）或者是关于数学对象，（a）形式（forms）并不存在；但是，如果我们假定它们存在，为什么这里没有一个第三人，等等，正像数学对象都是在形式（forms）和感性事物之间，另一方面，如果这个并不存在，那么数学是关于什么的呢？不是关于感性事物，它们没有要求的诸性质。

$^b2$，（b）我们正在寻求的这门科学也不是关于数学对象的，这些数学

对象没有分离的存在，(c) 也不是关于感性事物的，这些感性事物是可消灭的。

14，哪种科学方法研究数学对象的事务呢？不是物理学，物理学是研究有运动和静止的原理在自身的那些事物的；也不是逻辑学，逻辑学是专注于知识的研究的，因而这个任务必定是形而上学的一项任务。

[b]21，(6) 形而上学研究呈现在组合的对象中的元素吗？它也许似乎是更加集中注意于共相的（因为所有知识都是关于共相的）并且因而关于最高的种（summa genera），存在（being）和统一体（unity）。这些可能似乎是最像第一原理的，因为如果它们被摧毁了，别的每样事物也与它们一起消灭了；每一样事物是存在和一。

31，另一方面，它会似乎是这些不能是种（genera）或者第一原理，因为属差必须在它们之中分有，但是没有属差在它的种中分有。再有，那更为简单的比更少简单些的更加是一个第一原理，并且最低的属比它们的种更简单些，它们是不可分的，但是由于种的坏灭包含着它的属的坏灭，种更像是第一原理。

（二）第十一卷第一章（K.1）的解说

第十一卷在本书中是很特别的一卷，因为这一卷大体上是对《形而上学》以前的几卷和《物理学》中关于运动的论述，即（1）从第一章到第八章中对三、四、六几卷的摘要性的复述，（从 1059[a]18—1065[a]26）(2) 第九到十二章是《物理学》第二、三、五卷的摘要性复述。

那么，这个第十一卷到底是亚里士多德的著作，还是别人，特别是他的学生的"听课笔记"或者"摘录"，在学术界一直争论颇多，莫衷一是。有的认为它是亚里士多德自己的"讲课提纲"或者是"备课笔记"，而且时间上在《形而上学》其他各卷的写作之前。更多的学者认为是亚里士多德学生的"读书笔记"之类。这是一个很专门的学术问题，我们在这里就不再多讨论了。

不少人认为第十一卷的内容既然是"复述"，也就没有什么重要意义了，我认为编纂者把它作为一卷收入本书，还是有它的意义的。第一，全书接近结束（还有一个第十二卷是关于亚里士多德的神学思想的），这时候回顾一下以前的论述有助于我们理清亚里士多德在全书的论述思路。这对于学习者更加明确地去追寻亚里士多德的整个思路，以便与他一起来探讨这些问题，还是有好处的。第二，关于对《物理学》中讨论运动变化等章节的复述，由于在这些章节中对这个问题的论述更加详细和充分，因为这个论题本来也是《形而上学》应当加以讨论的问题。亚里士多德由于在《物理学》中已有比较充分的论述，所以在《形而上学》的有关章节的论述反而较为简明。所以，有了这个复述使读者能更全面地了解亚里士多德这方面的论述。可以说学习这部分的内容就更有意义了。

以下我们就来说第十一卷的第一章，它和第二章一起大体上覆盖了整个第三卷提出的 14 个问题。但是讨论它们的角度有时有一些改变，这是很自然的。所以这个"复述"并不是绝对地一一对应的。

在第一章中，亚里士多德首先指出："智慧是一门关于第一原理的科学"。然后接着问："究竟智慧是被看作一门科学呢，还是几门科学呢？"

值得注意的是：在探讨这个基本问题，亦即哲学是研究什么的学问时，亚里士多德还并未将"哲学"与"科学"分离开来。在这时，他把各种多样研究的学问都泛泛地称作"科学"。在这个意义上，哲学也是一门科学。现在他的任务是要规定哲学是研究什么的科学。所以，这时的"科学"，我们可以称之为"大科学"，这正如后来他又把哲学也在这个意义上应用，例如，把物理学称作"第二哲学"，把神学称为"第一哲学"。这样，"大哲学"的概念又代替了"大科学"了。这个"大哲学"的概念在人类的思想史上曾经长期被使用，如把"伦理学"称作道德哲学，把"政治学"称作"政治哲学"。这个概念甚至影响到我们当代的语汇，比如把一个公司的主管的"经营方针"叫作"经营哲学"，把政府外交部门的外交原则称之为"外交哲学"，等等。

还有，这里的"智慧"（σοφία/wisdom）作为哲学来使用，所谓"我们新追寻的智慧"就是"我们探索的哲学"。我们在前面讲过，哲学（philosophy）这个词就是由"philo"（爱）和 sophia（智慧）组合而成的，意思就是"爱智慧"

和"爱智慧的人"。这一点在中国古文献中也有类似的表达，我们称之为"哲人"或"智人"。

这一章（以及第二章）中探讨的哲学研究的对象，表现了亚里士多德在第三卷中提出的那些问题，由于对这些问题的深入探讨，最终出现了亚里士多德的"哲学"这个概念，这是亚里士多德在人类思想史上的一个伟大贡献。

这一章最值得注意的不是亚里士多德提出了一些什么问题（这些问题基本上就是在第三卷第一章提出的问题），而是他的探索的态度。他提出这些问题的可能的解答，又指出这些解答所包含的困难，又进一步追索，这样层层深入，逐步达到较为完满的解答，这是亚里士多德的治学方法，即抓住一个问题逐步深入，最后获得满意（或不满意）的解答的方法。比如，他首先提出："智慧被看作一门科学呢，还是几门科学呢？"随后就又追问："如果它不是一门科学，那么会等同于何种科学呢？"再就是"检验证明的第一原理是一门科学的任务呢，还是多于一门科学的任务呢？"再有："智慧是研究所有实体或者不是？""它仅仅处理实体呢，还是也处理它们的属性？""我们现在寻求的科学究竟是处理可感觉的实体，还是不是它的，而是处理某些其他的东西。"其间还问到是否研究形式、数学对象等，最后追到"处理共相"、"处理基源的种"一直到"存在和一"。这样就达到了问题的"核心"部分了。

至于具体地论述，我们可以翻开第三卷的第一、二、三章来对照着读，就可以体会到它们之间的大同与小异了。

二、第十一卷第二章（K.2）的提要与解说

——在第三卷第四—六章中陈述的问题复述

（一）第十一卷第二章（K.2）的提要

1060^a3，（7）有与个别事物相分离的任何东西吗？这里有数目上无限的东西，但是另一方面，我们寻求的知识不能是种或属，它们是那些我们可能设想与个别事物分离而存在的，然而，我们似乎在寻求某种独立的事物，它

不是任何感性事物的属性。

13，如果这里有那样一个实体，可感知的诸实体是与它一起存在的吗？为什么有一些比其他的多呢？然而设想永恒的实体像可感的实体与可消灭的实体在数量上一样多是荒谬的。

19，但是如果我们寻求的原理与诸物体（bodies）分离的，质料可能似乎有一个强势，然而它仅仅潜在地存在。形式有一个更强的强势，但是它是可消灭的。所以，显然地这里没有永恒的实体，然而最好的心灵总在寻找那样一个原理；的确，没有它怎么能有任何的秩序呢？

27，（8）如果有那样一个原理，它是永恒的和可消灭的事物所共同的，那么，为什么有的是永恒的而另一些则不是永恒的呢？如果诸原理是不同的，那么（a）如果诸可消灭的事物的原理是永恒的，为什么它们不是永恒的呢？（b）如果它是可消灭的，它就预设了另外一个原理，如此以致无穷。

36，（9）如果我们设置那些原理，它们似乎是最不可变化的、存在和统一体，（a）如果它们不是个别的诸实体，它们怎么能够分离存在呢？正如第一原理必须是那样的，如果它们是，所有事物将是实体，因为存在是可以表述所有的，但是显然地并非所有事物都是实体。

ᵇ6，（b）那些统一体成为第一原理和一个实体，并且从它和从形式产生出数目，并且使数目成为一个实体，不能是对的；因为你怎么能认为二或者任何的数目正如一一样呢？

12，（c）线、面，等等，不能是第一原理，因为它们仅仅是划分和限制并且因而不能分离存在。

17，（d）单位（unit）或点（point）不能是实体，因为这里没有它们的生成。

19，（10）所有知识都是诸共相，但是实体不是共相而是个体；如果有第一原理的知识，实体怎么能是第一原理呢？

23，（11）如果没有离开具体整体的事物，那样的整体又全都是可消灭的，如果这里有某种东西，它必定是形式，现在在哪种情况下这些是分离存在的呢？在有些情况下，例如，如一座房子，它显然是不可能的。

28，（12）所有第一原理都是在形式上或在数目上一样的吗？如果是在数目上，所有事物都会是同样的。

（二）第十一卷第二章（K.2）的解说

本卷的第二章所复述的内容涵盖第三卷的第二至四章，但在本卷中的论述更为简明扼要，我们可以把它与第三卷的第二至四章对照起来阅读。

在这一章中首先提到关于哲学的研究对象时，亚里士多德着重从是否有与个别事物相分离而存在的现实状态下的存在问题，亦即是柏拉图派主张的"理念"的问题说起。他指出："一般说来很难说究竟人们必须假设在可感觉的实体（亦即在这个世界中的实体）之外有一个分离的实体，而智慧就是关于它们的，……亦即看是否有某事物，它能由其自身而分离存在，并且不属于任何事物，——还是是否有另一个实体与可感觉的实体相分离，并与之相对应，可感觉的实体的那些种类必须假设有与它们的这个对应。"（1060^{a}7—14）

接下来，他指出："如果我们寻求的本原是与具体事物不可分离的，那么如果不是质料又是什么呢？然而这并不存在于现实中，而是存在于潜能中，似乎形式或形状是比这更为重要的一个本原；但是形式是可消灭的，所以，根本没有永恒的实体能分离地和独立地存在，但这却是悖谬的；因为这样的一个本原和实体似乎是存在的，而差不多所有最精细的思想家都把它作为某种存在的东西来加以寻求，因为如果没有永恒的分离的和持久的东西，怎么会有秩序呢？"（1060^{a}19—27）这一段话生动地表现出亚里士多德对物质与形式的看法（物质是潜在的，形式是现实的，但形式又是可消灭的）以及对暂时的和永恒的东西的一些想法和它们所包含的矛盾，表现了亚里士多德的思想中的矛盾和困惑。

下面更重要的是他提出了"共相"与个体的问题。他说："一个进一步的困难由于以下事实而出现：所有知识都是关于共相的和是'这样的'，但是实体不是一个共相，而是一个'这个'——一个分离的事物。所以如果有关于第一本原的知识，问题就出现了：我们怎样来假设第一本原是实体呢？"（1060^{b}20—23）这是在亚里士多德实体理论中的一个根本性的矛盾。

亚里士多德是自觉到这个矛盾的，并且在如何解决它的问题上，处于困惑的状态。

本章的最后一段，也存在一个难以理解的问题，即所谓的"本原是在种类上是相同的，还是在数目上是相同的"，是什么意思？特别是什么是"在数目上是相同的"？为什么"如果它们在数目上是相同的，那么事物就都将是相同的了"？这些都很费解。

总的看来，这一章的可贵之处是亚里士多德在几个重大理论问题上提出了自己思想上的矛盾和理论上的困惑。这正是促使他努力思考以求得合理的解决的巨大动力。

三、第十一卷第三章（K.3）的提要与解说

——哲学研究的主题

（一）第十一卷第三章（K.3）的提要

1060^{b}31，哲学是关注普遍地那样的存在，但是存在有多于一个的意义。如果仅仅是含混的，它就不可能由一门科学来处理；如果它有某个共同的意义，它就可以由一门科学来处理。

36，它像"医疗的"和"健康的"这样的语词，所有它的语义都有某种与医疗技艺或健康的相关之处。所以，对于每一种性质、状态、处置、运动等等的事物，那样的存在也是如此。

1061^{a}10，因为所有的对于某一件事物都是相关的，所有对立的都与存在的基源的差别相关——繁多和统一、相似与不相似，等等。它的问题不是究竟还原为存在还是统一，因为这二者在任何情况下都是可以互换的。

18，所有对立都是同一门科学的对象，而且它们的每一个蕴含着缺失。（语词怎么能够容许一个中间的像公正与不公正，包含着缺失？缺失必须被说成不是关于整个定义的，而是关于最小的属。如果一个公正的人是一个在本性上愿意服从法律的人，一个不公正的人不需要与此非常相反而可能是一

个在某些方面缺乏对法律的服从的人；在这个方面他承受着公正的缺失。)

28，数学家从所有可感的质中抽象并简单地研究什么是在一、二或三个维度中的量的和连续的东西，以及它们的本质属性。

ᵇ3，相似地对于那样的存在的诸性质和诸对立的研究并非是科学的任务而是哲学的任务；也不是物理学的任务，物理学研究事物不是作为存在，而是作为分有运动的事物，也不是辩证的或智者式的（sophistic），它研究存在的事物的诸属性，而不是作为存在。

11，因为所有是的东西是由于某一个共同的性质而被如此称呼的，而如此相关的诸事物能够落入一门科学，我们解决了我们的问题，这里怎么能有一门科学关于许多事物的科学，而这些事物在种上是不同的。

（二）第十一卷第三章（K.3）的解说

这一章是关于是第四卷的第一、二章中讨论的问题，特别是哲学研究的对象问题。

他一开始的第一句话就是："由于哲学家的科学是关于普遍地作为存在的存在，而不是关于它的一个部分，而且'存在'具有许多意义而不仅在一种意义上被使用。"（1060ᵇ31—32）

这是把第四卷第一章中关于哲学研究的对象的经典定义，哲学研究的对象是作为存在的存在，加以讨论而且更加明确地指出这是指："普遍地作为存在的存在，而不是关于它的一个部分"，接着更指出尽管存在具有许多意义而不仅在一种意义上被使用，但这种多种使用都有某种共同的东西。他"以'医疗的'和'健康的'为例来说明这一点。这样，每一个存在的事物，被说成是'存在'，以这种相同的方式，每一个存在的事物被说成是'存在'，因为它是作为存在的存在的一个属性，或者是它的永久性的，或者是它的一个暂时性的状态，或者是它的一个运动，或者是别的什么这类东西"。（1060ᵃ7—10）

接着他指出存在涉及对立的东西，而且由于每一对立由一门并且是相同的科学来考察，以及有的对立有中介物的情况。

在本章的最后一大段中，他又插入了以数学家用抽象的方法来研究数学对象为例，来说明哲学是处理"存在"本身，"因为所有存在的事物由于某种单一和共同的东西都被说成'存在'，尽管这个词有许多意义。'对立'也是同样的情况，（因为它们都涉及'存在'的基源的对立和差异），而这一类的事物能属于同一门科学，我们在开始叙述的困难（按指第四卷第二章和本卷第二章 $1059^{a}23$—23 处，可参看——李真注）显得是被解决了。——我的意思是何以能有一门关于那是多和在种上不同事物的科学的问题"。（$1061^{b}11$—17）

总的看来，这一章内容何止是复述了第四卷的第二章，简直是重加论述，说得更清楚透彻了。

四、第十一卷第四章（K.4）的提要与解说

——哲学区别于数学和物理学

（一）第十一卷第四章（K.4）的提要

$1061^{b}17$，因为甚至数学家使用公理仅仅在一种特别形式上，它是第一哲学的任务。如果相等的东西从相等的东西中拿走了，剩下的还是相等的，对于所有数量来说都是共同的。但是数学研究这个主题的几个部分，线、角、数目等等，不是作为存在，而是作为连续的东西；而当哲学家研究特殊事物时，仅仅是就它们具有存在而论。

27，物理学像数学一样，它研究作为运动中的事物的属性和原理，而不是作为存在，而第一科学研究作为存在的存在的属性。由此，物理学和数学仅仅是智慧的一个部分。

（二）第十一卷第四章（K.4）的解说

这一章是内容比较简单的一章，全部只有一大段话，讲的就是哲学区别于数学与物理学之处。这是继上一章讨论哲学研究的对象问题的一个自然的延续。

他指出："数学是仅仅在特殊的应用中使用共同的公理，那么考察数学

的原理必定也是第一哲学的任务。"（1061^{b}18—19）这里所说的"数学的原理"就是指数学所使用的公理，像他在下面解释的那样的，"相等的减去相等的，其余剩下部分是相等的，这对于所有量都是共同的。但数学家只研究分离出来的特有题材的特殊部分，例如，线或角或数或某些其他种类的量——然而不是作为'存在'而是就它们的每一个是在一个或两个或三个维度中是连续的［来进行研究］；但是，哲学并不研究它们中的每一个具有某些属性或其他属性这样的特殊的主题，而是思考就每个特殊事物存在着的'存在'"。（1061^{b}20—28）

然后就物理学来说："物理学与数学的地位相同；因为物理学研究存在的事物的属性和原理，是关于作为运动的事物而不是作为'存在'的事物（我们曾经说过，至于第一科学处理这些事物仅仅着眼于支持这些事物的东西是存在的，而不是关于别的任何事物）。因此，我们应当把物理学和数学看作是智慧的一部分。"（1061^{b}29—33）

请注意，亚里士多德在这里把哲学既称之为"第一哲学"也称之为"第一科学"，这就是他所理解的"大哲学"和"大科学"的概念，这一点，我们在前面已经较详细地讲过了。

从本章的最后一句话可以看出来亚里士多德认为"我们应当把物理学和数学两者都看作是智慧的一部分"。为什么？因为它们都是研究存在的一个部分，而哲学才是研究"作为存在的存在"，即"存在"的全部。所以，也只有哲学才是代表智慧的全部。

五、第十一卷第五章（K.5）的提要与解说

——对矛盾律的辩护

（一）第十一卷第五章（K.5）的提要

1061^{b}34，有一个原理，关于它是不可能被欺骗的——同一事物不能在同一时间是和不是。这样的真理不能被绝对地证明，因为没有更多的确定的

前提它可以由之推导出来。

1062ᵃ5，它们可以由一位特殊的人物来加以证明，亦即任何一个作出矛盾的断定的人；这个方法就是设定某事物等同于我们所讨论的真理，但是对我们的论敌说来似乎不是这样的。

11，人们在一起讨论必须相当程度上相互了解；因此，他们的每一个语词必须意味着某种东西；而如果它是含混的话，那么他的意图的意义必须要加以指明。现在（1）他说："是 A 和不是 B"是说 B 这个字不是意味着它想意味着的东西，并且因此它是不可能的。这样矛盾律就被证明了。

19，（2）如果一个字的意思是某种东西，而且这个意思是真的断定了一个主语，这个主语必须必然地具有这个性质，并且因此不能不具有它；所以相反的陈述对于同一个主语不能是真的。

23，（3）如果一个肯定并不比否定更真，"A 是一个人"并不比"A 不是一个人"更真，并且因而更多的不比"A 不是马"更真，并且因而如果矛盾两者都不比"A 是一匹马"更真，所以，那个对象就是一个人、一匹马，以及其他等等。

31，如果一个曾经这样与赫拉克利特论辩，他可能已经约束了他的观点；采取它而没有意识到他说了什么。如果这个是真的，甚至它自身会不是真的，因为如果"A 是 B"并不比"A 不是 B"不是更真，"A 既是 B 又不是 B"并不比"A 既不是 B 也不是 B"不是更真了。

ᵇ7，再有，如果没有东西可以被真的肯定，那么说没有肯定是真的就是假的了；而当某事物能被真的肯定时，所有这些讨论者的摧毁者们的箴言也就垮台了。

（二）第十一卷第五章（K.5）的解说

这一章涉及第四卷的第三章和第四章，内容主要是讲矛盾律的。亚里士多德把矛盾律看作是思维活动中的基本规律，从而它把这个思维规律以及相联系的排中律都提升为哲学规律。这是一个"以偏概全"的逻辑错误。我们在第四卷的第三、四章的解说中已经指出过这一点。在这里我们就不重复有关论述了。

作为一个逻辑学的创始人和奠基人，他对基本思维规律的重视是可以理解的。在《形而上学》这本书中，他已花了很大工夫（Γ.3 和 Γ.4）来认真讨论这个问题，也巧妙地提出了用"反证法"（"归谬法"）来证明这个不能用证明的手段从正面来加以证明的原理，可谓是"用心良苦"了。

他一开始就提出："有一个在事物中的原理，关于它我们不会被欺骗，相反地，而是必须经常地认识到这个真理，亦即同一事物不能在同一时间既存在又不存在，或者允许任何其他相似的对立的对子。关于这样的事情，没有完全意义上的证明，尽管有对于它的证明，因为不可能从一个比这个真理更加确定的原理来安排论证的了，然而，如果要有充分意义上的证明，这却是必要的。但要想证明维护相反的意思的人是错误的，必须从他那里得到承认将与以下原理同一的（而将不是似乎是同一的）看法，即同一事物不能够在一个同一的时间既是又不是；因为只有那样，他的论证才能对那个断言对于同一主题能够真正地作出相反陈述的人加以证明，……因此，每一个语词必须是可以理解的并且指示某种东西，而且不是指示许多事物而是仅仅指示一个事物；如果它表示多于一个事物，就必须说明这个词是应用于这些之中的哪一个。这样，谁说这是又不是，就否认了他所肯定的，以致这个词所表示的他却说它不表示；而这是不可能的。因此，如果'这是'表示某事物，那么人们就不能够真的断言它的矛盾。"（1061^b34—1062^a19）

这一大段话是，（1）提出了这个基本原理（即矛盾律）；（2）说明了它不能用另外的真理来正面证明它；（3）提出了可以用巧妙的反证法（即归谬法）来加以证明；（4）指出了要进行这样的证明，论辩双方必须明确他所说的语词真正的是代表什么事物而不能含混或故意使之不明确。

这段话从理论上说明了这个问题。往下，他就举实例来演示这个思路和证明这个"证明"如何进行的。

他在这个演示中提出了一个"必然性"的概念，就是说"必然的"东西是有强制性的。如果 A 不仅仅是 B，而且必然是 B，那么说 A 不是 B 就绝对是不能成立的；也就是说它必然是假的。这是亚里士多德在他的"模态逻辑"中关于"偶然、实然和必然"的关系的基本分析。我们要了解这一点，但是我们不能在这里来展开有关的论述。

以下他就以具体实例来说明这个巧妙的反证法。如果一个人提出说："这是一个人"，那么他不能同时提出："这是一个非人"。这样，这就可以推出："这是一匹马"，因为"马"就是"非人"。这当然是荒谬绝伦的。

但是，本章最后一段话中，亚里士多德又与赫拉克利特较上了劲。他用这条思维规律来反对和嘲笑赫拉克利特的一切皆流变的辩证法规律。他把赫拉克利特说成是作出矛盾的断定的人。这表明亚里士多德不懂得赫拉克利特的辩证法思维。真正笑到最后的人不是亚里士多德而是赫拉克利特。亚里士多德在这个问题上只获得在文化思想史上一个令人深感遗憾的笑柄。

六、第十一卷第六章（K.6）的提要与解说

——否认矛盾律的理由是不成立

（一）第十一卷第六章（K.6）的提要

1062^a12，普罗泰哥拉的话："人是万物的尺度"相似于我们曾经讨论的观点。他的意思是那对于每个人似乎是的东西就是那样的。这样，因为事物对于不同的人是不同的，那么，同样的事物将会是并且又不是。

20，这个问题将被解决，如果我们考虑这个信仰的根源的话。（1）有一些，它是从物理学家们的学说而来的；（2）另一些，从观察而来，人们对于相同的事物有不同的印象。

24，（1）没有事物能够从非存在进入存在，但是每一样事物从存在而来是一个大多数物理学家的共同的观点。因此，因为一个事物不变成白色的，如果它曾是完全地白色的话，那个白色必定来自不是白色的东西；所以按照他们，它必定来自非存在，除非同样的事物曾经是白的并且又不是白的。这个困难是容易被移掉的；我们曾经在《物理学》中说过，在什么意义下事物变为存在来自存在，而在另外什么意义下来自非存在。

33，(a) 意图同样地反对诸种意见是愚蠢的。同样的事物不会对于两个人似乎是甜的又是酸的，除非这个人的感觉器官是受了伤的；在那种情况下，仅仅是另一个人才是一个尺度。所以对于好和坏等等也是一样。我们可以公正地宣称：那个对象似乎是两个，当你压住你的眼睛时，它就必定是两个。

1068ª10，(b) 我们应当判断事物的本性，不是从在事物围绕我们时的变化来判断，而是从整体的不变动性来判断。

17，(c) 再有，如果这里有运动，这里有一个运动的事物，它从某物移入到某物之中；而且当它是进入一个的时候，它不是进入另外一个。

22，(d) 甚至如果事物在这个世界中都是总在量上变化——而且观察那样的变化是理论的一个主要动机——它们不必要总是在质上变化，而本质是依赖于质的，它才是决定性的，而不是依赖于量的，它是非决定性的。

28，(e) 再有，人们按照医生的命令来行动的事实表明他们认为事物具有一种决定性的本性而不总是变化着的。

35，(f) 如果我们总是变动，在我们的知觉中的变动并不表明对象是在变动；如果我们没有变动，那么，这里有些事物它是处于静止中的。

ᵇ7，不容易满足那些人，他们在辩证法的基础上感到这些困难，因为如果他们不设置某些事物并不再期望对它有一个理由，他们进行讨论是不可能的；另一方面，那些人他们为传统的困难所困扰，可以如我们已经显示的来加以回答。

15，这样，矛盾的陈述不能都是真的，对立的也不行，因为对立包含缺失，这可由分析对立的定义被看到。

19，一个中介物也不能表述一个同一的主语，这个主语中一个极端已被断定，如果 A 是白色的，我们不能真的说它既不是黑的，也不是白的，因为我们将会说它们既是白的又不是黑的。

24，因此，既不是赫拉克利特的现在是对的，也不是阿那克萨哥拉所说的这里有每一事物的部分在每一事物之中，是对的；如果每一事物，现实地呈现在每一事物之中，那么同一事物的对立就都是真的了。

30，相似地所有陈述不能都是假的，也不能都是真的——因为这个理由添加到另一个之中，如果所有的都是假的，这个陈述本身就是假的了，如果都是真的，那么所有的是假的就将是真的了。

（二）第十一卷第六章（K.6）的解说

这一章是接着上一章来的，对那些坚持为违反矛盾律辩护的人的各种歪道理的驳斥。

这一章的内容涵盖第四卷第五、六、七、八章。这些内容我们在解说第四卷的那些章都已经详细地讲过了。这里我们就简要地来回顾一下。

归纳起来说，在这一章中他主要从以下几方面来立论反驳，第一，是反对普罗泰哥拉的"感觉论"。普氏认为每个人的感觉都是真的，而不同的人就会有不同的感觉。比如一个人感觉到蜂蜜是甜的，另一个人可能感觉到它是苦的，（也就是不甜的），这样似乎矛盾的判断就可成立了。亚里士多德对此的反驳是很简单的。他指出这是有的人感觉器官处于不正常状态，或者是病人的（如病人的味觉不正常，甜的东西在他嘴里就成了酸的或苦的），或者是正常的感觉器官受到了外力的干扰，比如有人用手指压迫眼球时，一个物体就呈现为两个，而没有这种外力干扰时，它就呈现为一个。

第二，他反对以事物不断有量的变化为依据来断定一事物是 A 和不是 A。他指出："实体依赖于质，而这属于确定的本性，然而量则是属于非确定的本性。"（1030^{a}28—29）他这段话说得不是很清楚。其实，他是指出：尽管有不断的量的变化，但是当这种变化并未达到改变质的情况下，质仍然是稳定的因素，它不能既是又不是。

第三，他从实践活动来论证，他指出：一个病人为什么会信任医生的忠告或处方，因为他认为医生提出的忠告是有益的，医生的处方是能够治他的病的。这些都是生活实践中必有的断定。他在第四卷中还曾举一个人走路为什么会沿着一条大道前进而不去往一个陷阱或水井里去，因为他知道走大道是有利的，而走向水井是有害的。这种人们日常生活实践的需要证明了一个事物不能既是又不是，我们必须找到正确行动的依据。

第四，他除了指名批评了普罗泰哥拉的相对感觉论之外，还特别点名提到了赫拉克利特和阿那克萨哥拉的理论。关于赫拉克利特我们在上一章的结尾处已经比较多的谈过了，这里就不再说了。对阿那克萨哥拉论点的反驳是，他说："阿那克萨哥拉说在任何事物中都有任何事物的一个部分"。（1063ᵇ27）他由此推论出阿那克萨哥拉认为一事物包含有矛盾的部分，从而就为作出矛盾的判断提供了理论根据。其实，阿那克萨哥拉的意思是说一个事物内中包含有复杂的成分或元素。亚里士多德的这个指责多少有点强辞夺理。

第五，他在本章的最后几句话，很精彩地揭示了违背矛盾律的可笑的后果。他指出：如果所有的都是假的，那就甚至连这一点本身也不能说了，而如果所有的都是真的，那么说所有的都是假的也将不是假的了。（1063ᵇ33—35）这样，就没有真假可辨了。

七、第十一卷第七章（K.7）的提要与解说

——神学与数学和物理学的区别

（一）第十一卷第七章（K.7）的提要

1063ᵇ36，每一个科学标明一些对于自己的种并且研究这个，但不是作为存在；它们把它留给另外一门科学。这些科学用感知或者假设来获得它们的主题的本质，并试图证明这些属性；显然，从它们的观点看，这里没有本质的证明。

1064ᵃ10，自然的研究不是一门生产性科学，因为在那样一门科学中运动的原理是在生产者之中而不在产品当中，作为一门技艺或别的能力，它也不是实践的科学，因为在这里运动是在做者之中，而不是在被做出的东西中，而物理学是关注那些有一个运动原理在它们自身之中的事物，因此它是理论的。

19，由于每门科学必须知道它的主题的本质，我们必须知道物理学家应

当怎样下定义。他们应当像一个人定义"塌鼻"还是像一个人定义"凹陷",亦即与质料相关还是不与质料相关? 肉、眼睛,等等,必须与它们的质料相关来下定义。

28,存在作为存在的科学是如同物理学一样,能够有分离的存在吗? 物理学研究具有一个变化为原理在它们自身之中的事物;数学研究不变的事物,但没有分离的存在。这样如果像我们试图表明的,这里有一个分离的不变动的实体,关于它的科学是不同于物理学和数学的,如果这里有那样一种实体,这里是神圣的,并且是第一的和最权威的原理。

^{b}1,于是,这里有三类理论的科学,物理学、数学、神学。理论科学是科学中最好的一种,并且关于它的最后命名的属是最好的,是关于最好的对象。

6,那样存在的科学是普遍的吗? 这里有一个普遍的数学以及各种各样分支,如果物理的诸实体都是基原的实在,物理学就是第一科学,但是如果这里有一种实体,它是分离的并且是不变动的,关于它的知识就是先于物理学的,并且是普遍的,因为它是先于的。

(二)第十一卷第七章(K.7)的解说

这一章亚里士多德又回到谈论哲学与数学及物理学的区别这个问题,它是回答第六卷第一章提出的问题,为哲学的研究对象作出明确回答。这个问题他在本卷的第四章中已经就哲学与物理学和数学的区别作了详细论述。现在,在这一章中,亚里士多德又换了一个名称,把他叫作"第一哲学"、"第一科学"和"智慧"的学问,称之为"神学"(Theology)。这里亚里士多德在《形而上学》一书中提出的一个极为重要的思想。关于这个问题,我们在下面的第十二卷(Λ卷)中还会更详细地讨论。在这一章中,亚里士多德只是改换了一个名称,提出了一个新的名称和新的概念,简单地把它与"哲学"这个概念等同起来看待。而实际上,在以前亚里士多德讲的哲学是研究作为存在的存在的学问时。他说"存在"是我们这个世界中的各种形形色色的存在物的总称。他提出并承认了这个"存在"是包含运动和变化的,从而才能演示和变化出这千变万化的大千世界。但是他也时不时地在设想有不运动、不生灭的永恒性的"存在"（例如在本书第六卷第一章中谈到的），实际上他就是指的他想象中的"天体"，即所谓神圣的"月上世界"。这是亚里士多德设想的终极世界。"神学"所包含的就是"月下世界"（即我们所处的这个现实的世界）以及"月上世界"，即天体的总的规律。这一点我们下面到第十二卷时再详细讨论。我们现在只要把它看作与"哲学"是同一门学问即可，暂时不必多追究。其实这一章的内容和本卷第四章的内容几乎是重合的。

这一章内容其实比较简单：

第一，他指出由于研究对象不同就划分出不同的学问，大体说可以划分为：1. 研究普遍的存在，亦即"作为存在的存在"的学问即哲学；和 2. 研究存在的不同部分的各种科学。

第二，他根据运动的动力不同、目的的不同又将科学分为理论的、生产的和实践的三大类。

第三，他根据理论科学的各自特点，又把理论科学分成了三大类：物理学、数学以及哲学。

大体内容就是这些。特别之处在于：他并未多作解释和说明，却话锋一转突然说："因此关于那能够分离地存在而且是不运动的事物会有一门与这两者（指物理学和数学——李真注）都不同的科学，如果有这种性质（我是指可分离的和不运动的）的实体的话，正如我们将试图证明有这种东西。如果这个世界有这样的一类事物，这里肯定的是神性的东西，而且这必定是第一的和最根本的本原。这样，显然地有三门理论的科学——物理学、数学、神学（theology）。理论科学已是最好的，而这些科学本身最后说到的又是最好的；因为它处理最高的存在物，而每种科学是由于它研究的专门对象而被称为较好的和较差的"。（1064ᵃ33—1064ᵇ7）可以看出，亚里士多德自己说："我们将试图证明有这种东西"，但还未给予证明，就急不可耐地下了断定有这一门"有神性的""神学"。而且把它排位为"最好的"和"最高的"。

随后他进一步来比较这些理论科学的"较好的或较差的"。他说："现在如果诸自然实体是存在事物的首要的 [事物]，那么物理学就会是第一科学；但如果有另一类实在和实体，它是分离的和不动的，那么关于它的科学必定不同于并优秀于物理学，而且它是普遍的，因为它是在先的。"（1064^{b}9—14）

八、第十一卷第八章（K.8）的提要与解说

—— 偶然的存在和作为真理的存在；机遇

（一）第十一卷第八章（K.8）的提要

1064^{b}15，（1）让我们首先考察在它的一种意义上的存在——偶然的 [存在]。偶然的不被任何一门传统的科学来研究；建造者不会问那使用这房子的人将会发生什么，而是研究他自己的专有目的。

23，没有任何科学考虑："这个有教养的人，他变得熟知语法将是这两者在一个时间，过去未曾有过；但是那在的东西，没有总是存在过，必定会变为存在；所以他必须在同一时间变成有教养的和熟知语法的，仅仅是智者派的人研究这个；它是仅有的是偶然的科学，而且柏拉图在说智者派人士他们花时间于非存在（non-being）上是远非错的。"

30，一个关于偶然的科学甚至不是可能的将会清楚，如果我们问什么是偶然的。每一样事物或者总是由于必然性（逻辑的必然性，而不是强制），或者对于大多数部分，或者当其出生时（在"天狗日"的寒冷）偶然的是那样发生的，但不总是也不是大多数部分，而且由于这个缘故，这里没有关于它的知识。

1095^{a}6，这里没有偶然的原因，如像这里有本质的事物的原因那样；因为那样每个事物都会是属于必然的了。如果 A 是当 B 是时，而且 B 是，当 C 是时，而也是属于必然的，所有的结果，直到最后的将会必然的，而偶然性，将被废除。

14，相似地，如果原因不是一个存在而是一个事件，所有事件将会是必然的；明天是必然地从现在存在的东西中得出。

21，（2）作为真理的存在依赖于在思想中的组合，并因此，我们放过它，而专注我们的注意于独立的存在着的存在，作为偶然的存在是不确定的，并具有不确定的原因。

26，（3）目的论（teleology）发现在由于自然而发生的事物中，或者作为一个思想的结果。它是机遇当某些事件由于偶然性而发生时；机遇是一种目的性种类的目的论事件的一个偶然的原因。由此，机遇与思想都与同一个目的相关，因为目的包含着思想。机遇事件的原因都是不确定的，并且因此机遇对于人的理性是晦暗的，并且是一个仅仅由于偶然的原因，它是好运还是坏运，当它变得好些或坏些的时候，繁荣和逆境都是在大的范围内的好运和坏运，因为没有偶然的是先于本质的。如果机遇是一个普遍的原因，并且理性和自然都是在先的原因。

（二）第十一卷第八章（K.8）的解说

本章的内容是对于第六卷（E）第二至四章内容的一个复述，但主要是关于偶然性的（E卷第二、三章的内容），而稍微涉及E卷第四章关于作为真的存在的内容。在本章的最后一段中关于偶然的原因引起的后果，而引起侥幸或不幸的后果则涉及在《物理学》第二卷中的一些论述，可以相互参考。

亚里士多德主要阐述了以下几点：

1. 存在有几种意义，其中之一就是偶然的存在。

2. 科学研究的事物是每一个事物或者总是如此和出于必然性（必然性不是在强力的意义上，而是我们诉诸证明的东西），或者绝大部分是如此。（1064^b34—35）

3. 作为真理的存在依赖于思想中的组合。

4. 没有研究偶然的科学，"因为所有科学都是关于总是如此的东西，或者绝大多数是如此，但偶然的东西不属于这些类中的任何一个"。（1065^a4—6）

5. "所有事物都是由于必然性而出现的"。（1065^a2—1）

6. "目的因存在于由于自然而发生的事件中或者是作为思想的结果中，当这些事件中的一个由于偶然而发生，那是'侥幸'。因为一个事物存在，或者是由于它自己的本性或者由于偶然；原因也是这样，侥幸是一个偶然的原因在这样的事件中起作用，在这样的事件中我们确定的一个目的通常都是与目标相一致来实现的。那些产生侥幸的原因可以发生是不确定的，因为侥幸对于人的目标是隐晦的而且是有个偶然的原因，但在严格的意义上，它不是什么事物的原因，当结果是好的或坏的时，就是好运或厄运，而当其后果的规模巨大时，则是昌盛或不幸。"（1065ª27—1065ᵇ1）

请注意，这里的"侥幸"就是在本章中翻译为"机遇"的，它们是一个词 chance。

7. 关于作为真的存在，在本章中就说得很简单，只有一句话："至于在真的意义上的存在……决定于在思想中的联结而且是思想的一种属性"。（1065ª21—22）这里所谓的在思想中的联结，是思想的一种属性，是指从认识论的反映论来看，当思想中反映出在实现事物的状况，即概念相联结时就是肯定。它反映客观事物的联结，但概念不联结时，就反映客观事物的不联结，就是否定。当思想正确反映客观现实时就是真的，如果未能反映客观现实时，就是假的。亚里士多德曾经用这个例子来说明，他说，因为你现在是坐着的，所以我说"你现在坐着"就是真的，而当你现在站着时，我说"你现在坐着"就是假的了。

8. 最后，他指出："没有偶然的事物是先于本质的事物的，偶然的原因也不是会在先的。这样，如果侥幸或自发性是物质世界的一个原因的话，理性和自然则是在它之前的原因"。（1063ᵇ1—2）

九、第十一卷第九章（K.9）的提要与解说

——潜能，实现，运动

（一）第十一卷第九章（K.9）的提要

1065ᵇ5，一个事物可以是或者现实地或者潜在地或者现实地和潜在地两者 [存在于] 一个实体、一个量或者在一个其他的范畴之中。

7，没有与诸事物分离的运动，因为变化的发生关系到诸范畴，而且没有什么包容这一些的共同的东西，在实体中有形式和缺失，在质中有白和黑，在量中有完全和不完全，在地点中有上和下，所以，有与存在一样多的许多种类的变化。

14，潜能和现实的区别存在于每一类的事物中，而运动就是那样的潜能的现实化；例如，当可用于建筑的那样的东西现实存在，进行建筑，而这就是建筑的过程，运动当现实化本身存在时就发生而且既不早也不晚。

21，这样，那潜在的东西的现实化，当它现实地存在时，不是作为它自身而是作为可运动的东西，就是运动。铜潜在的是一座雕像，但是铜作为铜的现实化不是运动，因为是铜和是一个某种潜在性不是相同的事物。

28，这一点在对立的状况下可以看得出来，能够是健康的和疾病的不是相同的事（如果它是的话，健康的和疾病的将是相同的事），但是健康和疾病的基质是相同的。

32，这样，运动就是作为潜在的潜在的东西的现实化，运动就是我们曾经规定它作为存在，而且仅仅存在于当现实化本身存在的时候，就清楚了。因为那样的可以建筑的东西的现实化必须是或者建筑的活动或者是房子；当房子存在时就不再是可以建筑的了；另一方面，那是可建筑的东西就是建筑活动的对象，因此可建筑的东西的现实化就是建筑的活动，而这就是运动。

1066ª7，我们是对的表现在其他人的关于运动所说的，以及在别样的定义它的困难上面。它不能处于任何其他的种之中；其他人说它是其他的、不相等的，或者非存在，但是所有这些没有需要被移动的，它们也不是运动的终点或起点更胜于它们的相反者。

13，这些思想家那样规定运动，因为它被认为是不确定的而且诸原理在这两行之一中是不确定的，因为它们都是缺失；它们的任何一个都不在诸范畴的任何一个之中。

17，运动被认为是不确定的，因为它不能归类为或者是潜在性或者是现实性，因为既不能是，也不是某种需要移动的某个大小运动被认为是现实化，但是不完全因为它的现实化是不完全的，很难抓住运动的本性，因为它既不能被归类为缺失，或者潜在性，或者不合格的现实化，这样它必定是现实化，而且是我们已经规定的现实化；它难于掌握但能够存在。

26，明显地运动在可运动的之中；因为它是就那由于那有能力在运动中设置的这一个的现实化，而且后者的现实化不是其他的，它必须是两者的完全的现实，运动者由于它的能力而运动的，但是由于它的活动而运动，而且它对于运动的东西，它有活动的力量，所以两者的现实化是一，至于从一到二的间隔以及那从二到一的间隔，或者向上和向下的结点都是一，它们的存在不是作为一。

（二）第十一卷第十章（K.10）的解说

这一章是对于《物理学》第三卷第一、二、三章（特别是第三章）关于潜能、现实与运动的论述的摘要。

他首先指出："有些事物仅仅是现实的，有的是潜在的，有的则是潜在的和现实的。"（1065^{b}5）这就是说，一般说来，事物的存在方式，大体上分为这三种，所谓"潜在的和现实的"这个第三种方式就是指该事物正处于运动中，即从潜能向现实的转化之中。

他接着指出："在每类事物中都有在潜在的和现实的之间的差别，我把潜在的东西的实现称之为运动。"（1065^{b}15—16）他还解释说："当完全现实本身存在时，运动就发生，既不更早时，也不更迟些，这样，那潜在地存在的东西的完全的实现，当它是完全地真实和实在，不是作为它本身，而是作为可运动的东西，那就是运动。"（1056^{b}20—23）他举例说：比如，砖石、木料作为可以建筑的东西，实现时其实就是建筑的活动，或者是建成的房屋，当房屋存在时，它们就不再是可建筑的了。

在本章的最后一段话中，他进一步解释说："显然地，运动是处于能运动的东西之中，因为它是由于那能够引起运动的东西的作用，而使这个得以完全实现，而那些引起运动的东西的实现，无非是可以运动。因为它必定是两者的完全的实现，一个东西能够引起运动，因为它具有潜能，但只有当它作用时它才运动；但是它是对于可运动的东西它才是能够施加作用的，所以，两者的实现是一个，正像有一个同样的问题从一到二和从二到一，并且像向上的一步和向下的一步，同是一步，但它们的存在不是一，在推动者和被推动者的场合，情况也是与此相似"。（1066ª28—35）这里说的"两者"就是指"推动者"和"被推动者"，他又把它们叫作"施动者"（agent）和"被动者"（patient），它们一起实现从潜能到现实的转化，这是一个运动，但只有这两者共同参加，所以它们的存在既是一也是二。

十、第十一卷第十章（K.10）的提要与解说

——一个现实的无限的不存在

（一）第十一卷第十章（K.10）的提要

1066ª35，无限或者是那不能被穿越的东西，因为被穿越不是它的本性，或者那被穿越有困难，或者那不能被穿越，尽管它的本性是被穿越，再有用加或减或者两种方式使它是无限的。（A）它不能是一个分离的实在；因为（1）如果它既不是一个空间大小，也不是一个繁多。而繁多是无限是它整个的本性，它是不可分割的，但是如果这样，它就不是无限，除非在一种声音是不可见的意义上，但它不是这里的意义。

ᵇ7，（2）无限怎么能由于自己而存在呢？如果数目和空间大小（它是它们的性质）不是那样的存在。

8，（3）另一方面，如果它由于偶然而存在，它不是作为无限在事物中的一个元素，不胜于在言词中的不可分，尽管语言是不可分的。

11，（4）它不能现实地存在，这是很清楚的。因为任何它的部分必须是无限的（因为无限与无限性是同一样事情，如果无限是一个实体的话），所以，它必须是不可分的或者是可分为无限的；但是同一件事不能是许多的无限，所以，它必须是不可分的。但是那是现实的无限，不能是不可分的，因为它必须有一个确定的量。因此无限必须仅仅由于偶然而存在，并且因此不是它而是它的属性将是第一原理。

21，上面的讨论是一般的；（B）无限并不存在于感性事物之中，这来自以下事实（1）如果物体的定义是"那由面限制的东西"，这里就能没有无限的物体，无论是可感知的还是可认知的，并且（2）因为数目是可数的，这里就没有分离存在的无限数目。

26，从以下的物理的考虑，同样的事实也很清楚。（3）无限不能（a）是组合的，因为元素在数目上是有限制的；因为元素中的一个不能是无限的，而是一个是有限的，否则前面的会摧毁后面的，并且所有的不能是无限的，因为一个无限的物体必须是在所有方向都是无限的。

34，（b）无限也不能是一个简单的物体，或者是（i）如像有些事物不同于元素，从这些元素中物理学家生成出这个世界（因为没有那样的物体与元素分离；如果有那样的元素在事物外，它们将会看到被溶解于它之中）；或者（ii）作为诸元素的一个，因为除了设想它们中的一个是无限的这个困难之外，普遍甚至如果它是有限的，不能是或者成为诸元素之一。同样的论证适用于如同在情况（i）之中一样；每个事物现实地从对立面变向对立面。

1067ª7，（4）感性物体在某个地方，并且整体和部分也在同样专有的地方，所以，如果（a）那无限的物体是同质的，它将是不动的，或者反而是总在运动的，但这是不可能的；因为为什么它在一个地方静止或运动而不在另外一个地方呢？它将是在每一个地方静止，而没有地方是运动，或者是在每一个地方运动而没有地方是静止。

15，另一方面，如果（b）全部都彻底地不是相像的，地点也将会是不相像的，并且（i）全部的物体，将不是一除了由于接触之外；（ii）部分在数目上在它们的种类中将或者是有限的，或者是无限的。

18，（a）它们不能是有限的，因为如果所有都是无限的，有些部分将是在大小方面是无限的并且将会摧毁有限的部分；而（b）如果它们是无限的并且是简单的，那么地点将是无限的并且这将是元素的一个无限的数目。如果这是不可能的并且地点必须是有限的，那么，全部也必须是有限的。

23，（5）一般说来，这是不可能的：即应当有一个无限的物体并且在同时一个特定物体的地点；因为每一个感性物体或者是重的或者是轻的，它将向中心或向上运动，但是既不是无限的整体也不是它的一半能够那样做；因为你怎么能划分它？

28，（6）每一个感性物体都在一个地方，并且这里有六个地点的变换；但是这些不能存在于一个无限的物体。并且一般说来，如果这里没有一个无限的地点，这里就不能有一个无限的物体；因为那在一个地方的物体就是向上或向下，等等，并且这些每一个都是一个边界。

33，无限在大小运动和时间上不是一样的事物；运动，如果它是无限的，那么这个无限是由于旅行的距离吗？而且时间是无限的是由于运动占有了它。

（二）第十一卷第十章（K.10）的解说

这一章亚里士多德讨论的"无限"的问题，涵盖《物理学》第三卷第四、六、七章的内容，也是本卷理论性最艰难的一个问题，请认真努力地学习领会。

亚里士多德首先解释"无限"这个概念，他指出"无限"是"不可穿越"、"不可度量"的意思。所以它有以下四种用法的意思，即"无限或者是（1）那不能被穿越的东西，因为被穿越不是它的本性（这相当于"声音是看不见的"的意思），或者是（2）那仅仅容许无穷尽地穿越，或者（3）几乎不容许穿越，或者是（4）尽管它会自然地容许穿越或限制，但并未这样做；还有，一个事物在增加或减少方面，或者在这两个方面，可以是无限的"。（1066^{a}35—1066^{b}1）比如，我们说点或单位，它们不是一个量，所以也不可度量，又如天之高，海之深，原则上好像可以度量，但却难以实施度量。（又如一条线可以被无限地划分，这就是从量的方面来分析的，而这恰好是无限的真正的领域，像数目不断地添加或不断地减少。）

还有我们可以说无限是"潜在地无限"，比如我们刚才说的数目的不断增加或减少，就是这种"潜在地无限"。

由此，我们也说事物在划分方面和在运动方面都是无限的，因为时间和空间作为连续的量就具有这种性质。

接下来，他又指出："很显然，无限不能现实存在，因为这样它的任何可以被取出的部分就将是无限了"。（1066^b11）这个问题是本章论述的重点。所以，他就这个问题进一步作出论述。

他指出：无限或者是可分的，或者是不可分的。"如果它是可分为部分的话，它就是可分为许多无限了。但是同一事物不能是许多无限（如像空气的一部分是空气，无限的一部分是无限……）因此，它必定是不能分为可分和不可分的，但是现实的无限不能是不可分的；因为它必须是一个确定的量。"（1066^b15—19）如果是一个确定的量的话，就不能是不可分的。而这个结果又与它是可分的相同了，因为"不能是不可分的"就是"可分的"了。

往下，他指出："无限不在可感觉的事物中"。（1066^b23）对此，他作出了两个论证：（A）它不能在感性的物体中，因为，如果感性物体的定义是"由平面所限定的东西"，那么，它就不能是一个无限的物体，无论是可感觉的还是可理解的。（B）也不是一个分离的和无限的数，因为数目或那有一个数目的东西是可数的，而可数的就不是无限的。（C）它不能是组合的，也不能是简单的。（a）如果它是组合的，因为元素在多少方面是限定的，而对立必须是相等的，而且它们中必须没有一个是无限的。因为如果两个有形体的对立面之一，在潜能方面毕竟比另一个差些，那么有限的，就将被那无限的摧毁。而且（b）每一个应当是无限的也是不可能的。因为物体是在各个方面上都具有延展性的，而无限的是无限制地延展，因此如果无限是一个物体，那么它将在任何方向都是无限的。（D）它也不能是简单的和单一的。因为没有简单的物体能离开元素，它们都是从元素生成出来的，而它们也消溶于某个元素之中，而不论是水、火、土、气这四种元素。所以，无限不能是简单的物体。（E）他又从地点和一个事物所处的地点来加以论证。他指出：每一个感性的物体都处在一个地方，对于这个物体的整体和它的部分都是处于同一个地方，不管是在这个地方静止，还是在这个地方运动，它的诸部分或是一样的或者是不同的，如果它的诸部分都是一样的，那么这个整体将总是处于静止或永远处于运动之中。

十一、第十一卷第十一章（K.11）的提要与解说

——变化与运动

（一）第十一卷第十一章（K.11）的提要

1067^{b}1，那变化的可以是（1）由于偶性而变化，或者（2）因为它改变了一部分，或者（3）直接地由于自身而变化。那运动另外的可以被相似地划分。这里有一些事物直接地运动，有些事物被推动，在一个时间内那个物体被推动，那被运动的，有些事物从它开始，有些事物进入到它之中。

a，形式、性质和地点都是运动的终点，而它们自身都是不运动的，由于自己的变化并不在所有事物之间发生，但是在对立面以及它们的中介体之间，以及在矛盾之间发生。

14，变化必须是从 A 到 B，从非 A 到 B，A 到非 A，或者从非 A 到 A（A 和 B 代表正面的词项），所以，这里有三类变化，因为从非 A 到非 B 不是变化，这些词项既不是对立的也不是矛盾的。

21，从非 A 到 A 是生成，简单的或者合格的；而从 A 到非 A 是消解，简单的或合格的。

25，如果那不是（is not）既不是在它是一个假的命题的意义上，也不是在它仅仅是潜在地存在的意义上，能够被运动（那不是白的，可以被运动［由于偶然］，因为不白的可以是一个人）；但是那简单地不是一个特殊事物，不能在任何意义上被运动，那不是的不能被运动（并且因此生成不是运动，因为那被生成的不是，因而那不是的是由于偶然被生成的）；它也不能是处于静止之中的。

34，一个进一步的困难是那被运动的是在一个地点中而那不是的不在一个地点中。

36，再有，消解也不是运动，因为运动的对立方是静止，而消解的对立方是生成。

1068^{a}1，关于三种变化、生成、消解（从非 A 到 A，和从 A 到非 A）都不是运动；运动必须是从 A 到 B，终点都是或者是对立或者是中介物（缺失的词项可以被处理成对立），而且都被正面的词项，如像裸露的，来标注。

（二）第十一卷第十一章（K.11）的解说

亚里士多德在这一章中讨论变化和运动的问题。他指出"有的是在偶然意义上的变化"，（1067^{b}1）这种偶然意义的变化就是事物的偶性的变化，它是多种多样的，它并不涉及事物的质的变化。另外一种，他提出："有些事物由于它们自己的本性而直接地被推动，这是本质上可以运动的"。（10167^{b}4—5）

他又指出："但是，形式、性质和地点（它们是运动事物的运动的终点）都是不能运动的。"（1067^{b}9—10）因为它们是运动事物的形式、性质和运动的空间，它们本身是不能运动的。运动的主体是实体，这些都是附在实体上的性质，所以处于运动中的是实体，这些性质随着实体的变化而变化，而它们本身是不能变化的。他举例说："并非热是一个运动，而是发热才是运动。"（1067^{b}11）

他指出：运动存在于"对立面之间，以及它们的诸中介之间，以及在矛盾之间"。（1067^{b}11—13）这就表现为矛盾的对立面的相互转化。

他把变化从正面和负面归入四类：即"那变化的东西或从正面变为正面，或从负面变为负面，或从正面变为负面，或从负面变为正面（我用'正面'指由一个肯定的语词来表达的东西。）因此，必定有三种变化：从负面变为负面不是变化（因为诸语词既不是对立也不是矛盾），因为这里没有对立；从负面到正面（这是负面的矛盾面）的变化是生成——绝对的变化是绝对的生成，部分的变化是部分的生成；从正面到负面的变化是毁灭——绝对的变化是绝对的毁灭，部分的变化是部分的毁灭"。（1067^{b}15—25）这个分类显然存在一个问题，为什么从负面到负面不是变化呢？它的解释是："诸语词既不是对立也不是矛盾。"这个解释的意思是很不清楚的。由此，可见他没有提到的"由正面变为正面"也不是变化了。如果说："从白色的人变为黑色的人"，算不算是"从正面变为正面"呢？如果算的话，为什么它就不是变化呢？又如"从瞎子变为聋子"（这是两个负面词算不算变化呢？如果不算，那它算是什么？如果算是变化，那么为什么说"从负面到负面不是变化"呢？）——这些都是明显存在的问题。看来亚里士多德在说这些话时，并没有认真地思考他究竟在说什么。

接下去亚里士多德讨论运动和变化之间的关系也颇令人费解。他说："由于每一个运动都是一个变化，而变化的种类就是上述的三种，并且其中的处于生成和毁灭的方式中的不是运动，这些都是从一事物向它的矛盾面的变化，由此得出只有从正面到正面的变化是运动，正面或者是对立或者是中介。"（1067^b36—1068^a5）

这段论述是直接与前面的论断是矛盾的，本来运动就是变化的过程，而变化就是在运动中体现出来的，二者密不可分，是二位一体的，怎么能把这两者分开呢？他在前面断言只有"从负面到正面的变化是生成……从正面到负面的变化是毁灭"，怎么能说它们"不是运动"呢？而在前面他并未把从正面到正面列为"变化"，怎么现在说只有从正面到正面的变化是运动呢？这些都是无法正确解释和理解的。

我怀疑这里也有"误抄"、"误传"的问题，因为很难相信亚里士多德会犯如此低级的错误。

十二、第十一卷第十二章（K.12）的提要与解说

——对于变化的变化的否认

（一）第十一卷第十二章（K.12）的提要

1068^a8，有三类运动——质的、量的和地点的；不是关于实体的，因为实体没有对立面，也没有关系的，因为关系的变化是对进行变化的词项的偶然性；也没有施予者和承受者，因为没有运动的运动，也没有生成的生成，一般说来，没有变化的变化。

16，因为（A）变化的变化蕴涵着（1）变化是一个变化的主体，它显然不是，或者（2）某些别的主体从变化中变化为其他存在的方式。

22，但这仅仅能够关于偶然，因为变化是从相反方到相反方，由此一个主体会在同时从健康的变为生病的并从这个变为另一个，例如，进入相反的变化、康复，但这仅仅能够由于偶然性，正像这里有一个变化从回忆到遗忘仅仅因为这个主体进入一个认识的状态，并且随后进入一个认知的状态。

33，（B）这里会有一个无穷后退，如果这里有变化的变化的话。如果变为存在的是曾在某个什么时候变为存在的，那变为某事物的它曾是本身在某个时候变为存在，所以，这里还没有那已经简单地变成为某种东西，但是曾经有某种东西正在变成的变成为某种东西。但是这曾是某种东西自身在某个时候变成为存在的东西，所以它曾不是已经变为某种别的东西。现在，在一个无限系列中，这是没有第一的，因而，没有后续的词项。所以，这里将会根本没有变化。

ᵇ6，（C）生成和毁灭属于同一个主体，所以那变为存在的，等它已经变为正在变为存在时就被摧毁了，它必定就是那正在被摧毁的，因为它不能是在前的或在后的。

10，（D）变化和变为的在下面的质料的本性能够是什么，以及是它们能够变成为其中的东西是什么？变化必定是从某物变成为某物的某物的变化。

15，因为这里没有实体的，或者关系的，或者主动的和被动的变化，变化必定是对于质、量或地点的变化，它们的每一个都包含着一个对立面；质的意思不是那包含在本质中的东西，而仅仅是它的主体的属性。

20，不能够变化的意思是（1）一般说来，那不能变化的东西；（2）那些变化得困难和很慢的事物；（3）那能够变化，但在时间、地点和它可能变化时没有变化；只有仅仅这样的不变的事物才被说成是静止的，静止是运动的对立面，并且因而预先设置了相同的主体。

26，那些事物都是在地点上在一起的，它们在相同的最大程度相近的地点；那些触及极限的东西是在一起的；那些事物处于在连续地变化在达到它们的极限之前所达到的地方之间的。那些事物在触及地点上是对立的就是那在一条直线上处于最大距离的；那是对另一个相继的，那个是处于开端之后并且没有什么同样的事物在它和与它相继的事物之间的，那是同时发生的即是相往的并且是接触的。

1069ᵃ2，因为所有事物都是在相互之间的，亦即或者在对立之间或者在矛盾之间，并且后者是没有中介者的，那在彼此之间的必须是在对立之间。

5，连续的是即时发生的一个属，当其在接触的事物与界限是一个的时候就会发现它。

8，"相继"显然是这些词项的第一个；因为那接触的必定是相继的，而不是反之亦然。并且连续的必定接触而不是反之亦然。因而点不与单位是一样；因为点有接触而单位仅仅有相继性，并且点有中介者，但是单位没有。

（二）第十一卷第十二章（K.12）的解说

在这一章中，亚里士多德继续上一章（K.11）的论题，即关于运动和变化的问题，它比起上一章来说有些论述是很清楚的，但也有一些问题和上一章一样是费解的，而且基本意义也是不清楚的。

他首先从十个范畴说起，他指出必定有三种运动，质的、量的、地点的。（1068ᵃ9—10）但指出："没有属于实体的运动（因为没有与实体相反的东西）也没有属于关系的运动，……也没有作用者和被作用者或者推动者和被推动者的运动，因为没有运动的运动，也没有生成的生成，一般说来，也没有变化和变化。"（1068ᵃ10—15）

在这里"有三种运动——质的、量的、地点的"，这很容易理解，但他随后在下面又提出："没有实体的运动（因为没有与实体相反的东西）"。这就有了问题。他的意思似乎是说没有与实体相对立的东西。这个解释是很奇怪的。实体作为独立存在的个体，当然从一种意义上可以说它没有对立的东西，但是作为一个实体变化为另一实体，或一个新的实体从原有的实体中生成出来，就是实体所包含的对立面的变化的结果。例如一个活人变成了死人，这当然是质的变化，而且是本质的变化，而不是像"一个无教养的人'变成'一个有教养人"那样的实体中所包含的质的一部分的变化，但是不能说"没有属于实体的变化"。再说关于关系，也不能说"没有属于关系的变化"。比如一个小孩在一定时间内他比他的父亲要矮一些，但是随着他的发育、成长，他就变得比他的父亲要高一些。这当然是关系相对的变化，怎么说没有关系的变化呢？再说推动者与被推动者，这二者之间也是可以有变化的。比如，在被推动者愿意接受推动者的推动的情况下，推动的活动可以进行得很顺利，而当被推动者不愿接受甚至抗拒推动者的推动时，这个推动活动甚至无法进行，甚至可以演变到被推动的抗拒达到极端形成反作用力，反过来推动那推动者接受被推动者的推动，等等。这些复杂的情况都是可能存在的，怎么能说："没有作用者和被作用者或者推动者和被推者的运动"呢？

至于他一般地提出的命题："没有运动的运动，也没有生成的生成，一般来说，也没有变化的变化"，这也要具体分析。比如在一个大的运动中（比如中国抗日战争分成了几个阶段分成了"敌进我退"、"敌我相持"、"敌退我进"、"直到胜利"这样几个阶段），不就是运动中的运动吗？又如生成的链条，从祖父到父亲一代是一次生成，从父亲到儿子一代又是一次生成，而且它们是"连续的"，这不就是在生成中的生成吗？同时，它们不都是在变化中的变化吗？

至于说："这个过程将进展至无限，如果有变化的变化和生成的生成的话。"（1068^{a}34）按照我们以上的分析这个进程将进展至无限就是必然的了。因为世界上的变化的链条的确是无限的。这里不会有亚里士多德，经常使用的那种，进展至无限，而导致的荒谬后果。在这种无限的链条的连接中，当然找不出严格的第一个，但也可以说任何一个都可以是"第一个"。

至于亚里士多德在本章最后一大堆话中分析的连续和接触之间的关系，以及由此引申出来的点和单位之间的关系，倒是谈得十分精彩的。

他指出："那在基原意义上在一个地方的诸事物，是在地点上在一起的，而那在不同的地点的诸事物是分离的。事物的接触是它们的极端在地点上在一起。地点居中，是一个变化的事物，诸事物的极端根据它的本性连续地变化，在它达到正在变化要达到的极点之前所自然到达的地方；那就是在两者

之间。那在一条线上处于最大距离是在地点上相反。"（1068^{b}25—30）

相继的是顺序，所以"一"并不相继于"二"之后，第一天也不相继于一个月的第二天。它们作为相继的东西的接触是临近的。……连续是邻近的一种，我把两个事物叫作连续的，当其每一个的限度（它们回来接触并由它而保持在一起）变为一个和同样的，所以很清楚连续是见之于这种事物，一个统一体由于它们的接触而自然地从它们产生，很清楚，相继是这些概念中的第一个（因为相继总不必然地相接触，但是相接触的是相继的；而如果一个事物是连续的，它必相接触；但如果它相接触，它并不必然就是连续的；而在一个事物中，没有接触就没有机的统一），因此，一个点与一个单位并不一样，因为接触属于点，而不属于单位，单位只有相继，有某个东西，在前者的两个之间，但不是在后者的两个之间。（1069^{a}11—13）这里的"前者"是指点；"后者"是指单位。

第十二卷（Λ）

概　论

《形而上学》第十二卷（Λ），号称是亚里士多德此书的"神学卷"，尽管在前面的有些卷中（比如 Γ 和 K）也提到"神学"，亚里士多德也称呼它为第一哲学、"第一科学"，同时也把"哲学"叫作"神学"或"第一科学"。但是均未展开详细来加以发挥和更为详尽的论述。这个任务，亚里士多德在这个第十二卷中完成了。

其实，亚里士多德的所谓"神学"，并不是像基督教的《圣经》那样的宣扬宗教教义的书，它只是亚里士多德描述他心中的宇宙的终极原理。它把《形而上学》一书中已经论述过的关于"此岸世界"，亦即我们所处的这个现实世界的终极真理之后，把它的范围扩大到全宇宙，而论述的他认为的全宇宙的终极真理而已。这是人类的本性：想知道一切！而哲学家的终极任务就是要满足这个人类的本性，要探索最广大、最真实、最高级和最神圣的全宇宙的终极真理。亚里士多德在这个第十二卷中论述的所谓"神学"就是他的这种追求的表现。

其实，有限和无限、相对真理和绝对真理之间的关系，是一个辩证的关系。有限就包含了无限，无限是由有限组成的；同样，相对真理中就包含着绝对的真理，绝对真理是由相对真理组成的。绝对真理的实现是一个相对真理不断进展的过程。这个过程永不终止而达于无限。明白了这个真理，就不要脱离历史条件（亦即时间、空间的条件），希望能够立即完全地拥有绝对的真理；而要满足于，我们已获得的具有相对性的真理。又要不满足于它，而继续向着探索绝对真理的道路奋勇前进，这才是现实的正确的态度。

亚里士多德在哲学的探索过程中，典型地体现了这种从获得的相对真理的基础上继续前行，探索更高真理的真诚和勤奋的态度。他的成就和缺陷都是时代的产物，不能不受到时代的限制，他就是人类在探索真理的道路上的已有成果和时代的既有的限制，这是任何天才人物都不可避免的。值得注意和令人惊叹的是亚里士多德天才探索和勤奋努力，竟使他突破了许多历史的限制并取得了不少超越时代限制的成就。

再回到亚里士多德的"神学"思想上来，我把它称之为"自然主义的神学"。亚里士多德的"神学"思想显然受到了早期希腊人的原始神学思想的影响。希腊的神话故事就很好地体现了这种思想。简单来说，它就是把人对于自然力的崇拜和敬畏转化成了人格化的神话中的人物：代表宇宙最高权力的神是"宙斯"，代表文艺之神的是"缪斯"，代表"爱之神"的是"维纳斯"，代表战争之神的是"马尔斯"等等。亚里士多德的"神学"，就像是把这些神话人物穿上了"哲学语言的外衣"。他的最高统治者是不动的、永恒的主体、不动的推动者、第一推动者、最高的理性。他的战神就是"矛盾"和"对立面"。他的"命运之神"就是"必然性"，等等。所以不是偶然的，他在这一卷的最后一句话就是引用荷马在《伊利亚特》一书中的一句话："许多人的统治是不好的，让一个人治理吧！"他说的"许多人"就是那些"给了我们许多治理的原则，但是这个世界却拒绝糟糕的治理"的那些哲学家。亚里士多德对他的哲学的正确性是充满信心的，这就是他所指的"一个人"。

总之，在亚里士多德的哲学或"神学"中，"自然"就是最高的神。"自然"生化一切，成就一切，它是世界事物的创造者，也是世界规则的制定者。这就是为什么我把它称之为"自然主义神学"的原因。

说到这里，我倒想把亚里士多德的这个思想与中国古代哲学的代表人物老子的思想作比较对照。老子说："道生一，一生二，二生三，三生万物"，又说："道可道，非常道。名可名，非常名。无名天地之始，有名万物之母"等等。老子的道，也就是自然。有趣的是中国哲学中的"道"，一直就是"自然"的名字，它从没有被人格化或神格化。这是中国哲学传统中的一个很重要的特点。因此，它也不容易被宗教加以利用。亚里士多德的"神学"却极易为基督教利用。把他的最高自然力的代表名之为"上帝"，就成了基督教的"创世主"了。这和柏拉图的"德米奥尔格"（制造者）被基督教利用，改名"上帝"是一个路子。

好吧，我把我的看法写在了我们学习这一卷的开始处，（其实，它应该是写在本卷学习完了之后）是为了抛砖引玉，把我的看法一吐为快。如有不同意见，也便于提出来讨论，这是我的初衷，还请广大读者朋友予以谅解和指教。

一、第十二卷第一、二章（Λ.1，Λ.2）的提要与解说

——三类实体，变化包含质料以及形式和缺失

（一）第十二卷第一、二章（Λ.1，Λ.2）的提要

由于第十二卷第一章和第二章内容相近而且每章的文字都较少，所以，罗斯把这两章放在一起来处理，这是很恰当的。

1069ª18，我们的主题是实体，因为（1）如果宇宙是一个整体，实体就是它的第一个部分，以及（2）如果它仅仅是一个系列，实体是先于其他诸范畴的。再有这些其他的[范畴]没有在不合格的意义上的不存在，或者我们将必须说像"不白"那样的事物也有这个意义。还有这些其他的范畴不能够有分离地存在。也是实体被古代思想家研究它的原因。现代的思想家，由于他们的抽象方法造成普遍的诸实体；但是古代思想家把实体等同于具体特殊的物体，如像火。

30，这里有三类的实体——

（A）感性的实体，包括：

（A1）永恒的，并且，

（A2）可消灭的（它已为所有人承认）——例如，植物和动物。

（B）不能变的实体，对于它，有些思想家认为有分离的存在。

（a）区别形式与数学对象；

（b）等同它们，或，

（c）只承认数学对象。

（A）由物理学来讨论，

（B）由形而上学来讨论。

ᵇ3，因为变化是从一个对立或者是一个对立的中间状态开始，这里必定

有一个基质的变化（因为对立并不变化），而它剩下来，当对立并不剩下时，而这个某事物就是质料。

9，这里有四种变化——

（1）关于"什么"的变化——生成和坏灭；

（2）关于质的变化——互换；

（3）关于量的变化——生长和消减；

（4）关于地点的变化——移动。

14，那变化的质料必须能够是两种状态，所有变化都是从潜在的到现实的，从那不是（现实的）的但是也是（潜在的）。

20，阿那克萨哥拉、恩培多克勤、阿那克西曼德和德谟克利特全都指出，在他们看来，质料是宇宙的基源。

24，不同的事物有不同种类质料；那不能被生成的诸事物有移动的质料，我们必须不要与阿那克萨哥拉一起说，所有事物都是在一起的，因为如果它们没有在质料上不同，它们就不会是成为不同的，那对于它们起作用的理由被一致地认为是统一的。

32，这样，这里有三个原理，形式、缺失、质料。

（二）第十二卷第一、二章（Λ.1，Λ.2）的解说

关于这第十二卷写作年代的问题，也有不少争论。我们在这里不必专门加以考虑。但是从内容上看，前五章（1—5章）还有不少是复述以前各卷所讨论的一些问题，（如实体问题、变化的种类问题等等），但是值得注意的是它逐渐从讨论感性存在形式的实体转向非物质的、不运动变化的、永恒的实体，以致最后达到最高理性、最高的善等占据最高地位的"神学"的归宿。这是这一卷的主要线索。至于写作时间有人依据他引用欧多克索和卡里蒂斯等天文学家关于星球运动的理论和运行天体的数目等材料，据此来定此卷的写作时间，看来也只能作为一种参考。因为很可能那一章（第八章）是晚于其他各章的写作时间的，因此也不能以此断定整卷写作时间的下限，但是总的看来它是亚里士多德晚期思想和晚期作品则是无疑的。

第一章和第二章的内容都比较单薄，因此，罗斯在他的注释中把这两章合在一起来处理。这也是十分合理的。我们要注意的是亚里士多德的思想逐渐从研究现实世界中的感性实体，逐步转向面对全宇宙进而要研究"不动的动者"这样的终极问题，最后达致无法用理性来论证的，他认为是最神圣的"神学"领域是这样一个发展过程。

第一章一开始，他就把研究的领域从我们这个现实世界扩大到全宇宙。他说："我们的研究是关于实体的；因为我们研究的是关于实体的本原和原因，因为如果我们把宇宙看作一个整体，那么实体就是第一部分；而如果我们把这个整体看作是由于依次相继的，那么实体也是第一的，接下来是质，再次是量，同时，后面这些甚至不是绝对意义上的存在，而是存在物的各种质和各种运动。"（1069ª18—23）这是他在第七卷（Z）中反复说明过的，因为只有"实体"这个范畴才有独立分离的存在，其他各个范畴都是附着于"实体"上的质、量、地点、运动等等，一句话："没有其他范畴是分离的存在的"。（1069ª24）这里他也提道："现在有人是提出共相更加是实体"。他这里说的"有人"是指柏拉图和柏拉图派人士。他在这里又涉及共相和殊相，即一般与个别这个也同样困扰他的问题。

他又指出："有三类实体，一类是可感觉的（或者是永恒的或者是可消灭的……），另一类是不运动的，而且有人说它是分离地存在的。"（1069ª30—34）他在这里所说的"三类实体"是指"一类是可感觉的（或者是永恒的，或者是可消灭的）"，这实际上是把这"一类"又分成了两类，一是永恒的，二是可消灭的。至于下面说的"另一类是不运动的"实际上已经是他所说到"第三类"了。至于这个第三类，又有"有人把它分为两类，另外的人则将形式与数学对象结合成单独的一类"。这是指所谓"分成两类"是指柏拉图派的"理念"（形式）或毕达哥拉斯派的"数"。而"这两类"也有人把它们合并为一类，——这就是一段交待不清楚的文字的实际内容。

在第二章中，他首先指出："变化有四种，那么相应地变化是：或什么东西的变化，或质的变化，或量的变化，或地点的变化"。一个东西的变化是简单的产生和毁灭，量的变化是增加和减少，性质的变化是交替，地点的变化是移动。……每一事的都是从潜在的"是"变为现实的"是"。（1069^{b}9—15）他又指出："所有变化的事物都有质料，但是，是不同的质料。"这就是指出在所有事物变化的下面都有质料作为支撑。他把十个范畴中的实体、质量和地点提出来，指出这四类的变化，实际上他是把其他的范畴都归入"性质"一项之下，作为"性质"的种种表现，这样就大大简化了变化的种类的数目，这些都是一些基本的规定，亚里士多德只是在这里重申罢了。

二、第十二卷第三章（Λ.3）的提要与解说

——考虑生成；如果形式会离开具体个体而分离存在，它是在自然对象的情况中

（一）第十二卷第三章（Λ.3）的提要

1069^{b}35，既不是最接近的质料也不是最接近的形式是被生成的。因为在所有变化中某事物（质料）被某事物（最接近的推动者）变化成为某事物（形式）。如果不仅仅是铜变成了圆，而且那个圆和那个铜成为存在，这会包含一个无穷的后退。

1070^{a}4，每一个实体来自另一个同类的实体。

（A）由于技艺（生成的原理在那里是在别的某事物中）；

（B）由于自然（生成的原理在那里是在这个事物自身之中）；

（C）由于机遇（它的意思是技艺的缺乏）；或者，

（D）由于自发性（它的意思是缺乏自然的过程）。

9，这里有三类实体——

（A）质料，它是显然的一个个别的事物，但是仅仅由于接触而聚在一起，而不是有机地。

（B）一个事物的个别的和正面的状态。

（C）其余的个体。

13，在技艺的产物的场合，个别的形式不是与具体的结果相分离而存

在的，除非就技艺是形式而言；那样事物的形式也不是变为存在或从存在消失；如果形式一直是分离地存在，它就是在自然对象的情况之中。柏拉图当他说这里有自然的对象的形式（Forms）时，是没有大错的，如果这里有不同于感性事物的形式（Form）的话。如果火、肉、头，它们形成物质的向着完全的实体进展一个系列。（这些话可能应当移到第 11 行。——罗斯注）

21，运动的原因先于它们产生的事物。形式的原因与它们产生的事物是同时的。有一个进一步的问题：究竟形式总是存在于事物中吗？例如灵魂的理性的部分可以存在于身体中。

26，迄今对于理念没有必要。个体产生同一类的个体，而且每一个特别的技艺就是它的特别的结果的原因。

（二）第十二卷第三章（Λ.3）的解说

亚里士多德在这一章中继续讨论变化。他说："因为一个变化的事物都是某个事物被某个事物作用使之变化并变为某事物。由于其作用而事物得以变化的东西是第一的推动者，那变化的东西是质料，而（通过变化）所变成的东西是形式。"（1069^{b}36—1070^{a}3）这些都是在第七卷（Z 卷）中反复讲过的东西。不过这里的"第一推动者"不是他在本卷后来所讲的"不动的推动者"。在这里他是指推动事物变化的直接的推动者。

他继续讲事物的产生由于什么。他说："我们要知道每一个实体从具有相同名称的事物中产生出来。实体包括自然的事物与其他的事物。因为事物的产生或者是由于技艺，或者是由于自然，或者是由于机遇，或者是由于自发性。因此，技艺是在其他事物中 [产生的] 本源，而自然是在主体自身中 [产生的] 本源（因为人生人），而其余的原因则是这些的缺失。"（1970^{a}4—9）这也是在第七卷（Z 卷）中详细论述过的。

他又提出："有三类实体。（1）质料。它在表现上是一个'这个'（因为所有的互相接触而不是联结在一起的事物，都是质料和基原（例如，火、肉、头；因为这些都是质料，而且最后的质料是完全意义上的质料）。（2）自然物。它是一个'这个'并且是变化朝向它进行的一个持久状态。（3）还有第三种是两个的结合而作为特殊的个体的。"（1079ª9—13）这里的论述和第七卷（Z卷）中的论述几乎完全一样，不过有的角度稍有改变，比如这里说的"自然物"就是指的"形式"，因为"形式"是这个"自然物"的标志。

罗斯对本章的提要，似乎超过了本章的文字内容，他大概觉得本章的内容太单薄，所以把在第七卷（Z）的一些论述也转写到"提要"中来了，这也是一种不必要的"解释过多"的现象。

三、第十二卷第四、五章（Λ.4，Λ.5）的提要与解说

——在什么意义上所有事物都有相同的原因

（一）第十二卷第四、五章（Λ.4，Λ.5）的提要

1070ª31，（A）不同事物的原因是不同的，但是（B）类比地说，所有的都是一样的。

35，（A）（1）什么能够是关系和实体的共同原因呢？在这里没有几个范畴和先于它们的共同的东西；实体也不能是在关系中的一个元素，也不能相反是如此。

b4，（2）没有元素能在包括它的综合体中是一样的（因此，任何可认知的东西，如像存在和统一体不能是共同元素，因为这些都是可以表述具体事物的）。因此没有元素或者是实体或者是关系；并且这里没有什么它能是的别的东西。

10，（B）但是（1）所有感性物都有一个形式（例如，热），一个缺失（例如，冷）和一个质料。所有事物用类比的方法都有同样的元素，在它们之中都有形式、缺失和质料；但是这些在细节上对于事物的每一个不同的类都是不同的。

22，在内在的原因和元素之外，还是有外在的运动的原因。这里都有三种元素和四种原因。直接的运动原因像其他的直接原因一样，对于每一个不同的事物都是不同的。

30，在自然中运动的原因是一个相似的个体，而在技艺中它是形式（或者它的对立面），所以作为动力因＝形式因，我们可以说或者这里有三个原因或者这里有四个原因。除此之外，这里有一个第一推动者，它对于所有事物是共同的。

36，（2）那能分离存在的诸事物都是实体；所有事物的原因都是一样的，因为性质和运动不能没有质料而存在。也许这些原因是灵魂和身体（或者理性愿望和身体）。

1072ᵃ3，（3）在另外的意义上，所有事物类比上都有同样原理——亦即潜在性和现实性——尽管这些在不同的情况下都是不同的，而且以不同方式应用。

6，它们在不同方式中应用；因为（a）在有些情况下同一事物在一个时间是现实的，在另一个时间是潜在的。这个区别能够带入与前面命名的诸原因的线上；形式（如果它是可分离的）以及那包括各种元素，但是一个现实存在的缺失，而质料是潜在的。

11，（b）潜在性和现实性的不同采取另外一种形态，在那里原因和结果没有同样的质料（形式在有些情况下也是不同的），一个人的原因并不都仅仅［像在（a）中那样］。

（i）他的质料（火和土）和他的特殊形式，但是还有，

（ii）他的特殊的外在原因（他的父亲），以及，

（iii）太阳和黄道，它们既不是这个人的质料，也不是他的形式，也不是他的形式的缺失，也不在形式与他等同，而是动力因。

17，有些原因能够被普遍地陈述，其他的则不能。原初原因都是个别的运动原因和质料。共相并不存在。人是人的原因，但是这里并没有共相的人。那存在的是阿基里斯，而他的原因是柏勒乌。

24，如果诸实体的原因是所有事物的原因，然而诸事物是在不同的种类中并有不同的原因，它们仅仅在类此上是一样的；在同一类中的诸事物有同一类的原因，但在数目上是不同的。

29，在不同范畴中的诸事物的原因都是一样的或类比上的（例如，它们

都总是质料、形式、缺失、推动者），而诸实体的诸原因在随着它们的消亡而被消亡的意义上，都是所有事物的诸原因。再有，第一推动者，对于所有事物都是一样的。但是这里有许多不同的原因，正如这是有诸个别的对立的对子，而且不同事物的质料也都是不同的。

（二）第十二卷第四、五章（Λ.4，Λ.5）的解说

这两章的提要为什么会放在一起，罗斯没有任何解释。而托马斯·阿奎那的注释本中这两章的本文却是分开的。而他的注释却是放在一起的。为什么这样处理，他也没有作出任何解释，只是觉得这两章论述的问题有具体的联系。罗斯给这两章提要的标题是："在什么意义上所有事物都有同样的原因"，而托马斯·阿奎那则把合并为一讲的第四第五两章的注释，标记为"可运动的实体的原理"。不知罗斯的处理是否参考了托马斯·阿奎那的意见（我看很可能）。因为罗斯所说的"所有事物"就是托马斯·阿奎那说的"运动的实体"。

这一章讨论的问题是在什么意义上说所有事物都有同样的原因。这个问题听起来有点怪，"所有事物"林林总总，千差万别，怎么说有同样的原因呢？亚里士多德在这里玩弄了一套把戏。原来是他把多种多样的原因根据不同的标准划分又归类，最后这些千差万别的原因，就归入了他著名的"四因论"，即物质因、形式因、动力因、目的因。这样对于任何事物的原因根据这个标准来分析，当然最后都成了一样的了。他多次说是在"类比"的意义上来说，它们都有同样的原因。其实，这何止是"类比"可能办到的。

但是，亚里士多德又强调具体事物产生的原因，总是具体的。他举出"人生人"来分析，作为一个一般现象人当然都是人生的。但是具体存在的人是张三、李四，并没有一个"一般的人"（即人的共相），所以他特别强调没有"一般的人"。（1070^{b}22）他特别以荷马史诗中的人物"阿基里斯"为例，指出他的来源就是他的父亲柏勒乌。亚里士多德曾经多次举这个例，来说明每一个体事物都有不同的特殊原因。

这两章的论述就是围绕第四章开宗明义讲的那一句话："不同事物的原因和本原在一种意义上都是不同的，但在另一种意义上，如果一般和类比地说，那么它们对于所有事物都是相同的。"（1070°31—32）在这两章的论述结束时，他在第五章的末尾，他总结式地回顾这两章的讨论。他说："这样，我们陈述了可感知事物的本原是什么，以及它们有哪些，以及在什么意义上它们是相同的，而在什么意义上它们是不同的。"（1070°1—3）

这样看来，这两章讨论的问题的确是密切联系在一起的同一个问题，也难怪托马斯·阿奎那和大卫·罗斯这两位研究亚里士多德《形而上学》的专家都不约而同地（也许是"有约而同地"？）把它们放在一起来讨论，这大概也是"英雄所见略同"吧。

综观第十二卷（Λ 卷）这个号称"神学卷"的大作中，这个第一到第五章的内容，几乎完全游离于"神学"的讨论主题，而且内容也大多是重复第七卷（Z）关于"实体论"的内容，而且也写得内容单薄，行文也比较潦草匆促，所以有学者认为这些章可能是亚里士多德随手写的讲课提纲之类的东西。为什么编纂者把它们编入了第十二卷的前几乎一半的部分？这关系到它们的写作时间、写作的目的等等问题，在研究者之间引起不少争论也是情理之中的事。对此，我们要有一定理解，尽管不可能花太多精力来研究这些争论，但一定注意它是必要的。

四、第十二卷第六章（Λ.6）的提要与解说

——这里必定有永恒的第一推动者

（一）第十二卷第六章（Λ.6）的提要

1071°3，我们现在必须谈到不变化的实体，它是不同于两种自然的实体的。这里必定有一个永恒的实体，因为如果所有的实体都是可消亡的，所有事物都是可消亡的了；但是运动或时间不能被生成和消亡。因为当这里没有时间时，就不能有一个在先或在后，而时间或者是 = 运动，或者是它的一

个属性，所以运动必定是连续的正如时间是连续的一样，而且如果是这样，它必定是地点的运动，并且是一个圆周的运动。

12，那能够推动事物但并不实际地这样做的就不会被看作是运动。设置永恒的实体（例如，形式）如果我们不给它们一个变化的原理的话，是没有什么用的。现在它将要作用如果这个原理是进行活动的（active），但是它的本质是潜在性，因为这样运动将不会是永恒的。因此必须有一个原理，它的存在是现实性，因此，它们是现实的。

22，这里有一个困难，每一个现实的事物都有潜在性，但并非所有是潜在的事物都有现实性，所以潜在性似乎是在先的，但是如果是这样的话，所有那是存在的可以不存在，亦即还没有存在。

26，如果世界是从夜晚生成的，或者是从"所有事物都在一起"产生出来的，同样的困难仍是包含着的。质料不能把自身设置为是处于运动中。由此，留基伯和柏拉图说这里总有运动——但不明确它和它的原因，或者它是指运动的存在的特别种类。没有事物是乱动的；每一种事物有其自己的专有运动，并且它的运动置于强制之下，等等。再有，什么种类的运动是第一的？再有，柏拉图不能告诉说他所描述的作为第一原理的自己运动是什么意思，因为灵魂是在后的——与天共存。把潜在性作为先于现实性在一种意义上是对的，但是在另一种意义上是错的。阿那克萨哥拉尝试现实性是第一的，恩培多克勒和留基伯也是如此。

1072^{a}7，因此混乱或夜在无限的时间中并不持续。相同的诸事物存在着总是或者是在一个循环中，或者在相同的其他方式，因为现实性是关于潜在性的，如果这里有循环的变化，某些事物必须保持总是在相同方式中是活动的，如果这里毕竟有被变化，这里必定有别的某种事物它的活动变化了。这必定是在一种方式中由于自身（per se），在另一种方式中由于别的什么事物，而这个别的什么事物必定是它的作用，总是在相同的方式中。这是统一一致的原因，其他的变动的原因，两者共同地是统一一致的原因。相应地，这些都是那现实地存在的运动，那么，什么是需要寻求的其他原理呢？

（二）第十二卷第六章（Λ.6）的解说

从第十二卷第六章起，正式进入了亚里士多德的"神学"领域。他采取了三个决定性的步骤。第一步，从感性世界的有生灭的实体世界进入到没有生灭的永恒的非物质的实体世界。第二步，他提出了不动的推动者。第三步，从没有质料的实体进入到纯思想的至善的神的境界。其实这是从客观地观察研究物质世界进入到幻想中的神的世界。这表明"神学"，"神"就是幻想的产物，是水中月，镜中花，是思想中的虚构而已。

在第六章中，他一开始就从有"三类实体"说起。他说："由于我们已经看到有三种实体，两种是自然的，一种是不运动的。现在我们必须讨论后一种，并表明必定有某种实体是永恒的，不运动的。"（1071^{b}3—5）

他这里所谓的"两种是自然的"，是指"一种"永恒的如诸天体，"二种"是可消灭的，是植物、动物等，那么第三种是什么呢？它是不运动的，并且不是自然的，是永恒的、非物质性的。为什么一定会有这样的"第三种"实体呢？他说这是"因为实体是存在事物中的第一的，如果它们全都是可消灭的，那么所有事物都是可消灭的了"。（1071^{b}5—6）他还进一步论证说："但是运动不是能够被产生或者是可消灭的，因为它永远存在；时间也是不能被产生或被消灭的，因为如果没有时间就不能有先后。正如时间是连续的，所以运动也是连续的，因为时间和运动是同一件事，或者是运动的一种属性。"（1071^{b}6—10）——这些论证都是似是而非的。第一，因为，实体如果可以消灭的话，一切事物都是可消灭的，这是不错的。但这并不等于这个世界就消灭了，这个世界就不存在了。因为，这个世界上的事物本来是有生也有灭的，同样也是有灭也有生的，如此生生不息，这就是一种"永恒的规律"。亚里士多德在这里只是否定了"世界上所有事物都是可消灭的了"，认为这是不可能的，他甚至不把这个包含的意思说出来，即这样的话，这个世界就不存在了。因为这似乎显得太荒唐了。第二，他指出，运动和时间也是永恒的，这恰恰是说明这个物质世界是永恒的（在这存在着这个意义上，而不是在它不变化的意义上），因为运动和时间的连续不断恰恰是来自这个物质世

410

界的连续不断。所以他所证明的，恰恰是他在前面（如第一所分析的）所已经否定的。

下面他要推出他所谓的"不动为推动者"。这也是他继上一步，肯定有永恒的实体之后的第二个重大步骤。他要找出一个在永恒世界中的事物能对变化的世界起作用的东西，从而建立起沟通这两个世界之间的联系。他的论述是这样的，他说："如果有某种事物，它能够移动别的事物或者作用于它们，但是并没有这样做，那就必然地不会有运动；因为那具有一种潜能的，可以不实现它。这样，即使我们设想永恒的实体，正如相信形式的人能做的那样，也不会得到什么，除非在它们之中有某种本原，它能引起变化，而且甚至这也是不够的；即使在形式之外有另一个实体也是不够的；因为除了它实际地起作用之外，也不会有运动。再有如果它的本质是潜能，即使它起作用，也仍将是不够的，因为将不会有永恒的运动。由于潜在地存在的东西，可能不会是 [现实的] 存在的。因此，必须有一个这类的本原，它的本质是现实性，还有这些实体必须是没有质料的；因为它们必须是永恒的，如果有任何事物是永恒的话。因此，它们必须是现实"。（1071^{b}12—22）说了这么多，就是提出了两个条件：一必须是现实的，因为潜能有可能不能变为现实；二必须是没有质料的，因为质料可以消灭，从而影响它的永恒性。这样，他就规定了"不动的推动者"必须是既没有质料的永恒的东西，又是一种完全的现实性。这样它才可以影响一个事物，推动它产生运动，从而解释了何以有运动的产生。从这里可以看出，亚里士多德的运动观是一种外力推动论。亚里士多德尽管讲了这个感性世界的形形色色的变化，他研究了它们，论述了它们，但归根究底，他认为运动的根本动力必须来自一个外力的推动。所以，他虽然花了很大力气研究了反对、对立，以致矛盾，也看到了对立面之间的转化，但是他始终弄不懂事物内部的矛盾的统一和斗争才是推动事物变化的根本动力。所以，他尽管处处批评赫拉克利特的辩证法思想，甚至用他的思维规律的矛盾律来嘲笑他，但他始终弄不懂赫拉克利特的矛盾对立又统一又斗争的伟大思想。这是亚里士多德哲学理论的一个根本缺陷。这就是黑格尔指出的"形而上学思维方法"。这也就是在理论上导致他要寻求一个"不动的推动者"的理论根源。

对于他这个"不动的推动者"的理论，他还进一步作了强调性的补充论证。他指出："如果潜能是在先的话，就会导致没有事物是实在的，因为任何事物都可以是能够存在的但是并未存在。"（1071^{b}25—26）所以他说："这就是为什么有人假定永恒的现实性。"（1071^{b}31）因为"如果没有实际存在的原因，怎么会有运动呢?"（1071^{b}29）"因为没有事物是胡乱运动的，而是永远必须有某个东西 [来推动它]，例如，一个事物在一种方式中由于本性而运动，在另一种方式中则被强力或者心灵或者其他的东西推动。"（1071^{b}34—37）

他在这一章的最后一大段话中，仍然强调"现实是先于潜能的"。他的结论是："现在，必定是由于第一个的作用，因为这个又引起第二个作用者，和第三个作用者两者的运动，因此说是由于第一个作用者是较好的，因为它是永恒的齐一性的原因，而别的什么东西则是变动的原因，显然这两者在一起就是永恒的变动的原因，这就是运动实际上表明的特征。"（1071^{a}13—18）

五、第十二卷第七章（Λ.7）的提要与解说

——第一推动者的本性和运作

（一）第十二卷第七章（Λ.7）的提要

1072^{a}19，这样，这里必定有某种东西，是它不停顿的，而且因此是处于圆形运动中，并且这是实际地观察到是这个情况。这样第一层天，必定是永恒的。因此，这里也必须有某个事物推动它。因为那被推动并且运动的是一个中间项，这里必须有一个极端，它推动而不被推动，是永恒的实体和现实性。

26，愿望的对象以及思想的对象就是那样运动的，并且在它们的原初形式中，它们是等同的。愿望的对象是善或者显然的善。现在愿望依赖于思想，而不是思想依赖于愿望。并且思想是被它的对象所推动的，而在主动一

栏中的词项，都是由于自己（per se）的思想的对象，并且在这个栏中，实体以及在实体之中的那是简单的和现实的首先出现，但是善和愿望的属于同一栏，而第一个词项必须是最善的。

ᵇ1，一个终极因在它的善指向的目的的意义上不能在不能变动的事物中找到，但是一个终极因在善指向的目的能达到的意义上则能够；它被爱所推动，而所有其他事物运动来做这种事的是由于被推动。

4，那被运动的是能够成为别的东西而不是它的东西。所以，如果它的活动是原初的（亦即是圆形的）运动，它在这个意义上是偶然的——对空间运动的依赖，尽管不是对实体的变化。在另一方面，不动的推动者没有偶然性；它甚至不是对于最小的变化在（圆周中的运动）的主体，因为它是它们原创的。因此它由于必然性而存在；它的存在因而是善，并且它在这种方式中它是一个运动的原理（必然的在那非偶然性的意义上，必须被区别于那与自然的强制相对立的意义上，并且区别于那不是在别的意义上）。

13，这样，物理世界依于在那样的原理之上。它是一种生命，总是像我们生命一样就是处在它的最好的状况上。它的这种活动是愉悦，正像行走、感知、思考都是最愉悦的，因为它们都是种种活动。

18，思想是独立于较低的能力，必须是对于最好对象的思想。现在思想并不思想它自身，因为它分有对它的对象的可知性，它由于与可认知的东西的接触而变成为可知的，所以思想和思想的对象是一个东西。

22，活动比之潜在性是在思想中的神圣的东西，——实际地沉思，是所有事物的最愉悦的和最好的。如果上帝总是处于善的状态，而我们只有有时达到那种状态，这必定是推动我们的奇想（wonder），而如果这种状态是十分好的，它必定推动我们的奇想达致更多。

26，上帝必定也有生命，因为思想的现实性就是生命，而上帝就是那种现实性。上帝因此有（而不只是）连续的和永恒的生命。

30，那些人，像毕达哥拉斯派和斯彪西波，认为善不是第一原理，因为那发展了的活的事物是比它由之变来的基原更好。他们都是错误的，因为基原来自先前发展了的存在物。

1073^{a}3，于是这就很清楚，这里有实体是永恒的、不动的，与感性事物相分离的。我们已经表明，这必定没有大小，它不能有有限的大小，因为这样，它就不能够有无限的能力，（它表现在它引起永恒的运动），并且它不能有无限的大小，因为没有那样的事物。它也必须免于质的变化，因为变化的其他种类预先假设了地点的变化。

（二）第十二卷第七章（Λ.7）的解说

第十二卷第七章继续讨论"第一推动者"的问题，并进而讨论思维和最高的善（至善）是最好的事物，从而为转入到终结的神的存在作了准备。

托马斯·阿奎那的注释，关于这一章，他把它分成了三个部分。第一部分把第七章的第一段话的前边一小部分（1070^{b}22—1072^{a}26）移到第六章，与第六章一起讲关于第一推动者的问题。他把这一讲标题为"永恒的运动需要永恒的推动者"。第二部分包括第七章的1072^{a}26—1072^{b}14。他把这一讲标题为"第一推动怎样引起运动"。第三部分包括1072^{b}14—1073^{a}13，他把这一讲标题为第一实体的完善。在这一章中出现了"神"的字眼（在1072^{b}25，1072^{b}26，28，30）标志着他的神学思想的完成。托马斯·阿奎那的这种处理比罗斯的处理更为精细，值得参考。

在这一章一开始，亚里士多德很像是回顾在第三章中对于"第一推动者"的论述。他说："于是有某些永远被推动的事物具有不停顿的运动，它是在一个圆周中的运动，这不仅在理论上而且在事实上都是明显的。因此，"终极天必定是永恒的，并且有某个事物推动它。因为那被推动的而又运动的，乃是居间的，有某个事物它运动而不是被推动的，它是永恒的，既是实体，又是现实性。"（1072^{a}21—25）他在这里说的"终极天"罗斯译为"第一层天"，它是指主要天体的最外层的那些不动的星球，即恒星。托马斯·阿奎那把这一段话移到上面的第六章之后，并与第六章一起处理（事实上是把它看作第六章的一部分，即结尾部分），从文意上看，这种处理是恰当的，而以下就要转入对"思维与至善"的讨论。但罗斯对第七章注释的标题仍然是："第一推动者的本性和运作"，显然不是一个好的概括，完全背离了这一章论述的主要内容和主要问题。

从 1072^a26 起，亚里士多德在这一章中转入了思维问题的讨论。他从愿望的对象和思想的对象的角度来讨论。他说："愿望的对象和思想的对象都是相同的，因为明显的善是愿望的对象，而真正的善是理性希望的原初对象。但是愿望是意见的后果，而不是意见是愿望的后果；因为思维是出发点，思想是被思想的对象所推动，而两栏对立中的一栏就是思想对象，而在这一栏中，首先是实体，而在实体中，首先是简单的和现实地存在的东西。但是，善的以及那本身是可愿望的，都在这一栏中，而在那一栏中是第一的东西永远是最好的，或者类似于是最好的。"（1072^a26—36）

按照亚里士多德的灵魂学说，他认为，理性、思想是灵魂中的最高级别，具有指挥和统领的作用，而愿望、欲望则是比较低下的，处于被统治的地位。但是在这里的论述，亚里士多德完全忽略了这个区别，而把这二者几乎同等看待，它们都把"善"（他称之为"明显的善"或"真正的善"）作为它们的对象，因为"善"是最好的事物。

这里提到的"积极的或者好的一栏"是指亚里士多德将多种事物列举而排列的一个表，它分为积极的正面的一栏和消极的负面的一栏，在正面一栏中，首要的就是没有质料的实体，还有善、现实性、必然性等等。在负面一栏中则有恶、潜在性、偶然性等等。在这里亚里士多德引用它们都没有另作说明而当作是人们已经知道的东西。

请大家注意，在这个看来简洁无奇的谈论善是理性的对象的时候，这却是亚里士多德迈入"神学领域"的第三个步骤而且是决定的一步。他把这个世界上主观上最好的东西，即理性和思想，与客观上最好的东西，即全世界万物追求的最高目的的善，结合在一起，这就产生了至高无上的存在：神。因此，我们可以理解正是在这个论述的基础上，亚里士多德提出了"神"这个概念。

他往下就论述所谓"终极因"，即是追求的"最高的目的"。他说："一个终极因可以存在于不运动的实在之中，由它的意义的区分显示了出来，因为终极因是（a）一个行动是为了某些存在物的善而予以完成的，以及（b）

415

一个行动的指向的某个事物。它们之中的后者，存在于不运动的实在中，尽管前者并不如此。终极因是作为被爱的对象而引起运动的，而其他事物运动是由于它们自身被推动。这样，如果一个事物是被推动的，它就能是与它当下的状况不同的别的状况。……因为在空间中的运动是变化中的第一种，而圆周运动是空间运动中的第一种；而且这是自身不动的推动者所产生的。所以，它是必然地存在，而它作为必然的就是善，并从而是本原。因为必然的东西具有所有这些意义：那是必然的东西是强制的，因为它与自然的冲动相反；没有它，善就是不可能的；它不能是别样的，而只能绝对地如此。"（1072^{b}1—14）他就这样把终级的原因、第一推动者、善和必然性等等融在了一起了。

他接着跨出关键一步。他说："所以，天和自然世界都依靠这样的本源。它是一种犹如我们享有的最好的生命，但我们只能暂时地享有它（因为它永远处于这种状态），我们则不能 [永远处于这种状态了]，因为它的现实就是愉悦。……思维本身是关于那本身是最好的东西，而那最高意义上的思维是关于最高意义上的最好的东西。思想思考它自身，因为它分有思维的对象；因为它由于理解和思维的活动而成为思维的对象，所以思想与思想的对象是相同的。因为那能接受思想的（亦即本质的）对象就是思想。当它拥有 [它的对象] 时，它就实际地起作用。因此，拥有而不是接受性是思想似乎包含的神圣因素，而沉思的活动则是最愉悦的和最好的。那么，如果神永远处于善的状态（我们只是有时处于这种状态），这就足以促使我们惊异；如果神处于更好的状态，就更加令人惊异了。而神是处于一种更好的状态，并且生命也是属于神的；因为思想的现实就是生命，而神就是那种现实；神的依据自身的现实，就是最好和永久的生命。因此，我们说神是一个活着的、永恒的、最好的存在物，以致生命和连续的寿命和永恒都属于神，因为这就是神。"（1072^{b}14—30）

终于，亚里士多德的神就这样粉墨登场了。他已逐渐从逻辑思维的领域跨入了"信仰"的领域。因此他的所谓"论证"也变成了神学思维的神秘状态，而他的某些神的存在的论证已经明显地和他反复论证的"矛盾律"明显地违反了。请看以下的"论证"。他说："这样，从已经说过的就很明显：有一个实体是永恒的、不动的，而且是与感性事物相分离的。还已经表明：这个实体不能有任何大小而是没有部分而不可分的（因为它通过无限的时间而引起运动，但是没有有限的事物具有无限的力量。并且每个大小或者是无限的或者是有限的，由于以上原因，它不能有有限的大小，而且它不能有无限的大小，因为根本就没有无限的大小）。"（1073^{a}3—5）

现在，我们暂时不去讨论："永恒的、不动的而且与感性事物相分离的"这几点，因为根本没有"永恒的、不动的与感性事物分离存在的实体。"我们现在只就神为存在是既非无限的，也非有限的这一点来谈。一个事物的存在从理论上说要么是无限的，要么是有限的，没有第二条道路。亚里士多德现在肯定神的存在既不是有限的，因为有限的事物不能有无限的能力（神的能力被肯定为是无限的），但是它又不能是无限的（亚里士多德在这里明确地说："因为根本就没有无限的大小"）。这样，神的存在既不是有限的，也不是无限的，它就只能是不存在了。但亚里士多德就肯定神是处于这种不存在的状态中的"存在"了。再说，"非有限"就是"无限"，但他却肯定它又是"非无限的"这样就是"既是无限又是非无限"了。这就是"A和非A"，当然就直接违反他自己心爱的"矛盾律"了。同样，如果从"非无限"出发也是一样，"非无限"就是"有限"，他同时肯定了这两者，也就是"既是非无限也是非有限"，同样是"A和非A"。这表明亚里士多德的逻辑思维已经让位为非逻辑思维，亦即"神秘的神学思维了"。

六、第十二卷第八章（Λ.8）的提要与解说

——永恒运动原理的数目

（一）第十二卷第八章（Λ.8）的提要

1073^{a}14，我们的先行者，未曾有关于这个的精确的论述。理念理论没有讨论它。它把理念与数目等同，但是有时处理它们有如无限，有时（但没

有充分的证明）有如有限的，即数目 10。

22，我们能够使用以前的前提和差异。第一原理是一个不动的推动者，它引起一个原初的永恒的运动。因为每个永恒的运动需要一个永恒的原因，并且这里有其他的永恒的诸运动（亦即，那些星球）在第一天的星球之外，这些每一个需要一个永恒的实体作为推动者，它必定是实体，因为那被运动的是实体，运动者是先于被推动者的，而仅仅实体能够先于实体。这里必定有那样多的实体正如这里有诸多运动一样。

[b]3，它们的数目必须由天文学来决定，（天文学）是近似于诸数学科学的哲学——因为这些科学中只有它处理具体实体。显然运动是比被推动的物体是更多数的。我们将对不同数学家的考察作出一个概要。

17，欧多克索斯确定，对太阳有三个球体，对月球有三个球体，

（1）一个球体每年有一个对固定的诸星球的环绕运行。

（2）一个球体有沿着黄道带的运行。

（3）一个球体有跨越黄道的运行（在月球的情况下迳直地跨越一个较大的宽度）。

他首先确定对于行星（1）和（2）和

（3）一个球体，它的极都在黄道之中，（极对于金星和水星是一样的）。

（4）一个球体对于（3）运行。总数 26 个。

32，卡利普斯保持同样的次序，以及球体对木星和土星的相同数目，但对太阳和月球每个都增加了两个，而对其他行星每个都增加了一个。总数 33 个。

38，我们必须设定除了月球之处外，对这些物体的每一个，反作用的球体，它在数目上比正面的球体少一个，以中和它们对下一个系统的外层球体的作用（继续往前计算）。总数 55 个或者如果我们不增加所说的对太阳和对月球的运行，我们得到：总数 47 个。

1074[a]14，这也是不动的动者（unmoved mover）在数目上的量（也许我们不确切地宣布），如果这里能够没有运动。它对于一个星球的运动没有贡献，并且每一个实体都是非被动的，并且在它自身已经得到一个最好的是一

个目的，这必定是不运动的实体的数目。因为这里如果有其他的，它们必定引起作为运动目的的运动。但是这里不能有除了那些说过的运动之外的其他运动。这里由研究运动的物体而使之可能如此的。因为没有运动是由于自己的缘故或者由于另外的运动的缘故，但是，为了星球的缘故。

（31，物理宇宙是一个。因为如果这里有许多的话，每一个就会有一个不同的个体的原因，并且因此诸原因将会有质料；因为就形式而说，它对每个个体都是共同的。但是原初的本质没有质料；因为它是现实。因此，原初的运动者，并且因而它所运动的宇宙，在数目上、在定义上也是一个。）

38，这里有一个老的传统，即这些天体就是神。而传统的其余的被增加在它上面以帮助法律的制裁以及功利的缘故——也就是神话的拟人化和动物化。但是原本的部分，诸第一实体都是神，就是有创意的说法。这是技艺和科学的最完全的发展的遗迹，它必定是曾经经常达到的和经常丧失的。

（二）第十二卷第八章（Λ.8）的解说

第八章是很奇特的一章。在这一章中，亚里士多德想借助天文学家关于宇宙中星球数目的计算来比较和明确他自己计算的结果。

这一章的内容涉及大量天文学范围的理论。这是《形而上学》一书中很特别的一章。这反映亚里士多德本人在天文学方面一定兴趣。比如他有这方面的专门论著《论天》、《论宇宙》和《气象学》等等。他在这些著作中谈到"天"，也就是"自然"时，总带着敬畏的态度和谦卑的语言，表明渺小的人类在有无限威力的大自然面前感到的无限尊崇和把天想象为具有神性的至高无上地位。这就是原始的神话、宗教和神学的总的起源。亚里士多德在谈到人类哲学思想出现的根源时，也追索到这一点。同时亚里士多德也继承了古希腊文明中的这份遗产。天文学因此被他视为与哲学最接近的数学的一个分支。但它是用科学的手段来研究这带有神性的诸天体的运行及其规律的。因此也是最古老的科学。它把人类长期集聚起来的对天文现象观察的数据加以整理，并将其系统化为科学。所以天文学是科学中最古老的一个分支。在希腊，这个天文学的创始人就是略早于亚里士多德的欧多克索斯（约公元前

408—前 355)。据说，他是克尼达斯（Cnidus）人，曾是柏拉图的学生，可以说是亚里士多德的同门师兄。他是一位伟大的数学家和天文学家。天文学的很多基本观念都是由他创建的。他是天文学的真正创始者。亚里士多德在这一章中主要就是叙述他对天体数目的计算成果。还有另一位卡利普斯更是亚里士多德的同时代人。他继承了欧多克索斯的理论，并又根据他的研究提出了对欧多克索斯天体计算的补充和更正。亚里士多德就是在这个基础上提出他自己的看法和目的。

这是一个非常专门的科学问题。有趣的是，罗斯在注释这一章时，花了很大力气作了非常详细的注释，可能是在全书中注释最详细也最长的一章。这一方面是要表明亚里士多德对这个问题的重视和极大的兴趣，同时也由于罗斯掌握这方面的大量资料，主要有公元二世纪辛普里丘的文献。因为欧多克索斯的著作已全部遗失，只有辛普里丘的转述中保留下了他的学说和思想。另一个是近代的英国科学史学家希思有这方面的专著。所以罗斯得以大量引述他们的著作来作为他自己的注释说明。

人类观察天体已有很久的历史了。这一点在古代埃及和巴比伦进行得较早。希腊文明是继承了古埃及人和巴比伦的文化遗产并发扬光大，奠定了天文学的基础。

人们首先是发现与我们地球最接近的星球，认为太阳、月亮是围绕地球为中心而旋转的，所以把这种星球叫作"行星"，就是运动着的星球；并把在这个系统外的星球看作是固定不动的，称之为恒星（Fixed Star）。一度认为"太阳也是运动的"（围绕地球旋转，所以叫作"地心说"）。后来才发现原来是地球是绕着太阳旋转的（这叫作"日心说"）。这是天文学上的一大进步。欧多克索斯及亚里士多德就是"地心说"的创始人。此后由托勒密发挥成为基督教会的信条并统治了十几个世纪。直到 1543 年，波兰科学家哥白尼发表《天体运行论》提出太阳才是中心，是谓"日心说"。1600 年意大利思想家布鲁诺因为坚决宣传"日心说"而遭到天主教会"宗教裁判所"判处"火刑"，烧死于罗马鲜花广场。直到 2000 年罗马天主教才作出决议承认错误，为布鲁诺恢复名誉并正式道歉。这是科学史上一桩用鲜血捍卫真理的故事。这是天文学上的一大进步。后来把距离太阳从近到远的星球：水星，金星，地球，火星，木星，土星，以及后来陆续发现的天王星，海王星这八颗围绕太阳运转的九颗星组成为太阳系，而以太阳为中心，把太阳视为不动的恒星，其他八个为行星。其实太阳本身也是旋转运动的。宇宙中根本没有不运动的星球。不过由于历史的原因，恒星这个名称仍保留至今运用。后来又在 1930 年发现了冥王星，并把它定为太阳系的第九颗大行星。2006 年起冥王星作为"矮行星"被排斥在"太阳系"之外。所以现在太阳系只有八大行星。但在 2016 年 1 月美国科学家又宣布发现了一颗太阳系的第九大行星的新行星。这个行星的地位还处于讨论之中。这就是人类认识天体的一个简短的历史回顾。

再回过头来，说亚里士多德时代对天体的认识。当时的认识是太阳和月亮围绕地球旋转，但为了解释后来又陆续发现了火星、水星、木星、土星、金星等星球围绕地球转。（实际上是它们也是围绕太阳转），所出现的种种复杂的情况，为了要从理论上说明观察到的实际现象（如有时快，有时慢，有时方向从东到西，有时方向从西到东等等），欧多克索斯提出"假设"，要在太阳、月亮的周围增加若干球体，来平衡运行状态。后来更在金星，水星等等星球外也增加若干个球体，这样计算下来，欧多克索斯一共增加了二十六个，卡利普斯又补充增加到了三十二个，亚里士多德本人又补充增加到了五十五个。至于他们如何计算这些细节，我们就不必去细细计算了。

亚里士多德花了这么大力气来作这件事是有原因的。因为回到他的哲学或神学上来说，他要找出那个推动别的事物而它自己是不动的"不动的推动者"或"第一推动者"，从而解释世界一切运动的来源，或者他追求的"第一本原"。这就是上一章中已经找到的那个最高的理性，那个只思考自身的神圣的思想，也就是"神"。

所以，在这一章的最后一段话中，亚里士多德就这样说："我们的祖先在遥远的时代以神话的形式给后代留下了传统，即这些天体都是神，而且神灵围绕着整个自然。他们的传统的其余部分以神话学的形式在后来又添加进去，以着眼于说服大众，以及着眼于法律的和功利的方面。他们说这些都是人的形状或者像其他动物，并且他们说了一些由此而来的事物以及与我们说过的相似的东西。但是，如果人们把这一点与这些添加分开，并单独地采用它——即他们认为原初的实体是神，人们必须把这看作是富有灵感的说法"。(1074ᵇ1—9)

这就是说，把神话的存在这一点与包含在神话中的思想分离出来，视之为"富有灵感的说法"，也就是亚里士多德将自然上升到神的高度。那么这种自然主义的神学思想，就是"最高理性"的体现了。

七、第十二卷第九章（Λ.9）的提要与解说

——最高理性的存在的方式

（一）第十二卷第九章（Λ.9）的提要

1047ᵇ15，什么是理性存在的必定的方式呢？如果它是在世界中最神圣的东西的话，（1）如果它什么都不思考，它不比一个睡着的人更好些。（2）如果它思考，但是它的思考依赖于别的什么东西，那么，它作为自身仅仅是潜在的，不是它而是它的思考将会是最好的事物。（3）它思考什么？它自己还是别的什么东西？如果是后者，或者总是相同的对象，或者总是在不同时间的不同的事物，究竟它的对象是高尚的还是卑微的造成差别吗？显然地，它必须沉思那最神圣的东西，而且没有变化，任何变化会是对于较坏的而且会影响到那不能运动的运动。

28，[回到问题（2）]它仅仅是个潜在性，（a）它的思想的联结性将是极为繁重的；（b）它的对象将会是比它更高尚的，潜在性可能在思考最坏的对象时实现，所以仅仅是思考并不就是那最好的。

33，[回到问题（3）]因此，因为是宇宙中最好的事物，它必须思考它自身，它的思考是对思考的思考。

35，（4）但是怎样才能是这样？所有的理解似乎都是关于另外的，而关于它自身仅仅是次要的，并且（5）它是思考还是作为思想的给予理性它的

善呢？

38，[回答问题（4）]，当对象是非物质的，它与主体是等同的，而这就是与理性的对象的情况。

1075ª5，（6）那个对象是组合的吗？如果是，对它的思想包含着转移。否定每个非物质的事物是不可分的，正如人类的理性（或者甚至是组合的存在）是在时间的某个时期（因为拥有它的善不是在这个或是在那个之中而是在一个整体之中，因为它的善是不同于它自己的）。所以，神圣的自我思想是彻底的永恒的。

（二）第十二卷第九章（Λ.9）的解说

这一章可以看作是第七章的延续。这种连续性被体现亚里士多德的天文学兴趣的第八章打断了，现在他重新回到这个主题。他要证明：最高理性、最高智力是最好的、最高贵的，也就是说神是最好的、最高贵的。因为所谓最高理性、最高智力、原初的原理，或者第一推动者，这些都是神的代名词而已，都是神所穿的各式各样的外衣罢了。

他要在这一章中进一步"证明"这个论点，同时批驳与此相反的论点。

他一开始就说："关于心灵各方包含一些问题。它被认为是所有现象中最神圣的。但是，如果是这样的，那么它怎么是这样的则存在一些困难。"（1074ᵇ15—17）

这些困难是什么呢？他提出了三个：一，它必须是现实的思维，但是它思维什么呢？二，如果它在思考别的东西，那是思考相同的东西呢，还是思考不同的东西？三，它是思考简单的东西呢，还是思考组合成的东西？——然后他对这些困难或问题逐一地进行了分析和批驳他认为是错误的观点。

关于第一点，他说："如果它不思维任何东西，那么它的高贵之处何在呢？它就像一个睡着的人一样。如果它思维，它的决定性的东西却是别的事物，因为那是它的实体的东西不是思想[的活动]而是潜能，因而它不能是最好的东西，因为它是通过思想而引出自己的荣誉的"。（1074ᵇ17—22）这段话说得不很清楚，联系这一大段话的末尾才把他的意思说全了，说明白

423

了，就是说，这个"最高理性"必须是现实的，而不能是"潜能的"。因为潜能的状态就不是"最好的"了，而"最高理性"必须是最好，也就是必须是现实的，也即是它永远是处于思考中。那么，它思考什么呢？如果是思考别的什么东西，那么它的高贵之处就不是来自它自身而是来自它作为思考对象的别的事物了。因此，它就必须是思考它自身，这样，思考和思考的对象就是同一的了。

关于第二点，如果它在思考别的东西，那么它是在思考同一个东西呢，还是不是同一个东西而是不同的东西？——这是一个假设的问题，因为上面已经说了，它不能思考别的东西，而只能思考它自身，这里是"假设"：如果它考虑别的东西，那么是思考同一个东西呢还是思考不同的东西呢？他的答案是：只能是思考同一个东西。为什么呢？因为思考别的东西就可能是"偶然的东西"或坏的东西，而这和"最高理性"的本性是相违反的，因为"最高理性"只思考必然的东西和好的东西，所以它不能思考不同的东西，而只能思考同一个东西。

第三点，如果它思考别的东西，是思考单一的简单的东西呢，还是思考组合成的复杂的东西呢？他认为应当是简单的而不是组合的东西，因为那样就会有从一个到另一个的变化，而这个变化是会变坏的，而这和"最高理性"是最好的、最高贵的东西的本性是矛盾的。

总起来看，他不是在证明，而是在"削足适履"。他先给"最高理性"（即思维、思想）定了一个特性：最好的、最高贵的、最善的，拿来与之相联系、相比较的东西，则都采取"合则留，不合则弃"的办法处理。所以他最后的结论就是思想只思想它自己，所以，思想与思想的对象是同一的，因为除它自身之外，它要思考别的东西都不与它的特性相符的。所以这个没有质料的、不运动变化的、至善的、永恒的第一推动者、理性、思想被他总结为经典的一句话："思想的思想就是思想"。（1078^{b}34）它也就是第七章所说的那句话："因为思想的现实就是生命，而神就是那种现实；神的依据自身的现实，就是最好和永久的生命。因此我们说神是一个活着的、永恒的、最好的存在物，以致生命和连续的寿命和永恒都属于神，因为这就是神。"

（1072^{b}24—30）

托马斯·阿奎那作为一个神学家的敏感，他深刻地体会了亚里士多德在这一章中继续（与第七章一起）塑造出全面、全能、永恒的神性这个"伟大事业"，所以他为这一章的注释拟定的标题是："第一智力的高贵性"（The Dignity of the First Intercoleigite）。这个标题比罗斯对这一节注释的标题："最高理性的存在方式"（The Mode of Outtance of the Aupne Ineneaison）的书生气要少得多了。

八、第十二卷第十章（Λ.10）的提要与解说

——神在这个世界中怎样存在

（一）第十二卷第十章（Λ.10）的提要

1075^{a}11，善是在这个宇宙中的一个分离的因素，还是那无处不在的秩序呢？它是这两者，正像在军队中一样，司令官是在比秩序更高的意义上的善，因为它依靠他而不是相反。所有事物为了共同的利益都被命令到一起，尽管像在一个家务方面一样，较高的成员都比低的成员只有较少自由的，所有的人必须，至少在他们的消解方面为整体作贡献。

在其他观点方面的困难

25，（1）所有其他的思想家使所有事物出自对立。但是既非"所有事物"，也非"出自对立"是对的。再有，对立不能相互作用。我们的解决是：这里有一个第三要素，基质。但是其他思想家使这些对立的一个是质料（例如，不相等、多）。我们拒绝这个，我们说质料对于所有事物来说是一个对没有什么东西是对立的。再有，依这个观点，所有事物除了一之外都分有恶，因为恶是两个元素之一。

36，其他的人甚至不把善和恶当作第一原理。然而在所有事物中善是一个原理。以前的观点正确地使它是一个原理，但是没有说究竟它是不是目的因，动力因或者形式因。

ᵇ1，恩培多克勒有一个奇怪的观点。他把爱当作善，但是把它既作为动力因，也作为质料的原因，甚至如果同一事物是这两者，它们的本质也不是一样的。那么，在什么能力中爱是一个原理呢？他使争斗（它＝恶）成为不消灭的也是奇怪的。

8，阿那克萨哥拉使善成为动力因，因为理性是运动源泉；但是这包含一个不同于理性的目的，除非动力因和目的因是等同起来的，如像我们一样。再有，为什么他没有设定对善的对立物呢？

11，那些说对立的人，没有一个使用它们——除非我们重新铸造他们的观点。并且没有人告诉我们，如果所有事物都有相同原因的话，为什么有些事物是可消灭的，而另一些则不呢？再有，有人使得那存在的事物来自不存在；另外的人为了避免这个使所有事物是一。

16，(2) 没有人陈述一个生成的恰当的动力因。那些设置两个原理的人需要一个第三个，最高的一个；并且那些设置理念的人需要一个最高原理。为什么特殊的能分有理念呢？

24，如果没有别的，只有感性的东西，那么这里就没有统治的原理，没有秩序、没有生成、没有主体的运动。但是，正如在神话和在物理学中，我们从一个原理总是推出其他的原理。

27，如果在另一方面，这里有理念或者数，(a) 它们引起没有什么东西，或者至少没有运动。再有，(b) 那是不扩展的事物怎么产生扩展的事物呢？数不能够是一个连续物的动力因或者形式因。再有，(c) 没有对立能够是动力因。因为所有的对立都能够是不存在的，并且它们的活动至少是后于它们的潜在性的，所以不能是永恒的，如果对立是它们的原因的话。但是这里有永恒的事物。因此，这些前提必须在我们陈述的方法中重新审视。

34，(d) 没有人告诉我们什么连接了一个数，或者灵魂和身体，或形式和事物。唯一真正的回答是"动力因"。

37，(e) 那些把数学的数作为第一的，并且造成实体的各个种的一个系列，每一种有不同的原理，把宇宙搞成不联结的使用许多的治理原理。但是它必须没有这样的原理。

（二）第十二卷第十章（Λ.10）的解说

这一章是第十二卷的最后一章，按理说，它应当为第十二卷的论述作出一个类似"总结"的东西。但是，从文本看来，它的论述的主题很广泛，也很散漫，而且论述带有不确切性和跳跃性，使人不知道到底想说什么。这里，很可能文本本身就出现了一些问题，有错落，有误抄，有窜入等等的问题存在。现在，我们只能就文本能读出的内容来说几点它的主要思想。

它的总的目的似乎是要批评别的思想家，既包括他所谓的"早先的思想家"，如恩培多克勒和阿那克萨哥拉。这些是指了名的。还有暗指的毕达哥拉派和柏拉图派。他甚至用了这样的说法："如像神学家和自然哲学家所考虑的"。这样，实际上几乎涵盖了除了亚里士多德本人之外的所有思想家了。他都用自己的学说，指出他们学说中的一些主要论点都是错误的。

第一，开始就提出："我们还必须考虑整个的自然界在两种方式中的那一种包含着善和最高的善，是否作为分离的和独立的东西，还是作为部分的有秩序的排列，也许同时在两种方式，正如一支军队那样，它的善在于它的秩序，也在于它的首领，而且更多的是后者；因为他不依靠命令，而命令要依靠于他"。（1075^{a}11—15）在这段话中，他没有对他提出的问题作出明确的回答，但他暗含的是赞成后一种说法，亦即"作为部分的有秩序的排列"，亦即整个自然界作为一个整体，是由划分成的部分有秩序地排列在一起的。这个"有秩序"就表明在它们之间存在一定支配它们的规律。正如像他在比喻中说的，就像一支军队由它的首领发布为"命令"来统率着这支大军那样。他接着解释说："所有的事物，包括鱼类、鸟类和所有事物并非是彼此之间没有关系的，而是有着确实的联系。因为所有事物被排列在一起，都是朝向一个目的。"（1075^{a}15—19）他以比喻来加以说明。他说："正像一个家庭中一样，对于自由人来说，只有最少的自由随便行动，而奴隶和野兽则极少公共的责任，大部分是随便行动的；因为每一类事物的本性就是这样的由不同的原则构成，……所有的事物都在其中对整体的善作出贡献。"（1075^{a}19—24）

第二个大问题就是关于"对立"的问题。这是亚里士多德在《形而上学》

一书中反复讨论的一个重大理论问题，也是他一直未能正确解决的问题。在这一章中，他也花了大力气来讨论这个问题，用他自己的理解来批评与他持不同意见的一些思想家。他说："所有人都主张所有的事物都来自对立，但是他们说：'所有事物'以及说'来自对立'都是不对的，他们对于对立真的出现于其中的事物怎样从对立中产生出来的解释也是不对的；因为对立不能够彼此作用。然而对于我们来说，这个问题由于有一个第三因素，已经满意地得到了解决，但是，这些思想家将两个对立面之一作为原料，例如，这样作的人把不等作为质料，而相对于相等，或者把多作为质料支撑于一对对立之中则不与任何东西对立。再有，[按照他们的看法]，所有事物，除了'一'之外，都分有恶。因为恶是这两元素中的一个，但是，别的学派甚至不把善和恶当作本原。"（1075ª27—36）

他在这段话中指出：那些思想家说"所有事物"和"来自对立"都是不对的。这就是说，亚里士多德认为，并非所有事物，也并非是来自对立的。但他对于他自己的论点就缺乏明确的说明和解释。他只说"这个问题由于有一个第三因素已经满意地得到了解决。"这是令人无法理解的。有人分析，他这里说的"有一个第三因素"是指的"基质"，也就是"质料"。但是有了它，问题怎么就解决了呢？而且是满意地解决？他只说了一句："因为一个质料支撑于一对对立中则不与任何东西对立。"为什么是这样呢？他只提出了这个"断定"，而没有提供"证明"。如果像他说的这样，这个"对立"的问题就从根本被他取消了。

第三，他以下又讨论到善和恶的问题。他说："再有[按照他们的看法]，所有事物，除了一之外，都将分有恶，因为恶是这两元素中的一个。但是，别的学派甚至并不把善和恶当作本原。然而在所有事物中，善是最高程度的本原，那些主张它是本原的人是对的，但是善怎样是一个本原，他们都没有说——无论是作为目的，或是作为推动者或是作为形式。"（1075ª34—1075ᵇ1）

在这段话中，他只明确地表明了"然而在所有事物中，善是最高程度的本原，那些主张它是本原的人是对的"。至于其余的问题，则未谈及。只是从以下他对"恩培多克勒有一个奇怪的观点"，即承认善和恶都是本原，而恶就是他说的"争斗"，而且是不可消灭的，那也就是永恒的了，这似乎又是把恶看作应当不是一个本原了。

他对阿那克萨哥拉的批评也是令人费解的。他说"阿那克萨哥拉把善作为一个运动的本原，因为心灵推动诸事物，但是为了某个目的而推动它们的必定是某个让它不同的东西……没有设定善（亦即心灵）的对立面，这也是荒谬的。"（1075^{b}7—11）这段话除了语意不清楚之外，它的论点也是与本卷的第六、七章及第九章中阐述的亚里士多德的观点是矛盾的。比如，"没有设定善的（亦即必要）的对立面，这也是荒谬的"，为什么是荒谬的呢？设定善的对立面，不就是设定恶吗？而亚里士多德曾论证"最高理性"、"最高智力"是没有对立的，是纯粹的善、最高的善，是没有恶的。

他还批评"所有那些谈论对立的人都没有运用这些对立"，"他们之中没有人解释为什么有的事物是可消灭的，有的事物是不可消灭的"，"没有一个解释为什么必定永远有生成，以及什么是生成的原因。"——这些都是没有解释清楚，也没有说明批评对象的一些笼统的说法。

对这些的批评的武器，在亚里士多德的手中只有一件，这就是他所说的他的看法："因为对于原初的东西是没有对立的"。（1057^{b}22，24）

此外还附带对柏拉图派的理念论和毕达哥拉斯派的数是本原的理论，也进行了批评。这是他多次批评过的，这里也没有新意，我们就不说了。

亚里士多德好像一位比武者在他的擂台上没有出现"对手"，而且有一些"对手的影子"。于是，他便宣称他已经取得了全面的胜利了，他最后高声宣布"他们给了我们许多治理的原则，但是这个世界却拒绝糟糕的治理"。（1076^{a}2—3）

最后他引用荷马的史诗《伊利亚特》中的语句来结束这个第十章："许多人的统治是不好的，让一个人治理吧。"（1076^{a}4）这就是说要由亚里士多德的哲学以及神学来治理这个世界。

有趣的是：罗斯对亚里士多德这一章的注释中给了一个神学意味浓厚的标题："神怎样在这个世界中存在"，而托马斯·阿奎那则按捺不住作为神学家的满心欢喜，还是以哲学家的身份给了一个哲学意味浓厚的标题："神是所有事物的终极因，宇宙的秩序"。

但是托马斯·阿奎那在结束这一卷的最后一章（第十章）的注释时，也是亚里士多德《形而上学》第十二卷本这个版本（托马斯·阿奎那就是根据的这个版本）的最后的注释时，情不自禁地高声地唱出了教堂里宣讲《圣经》时的语言。他吟诵道："由此，可以得出，整个宇宙就像一个原则上和一个王国被一个统治者治理一样。亚里士多德的结论是这里有一整个宇宙的统治者，第一推动者和一个第一的可认知的对象，以及一个第一的善，以上这些他称作神，它永远的祝福者。阿门。"（见托马斯·阿奎那对《形而上学》的注释，第 925 页）这不就是在教堂里宣读神学经典的声音吗？托马斯·阿奎那终于显出了他神学家的本来面目了。

第十三卷（M）

概　论

——讨论两类设想的非物质的实体：数学对象与理念

（一）概论的提要

1096ª8，我们在别的地方讨论了感性事物的实体，我们现在要考虑这里是否有与这些相分离的一个不变动的永恒的实体。首先我们要考察别的人对这个问题的意见。

16，有人主张数学对象是实体，其他人主张理念是实体。有的人相信这两者，有人把这两者等同，有人仅仅相信数学的对象。

22，我们将讨论：（I）数学对象；不追问更多的关于它们的问题，而是简单地问它们是否存在，而如果存在，是怎么样的；（II）关于理念（简要的）；（III）并且主要的事物的实体与原理是否是数和理念。

（二）关于概论的解说

《形而上学》第十三、十四卷形成一个特殊的部分，它们集中地讨论了柏拉图及其追随者（所谓"柏拉图主义者"）关于理念、理念数以及数学数之间的有关问题；而对于毕达哥拉斯派数的理论则与此相联系来进行讨论，而且显然处于次要的地位，当然，它们讨论的问题是紧密联系在一起的。

除了论题之外，写作的风格也与以前各卷有一些区别。以前各卷都是划分为一些章，每章论述的问题，都相对简单专一，所以亚里士多德在每章中论述对象也相对明确，因此罗斯在作"提要"时，都给每章取了一个"标题"。但在第十三卷和第十四卷（M, N）中，由于论述的问题互相交叉，比较复杂，亚里士多德采取将论述的问题先加以大的划分，再作小的划分，而他对于每章所论述的问题，则服从这个，有的对一个问题用两章，甚至三章来讨论，而设在一个问题的标题之下，有的甚至超过了卷的划分，比如十三卷（M）的最后一章第九章还和第十四卷（N）的第一章（N.1）扯在一起，而标题为 M.9—N.1，这表明这两卷之间的关系是紧密的，也许这种卷的划分也是有很强的人为的成分。罗斯在作"注释"时，尽量把这种错综的关系表达出来，用了不少符号来表达它们的层次。这对于我们很好地理解亚里士多德的论述很有帮助，在本书中均予以保留和沿用。这一点请读者注意。

罗斯把第十三卷第一章的三大段话，抽出了三点，表明全卷讨论的问题，我把它作为 M 卷的"概论"来梳理，即指出：1，以前我们已经讨论了感性事物的实体(亦即是可变动、有生灭的事物的实体。特别是在第七、八、九卷（Z，H，θ）中的讨论)，现在要讨论"是否有与这些相分离的一个不变动的永恒的实体"。其实，他已在第十二卷（Λ 卷）中讨论过这个问题了。在第十三、十四卷（M、N 卷）中不过是从数学数和理念的角度，来讨论这个问题而已。这也表明第十三、十四卷（M、N 卷）是相对独立的一组文字，而且它的写作时间可能是较晚的，是亚里士多德晚年的思想。

2，指出主要要讨论的是："有人主张数学的对象是实体；其他人主张理念是实体，有的相信这两者，有人把这两者等同，有人仅仅相信数学对象。"

3，我们将追问：(I) 数学的对象……是否存在，而如果存在，是怎么样的；(II) 关于理念（简要的）；(III) 事物的实体与原理是否是数和理念。

这就是全部第十三卷（M 卷）的一个总纲。

一、第十三卷第一章（M.1）的提要与解说

——数学的对象

（一）第十三卷第一章（M.1）的提要

1076^a32，如果它们存在，它们必定是（A）存在于感性事物中，或存在于某些思想家坚持的方式中，或者（B）与感性事物相分离，或者（C）在某种其他方式中。

（二）第十三卷第一章（M.1）的解说

这一部分又是在全卷的总纲之下的，又是一个下一个层次的总纲，即讨论"数学的对象"。它包括第一章（1076ª32）到第三章（1078ᵇ6）。这一段文字的论述，即涵盖第一到第三章。他指出：如果数学对象存在，则必定是（A）存在于某些事物中，或者存在于某些思想家坚持的方式中，或者（B）与感性事物相分离，或者（C）在某种其他方式中。

他指出的这些观点，包括了毕达哥拉斯派的，也包括了柏拉图派中的几种主要观点。

在以下的第一至三章中，逐一展开了有关论述。

二、第十三卷第二章（M.2）的提要与解说

——数学对象不能够作为不同的实体存在

（一）第十三卷第二章（M.2）的提要

1076ª38，（A）我们已经表明（参看第三卷998ᵇ7—19）数学对象不能够是在感性事物之中；（1）因为两个固体物不能是在同一个地方；（2）因为那将会得出其他的事物的乘方和特征必定也是内在的。

ᵇ4，我们现在加上（3）根据这个理论，没有物体能被划分。因为它将会被划分为一个面，一个面划分为一条线，一条线被划分为一个点，所以因为点根据这个观点是不可划分的，物体也是如此，并且如果数学物体也是感性物体，在它之中也是可划分的。

11，（B）数学对象也不可能与感性事物相分离而存在，因为（1）如果这里有分离的数学固体，这里将会有（a）分离的面、线和点。

16，并且因而也在此处有（b）数学的固体的面、线和点，这里必须有（c）面、线和点先于（当前者都是自发地）先于数学的固体。

24，再有，这里会有（d）线和点先于在这些面中的线，并且（e）先于

那些在这些之中先于线的点。

28，这个聚集是可笑的；这里有一组与感性事物分离的固体，三组面，四组线，五组点，哪一个是数学科学的对象呢？

36，（2）这同样的论证可应用于数。这里将有与点分离的单位，与感性对象相分离的单位，与知识的对象相分离的单位。

39，（3）天文学的对象将与感性事物相分离，正如几何学的对象一样；但是怎么能够有运动的对象，比如诸天体与感性事物相分离呢？

1077^a4，这里将会有光学和声学的诸对象——感觉、可感知的东西、动物，全部与原来的感觉的对象相分离。

9，（4）这里将会有分离的对象，它们既不是数、点、空间，也不是时间，因为普遍的数学它对所有这些都一样是真的。

14，（5）这个信念违背了常识。它使得数学对象先于感性事物，但是真实的它们是后于实体的，是不完全的。

20，（6）什么给了它们统一体？在这个世界中的事物是由灵魂使之成为统一的，由一部分灵魂，或者那相像的东西，但是什么给了这些可分的数量以统一呢？

24，（7）长度首先被生成，然后是宽度、深度。所以在生成上是在后的是在实体上在先的，物体就是先于线或面的，而且它是更完全的，因为它是那成为灵魂的工具的。

31，（8）体是一个实体，但是线不能是实体，也不能是形式，也不能作为质料。（一个事物怎么能由线组成呢？）

36，它们可能先于物体的定义，但是它们不是因此就先于实体，那在实体上在先的，它在分离存在的能力上是超过的，那在定义在先的，它的定义被包含在别的什么东西的定义之中。

$^b4$，如果属性不能与实体相分离而存在，它们是在定义上先于实体＋属性的综合，但不是先于实体；这样相减的结果在先，也不是那个添加的结果是后于实体的。

12，数学对象不是比体更加实质性的，也不在存在上先于它们（而是仅仅在添加方面），也不是分离地存在；并且因为它们也不能是在感性对象中（1076ª38—ᵇ11），它们或者根本不存在或者在某个限定的意义上存在。

（二）第十三卷第二章（M.2）的解说

亚里士多德在这一章的最后一段话，概括了他在这一章中论述的问题。他说："这样，我们充分地表明了：（1）（数学对象）并不比物体更加是实体，（2）也不是在存在方面先于可感觉的事物，而是仅仅在定义方面先于可感觉的事物，而且（3）它们在任何情况下都不能分离地存在。很明显，它们或者根本不存在，或者它们只在某种方式中存在，因此，没有限定，它们就不存在，因为'存在'有许多意义。"（1077ᵇ12—17）

这就为我们阅读本卷的第二章（M.2）提供了一个清晰的线索。

他一开始就指出以前的第三卷（B 卷）已经讨论过数学对象的问题，已经指出了"关于数学对象存在于可感觉的对象中的不可能性"。（1078ª38）现在，在这一章中继续就与此有关问题进行讨论。

第一，他提出："根据这个理论，很明显，无论什么物体加以分割都是不可能的"。（1076ᵇ4—5）理由是体要是被分割，将是在一个平面上被分割，而一个平面被分割则必须首先在线上被分割。同理，一个线被分割则必须点被分割；但是，点是不可分割的。（因为数学上的点只有位置，没有大小，而没有大小的东西是不能被分割的。）这样，再追溯回去，那么，线、面和体也都不能被分割了。——这样就出现了一个两难的局面：如果可感觉事物可以被分割，那么根据它的理论，数学对象在可感觉事物之中，也应当能被分割；如果按现在已有的推论，指出数学对象不可分割。那么它存在于可感觉事物之中，而这个可感觉事物在事实上是可以被分割的，这种悖论的出现，表明它这个理论是有问题的。

第二，亚里士多德提出了："这样的实在 [指数学对象——李真注] 也不可能会是分离地存在的"。（1076ᵇ12）亚里士多德证明这一点的方法，是用的"反证法"，即在肯定论敌的主张的前提下推论出荒谬的、不可能的后果，从而证明论敌的前提是错误的。他指出：如果数学对象或数学物体可以分离存在，亦即"在可感觉物体之外，有其他的物体，而且它们是不同于并且先于可感觉物体的，那么，很明显，在平面之外，也必定有不同的并且分离的平面以及点和线，因为这是同样的道理。但是，如果这点存在的话，那么在数学物体之外，又必定有其他分离地存在着的平面、线和点。再者，根据同样的论证，将会有线属于这些面，而且将必定有另外的线和点先于它们，而且将必定有其他的点先于这些在先于的线中的点，尽管不会有比这些更先的其他的了"。（1076^{b}12—29）至此，荒谬的结论就出来了，"因为只有一类物体在可感觉的物体之外，但却有三组平面在可感觉的平面之外——那些在可感觉的平面之外存在的平面和那些在数学物体中的平面，以及那些处于数学物体之外的平面，又有四组线和五组点。那么数学科学将处理这些中间的哪一种呢？"（1076^{b}29—34）

亚里士多德的这个"反证法"是用得成功的，但是他除了说明三个平面是怎么计算出来的之外，何以有四组线、五组点，则未有说明，实属费解。关于此点，也只好"存疑"了。

接着亚里士多德乘胜追击，又举出天文学上观察和研究的星球不可能在可感知的星球之外有分离的存在的另外一个星球，等等。这些都是很有说服力的。

所以，他小结这个分离问题时说："一般说来，如果人们设想数学对象是那样地作为分离的对象而存在的话，其结论即与真理相反，也与通常的看法相反"。（1077^{a}14—16）

以下，他还提出了与此相关的另一个问题，即："再有，由于什么以及在什么时候，数学上的大小全是一呢？因为在我们可以感觉的世界中的事物是由于灵魂的缘故，或由于一部分灵魂的缘故，或者由于别的什么东西，而成为一的。这是很合理的。如果不是这样的话，就会被分割为是多的，但是哪些事物是可分的和有数量的，什么是它们成为一并有结合在一起的原因呢？"（1077^{a}21—24）

因为数学的大小是多种可被分割的，但是为什么它能成为一个"统一体"（即一）呢？亚里士多德指出感觉世界的物体，之所以能成为统一体，从它的被生成的原因来看，它们或者是技艺的产物（灵魂是人的技艺的来源），或者是由于自然，或者是自发地产生的，那么，数学的对象，作为分离地存在，它们是由于什么原因而成结合的"统一体"的呢？

下面，他又从实体和属性谁在先谁在后讨论了分离存在的东西如何界定在先和在后的角度，加以讨论。

最后我们可以回到他总结的这一章讨论的问题，归根究底，根本的还是一个分离问题。

三、第十三卷第三章（M.3）的提要与解说

——数学认为似乎是分离的存在的对象并不分离地存在

（一）第十三卷第三章（M.3）的提要

1077^b17，作为数学中的普遍命题都是关于空间大小和数目的，但不是关于它们像是那样的，以后，这里可以有关于感性的大小的证明，而不是关于它们作为感性的东西。正如这里有关于事物的推理仅仅是作为可运动的，而不用有一个实在"可运动的"或者是与它与感性事物相分离或者它在感性事物之中，以致这里有关于可运动的事物作为物体，作为平面，等等的推理。

32，这样，我们能够没有限制地说，数学对象存在并且是那样地作为数学的目标。每门科学从某些特殊性质方面来处理它的对象，而不是关于那些与对象等同的东西。相似地，数学既不处理那样的感性事物，也不处理非感性的事物，而是处理那包含着线和面的那些属于感性事物的属性。

1078^a9，对象愈简单，知识就愈精确；算术比几何学更精确，几何学比力学更精确，简单运动的力学比综合运动的力学更精确。

14，再有，和声学和光学研究它们的对象不是作为声音或者视力，而是作为数和线；所以机械学也是一样。在设定与它们的共生体相分离的对象时，是没有错误的，就如同在几何学的设定中一条线是一尺长而当它不是的时候一样。

21，在算术和几何学中的最好的步骤是设定那实际上并不真正分离的东西为分离的。它们的对象潜在地存在，尽管不是现实地存在。

31，因为美丽的事物可能在不变动的事物中找到，尽管善是局限于行动之中，那个主张数学对于美和善没有说出什么来的人是错误的。即使如果它没有提到美丽的，但是它证明主要形成美的性质是——秩序、对称、确实性。

ᵇ2，因为这些是多结果的诸多原因，数学在一种意义上把美丽处理为一个原因。

（二）第十三卷第三章（M.3）的解说

在这一章中，亚里士多德进一步来考察数学科学（以及更进一步的，一般的科学）研究的对象及其特点的问题，并力图对这个问题作出正面的解答。

他在这一章中反复说明：科学研究的对象是把可感觉事物的某方面的属性抽象出来作为研究的对象，这并不意味着它有一个分离的存在，也不是研究的那些属性由之抽象出来的那个感性事物本身。这是必须分别清楚的。但是这很容易混淆不清，种种的错误理论和观点都是由此而产生的。通过这一章的讨论，这个争论不休看起来疑问重重的问题就获得了明确的解决。

他首先指出："正如数学中的一般命题并不是处理在大小和数之外分离地存在的对象，而是关于大小和数的，然而不是作为具有大小的可被分割的东西。显然，也可能有一些关于可感觉的大小的命题和证明，然而不是作为可感觉的［大小］，而是作为拥有某种确定的性质。"（1077ᵇ17—20）这就是说，数学是研究客观事物中所包含的数的关系的，是把它与具体事物分开来研究这种性质的。

他以下列举研究某个在运动中的事物的例子来说明这一点。他说："因为，如同有许多关于事物的命题，仅仅把这些事物看作是在运动中的，而抛开每个这样的事物是什么以及它们的种种偶性，并且这并非意味着应当有一个在运动的东西，在可感觉的东西之外，或者在可感觉的事物中有一个不同的运动的东西。"（1077ᵇ23—27）这就是说，抛开研究对象的种种属性，专门研究它的属性的某一种如运动或另外一种（如其中的数量关系）。因此，他接着说："这样，由于不加限制地说不仅可分离的事物存在，而且不可分离的事物也存在（例如可运动的东西存在），这是真的；不加限制地说数学对象存在，而且有着数学家加之于它们的特性，这也是真的。并且，正如不加限制地说其他科学也是处理如此这般的题材"。（1077^b31—34）这里的"不加限制地"就是指没有明确在什么意义上说的，因此，种种不同甚至矛盾的观点就出现了，就是因为混淆了问题的不同性质。

他甚至指出：由于一门科学抽象出某种属性进行深入研究，所以它就会获得最大的精确性和准确性。

他又用同一个道理解释了和声学和光学研究的对象的问题。一句话："每一个问题都是最好以这种方式加以研究，即把不是分离存在的，作为分离的存在的东西来考虑。如像算术学家或几何学家所做的那样。"（1078^a21—22）

最后，他还考察了不同学科之间的一些有趣的交叉关系。他以善和美为例，他批评有些人认为数学科学对于美或善没有说什么。他指出这种说法是错误的。他说："美的主要形式是秩序和对称和确定性，这些都是数学科学在最高程度上加以证明的东西。由于这些（例如秩序和确定性）都显然是许多事物的原因，很明显这些科学必定也处理这种意义上的原因（亦即美）。"（1078^a37—1078^b3）

亚里士多德在这一章中阐述了科学研究对象是将事物的某一种属性抽象出来，但它不是与事物相分离的存在，而是实体的某种属性。这澄清了在无穷争论中的种种奇谈怪论，起到了正本清源的巨大作用。

四、第十三卷第四章（M.4）的提要与解说

——理念学说的历史与批评

（一）第十三卷第四章（M.4）的提要

1078^b7，我们必须首先考察在它的一个原初形式中的学说，与任何数的

学说分开。

12，这个学说的创始者相信由赫拉克利特论证的感性事物总是处于流变之中，并由此推论出这里必须有别的事物作为知识的对象。

17，苏格拉底是第一个寻求一般定义的人——亦即关于美德。德谟克利特曾经在一种方式中规定了热与冷；毕达哥拉斯派把一些少量事物化归为数目。

23，很自然，苏格拉底应当寻求定义；因为他试用推理，而那个"什么"，是推理的起点；在那个时候有辩证的力量可以使得人们去研究对立而不知道这个"什么"。两件事我们可以归之于苏格拉底的是归纳的论证和一般定义，两者都有关于知识的起点。

30，苏格拉底并没有把共相处理为分离地存在；他的继承者作了，并且称它们为理念；以同样的论证，他们包括他们自身于全部是共相的理念之中。

34，反驳：(i) 这个理论仅仅把要加以解释的诸事物的数目增加了一倍，因为这里有一个理念用一个共同名词的名字，来回答每一类的事物；这是一个"一统率多"，既对实体也对非实体，既对暂时的也对永恒的实体。

1079ª4，(ii) 关于这个理论的证明，有的人什么也没证明，有的人要证明事物的理念的存在，而关于它们，柏拉图主义者认为没有。(a) 从诸科学的存在会证明有所有事物的形式（Forms），这里有关于它们的科学。(β)"一统率多"的论证会证明有否定的形式（Forms of negation）。(γ) 从一个事物消灭后仍然有关于该事物的思想，论证会证明有可消灭的对象的形式（Forms）。

11，(ζ) 关于最精确的论证有的导致相对词项的理念，另外的人设置了"第三人"。

14，(iii) 一般说来，关于形式（Forms）的论证摧毁了形式（Forms）的支持者们认为比形式（Forms）更为重要的东西；数成为先于 2（dyad）的，相对的先于数，这样也先于绝对的。在诸多方式中关于形式（Forms）的意见是与这个理论的第一原理相冲突的。

17，（iv）根据这个理论所根据的观点，将会有许多在实体之外的事物（因为这里能够有单个的概念，或者其他事物的一门科学）；但是根据这个理论的逻辑的要求和他们的实际意见，如果这些形式（Forms）被分有，这里仅仅只有实体的形式（Forms）。

26，因为（a）每一个被分有的不是作为别的某事物的偶性，而是作为某种不是表述一个主词的东西，（亦即不是作为任何事物享有加倍性就分有了永恒性，因为加倍性是永恒的），所以，形式（Forms）必须是实体。但是（b）用一个名字必须指示在感性世界中的实体，正如在理念的世界中一样（否则，把理念叫作"一统率多"是什么意思呢？如果理念与分有它们的事物有相同的形式，那就有某些共同的东西，例如，二的理念和这个特殊的二，有如这里有对于可消灭的二和对于特殊的数学上的二；如果它们没有一样的形式，那么它们仅仅是名字是共同的，正如卡利亚和一座雕像两者都可被叫作"一个人"）。

^b3，如果提出来这个共同的定义适用一个形式（From），并且只有那是一个形式（Form）的东西的名字被加上去了，这个提议是没有意义的，（a）对于在定义中的什么因素这个被加上去呢？每一个因素都是一个理念，种和属差也是一样的。（b）形式性（formness）本身将会是呈现在所有形式（Forms）中的一个形式（Form），犹如"平面"呈现在所有它的属中一样（这样，这是一个无穷的后退）。

（二）第十三卷第四章（M.4）的解说

这也是本卷中最有兴味的一章，它不仅以简洁概括的方法批评了理念论，而且从哲学史上明确苏格拉底的地位和作用，特别是他与理念论的分离说，是没有关系的。这种对理念论的分离说的尖锐批判，某些学者认为亚里士多德的这种批判是误解了柏拉图，而柏拉图的主张只不过理念比之原有的事更加臻于完善而已，因此无所谓"分离论"，而只有"距离论"。陈康先生就是这种观点的代表人物。我不知当陈康先生面对亚里士多德这段明快的文字时，应作何感想？作何反应？

亚里士多德在学术生涯中，批评理念论一直是他始终坚持的课题。据说流传的一句他的经典语言："吾爱吾师，吾尤爱真理"，就是就他坚持批评他的老师柏拉图在哲学上的错误而发的。而柏拉图也据说把亚里士多德的这种坚持批评比之为"小马驹对它的妈妈尥蹶子"。（参看第欧根尼·拉尔修：《柏拉图传略》，载于《名哲言行录》）这是学术史上的一段佳话，是代代相传的追求哲学真理的典范。

关于对柏拉图理念论的批判在《形而上学》第一卷第六章中已经有详尽的表述了，在第十三卷（M卷）不过掠影式的回顾而已。它之所以必须在亚里士多德的晚年重提这件事是柏拉图的理念论后来在学园中又有新的发展。它与毕达哥拉斯派的数的理论相结合，把数演绎为"理念数"又增加了这个领域的混乱。史家称之为"柏拉图主义化的毕达哥拉斯派"，或者"毕达哥拉斯主义化的柏拉图派"，二者有了血肉相融的内在关系。因此关于对柏拉图主义的理念数理论的批判就成了第十三卷（M）及第十四卷（N）的重头戏了。

亚里士多德首先提出："现在，关于理念，我们必须首先检验理念学说本身，而不以任何方式把它与数的本性联系起来，而以那些宣称主张理念存在的人所本来了解的形式去处理它。理念学说的支持者们被引导到它，是由于关于事物的真理问题，他们接受了赫拉克利特的说法，即把所有的可感觉的事物都描述为永远流逝者，以致知识或思想要有一个对象的话，必须有某种其他的常住的实在在那些可感觉的事物之外；因为不可能存在一种流动状态中的事物的知识。"（1078^{b}9—16）这一段关于理念学说发生的缘由，我们听起来很熟悉，因为它在第一卷第六章谈到关于柏拉图的哲学时，已经详细谈过了。这里所使用的语言与第一卷中的语言几乎都是一样的，所以，我们是容易理解的。

他接下来讲了一段苏格拉底的哲学活动对理念论的形成产生的影响和推动，这是很珍贵的他们同时代人的见解，具有很高的历史价值。他指出："当苏格拉底专注于伦理和美德时，并且与他们[指柏拉图等人——李真注]相联系，他首先提出了普遍定义的问题……对于苏格拉底来说，试图寻求一个事物是什么，是很自然的。因为他寻求逻辑推论，而所有逻辑的推论的出发点就是一个事物是什么。因为那时还没有辩证的力量使得人们离开一个事物是什么来思考对立，和研究是否有一门科学是研究对立的。有两件事情可以公正地归之于苏格拉底——归纳论证和普遍定义，这两者都是关于科学的出发点的。"（1078^{b}17—29）这是一段很有名的论断。他对苏格拉底在哲学上的贡献以及他对理念论观点的形成的推动和影响，作了非常明确的表述。

他接下来的另一段话，则对苏格拉底和理念论的不同作了明确的论断。这也是非常重要的史料。他说："但是，苏格拉底并没有把普遍当作是分离的，也没有把定义看作是那样的；但是他们 [指柏拉图主义者——李真注] 使它们成为分离的，并把这样的存在物当作理念。"（1078^{b}30—32）这段话十分明确地把苏格拉底对于"普遍"（或叫作"共相"）的看法说成是"苏格拉底并没有把普遍当作是分离的，也没有把定义看作是那样的"。这里所以说到"定义"，因为定义就是对普遍的规定。那么是谁把"普遍"看作是"分离的"呢？亚里士多德也以明确的语言说"他们使它们成为分离的"。这里的"他们"就是指的柏拉图及其追随者，即所谓的"柏拉图主义者"。

对于其一生都对"理念论"的分离学说进行批判的哲学家来说，亚里士多德对于这一段史实是拥有无可辩驳的权威性的。这不是他的偏见，而是他敏锐的哲学识别力发现了"理念论"这个根本性的错误。为了哲学的真理，他对此进行了一生的坚决斗争。这是亚里士多德对哲学的一项伟大贡献。他的这种为真理而斗争的精神是永远值得人们的赞扬、敬佩和铭记的。

在阐明了历史背景之后，接下来，他对理念论进行了简洁的批判。他以轻松的，近乎是调侃的语言讥笑理念论者的主张。他说："按照他们的看法，差不多以同样的论证得出了所有普遍述语的东西都有理念。这就差不多好像一个人希望计算某些事物，而当它们是很少的时候，他就认为不能计算它们，而使得它们增多，然后才来计算它们。因为人们可以说，形式比特殊的可感觉的事物数目更多，然而正是在寻求这些事物的原因时，他们从事物引向了形式。因为对于每一个事物就有一个具有相同名称的东西，而且全是与实体相分离的，其他场合则有一统率多，无论是对于这个世界还是对永恒的事物都是如此。"（1078ᵇ32—1079ᵃ4）

接下来，他指出："那些证明形式存在的方式，没有一个是显得清楚的"。（1079ᵃ5）他列举了以下几点：

第一，"从有一些没有必然的推论会得出。"（1079ᵃ5—6）这是就他们的逻辑推论存在不合逻辑规则的情况。

第二，"从有一些［证明］则他们认为没有形式的事物也有了形式。"（1079ᵃ6—7）在这一项下，他指出了：

1. 关于否定的形式；如"非存在"、"非美"等。

2. 关于已消逝的事物的形式；如特洛伊战争、荷马、苏格拉底，等等。

3. 关于关系的形式；如"先于"、"大于"等等。而且还由此导致了相对的先于绝对的情况（这一点在第一卷第六章谈到，此处未提到）。

但他们又说：关系不是独立的。

4. 更可笑的是：其他的［论证］则引入了"第三人"。（1089ᵃ12—13）这个"第三人"的问题，亚里士多德在《形而上学》中多处提到，指出它的可笑的结果。而其错误的原因则在于他们既把从事物中的共相（如"人"）抽象出来独立化为分离的存在。它的本质是"共相"，但又把它看作是在现实世界中个别存在的个体，比如把"人"的形式当作个体来与其他的个体的人在一起来寻求它的共同的"共相"，即产生出"第三人"，如此下去，不仅有"第三人"，还会有"第四人"、"第五人"，以至无穷，这岂不是大谬特谬吗？

亚里士多德在第一卷第九章中，还指出过："在形式的通常的意义下，所有其他事物都不可能来自'形式'，并且说它们是'模式'而其他事物分有它，这不过是说空话和诗的比喻而已"。（991ᵃ20—22）这里没有提到。

亚里士多德在这一番分析后，得出结论说："这些关于形式的论证摧毁了事物，而事物的存在则是相信形式的人比对理念的存在［应当］更加关心的"。（1075ᵃ14—15）

五、第十三卷第五章（M.5）的提要与解说

——形式没有解释在这个感性世界中的变化

（一）第十三卷第五章（M.5）的提要

1079^b12，（v）主要的问题是形式（Forms）对于永恒的或短暂的感性事物贡献了什么？（a）它们在它们之中没有引起变化，（β）它们对于它们的知识没有什么贡献（因为并不在它们之中，它们不是它们的实体）。

17，（γ）对于它们的存在也没有什么贡献，如果它们是在它们之中，它们也许可以是它们的原因，就像白色是它混合于其中的东西的白性的原因一样；但是这个阿那克萨哥拉和欧多克索斯的观点很容易被加以拒绝。

23，（vi）其他诸事物在任何普通的意义上都不是由形式（Forms）组成的，而且把形式（Forms）叫作范型（pattern）而说其他事物分有它是空洞的比喻。因为（a）什么是它用它的眼睛对于理念作的工作呢？（β）是或者成为任何事物而不用从原件加以复制是可能的。

31，（γ）对同一事物将会有许多范型并因而是形式；对于一个人来说，它会有动物、两足的和人的形式。（δ）科技会是它的属的形式，所以同样的事物将是范型和复制品。

35，（vii）理念作为事物的实体，怎么能与事物分离而存在？在《斐多篇》中，它们被说成是存在和生成这两者的原因。

1080^a3，然而（a）即使如果形式存在，那分有它们的事物也不会变为存在，除非这里有一个运动的原因，并且（b）许多事物，例如，房子变为存在，尽管柏拉图主义者说它们没有形式，并且因而那些他们说有形式的也许是由于相同的原因可能存在或者变为存在，而不是由于形式。

9，这些以及其他的更为抽象和精准的论证可以用来反对理念。

（二）第十三卷第五章（M.5）的解说

在这一章中，亚里士多德继续对理念论的批判。这正如在第一卷（A）中，在第六章批判理念论之后，在第九章又继续批判理念论。在这一点上（即本卷（M）第四章之后，第五章又接着继续批判理念论），这种文本上的某种相似和一脉相承，似乎更明显地表现了第十三、十四（M，N）两卷属于亚里士多德晚年著作，及其与其早年的作品（A 卷）之间的联系。

在这一章中，他特别指出："最重要的是人们或许会问形式对于世界上可感觉的事物，无论是对于永恒的事物还是对于有生灭的事物，究竟贡献了什么呢？因为它们既不引起运动，也不引起这些事物中的任何变化。但是，它们也无助于对别的事物的认识，（因为它们不是这些事物的实体，否则它们就会在这些事物之中了），或者关于这些事物的存在的认识，如果它们不是在分有它们的个别事物之中的话；尽管如果它们是在这些事物之中，它们也许会被认为是原因"。（1079^b12—20）

这就是对上一章中他所说的"这些关于形式的论证摧毁了事物，而事物的存在则是相信形式的人比对理念的存在更加关心的"（1079^a14—15）的呼应。为什么"摧毁了事物"？因为它们对现实存在的事物没有任何贡献，既不能解释它们的生灭变化也不能帮助认识它们存在的原因，这不就等于是"摧毁了事物"吗？而这些却恰恰是我们，包括"相信形式的人"，应当关心的。

在这一章里，亚里士多德又重复了他批评"分有说"的那句经典的话："至于说它们是范式，而其他事物分有它们，则是空话和诗的比喻而已"。（1079^b25—26）他明确指出："任何事物既能存在，又能变为存在，而无须从别的某个事物来复制。"（1079^b27—28）他还指出"分有说"的另一个矛盾之处。他说："一个事物将有几个模型，因而有几个形式；例如'动物'和'两足的'，以及还有'人本身'，都将是人的形式。再有，形式不仅是可感觉事物的模型，而且也是形式本身的模型，就是说，种是一个种的诸多形式的模型；因此同一个事物将同时是模型和复制品。"（1079^b31—35）

他还指出：柏拉图曾在《斐多篇》中说过形式是存在和生成两者的原因。

然而即使形式存在，事物仍然并不生成为存在（例如一所房子或一个指环），他们却说没有它们的形式。这是因为作为人造物，必须有人的智力（建设图）和体力（施工）的参与才有可能生成。这都不仅仅是一个形式的原因。

六、第十三卷第六章（M.6）的提要与解说

——数目在诸多方式中可以被看作事物的实体

（一）第十三卷第六章（M.6）的提要

1080ª12，如果数目是一个实在（entity），它的本质恰好是数目，那么（1）这里有一个在先性的顺序以及一个特定的在诸数之间的差异，以及在诸单位之间的差异，因而它们都是不可比较的。

20，或者（2）所有单位都是可以比较的，正如在数学中的数那样。

23，或者（3）一个单个数的诸单位是可比较的，但是那些在不同的数中的诸单位是不可比较的（在它们之间）。

30，所以，当在数学的数 1 中加上 1 造成 2，在这种数 2 中是两个不同于数 1 的数吗？

35，或者（4）这里有数的全部三类，即那描述为（1）（2）和（3）的。

37，再有，这些数必定是或者与事物分离的或者在事物中，例如，组成的诸感性事物；后一种选择可以有些是真的或者所有数都是真的。

ᵇ4，所有那些把一（One）作为一个第一原理和一个实体的人，采取了上述的一个或其他的观点，那些是仅仅可能的观点，所有这些观点，只有（1）被发现得到支持。

11，（A）有的人（柏拉图）相信，在数的两种中——那有在先性和在后性的（理念）和数学的数；他们都相信这两种都是与感性的东西分离存在的。

14，（B）（a）有的（斯彪西波）仅仅相信数学的数；（b）毕达哥拉斯派也仅仅相信数学的数。但是在一种意义上感性实体实际上都是延展的单位构成的——尽管他们不能告诉我们，第一个延展的单位怎样进入存在。

21，（C）（a）另外一个思想家说只有理念数是存在的，并且（b）有的人（克塞诺克拉底）把这个与数学的数等同起来。

23，这里有关于线、面和体的意见相似的变动。（A）有人区别数学的线，等等，并且那些人跟随理念；（B）有的人说数学对象存在，并且数学地来说它们，因为他们说并非每一个大小被分成诸个大小，而且并非每两个单位造成一个二。

30，所有那些把一当作第一原理的人，设想数是由抽象的单位构成的，除了毕达哥拉斯派，他们相信数是延展的。

33，这些就是可能的观点；所有的都是不可用的，但是也许有的比另外的更加如此。

（二）第十三卷第六章（M.6）的解说

这一章进入了对数和数的对象的讨论。他首先列出了关于数的对象的各种各样的观点，然后在以下各章中来分别加以讨论。

他一开始就提出，"如果数是一种自然物，没有什么别的东西作为它的实体，而仅仅是数本身，像有些人所主张的那样，那么……"（1080ª15—16）随后他列出这一大类的一些小类。

1."必定有某个数是第一的，而某个其他的数随之而来，如此等等。每个数都是非常不同的。——而且这直接地应用于单位，并且任何给定单位都不能结合于任何其他单位。"（1080ª16—19）

2."它们全都是直接连续的，而任何单位能结合于任何其他的单位，如数学的数被认为的那样；因为在数学数中，没有一个单位以任何方式不同于其他的单位。"（1080ª20—22）

3."某些单位必定是可集合的，而另外的则是不能的。例如，2是首先在1之后的，然后是3，其他数也是如此。而在所有的数中的单位都是可以结合的。例如，在第一个2中的单位是彼此可以结合的，在第一个3中的单位是可以彼此结合的，其余的数也是如此。但是'2本身'中的单位与'3本身'中的单位是不可结合的。同样地，在其他连续下去的数的场合也是如此。所以，当数学上的数是那样的被计算的——在 1 之后是 2（它由前一个 1 之外的另一个 1 构成）和 3（它由两个 1 之外的另一个 1 构成），以及同样地适用于其他的数。理念数则是这样计算的——在 1 之后，另一个不同的 2，它不包含第一个 1，然后是第一个 3，它不包含 2，然后，同样的是数的系列中的其他的数。"（1080^{a}23—36）

他小结这几小类的数是：一，一类数必定像我们所说的第一种；二，另一种则是像数学家所说的；三，而第三类就是最后说到的那一类，亦即柏拉图的理念数。它是以与数学数相对的形式提出来的。所以第三种讲得特别详细，因为它包含了数学数和理念数的对比。

在作了以上划分之后，他又以是否分离地存在为标准再次进行划分，划分成 1. 是与感性事物分离的；2. 不与感性事物分离的；3. 有些是分离的，有些是不分离的；——这样情况就变得更加复杂了，也把更多地持有不同观点的人包括了进来。所以他说："这些必然地是数能够存在的仅有的方式。"（1080^{b}5）"在那些已经说过的方式之外，没有别的方式。"（1080^{b}10）

下面他根据以上划分区分出的类型来谈论哪些思想家是持有什么观点的。

1."有人说两类数都存在，那种有在前和在后的是理念，而数学数不同于理念和不同于可感觉的事物，并且这两种都与可感觉的事物相分离。"（1080^{b}11—14）——这是指柏拉图。

2."另一些人则说只有数学数存在，它是实在的，第一位的东西，并且与感觉事物相分离。"（1080^{b}14—5）——这是指斯彪西波。

3."毕达哥拉斯派也相信一种数。即数学数，他们说它不是分离的而且可感觉的实体是由它构成的。因为他们从数构成整个宇宙——只是并非由抽象单位构成的数；他们设想单位具有空间的大小。但是第一个 1 为何能被构成从而具有大小，他们好像不能说什么。"（1080^{b}16—21）

4."另一些人说，只有第一类的数（即理念数）存在。"（1080^{b}23）——这是指一些不留名的柏拉图主义者。

5."而有些人说数学数与这一类是一样的。"——这是指克塞诺克拉底。

他还指出："关于线、面和体的情况，是相似的。"（1080^{b}24）这是指关于几何学研究的对象的看法。

他最后总结说："由此可以清楚地看出：数可以在怎样多的方式中加以描述，并且我们已说过了所有的方式；以及所有这些看法都是不可能的，但是有一些也许比其他的更加不可能。"（1080^{b}32—36）

对于这些"不可能的"看法，他将在以下各章中来作进一步的分析和批判。

七、第十三卷第七、八章（M.7，M.8）的提要与解说

——考察柏拉图的观点

（一）第十三卷第七章（M.7）的提要

1080^{b}37，（A）我们必须首先考察诸单位是否都是可比较的，并且如不是，在这两种意义中的那一种它们是不可比较的。

1080^{a}5，（1）如果都是可比较的，而且在种类上没有不同，我们仅仅得到数学的数，而理念不可能是数那样地产生（因为这里仅有每一个事物的一个理念），例如，人的理念，当这里是一个无限定数量的相似的数时，例如诸个三；

12，但是如果理念不是数，它们不能够存在（因为那第一原理，据说是数的第一原理，而且理念，不能被归类为如同对数的或者在先或者在后）

17，（2）如果所有的数都是不可比较的，（a）这样产生的数就不是数学的数（它是由没有差别的单位构成的）。

21，它也不是理念数，因为2将不是1和不定的2的第一个产物，并且将有3、4，等等跟随，（在2中的单位不是相互在前或在后的）因为如果一个单位比另一个在前，它将会在2之前，因为2是他们组合成的。

29，（b）这个单位将是先于之后的数，它们是由它来命名的，例如，第三个单位（在数2之后），将会先于数目3。

35，尽管没有人设想过诸单位在这个方式中是不可比较的，但这个观点充分地与这些思想家的诸原理一致。如果这里有一个第一单位，就将有在诸单位之间的在先性和在后性，并且相似地在这两个二之间；但是尽管他们承认第一个单位和第一个二，但他们不承认一个第二个和一个第三个。

^{b}10，(c) 如果所有的单位都是那样的不可比较的，这里就不能有一个"二本身"，一个"三本身"，等等。因为无论诸单位是不同的还是不是不同的，数必须由连续相加 1 来产生；但是，如果这样，那么，它们的产生就不像这些思想家所说的那样从一和不定的二产生的。

18，因为数二是数三的一部分，而这个是另一个四的一部分，而他们从数二和不定的二产生出四，并使它由两个不同的数 2，构成这两个二是不同于数二的。

22，否则，4 会由一个二和另一个二组成，并且数 2 会由一本身和另一个 1 组成，并且如果是这样，在 2 中不同于一本身的那个元素不能是不定的二（dyad），因为它产生一个单位，而不是一个确定的 2 组成。

27，(d) 这里怎么有可能有在数 2 之外的另外两个二呢？它们怎么能由先于或后于的单位组成呢？这些设想完全是虚幻的。但是，如果结论是荒谬的，第一原理就必定是错误的。

35，(3) 如果在不同数目中的单位是不同的，但是那些在同一个数中的不是不同的，同样的困难会随之而来。

1082^{a}1，(a) 因为理念论中十是一个平常的数并且在它之中的两个五也不是平常的五，在一个五中的单位必定是不同于在另一个五之中的单位；亦即这个理论与自身不一致，蕴含着在 10 中的单位五不同于另外的五。

7，如果在 10 中的单位不同，这里必定有在 10 中的另外的两个五，与我们已经命名的不同，但是如果是这样，它们造成的是什么种类的十呢？这些思想家不承认在数目之外的另外的 10。

11，正如我们已经设想的那样，他们必定设定数 4 是由不是偶然的二组成的，因为他们说不定的二（dyad）得到确定的二（dyad）并且造成了两个二（dyad）。

15，（b）数目 2 怎么能是与两个单位相分离的某种东西呢？或者是由于分有在另一个之中的 2，如像"白色的人"，它分有"白色"和分有"人"，而分离于"动物"和"两足的"。

20，（c）在 2 或 3 中的单位不能是接触、混合或位置而形成为一，这里没有什么东西与诸单位分离，正像一对人是与两个分离的任何东西一样。单位的不可分性造成了没有区别；点是不可分的，但是一对点不是与单个点分离的任何东西。

26，（d）这个理论蕴含着这里将有在先和在后的二、三等等。在 4 中的两二先于那在 8 之中的二，并且生成在 8 之中的四，正如 2 生成了它们一样，所以，因为这个 2 是一个理念，它们也是理念。

32，所以在 2 中的单位也生成在 4 中的单位，所以所有单位都是理念，并且一个理念是由诸理念组合而成，并因而关于它这个理念就是一个理念，就是相似地由于理念组合而成的，例如，诸动物由诸动物组合而成。

^{b}1，（e）用任何方式把单位弄成不同的是荒谬的和人为的；单位与单位不同既不是量上的，也不是质上的，并且一个数既不大于也不小于另一个数就必定是与它相等的并与它等同的；如果它不是，那么在 10 中的二都不是没有区别的，如像这个理论设想它们是的那样。

11，（f）如果一个单位与另一个单位总是造成二，一个在 2 中的单位和一个在 3 中的单位造成一个二，现在（a）这个将会造成单位在种类上的区别吗？（b）它将先于或后于数目 3 吗？也许是先于，因为单位之一是立即与它在一起，而另一个却与 2 在一起。

16，我们说那一与一（例如，善与恶）总是造成二；但是他们说甚至并非一个单位与另一个单位总是造成一个二。

19，（g）数目 3 肯定地会比数目 2 巨大，但是如果这样，它就会包含一个数相等于并且没有与数 2 的差别的数；如果这里在任何两个数之间有在先性和在后性的话，那它就不能有。

23，（h）按照这个观点，理念不能是数。那些人说所有单位都是不同的是对的，在设想这个是包含在这里是有理念的是对的，因为形式是独特无二的，但单位都是没有差别的，那么诸 2 和诸 3 也将是没有差别的了。

28，这些思想家铁定地说：我们计算"一、二"，我们不用把一加到原本的一上面；因为那样（a）生成将会不是来自不定的二（dyad），而且（b）一个理念不会是被产生的，因为如果它是的话，它会包含另外一个理念，而所有理念将会最终成为一个理念的部分。

32，这样，他们所说的会与他们的假设一致；但是，它摧毁了许多数学的真理。他们将说这里有一个在认识的问题中的困难：究竟我们的计算是用相继地添加 1 呢，还是用分离地构造每一个数的方法呢？但是我们两样都作，设想一个分离地数的种类，而后来把这种程序应用于它，这是荒谬的。

1083^a1，（i）什么是一个数的属差呢？并且，对于一个单位，如果一个单位有任何 [属差] 的话，单位必定是在量的方面有不同，或者在质的方面有不同。但是两者都不可能。（a）如果单位在量上不同，数相等在单位的数上会彼此不同。难道那些第一单位都大于或者小于后者吗？所有这个都是荒谬的。

8，（b）它们不可能在质上不同。它们没有质，因为质在数中依赖于量。它们不能够或者从一（One），（它们没有这个一）或者从不定的二（dyad）给出量。

14，如果单位在有些其他方式中不同，这些思想家应当说明为什么这个不同必须存在，或者至少他们说的不同是什么意思。这样，如果理念是数，单位在这两种方式的任一种中都不可能是都可以比较的，或者不是不可比较的。

（二）第十三卷第八章（M.8）的提要

1083^a20（Ba）其他思想家的观点也并不更好些，亦即关于那些人（斯彪西波）不相信理念，但相信数学对象，并把数造成为原初的真实（realities），并把一（the One）作为它们的第一原理。

24，因为这是悖论的，即这里应当有一个第一个 1，但没有一个第一个 2、3，等等。如果只有数学的数存在，一（the One）将不是第一原理（因

为如果是的话，它将会不同于其他的一，并且这里必定有一个二不同于其他
的二）；如果一是一个第一原理，数就会像柏拉图设想的它们那样，亦即是
不可比较的。

35，如果柏拉图的学说以及斯彪西波的学说导致了不可能的结果，数不
可能分离存在。

ᵇ1，（Bb）最糟糕的观点是理念数与数学数是一样的（克塞诺克拉底）。
这个学说弄错了数学数的本性，并且包含进一步的困难，它对于相信理念数
的人是偶然的。

8，（Bc）毕达哥拉斯的观点，由于不使数分离存在，避开了有些困难，
但是有特别的困难出现于设想物体是由数学数构成的。

13，因为这里没有不可分的大小，或者无论如何单位是没有大小的，并
且因而物体不能由它们构成，如像毕达哥拉斯的观点包含着的。

19，这样，没有什么办法把数处理为自身存在的是令人满意的；因而它
不是自身存在的。

（三）第十三卷第七、八章（M.7，M.8）的解说

在这两章中主要从数和组成它的单位之间的关系来论述数学数和理念数
的差别，以及理念数的理论的荒谬。

亚里士多德首先就提出了在一个数之中的单位是否可以结合的问题。
他说："首先让我们研究单位是可结合的，还是不可结合的。"（1080ᵇ37—
1081ᵃ1）这是因为：按照数学上的数来看，一个数里的单位是没有质的差别
的，而只是代表量，而量是没有差别的；因此它们也才是可结合的，2+3=5。
而如果认为构成数的单位是不可结合的，那必定是因为它们在质上是有不同
的。比如"理念数"是由有差别的单位构成的，因而也就是不可结合的。从
而它们也是不能进行数学式的运算的。所以，他明确地指出："数学数由没
有差别的单位组成，而事实证明它有能够结合的特性"。这样一个标准就把
数学数和柏拉图主义者主张的"理念数"区别了开来。这是这一章主要的
立论。

所谓"理念数",在这一章中没有正面地论述说明它们是什么和有什么特性,只是在批评它时,指出信奉它的人的某些主张。比如,它的单位是不能结合的,因为它的单位在质上都是有差异的,在组成方式上也是不同的,等等。正是由于亚里士多德对理念数缺乏完整的陈述所以也让人无法全面把握它的内涵。这就导致我们在理解亚里士多德批评理念数时的一些困难。所以,我们要注意从亚里士多德的批判中来逐步理解所谓"理念数"的主张和其错误之处何在。

简单地来说,在原有的理念论的理论主张的基础上,对于数的理论也用理念论的理论来加以解释。主要是:一,正如每个普遍名词所代表的事物(如人、马、动物等等)都有一个与该事物相分离的独立存在的理念,它是不变动的,感性事物是由于"分有"了它才获得自己的性质。二,对于每一个数学数,也有一个相对应的"理念数",它不同于感性世界中的数学数,而是在理念世界中的数的理念。比如,有无数的感性的2、3等等,但就只有一个理念数2,一个理念数3,等等。它们具有与感性世界的数学数不同的特性。

亚里士多德认为这一关于理念数的理论和它的原型的"理念论"理论一样,"整个说来,他们是错的",(1082^{b}33)"都是荒谬和杜撰的"。(1082^{b}2)

现在,让我们回到前面已经开始批评的那个问题,即"单位是可结合的还是不可结合的"。他指出:数学数的单位,因为是无差异的量的抽象物,所以当然是可比较的,也是可以结合的。但理念数的单位因为是有差异的,所以是不可结合的。这就证明了"理念数"不能是数,(1081^{a}7)而是理念。因此,他说:"如果理念不是数,那么它就根本不能存在"。(1081^{a}12—13)

而且他还进一步证明:"如果这些单位是不可结合的,而且这个'不可结合的'是在这样的意义上,即任何一个与另外的任何一个都是不可结合的,……它也不能是理念数,因为第一个2不能是1和不定的2的产物,并且继之以依次相续的数。"(1081^{a}16—21)

他还细化刚才说的这个论证,根据理念数的理论,推论出更多荒谬。他说:"再有,因为1本身是第一的,然后才有特殊的1,它又是紧接在1本身

之后而是其余的 [数] 中的第一个，然后才有第三个，它又是紧接在第二个之后，并且是紧接在第一个 1 之后，所以，当我们计算单位时，单位将会先于那些它们据以命名的数，例如在 3 存在之前就将有一个第三个单位在 2 之中，以及一个第四个单位在 3 之中，以及一个第五个出现在这些数存在之前"，这样，"如果既有一个第一的单位又有一个第一的 1，那么单位是在先的又是在后的就是合理的了；对于 2 也与此相似，如果有一个第一的 2 的话"。（1081ᵃ29—1081ᵇ4）就这样出现一串的荒谬。这都是因为理念数与数学数在本性上不同，而把它们等同并放在一个系列里，当然就只能是"大谬不然"了！

　　对于这类荒谬他还进一步举例说明，他说："如果单位是有差别的，每一个不同于另一个，这些结果以及其他的与此相似的结果就必然地随之而来。但是，如果那些在不同的数中的 [单位] 是有差别的，而只有那些在相同的数中的 [单位] 是彼此无差别的，即使如此，随之而来的困难也不会更少些。例如，在 10 本身中有 10 个单位，而这个 10 既是由它们构成的，也是由两个 5 构成的。但是，由于 10 本身不是任何碰巧发生的数，也不是由任何偶然的 5（也不是任何偶然的单位）构成的。在这个 10 中的单位必然是不同的，因为如果它们并非不同，那么 10 所包含的 5 也将是并非不同的。但是由于它们是不同的，那么诸单位也将是不同的，但是如果它们是不同的，那么就会没有其他 [在 10 中的]5，而仅仅这两个 5 呢，还是会有其他的 [5] 呢？如果没有，那是荒谬的，但是如果有，什么种类的 10 将会由它们构成呢？因为没有其他的 10 在这个 10 之中，而只有 10 本身。但是按照他们的观点，实际上必然是：4，应当不是由任何偶然的两个 2 构成的；因为不定的 2，如他们所说，接受确定的 2 并造成两个 2，因为它的特性就是把它所接受的增大一倍。再有，至于 2 作为一个实在又离开它的两个单位，3 作为实在而又离它的 3 个单位，这怎么是可能的呢？"（1081ᵇ33—1082ᵃ16）——这一切都是把理念数和数学数这两种不同的东西混在一起而引起的荒谬。

　　下面，亚里士多德又换了一个角度，继续来讨论这方面的问题，即是什么使得诸单位能够构成为一的？

他说："有些事物是一是由于接触，有的是由于混合，有的是由于位置。但是所有的这些都不适用于构成 2 和 3 的单位。"（1082ª20—22）一个数 2 或 3 是由于 2 个或 3 个单位的连续相加构成的。所以在数学数中，相续的次序显然明显的，即 2 一定要在 1 之后的，而不能是在 1 之前的。但是这对于"理念数"来说，情况就不同了。比如，数学数中两个 2 构成一个 4，两个 4 构成一个 8，但是在理念数中"如果第一个 2 是一个理念，那么这两个 2 也将是某种理念。那么 2 的理念加上另一个 2 的理念，如果它构成 4 的理念的话，那么一个理念将是由诸理念构成的了。因此，很显然那些恰好是理念的事物也会是合成的了。例如人们可以说诸动物是由诸动物合成的，如果有它们的各种理念的话"。（1052ª31—1052ᵇ1）——这也是由于将理念数与数学数混淆而产生的荒谬后果。

于是，亚里士多德总结说："总的说来，以任何方式造成单位的差别都是荒谬的和杜撰的"。（1082ᵇ3—4）另一个明确的结论就是："理念不是数"。（1082ᵇ24）

由于这一章（第七章）在罗斯的注释中把它和以下的一章（第八章）放在一起的，下面我们接着解说 M.8。

M.8 论述的中心问题就是"理念不是数"、"数不能分离地存在"。

他首先指出：如何看待数，数有何特性？在这个问题上他分析了几种人的纷争。他指出数的单位不能在量上不同，也不能在质上不同，因为"如果单位在量上有差别，那么一个数将与另一个数有大差别，尽管在单位的数目上是相等的。再有，那些首先的单位是较大些还是较小些呢，而后来的单位只增大了呢还是减少了呢？所有这些都是不合理的"。（1083ª5—9）而它们也不能在质上不同，因为"没有属性能附着于它们"。（1083ª9—10）

下面他驳斥几种人的观点：

（1）某些其他人谈论数的方式也是不对的，这些人就是那些不认为有理念的人，无论是绝对地否认还是作为一种数 [来否认]。他们只认为数学的对象存在，而且数是首先存在的事物，并且，本身就是它们的起点。这是荒谬的；如他们所说，应当有一个 1，是许多 1 的最先的，但没有一个 2 是许多 2 的最先的，同样的推论适用于所有的 [数]。但是，如果关于数的事实是这样的，而人们认定数学数是唯一存在的，那么 1 就不是起点。"因为这样 1 必定不同于其他的单位；而如果是这样，就必定有一个 2 是许多 2 中的第一个，以及其他相继的数也是同样的。"（1083ᵃ20—31）这些人虽然认为没有理念，又在实际上接受了理念论的一些论点，如认为有一个 1 是许多 1 的最先的，这实际上是承认了 1 有的理念。所以亚里士多德嘲笑他们说，还不如像柏拉图那样真正地主张理念数。

（2）第二种人就是柏拉图的主张，他在这里没有重复说这个观点的问题（因为在别处已经详细地批评过了），所以，他指出结果必定是："如果人们这样的假设，那么正如我们已说过的，许多不可能的结果就会产生，……那么数就不能分离地存在"。（1083ᵃ35—1083ᵇ1）

（3）第三种人，他指出："第三种说法是最坏的一种考虑——理念数与数学数是同一种数。这一种学说必定是两个错误的产物。（1）数学数不能以这种方式存在，持这种看法的人必须设置自己的假设来加以解释；（2）他也必须承认把数看作是形式的理论所面临的后果"。（1083ᵇ2—7）这种观点明目张胆地把理念数与数学数相等同，这种明显的混淆，当然他们要承担设定理念数所必然面临的荒谬的后果 [即（2）] 以及他们必须说明为什么数学数和理念数是同样的，[即（1）]。从理论上说，他们根本提不出这样的理论说明。

（4）指毕达哥拉斯派。亚里士多德指出，他们"因为不把数看作可以分离存在，免去了许多不可能的后果，但是物体应当由数构成，而且应当是数学的数，则是不可能的。因为说空间大小是不可分割的，这不是真的；即使完全承认这个看法，然而单位无论如何是没有大小的；而且一个空间怎么能由不可分的东西构成呢？"（1083ᵇ10—16）——毕达哥拉斯派认为数不是分离的；所以他们避免了柏拉图主义者承认理念数是分离存在的一些荒谬后果，但他们自己的观点又存在严重缺陷：（1）把数看成是独立的而且是第一的，（2）把数看作是构成万事万物的本原。这两条又背离了事实，背离了真理。所以亚里士多德指出："毕达哥拉斯派在一种意义上比上述（即柏拉图主义者的种种观点——李真注）理论的困难少一些，但在另一种意义上则有其自身的困难。"（1083^{b}8—9）

总结上述，亚里士多德作出小结："所以，这是必然的，即如果数是独立存在的真实事物，那它应当存在于以上所说诸方式的一种之中，并且如果它不能存在于这些方式的任何一种之中，那么显然，数没有那种使得它分离存在的人给它设置的特性"。（1083^{b}19—22）

再往下，亚里士多德就理念数理论的另外几个论点进行了分析：

1. 数的每个单位的来源

理念数的主张者，提出单位来自 1 和不定的二（dyad），这个 dyad 是柏拉图提出的一个特别的概念，即"不限定的二"。它可以是任意的两个东西的结合在一起。由此，亚里士多德问道："再有，每个单位都来自大和小 [指"不定的二"——李真注]并使之相等，还是一个来自小，另一个是来自大呢？（1）如果是后者，每个事物并不来自所有元素，因而单位将不是无差别的；因为一个之中是大，另一个之中是小，这是在本性上有矛盾的存在物。再有，它与本身中的单位又是怎样的呢，其中之一是一个奇数单位，但是，也许是由于这个原因他们给予一本身在奇数中的中间地位。（2）但是，如果两个单位中的每一个都由相等化的大和小两者组成，那么 2 作为一个单个事物怎么能由大和小组成呢？或者它们将怎样区别于单位呢？再有，单位是先于 2 的；因为当单位消失时，2 也就消失了。那么它必定是一个理念的理念，因为它是先于一个理念的，而且它 [单位] 必定先于它 [这个理念] 而生成，那么从何而来呢？不是从不定的 2，因为它的职能就是加倍。"（1083^{b}24—36）

对于亚里士多德的这段话中包括的论证，英国学者朱莉亚·安娜斯在她的《亚里士多德〈形而上学〉M 卷 N 卷的新译文和注释》一书（牛津大学出版社 1976 年版）中提出，亚里士多德在此处对柏拉图主义者的指责有不少地方是不公正的，甚至是曲解了他们的原意。比如，作为数的产生的原理的"不定的二"（dyad），柏拉图主义者是把它看作一个不可分的整体的，而亚里士多德在这里都把它解释为是大和小两者，从而才有亚里士多德提出的是用大些的还是小些的来构建单位的问题。进而朱莉亚·安娜斯又指出：柏拉图主义者谈论数的产生的原理是一和不定的二这两条，但它不是讨论"单位"的问题，而亚里士多德在这里都把问题改换成了"单位"的产生的问题以及由此而引来的结果，可以说是"文不对题"。这些意见都是值得参考的，加之这里的文字也有许多难于理解之处，所以，可以说亚里士多德在这段话中的攻击是没有什么实际的效果的。

2. 数是有限的还是无限的

他说："再有，数必定是无限的或者有限的；由于他们把数弄成是分离的，以至于这些属性中的任何一种属于都是不可能的。很明显，它不能是无限的，因为无限的数既不是奇数也不是偶数，但是数的产生总是奇数或者是偶数。"（1083^{b}34—1084^{a}4）

这一段关于"无限"的讨论中，有些地方也是难于理解的，就文意明确的这部分来说，也是如此。比如说为什么按柏拉图主义者的说法，如果数是无限的就会"既不是奇数也不是偶数"呢？亚里士多德对此的论证是不清楚的也是没有说服力的。

至于如果是"有限的"，亚里士多德的论述是："如果数是有限的，它的限度是什么呢？关于这一点，不仅应当陈述事实，也应当陈述理由。但是，如果数仅仅进展到10，像有些人说的那样，首先，形式将会很快地用光了，例如，如果3是人本身，什么数是马本身呢？"（1084^{a}10—14）那么它必定是在这个限度中的一个数；因为正是这些是实体的理念。然而它们仍然会用光，因为各种形式的动物会在数目上超过它们。与此同时，也很清楚，如果在这种方式中，这个3是人本身，那么，其他许多事也是如此（因为那些处于同一数目中的东西都是相似的）。所以，将有无限数量的人，如果每个3都是一个理念，每一个这样的数将会是人本身，如果不是这样的话，他们至少也会是人。并且如果较小的数是较大的数的一部分（作为这样一类的数，在同一个数中的单位是可以结合的），这样，如果4本身是某事物的理念，例如是"马"或"白"的理念，那么人将会是马的一部分了，如果人是2的

461

话。说应当有一个 10 的理念，但没有 11 的理念，也没有后数的理念，这是荒谬的。再有，既有一些事物，也产生出一些事物，都是没有形式的；那么为什么都没有它们的形式呢？由此可以得出：形式不是原因。再有，进展到 10 的数比 10 本身更加实在，而且是形式，这也是荒谬的。尽管前者不是作为单个事物产生出来的，而后来则是。但是，它们试图以进展到 10 的数是完善的来作解释，至少他们在 10 以内生成，导出东西，例如虚空、比例、奇数，等等。因为有些事物，例如运动和静止，好和坏，他们都归之于创生的本原，而其他的归之于数。这就是为什么他们把奇数与 1 等同，因为如果奇数包含 3，那么 5 怎么会是奇数呢？再有，空间大小以及所有这样的事物都不在确定的数之外来解释；例如，第一条线，不可分的。然后是 2，等等，一直到 10。（1084^{a}10—1084^{b}2）

在这一大段话中，亚里士多德从柏拉图主义将理念数规定为 10 这个带有神秘色彩的数（毕达哥拉斯派已经提出这个数是"完满的数"的概念，他们指出 1+2+3+4=10）。并且指出这个所谓的有限的数，将导致一系列荒谬的后果。首先，他从 10 这个数字的有限性推论到它与无限的事物的矛盾。他举出：如果 2 或 3 代表"人"这个理念，那 3 将包含无限数量的人，而且如果"马"是 4 的话，那么，因为 3 是 4 的一部分（作为数来说），那么"人"就会是"马"的一部分了！这岂不太荒谬了吗？而且一旦 10 这个数字"用完了"的话，那么还有无限量的其他事物又将会用什么数字来表达呢？而且规定只有 10 这个数的理念没有 11 这个数的理念也是荒谬的，而且在感觉世界"既有一些事物，而且还不断有新的事物产生出来，那么，它们就将是没有形式"（即理念）的了。这就可以推出"形式不是原因"了。——所有这一切荒谬的后果说明按柏拉图主义者的主张，这个有限的也是不能成立的。

3. 在数的系列中哪个是在先的

亚里士多德指出："再有，如果数能分离地存在，人们会问：哪个是在先的——是 1 呢 3 呢，还是 2 呢？就数是组合的而言，1 是在先的，但是就普遍和形式在先而言，数是在先的；因为每个单位都是数的部分而且是作为它们的质料的，而数则作为形式起作用。"（他以直角与锐角何者为先的例子来接着说明。) 在一种意义上，直角先于锐角，因为它是决定的，而且由于它的定义；但在一种意义上，锐角在先，因为它是一个部分，而且直角被分割为锐角。这样，作为质料，锐角及元素和单位是在先的，但是就形式而言，以及从定义中表述的实体而言，直角以及由质料和形式组成的整体是在先的；因为具体事物更接近于形式和在定义中表述的东西，尽管在生成上它是在后的。那么 1 怎么是起点呢？他们说，因为它是不可分割的；但是普遍以及特殊和元素都是不可分的。但是，它们在不同的方式中都是起点，一种是在定义上，另一种是在时间上，那么，1 在哪种方式上是起点呢？正如已经说过的，直角被认为先于锐角的，而锐角又是先于直角的，而每一个都是 1，因为他们在两种方式中都把 1 作为起点，但这是不可能的。因为普遍之为 1 是作为形式与实体，而元素之为 1，则是作为部分或作为质料。因为这两者中的每一个在一种意义上都是 1，——实际上，两个单位中的每一个都是潜在的存在的(至少如果数是一个统一体，而不像一堆东西，亦即如果不同的数包含着不同的单位，如像他们说的那样)，但不是在完全的现实中存在)"。(1084^{b}2—24)

经过这么一番分析后，亚里士多德作出结论说："他们陷入错误的原因乃是；他们同时从数学的观点以及从普遍定义出发指导他们的研究；所以(1)从前者，他们把统一体（它们的本原）当作一个点；因为单位是一个没位置的点。他们把最小的部分聚集而成事物，正如某些其他人 [指原子论者——李真注] 所作的那样。因此单位成为数的质料，而同时又先于 2；但它又是在后的，2 被作为第一个整体，一个统一体和一个形式。但是 (2) 因为它们是在寻求普遍，他们把（能够表达这一个数的）统一体在这种意义下当作也是数的一部分。但是，这些特性不能同一时间属于同一事物。"(1084^{b}24—32) 这就是指出柏拉图主义者把数学数的 1 和理念数的 1 相混淆，从而产生出两个不同的标准之间的冲突。往下，他进一步指这一点作为结束。他说："如果 1 本身必须是统一的（因为除了它是起点之外，与别的 1 没有什么不同之处），而 2 是可分的，但单位是不可分的，单位必定比 2 更像 1 本身。但是，如果单位像它，它必定是更像单位而不是更像 2 了，因此，在 2 之中的每一个单位必定先于 2。但是，他们否认这一点，至少，他们首先产生出 2。再有，如果 2 本身是一个统一体，而且 3 本身也是一个统一体，两者都是从一个 2 来的，那么这个 2 是从什么地方产生出来的呢？"（1084ᵇ34—1085ᵃ3）在这段结束语中亚里士多德明确地指出了柏拉图主义者否认 2 要从 1 产生出来（即 1 之后再增加一个 1，才构成 2，）而把 2 设为起点，使 2 成了一个"无源之水，无根之木"，足见柏拉图主义者混淆数学数与理念数导致如此荒谬的结果。

八、第十三卷第八、九章（M.8，M.9）的提要与解说

——反对所有自我存在的数的理论的论证

（一）第十三卷第八、九章（M.8，M.9）的提要

（M.8，1083ᵇ33—M.9，1085ᵇ34，1086ᵃ18）

1. 数怎么从物质的理念中产生出来的

1083ᵇ23，（a）每个单位都是从大和小（the great and small）引出的，并使之相等化了吗？或者（b）一个从大来，另一个从小来呢？如果是（b），那么（a）诸元素并不都呈现在每个事物中；（b）单位在本性上并不是没有差别的；（c）什么是那些在 3 中的奇数（odd）呢？也许这就是为什么他们使得一（One）本身占据着在基数中的中间位置的原因吧。

30，如（a），那么（a）2 怎么会是一个单个的实在（entity）？它将怎样与一个单位不同？（b）单位是先于二的，因而必定是一个理念的一个理念，而且它必须是在二以前被生成的，那么，从什么生成呢？不是从不定的二（indefinite dyad），因为这造成不是单位而是二。

2. 有多少理念数

36，数必须是无限的或有限的，如果它是自身存在的话。但是（a）它不可能是无限的。因为（a）无限的数既不是奇数也不是偶数，但是数的生成究竟是用添加的办法还是用乘法（multiplication）而使得数总是奇数或是偶数呢？

1084ª7，（b）如果每个理念都是某事物的一个理念，而数都是理念，无限的数将会是某事物的一个理念，那既是在他们的理论上不可能的，也是在它本身是不合理的。

10，（b）如果数是有限的，这个系列将走到多远？他们应当告诉我们这两者，即它走到多远和为什么它恰好走这么远。如果它在 10 就终止了，那么（a）形式（Forms）将很快变得缺乏，例如，动物的种类将很快达到 10 的数目。

18，（b）如果数 3 是人的理念，那么所有其他的 3 都将是人的理念，或者至少是"众人"（men）的理念；这样这里将有无限数量的"众人"。

21，（c）如果小的数是大的数的一个部分，当由添加单位而构成的包含在一个单个数之中，这样当马是 4 而人是 2，人就将是马的一个部分了。

25，（d）这里应有一个 10 的理念而没有 11 的理念也是荒谬的。

27，（e）这里有并将生成许多事物是没有形式（Forms）的，那么，形式并不是原因的作用者（causal agencies）。

29，（f）如果数的系列达到 10 就比 10 更加是实在也是荒谬的，尽管没有被生成的作为一个统一体（unity）。然而他们处理达到 10 的系列作为一个完成的数。至少他们生成这个连续的实在、空虚、比例和奇数，等等，都在达到 10 的系列中，把有的规定为第一原理，其他的为数。再有，他们把空间大小（线，等等）等同于不到 10 的数。

3. 什么是一（One）的本性

ᵇ2，如果数是自我存在的，1 或者 2、3，等等，是在先的吗？因为数是组成的，一是在先的；因为普遍或形式是在先的，数是在先的，数对于单位，就像形式对于质料。

7，直角在一种意义上先于锐角，亦即在定义中，并且因为它是决定的（determinate）；锐角在一种意义上先于，因为它是直角的一个部分，锐角在先是作为质料；直角是形式和质料的联合是在先的，因为它离形式较近些。

13，一（One）怎么是第一原理呢？"因为它是不可分的"。但是普遍和特殊两者或元素都是不可分的。然而，它们在不同的意义上是第一原理；前者在定义中是第一的，后者在时间上 [是第一的]。

18，他们在两种方式中把一造成一个第一原理。但这是不可能的；它们在形式和质料两方面都没有原创性。数和单位两者在一种意义上都是一，但是如果数是现实的一（不仅是一个聚集）而单位仅仅潜在地存在。

23，这个错误的原因是他们从两个观点来研究，即从数学和一般的定义；从前者他们把一（the One）（亦即第一原理）当作一个点，仅仅像有位置，一个最少质料的部分类似于原子，而从后者他们把统一体，它表述每一个好像是在数中的一个形式的元素。然而，这些特征不能属于相同的事物。

32，但是，如果一必须仅仅是没有位置的，那么它与点的差别仅仅是它是一个第一原理，而数 2 是不可分的，而单位也是不可分的，单位比数 2 更像是一，并因而在 2 中的每个单位都先于 2，但是它们首先生成 2。

1085^a1，再有，如果数 2 是一回事并且数 3 是一回事，它们一起造成一个 2。那么什么是这个 2 的来源呢？

3，数 2 或者在它之中的诸单位之一是在 1 之后接着到来的吗？

4. 关于几何对象的第一原理的困难

7，相似的困难出现在后于数的种之中——线、面、体。(a) 有人把它们从大和小（the great and small）引出，线从长和短，面从宽和窄，体从深和浅。关于回答一（the One）的形式的原理有不同的意见。

14，这些观点包含许多不可能的结果，(i) 线的和体都是互相割裂的，除非它们的第一原理都在一起，以致宽和窄也是长和短（在那种情况下面将会是一条线，而且体将会是一个面）。

20，(ii) 同样的困难也出现在数目里，长、短等等，都是空间的大小的属性，而不是它的质料，正像直与曲一样。

23，我们可以把同样的困难放在关于属的方面，当我们设置普遍的存在的时候，亦即不管它是"动物"本身或者某些其他"动物"，它总体现在动物的一个特殊的种类中。相似地，如果一（the One）和数目是自我存在，我们承认的在数目中的单位是一（One）本身吗？

31，(b) 其他人从点近似于一（the One）和近似于繁多的一个元素引出大小。同样的困难将随之而来。

35，因为（i）如果质料是一，线、面和体会是一样的；（ii）质料或者在一起或者不在一起是不同的，所以面或者将不包含一条线或者将是一条线。

5. 像柏拉图主义者那样的生成的数和空间大小的困难

^{b}4，那样一些困难会出现，如果他们企图使大和小作为数的质料原理，企图使繁多也是，如果这个作为物质原理被采用的话（斯彪西波）。一位思想家从繁多（它是普遍地被表述的）生成数，另外的思想家从一个特殊的繁多亦即那个第一的（不定的二）生成它，（a）在两种情况下我们可以问究竟元素是被混合还是位置、还是融合、还是生成等等而被联合在一起呢？

12，（b）每个单位必须由一和或者繁多或者繁多的一部分，加以合成。现在单位，作为不可分的，不能是繁多，而当其如果它的质料元素是繁多的一个部分，（i）部分的每一个必定是不可分的，因为他们所说不是繁多，但是是它的一个部分，那是质料的繁多，（ii）数是由不可分的一个繁多引出来的，亦即从另一个数。

23，（c）我们也可以问这些思想家关于这些[的问题]，究竟数是无限的还是有限的。这里有一个有限的繁多，从它可以引出有限的单位，并且这里有另一个"繁多本身"，它是无限的繁多。那一类的繁多是第一原理呢？

27，（d）相似地（参看^{a}32—34），一个点不能从点本身引出来，并且一个间隔既不是从点本身也不是从一个间隔的不可分的部分引出来；因为空间大小不是像数一样由不可分的组合成的。

6. 对理念数的批评的小结（1085^{b}34—1086^{a}18）

1085^{b}34，这些反驳表明数和空间大小不是自我存在的，正如已经表明的关于数的多种理论那样。（1）那些仅仅相信数学对象的（斯彪西波）那样作是他们看到了关于理念的困难。

1086^{a}5，（2）那些把理念认为是数的人们，并没有看到，如果第一原理是他们所设想的那样，数学数可以与理念相分离而存在（克塞诺克拉底），要么使用它们在名字上一样，但是真正地抛弃了数学数。

11，（3）第一个思想家主张形式（Forms）存在并且是数，并且数学对象存在（柏拉图），自然地分离了它们。

13，所有人都是部分地是对并且（如像他们的互相矛盾表明的那样）部分地是错的。他们的错误源于他们的设想的错误。

（二）第十三卷第九章（M.9）的解说

罗斯在他的注释中把第十三卷第九章的最后一部分（1085^b34—1086^a18）划出来作为第九章。它的标题是"对理念数的批评的小结。"

我看不出罗斯为什么要划出这个部分来单列一章的任何必要和理由。它实际上就是第八章的一个小结而已，不过略为跨出版本的第八章的范围，包含了一小段第九章的文字而已，所以，我们仍然把它与第八、九章放在一起来解说，而取消他把它立为一个小章节的安排。这一点敬请注意。

由于第八章的开头部分（到1083^b22为止）我们已经在前面第八章中解说过了，这里就不重复了。现在我们就第九章开头的这一小部分文字加以解说，然后接下去解说第九章的其余部分。

第九章一开始，亚里士多德就提出了对柏拉图派关于理念数以及几何元素点、线、面、体的产生方式的问题，并对此进行了分析和批评，指出他们"不同的人以不同方式提出了设想，而在这些[设想]中，我们可以看到无数的不可能性、虚构以及与合理思想的矛盾"。（1085^a13—15）

首先，关于数的产生。他指出由于在数中没有接触只有连续（因为单位是没有大小的），亦即在单位之间是没有什么东西的，那么，"这些连续的是否是1本身呢？以及后续于它的第一个是2呢，还是2之中的两个单位中的一个单位呢？"（1085^a3—7）。因为柏拉图派是以"一和不定的2"来构建数的系列的，究竟是数的单位1的相续造成数的原则呢，还是理念1和"不定的2"来构建这个系列呢？如果是后者就将出现一些荒谬后果。这在第八章中已多次指出过了。

其次，关于几何学的对象，点、线、面、体的产生问题。从几何学上看，点就是一个位置，它没有大小，就是一个空间的位置，而点的移动就是线（直线或曲线），线的运动就是两度空间中的面，而面的运动造成三度空间中的体。理念论则用"一和不定的二"来解释，把线、面、体都看作是来自大和小，即短和长（线）、宽和窄（面）、"深和浅"（体）。亚里士多德指出，短和长、宽和窄、深和浅都是"大和小"的属。因而，面也会是线，体也会是面了。而且还有"角"、"圆形"等等，又将作何解释呢？

他指出："这些问题之所以发生，即在设置普遍时，如'动物本身'，那么在特殊的动物之中的是这个'动物本身'呢？还是别的东西呢？"他说："的确，如果普遍不是与可感觉的事物相分离的，就不会出现困难。"（1085ª26）

至于"有人从这类质料中生成空间大小，另一些人则从点（他们认为点不是1，而是某种像1的东西）以及从其他质料（类似繁多，但不等于同繁多）来生成空间大小；然而关于这个看法，同样的问题也会出现。因为如果质料是1，线、面、体也将是同样的；因为从相同的元素会产生出一个相同的事物。但是如果质料是多于一的，对于线是一个，对于面是第二个，对于体又是另一个，那么，它们或者是相互蕴含的或者不是，即便如此，同样的结果也会随之而来"。（1085ª32—1085ᵇ3）

还有，"数怎么能从一和多构成呢？他们并没有试图解释；但是不论他们怎样说，对于那些从一和不定的二造成数的人的同样的困难也会出现。因为一种现在从普遍地表述的多（而不是一个特殊的多）来产生数；另一个观点则从一个特殊的多（即第一个多）来产生数；是第一个多。因此，这实际上没有差别，而同样的困难会随之而来——它是彼此混合，还是排列，还是掺合，还是产生呢？如此等等，最重要的是人们会提出一个问题：如果每个单位是一，它从什么产生出来呢？肯定地，每一个不是一本身，那么它必定是来自一本身和多或者多的一部分。说单位是一个多这是不可能的，因为它是不可分的；而从多的一部分来产生它，包含着许多其他的困难。因为（a）每一个部分必须是不可分的（否则它将是多，而单位将是可分了），并且元素将不是一和多；因为每个单位并不来自多和一。并且（b）持有这种观点的人不是造出了另一个数，因为他的不可分的多是一个数。再有，关于这个理论我们还必须询问：这数是无限的，还是有限的。因为它似乎是首先有一个多，这个多本身是有限的，从它及从一产生的有限数的单位；而且还有另

一个多，即多本身和无限的多，那么与一合作时，作为元素的是哪一种多呢？"（1085^{b}5—27）

总结上述这一切，亚里士多德作出小结："这表明了他们全都在某些方面是对的，而在总体上是不对的，并且他们自己确定了这一点，因为他们的陈述并不一致，而是互相冲突的，原因就是他们的假设和他们的原理是错误的，而要从错误的东西出发说出正确的东西是不可能的"。（1086^{a}14—16）

以上这些分析和结论在前面几章曾多次出现，这里似乎又重新复述一遍以加强印象和作出本卷的结束语。所以我们可以参照前面几章中的论述联系起来阅读。

最后，他画龙点睛式地指出理念论的症结所在。他说："因为没有普遍就不能获得知识，但是分离却是理念产生困难的原因。……他们建立起这些普遍的谓词，以致结果是普遍的东西和特殊的东西几乎是同一种事物"。（1086^{b}5—11）

九、第十三卷第十章（M.10）的提要与解说

—— （A）它把分离的存在归之于普遍

（一）第十三卷第十章（M.10）的提要

1086^{a}18，关于数就说这么多；关于第一原理，那些人说，他们说到可感实体，是物理学的一个问题；我们必须讨论那些相信非感性实体的人的种种陈述，理念和数，它们的原理都是所有事物的原理。

29，那些相信数学数的人们仅仅可以被提到，我们必须讨论理念的信奉者，他们把理念当成普遍的并同时作为分离的存在并作为特殊的。

34，这种不可能的结合的理由是他们认为可感的诸特殊物都处于经常的流变中，普遍必须是某种与这些分离的东西。

2，苏格拉底由于他的定义给了这个观点以推动，但没有把普遍与特殊分离开来；恰恰是这个分离引起了对理念的反对。

7，他的继承人看到如果这里有与感性的东西相分离的实体，它们必定是分离的存在，不能找到别的东西比把分离加之于它更好了，并因而把它加于它们。结果是他们的普遍和他们的特殊实际上都是同样一类的事物。

14，我们可以陈述已经讨论过的困难，它影响了不相信的人以及相信理念的人；如果不假设实体是分离存在的，我们就取消了实体。如果我们假设它们是这样的，关于它的元素我们能说什么呢？

20，（1）如果我们造成这些特殊物，那么（a）事物将在数目上更多于它们的元素，并且（b）这些元素将是不可知的，因为假如章节是实体，并且它们的元素（字母）是实体的诸元素。

24，那么（b）每个音节将是独一无二的个体，而且因此也是每个字母；并因此，这里会没有什么东西只有字母。

32，（b）这些元素将会是不可知的。因为知识是关于普遍的，正如从证明和定义本性中已表明是很清楚的。

37，（2）如果第一原理是普遍的，或者实体由它们组成将是普遍的，或者那不是实体的东西将是先于实体的。因为普遍是非实体，第一原理是普遍的，而第一原理是先于由它所组成的东西的。

1087ᵃ4，当人们从诸元素引出理念时，这些困难就出现了，而在同时，把理念处理成是与实体分离存在的，而这些实体具有相同的形式。但是（a）如果这里有许多 a 的和 b 的，并没有"a 本身"和"b 本身"与这许多分离，这能够是无限数目的相似的音节；并且对实体和它们的元素也是如此。

10，（b）知识是普遍的观点，所以诸事物的第一原理必定是普遍的并且不是分离的实体，仅仅在一种意义上也是真的。

15，知识的潜在性是普遍的和无限的，是关于普遍的和无限的，但是现实性是有限的和关于有限的，个体和关于个体的；文法学家所研究的是"这个 a"，而"a"仅仅是间接地，因为这个 a 是一个 a。

21，如果诸原理必须是普遍的，它们的组成物也必须是普遍的，并且这样这里就没有自我存在的实体。但是，仅仅在一种意义上知识是普遍的。

（二）第十三卷第十章（M.10）的解说

罗斯据说论述的内容，又一次把 M.10 和下一卷的 N.2 合在一起来论述，所以我们现在这个 M.10 的论述中将作为与 N.2 合组的一个大问题；关于理念论的两个理论问题的第一个部分 A 来讲述。这个 A 的内容，罗斯给了它一个标题："它把分离的存在归之于普遍"。

在这个第十章中，文本很短，中心就是一个问题，即普遍与特殊的关系问题，也就是个别和一般的问题。亚里士多德在第七卷（Z 卷）中，花了很大力气论述了"实体"是一个"这个"（this），而且它永远是作为主体（主词）被别的范畴来表述，而它不表述别的事物。这就是强调了事物的真正存在形式就是"实体"，即独立的（也就是分离的）存在的个体事物。

但是，另一方面，人类的认识，特别是科学知识的认识对象是普遍的形式，它要知道的不是个别事物的特质特性。它要知道一类事物的共性，亦即普遍性。所有普遍名称都是代表普遍性和共性的。这就出现了一个尖锐的哲学问题，究竟个别、特殊与一般、普遍的关系是怎么样的。

理念论是企图从理论上来解决这个问题的第一个重要学说，但它是一个未能正确解决这个问题，而陷入严重理论错误的哲学学说。但它给人类的思维史即哲学，留下了极其宝贵的财富，使得所谓"客观唯心主义"理论系统的基本错误表现得淋漓尽致，而给予人类以重大启迪，而这也就是建立这个哲学体系的柏拉图的巨大贡献。而与此同时，作为他的学生的亚里士多德揭示了它的错误的根源，并为了哲学的真理对它进行了猛烈的持续不断的批判，从而也为揭示客观唯心主义的根本错误而对人类思想作出了伟大的理论贡献。

这就是我们学习这一章的历史背景和理论意义之所在。

亚里士多德在本章一开始就指出："让我们现在谈对于相信理念的人以及不相信理念的人都出现的某个困难的看法。"（1086^{b}14—15）

他首先肯定实体的可分离的存在。他说："如果我们不假定实体是分离的，而且是个别事物被说成是分离的那种方式，那么我们就将摧毁我们理解

‘实体’的那种意义下的实体。”（1086^{b}16—17）

　　但在下面一段话又有些令人费解之处。比如他说：“我们怎样设想它们 [指实体——李真注] 的元素和它们的本原呢？”（1086^{a}20）他认为：“如果它们是个别的而不是普遍的，那么（a）真实的事物将会刚好与元素是相同的数目。”（1086^{a}21）但为什么实体与组成它的元素是相同的数目呢？实体可以是一个，但组成它的元素可能是 3 个、4 个或更多个。我们可以说这些元素也像这实体一样数目是相应地固定的，但是我们不能说，它们在数目上是相同的。其次，他指出“（b）再有，元素甚至是不可知的”，因为它们不是普遍的，而知识是关于普遍的。（1086^{a}31—32）这个说法也是有问题的。这就涉及我们人类认识外界事物有一个自发地从个别向普遍上升的过程。比如，我们认识了“张三”是人，“李四”是人，“赵五”是人，从而就将“张三”、“李四”、“赵五”上升到普遍而以普遍这词“人”加以称呼，这怎么能把这个认识过程截断，使这个“个别”永远不能上升到“普遍”呢？就连亚里士多德自己强调的个别存在的事物实体在我们认识它以及随之而谈论它的时候，就必然伴随这个上升过程。否则我们就只能像极端的感觉主义那样，什么话都不能说，只能指着某事物动动手指而已。这是亚里士多德在重点研究“实体”的理论时，明显忽略了的一个问题。这也表明我们人类在认识这个个别上升到一般的过程是多么地不容易，更不用说在理论上明确阐明这个规律了。

　　于是亚里士多德才有以下提出的他的惶惑和迷茫。比如说：“如果本原是普遍的那么或者它们构成的实体也是普遍的。”（1087^{a}1）这怎么可能呢？即普遍的元素构成了普遍的实体，这不是向柏拉图的理念论靠拢了吗？

　　但亚里士多德毕竟对柏拉图的理念论的错误有基本的认识，因此他也指出：“当他们让理念由元素构成，而同时宣称在具有相同形式的实体之外，存在着理念，它是一个单个的独立的实在时，所有这些困难就自然地随之而来，……说所有知识都是普遍的，所以事物的本原也必须是普遍的而不是分离的实体，包含着我们提到的困难中的最大困难”。（1087^{a}5—14）从这段话，我们看出亚里士多德看到了存在的困难和问题，但他一时也说不清问题在哪里，实质是什么，就像一个口齿不清的人，想说出自己的意思又咿咿呀呀的说不明一样。

他甚至企图用"潜能和现实"的规范来解决这个难题。但是这个武器根本没有找到问题的实质所在，所以也"无用武之地"了。

罗斯把这段话归结为这样一个标题："他把分离地存在归之于普遍。"是看到了这里的问题是一个关于个别和普遍的关系问题。柏拉图把现实中的感性存在物（个别）提升为理念世界中的相应的理念（普遍、一般），但他又把这个普遍一般的"理念"看成是分离存在的个别物，而且是唯一的，是感性世界事物的本原。这样就完全把个别混同于普遍，又把普遍还原为个别，可谓是极尽混淆两者之能事，从而也才使得理念论困难重重，在混沌中像绿头苍蝇一样乱窜而找不到一条出路。他不仅是把分离的存在归之于这普遍，同时，又把普遍归之于分离的存在的个别了。

第十四卷（N）

一、第十四卷第一章（N.1）的提要与解说

——（B）理念论把对立处理为第一原理

（一）第十四卷第一章（N.1）的提要

1087^{a}29，所有的哲学家都把第一原理造成是对立，第一原理是不变的实体以及那些物理的对象。现在，因为这里不能有任何事物是先于所有事物的第一原理的，第一原理也不可能是某些别的事物的属性，因为那样，那其他的东西将会先于它。但是所有从对立来的生成都蕴含一个基质，所以，所有对立都是一个主体的属性而没有什么是自我存在的；因此，对立严格的是一个第一原理。

^{b}4，现在柏拉图主义者对对立的一个——因而不相等（大和小）的二（dyad）或者繁多——造成质料的原理，而它的对立，"一"（the One）是形式的原理。

12，再有他们糟糕地陈述第一原理。究竟他们描述物质的原理（a）作为大和小，还是（b）作为多和少，或者（c）作为超过的和被超过的。这些不同的东西造成对于任何东西没有什么差别不过是语言的对象而已。

21，如果你一般地处理超过和被超过作为原理，而不是大和小，你应当说数一般的是预先从元素中引出的数二；但他们没有说这个。

26，其他人对于一（the One）反对（d）其他的，或（e）繁多。如果一（the One）有任何对立，它就是繁多；但是甚至这个反题（antithecis）也是错的，因为它会引出一（the One）是少的。

反驳（第一章1087^{b}33——第二章1088^{b}35）

1.对于形式的原理的相对的反驳

33，一（the One）显然的意思是一个度量。它总是有一个基质，在和声学中就是半音，在长度上就一手指头，等等，而一般说在质之中，一个质在种类上是不可分的，在量中，一个量在一种意义上是可分的；这里没有实

体性的"一本身"。

1088^{a}4，这是自然的，因为"一"的意思是一个繁多的度量，而数就是度量了的繁多，或者一个度量的繁多（所以一不是数）。

8，度量必须要有某种东西对被度量的事物是共同的；"马"是马的度量，活的存在物是一个人的度量，一匹马、一位神。"类"也许就是"人"、"白色的"和"走着的"的度量。

2. 相对于物质的原理的反驳

15，那些人使不定的二（dyad）成为无限的某物，由大和小构成，说什么是既非可使人相信的，也非可能的。因为（a）像奇数与偶数一样，它们是属性，更是数和大小的基质。

21，（b）大和小是相对的词项，并因而属于范畴的最少实体性的东西。相对性是量的一种偶性，而且总是包含着一个基质。

29，它的非实体性由这一点表明，关于仅仅是它，这里是没有生成、毁灭的，也没有变化，犹如在量的方面，这里有增加和减少，变动有关于质，运动有关于地点，生成和毁灭有关于实体；一个事物变得大些或小些而没有它自身的变化，如果它的共同相关的东西变得大些和小些的话。

（c）一个事物的质料就是那个事物的潜在性；但是关系，既不是潜在的也不是现实的实体，非实体不可能是在实体中的一个元素。

4，（d）元素是不能表述它们的复合物的，但是多和少却可以表述数，线的长和短，等等。

8，如果这里有一个繁多（例如二）仅仅是简单的"少"，这里必定有一个一，它是简单的多，（例如10，或者10000）。但是，如果多和少是数之中的元素，或者它们二者都是或者二者都不应当是可表述它的。

3. 关于对永恒的实在作为元素的复合物的反驳

14，永恒的事物能够由元素组成吗？如果它们能够，它们将会有质料，那被组成的事物都是从它的元素生成的，但是一个事物由于生成的是潜在地是它，现在那是潜在的东西不需要变成为现实的，因此那具有质料的，无论它持续多长，是能够不存在的并因而不是永恒的。

28，那些人把一个不定的二造成物质的原理，但是避免叫它不相等，仅仅避免偶然性的反驳以造成不相等（一个相对的词项）是一个元素。

4. 这个理论所依据的错误（N.2，1088^{b}35—1090^{b}2）

35，为什么柏拉图主义者转向那样的原因的主要理由是他们对问题的原始陈述。他们认为所有事物会是一，亦即"存在本身"，如果他们未曾反对巴门尼德的信条并证明非存在存在；他们认为如果诸事物都是多，它们必定是由存在和别的某种事物组成的。

1089^{a}7，但是（1）如果"存在"有许多意义（实体、质等等），所有事物将是什么种类的统一体呢？如果非存在并不存在的话？所有实体将是一，所有的质，等等［那将是一］，或者所有事物都是在无论什么范畴中吗？一个事物非存在引起在不同范畴之间的千变万化是不可能的。

15，（2）什么种类的非存在与存在结合而造成诸事物呢？非存在有许多意义来回答诸范畴。

20，柏拉图把非存在意指假的；由此被说成我们必须预先设定某些事物是假的，正像几何学家设定不是一脚（a foot）长的线是一脚长一样；但是，事实上几何学家没有设定什么是假的，而且这种非存在将不考虑为任何事物的生成和毁灭。

26，这是从另一种意义上的非存在，亦即潜在的，生成得以发生。

31，这个研究似乎是存在如何在实体的意义上是多；因为这些思想家生成的是数、线和体。但是问这里怎么有许多实体而不是问这里怎么没有许多质或量。这是荒谬的。不定的二，例如说不能是这里有许多颜色的原因；因为这样诸种颜色将会是数和单位了。

^{b}2，如果他们曾考虑到这个，他们会看到实体的繁多的原因也是一样；因为它必须至少是类似的。这个错误也是他们把相对词项（亦即不相等）当作物质的原理来处理的原因，它真正地并不反对存在或者一，而是反对一种存在。

8，他们应当曾经问到关系怎么是多；但是，当他们问怎样在一之外有许多单位，他们没有问怎么在不相等之处，这里有许多不相等。然而他们使用许多不相等——大和小、多和少、长和短，等等。

15，有必要对于每个事物预先设定那个它是潜在的；这个理论的作者指明在他的观点中什么是潜在的实体，亦即那相对的——他可以也曾说到质——它既非潜在地一，或者存在，也不是它们的矛盾，而是一类存在。

20，尤其是，如果他曾经问诸事物为什么是多，难道没有必要限制它的自身于实体或者对于质而言。

24，在不同于实体的诸范畴中，这里有另外一个问题，正如对于事物怎样是多一样；无疑地，因为它们并不分离地存在，它们是多，通过基质采取许多质，等等；但是这里必须有一个对于每个范畴的质料，仅仅它不能是一个与实体相分离的存在。

32，一个"这个"和一个量不是同样的。但是柏拉图主义者没有告诉我们，存在的事物一般来说怎样是多，而是这里怎么有许多量；因为每个数都指示一个量，并且单位也是如此。另一方面，如果一个"这个"和一个量被当作一样的来处理，许多矛盾会随之而来。

（二）第十四卷第一章（N.1）的解说

罗斯把这一章和第十三卷的第十章联系在一起，作为对柏拉图理念论的批判，并给这一章一个标题："理念论把对立处理为第一原理"。这是一个表面现象的观察，而实际上大量地是讨论数的产生的本原问题，而真的意义上的"对立问题"在这里只是表面上提了一下，真正意义的辩证法所理解的"对立统一"、"矛盾斗争"等等，在这里均未有深入的提及和探讨。这表明亚里士多德对辩证法的对立统一规律是根本上不理解的。他经常攻击、嘲笑赫拉克利特的辩证法思想，恰恰表明了亚里士多德对辩证法的理解是相当肤浅的。这也是亚里士多德哲学思想中的一大缺陷。

在这一章中，一上来亚里士多德就煞有介事地提出："所有的（哲学家）都把对立作为他们的本原，在自然事物中以及不运动的实体中都是如此"。（1089^{a}29—30）看这个架势，亚里士多德似乎要在这一章中大谈特谈这个关于"对立"的问题了。但通观全章，除了随后的只言片语外，大量的还是讨论柏拉图派用多种对立的说法未解释数的产生。再后就将问题移到关于一和度量的问题，以及相对的东西的讨论。这些内容都是在第十三卷中多次讨论过的，并没有什么新东西。至于关于"对立"的问题，他甚至提出了"实体是没有对立的"。（1087ᵇ2）这样就与他在第七卷（Z）中论述实体的变化、生成时明确论述的实体中包含的对立的思想截然相反了。所以，我们可以说，亚里士多德在这一章中是"虚晃了一枪"就在"大帽子下面开小差"，偷偷溜走了，完全没有罗斯给予的这个标题的真实内容，所以也令人有些失望。

下面我们还是根据本章的文本，略分析一下他的论述吧。他花了不少篇幅来讲柏拉图派以各种对立的假设来解释数的系列的发生，共计有：相等与不相等（把相等看作少，把不相等看作多）；另有人把大和小看作是"不定的二"（dyad）；有人说，大和小与一一起成为了数的元素，二是质料，一是形式；有人把超过和被超过看成本原；等等。这些在第十三卷中都讨论过，这里就不复重了。

接下来亚里士多德就一和度量的问题作了讨论。他指出："一明显地是一个度量，在每个场合都有别的什么东西是它的主体。"（1087ᵇ34）他说："一本身不是任何事物的实体，……因为'一'的含义是某个繁多的度量，而'数目'意味着一个度量了的繁多……，（这样，一不是一个数就是合理的了；因为尺度并非诸度量，而是尺度和一这两者都是起点。）尺度必须总得是某一个同样的东西并能应用于所有的场合。"（1088ᵃ2—9）

再往下又就相对性的问题发表了看法。他指出："那相对的东西绝不是一类实在或实体，它是后于质和量的。……相对是量的一种性质，而不是它的质料，……只有它没有自己的生成坏灭或运动，在量的方面没有增加或减少，在质的方面没有改变，在地点方面没有位移，在实体方面没有绝对的生成和坏灭。在相对方面没有特别的变化；因为，由于没有变化，一个事物才将会是一会儿大些、一会儿小些或者相等，如果与之比较的东西在量上有所变化的话。……但是相对既不是潜在的实体，也不是现实的实体。那么把非实体弄成在实体之中或先于实体的元素，就是荒谬的，或毋宁说那是不可能的"。(1088ᵃ24—1088ᵇ4）这就是这一章最后论述的内容。

二、第十四卷第二章（N.2）的提要与解说

（一）第十四卷第二章（N.2）的提要

1090ᵃ2，（1）怎样能够让我们相信数是存在的？因为理念的信奉者他们把理念的活动看成是存在的事物的原因，因为每个数都是一个理念。

7，但是我们为什么应当相信一个人看到了相信理念的困难，但是却设置数学的数；这有什么原因和价值？它不是断言任何事物原因，而是一个自我存在的实在，它也没有转向为任何事物的原因；算术的定理对于感性事物是真的，并且不包含自我存在的数学的数。

16，（a）那些主张有理念并且这些都是数的人（柏拉图）没有表明为什么这里必须有理念并且因此为什么自我存在的数必须存在。

20，（b）毕达哥拉斯派，因为他们看到了数的许多属性属于感性物体，尽管事物必须是数——不是分离存在的数，而是那事物由以造成的数。

25，（c）那些仅仅相信数学数的人（斯彪西波）不能说这个，他们仅仅说科学的对象不能是感性事物。我们坚持它们是（科学的对象），如果数学的对象分离的存在，它们的属性就不能在物体中被发现。

30，毕达哥拉斯派免于这个方面的反驳，但是在由数构建物体上，似乎在说与我们感知到的物体不同的物体。

35，当那些人把数处理成可自我存在的，都是对上述的反驳敞开了大门（第29行）。

ᵇ5，（d）有人把限制、点、线和面处理为分离的实在。但是（i）在这个层面上一个自行的限制应当是一个实体，并且（ii）在所有的情况下，限制并不是与它所限制的事物相分离而存在的。

13，（2）一个人可以指出在先的种对于后来者没有什么贡献；（a）如果数不存在，对于那些仅仅相信数学对象的人（斯彪西波）空间大小仍然能存

在；并且如果这些都不存在，灵魂和感性事物仍然能够存在。但是自然不是像坏的悲剧那样的章节式的。

20，(b) 相信理念的人们（克塞诺克拉底）避开这个反驳，因为他们用质料和数来构建大小，用数二来构建线，用三来构建面，用四来构建体。但是 (i) 这些大小是理念吗，或者它们是什么？他们对感性事物没有什么贡献，对于上述的数学对象亦是如此（第15行）。

27，(ii) 没有数学命题对它们是真的，除非一个人开始一个新的一组设想。

32，(c) 相信理念数和数学数这两者的第一位思想家（柏拉图）不能告诉我的后者怎样存在。他们使它成为理念数和感性数的中间体。如果它是从大和小引出来的，那就与理念数是一样的；如果不是，诸元素就将是许多的。如果形式的原理在两类数中都是一，那么怎么采取这两种形式呢？如果在同一时间数不能按柏拉图的原理从任何事物中引出来而只能从一和不定的2引出来的话。

1091ᵃ5，这个理论像西蒙尼德的"长的故事"那样，奴隶在那里空转，当他们没有什么好说的时候，大和小似乎在抱怨对它们的糟糕处理；因为它们不能生成任何数，而只能生成二和它的乘方。

（二）第十四卷第二章（N.2）的解说

罗斯在他的注释中，把 N.2 到 N.6 这五章的内容概括为"对数的理论的批判"。在这个篇标题下把 N.2 到 N.6 这五章分别用 5 个标题来表示它们的内容和层次，即（A）数学的数的分离存在的理论；（B）把生成归之于数，如果这些是作为永恒的思想，它的荒谬性；（C）第一原理与善之间的关系；（D）数和它的第一原理之间的关系；（E）数作为其他事物的原因。——这大体是符合 N 卷文本的叙述的。从标题也可以看出，虽然它们都围绕"对数的理论的批判"这个总的主题，但是各章的内容大多是在第十三卷中曾经讨论过的，而没有明显说明它们与前一卷（M）的关系，所以很可能是亚里士多德在不同场合对同一主题的另一项讲课的提纲或者讲课的记录稿。由此也可以想到亚里士多德晚年对于理念数的理论和它与数学数之间的关系是十分重视的，认为它是柏拉图主义者在理念论基础上对于该理论在数学领域的新的发展。所以他也以他对理念论批判的一贯态度，对于理念数的理论进行了持续的批判。

以下我们继续来对本卷的第二章（N.2）进行解说。我们仍然以亚里士多德的文本为依据来进行分析，而不多作引申或引证其他材料以免问题更复杂化反而弄不清楚其本来面目。这点要请读者特别注意。

本章讨论的其实不是罗斯的标题（A）提示的关于数学数的分离的存在。当然，理念数是分离存在的，这是理念论的基本原理所决定的。由此推及数学数也被柏拉图主义认为是分离存在的，这也是亚里士多德讨论理念数和数学数时，他所根本性批判的出发点。但是在这一章中实际讨论的是关于永恒的事物是否由元素组成。由之出发也讨论到数是否由元素组成。

为什么要提出这个问题？亚里士多德的目的是想要明确"永恒性"这个概念。他首先提出的问题是："我们必须一般地研究这个问题，永恒的事物是否能够由元素组成呢？如果是，则它们必定有质料，因为每一个由元素组成的事物都是构成的，一个事物必须以构成它的东西而得以生成，无论它是永远存在的还是会变为存在的；而且每一个事物变为它所变为的存在，都是从某些潜在地是它的事物而来的（因为它不能从没有这种能力的东西变为存在，它也不能由那样的元素构成）。由于潜在的东西能够或者被现实化或者不［被现实化］，所以，无论数或任何别的包含质料的事物永远存在是如何的真实，它都可以不存在。就像一个事物在一天以后，或者在任何数量的年代之后，如果这个事物可以不存在，那么有些事物甚至可以在无限度的长的时间以后，也会如此。因此它们不可能是永恒的，因为可以不存在的事物不是永恒的。"（1088^b14—24）他进一步作出的结论很有趣。他说："如果我们现在所说的普遍的是真的，即没有实体是永恒的，除非它是现实性，并且元素都是实体的质料，那么就没有永恒的实体能够有构成它的元素呈现于它之中。"（1088^b25—27）他花了很大力气论证的结论："没有实体是永恒的"，言犹在耳，他就来了个 180 度大转弯，他说"除非它是现实性，并且没有构成它的元素呈现于它之中"，这就是说，除非这事物是百分之百的，纯粹的"现实性"或者"没有构成它的元素呈现于它之中"。这两条就是上面他论证没有实体是永恒的论据，因为他认为有元素构成的话，就表明有质料，有了质料就包含了潜在性，有了潜在性就包含了可以实现也可以不存在，这就表明了没有什么是永恒的。现在他不加论证地就把这两条都否定了。试问有不包含元素的实体吗？有不包含现实性的对立面的潜在性的纯粹现实性吗？这都是亚里士多德的武断的断定。这恰恰反映了亚里士多德在哲学思想上关于永恒与非永恒的矛盾。这和我们在前一章中他否定实体包含矛盾从而导致实体是永恒的结论是出于同一个原因。它们正好互相参照进一步证明亚里士多德哲学思想中的这个缺陷，又表明了他在第十二卷（Λ）中论证有不运动的永恒的物体的思想不是偶然的。

再往下，他又转变了对柏拉图派关于数与理念数产生的本原和原理问题的讨论，这和前一卷（M）已讨论过的同样的议题是一样的，他的反驳意见也是一样的。

首先讨论的是有人（据说是克塞诺克拉底）主张观念物的元素为"一与不定的二（dyad）"，而反对是"一与不相等"。

亚里士多德分析认为导致这样考虑的，是他们想要反对"巴门尼德的格言"，即"因为这一点是不能证明的，不存在的事物是存在的"。（1089ª3—4）他们认为必须证明不存在的是存在的。（1089ª1）

这是因为柏拉图主义者要把"不定的二"（dyad）解释为是"存在和非存在"，他们认为既然我们能够谈论"非存在"就表明了非存在的"存在"。

亚里士多德指出柏拉图曾把"非存在"解释为是错误的东西。这和亚里士多德分析"存在"的几种意思是有联系的。（参看本书第五卷第七章）但是，亚里士多德注意到"潜在"意义上的非存在，他说："存在的事物由之生成和在坏灭后复归于它的非存在，也不是这种非存在 [指错误意义上的非存在——李真注]，非存在在不同场合具有与范畴同样多的意思，而且此处还用以指现实的东西和潜在的东西，正是从最后这个意义上的非存在才发生了生成。一个人从不是人但潜在地是人变为 [人的] 存在，而白色从不是白色但潜在的是白色变为 [白色的] 存在，并且不论是一个事物还是许多事物变为存在都是与此相似的"。（1089^{a}25—31）

由此可见，肯定非存在存在，从而破除"巴门尼德格言"是十分重要的。如果否定了"非存在"的"存在"，那么就将没有"生成"、"变化"，也将没有在一之外的繁多了。

由此，亚里士多德说："对于每一个事物预先假设那潜在的是它的东西，就是必要的了"。（1089^{b}15—16）

他还进一步指出："并且持有这种看法的人进一步宣称那潜在的是的东西是一个'这个'和一个实体，而在它本身不是存在——亦即它是相对的，就好像他说过的质。但是这不是潜在的一或存在，也不是一或存在的否定，它只是诸存在物中的一个，并且由于他询问怎么能有许多存在的事物，那么如我们所说，更加必须不仅问关于在相同范畴中的事物，（怎么能有许多实体或许多质），而且问存在的事物怎么是多；因为它们中的一些是实体，一些是特性，一些是关系。在实体之外的范畴中还有另一个包含着多的存在问题，由于它们都不是与基质相分离的，质和量是多，正因为它们的基质变成为多和是多，然而应当有对于每一个范畴的质料。只是它不能是与实体相分离的。"（1089^{b}16—28）

亚里士多德在这里提出了基质和质料是事物成其为多的解释，现实中有了多，就有了量。而这个量就是数学数的真正的对象。他说："因为所有的'数'意味着一个量，而'单位'也是如此，除非它不意味着一个度量或者在量上不可分的话。"（1089^{b}35—1090^{a}1）因此那些不满意于理念数的人，设置了"数学数"。但他们也未能说明数学数的本质而是企图把它看作构成事物的原因。

B. 把生成归之于数，如果这些是永恒的思想的话，那是荒谬的。（N.3，1091^{a}12—4，1091^{a}29）

三、第十四卷第三章（N.3）的提要与解说

（一）第十四卷第三章（N.3）的提要

12，把生成归之于永恒的事物，如像毕达哥拉斯派肯定那样做的，是荒谬的。他们说当一被放在一起时无限制地最接近的部分开始被抽取并且被限制加以限制。

18，但是这些思想家的讨论更适合于物理学，我们正寻求不运动事物的原理。

1091^a23，他们说奇数不是生成的，包含着偶数是（生成的），亦即从大和小的相等化，那么这些必定在以前曾是不相等的，所以，计算意味着是历史性的，而不仅是逻辑的。

（二）第十四卷第三章（N.3）的解说

这一章罗斯综合的标题是："把生成归之于数，如果这些是作为永恒事物的生成，那是荒谬的。"实际上的内容就是批判毕达哥拉斯派把数看作是事物生成的根源。

他说："至于毕达哥拉斯派，因为他们看到了数的许多属性适用于可感觉的物体，从而他们把实际的事物弄成是数——但不是分离的，而是他们使得实际事物由数构成。"（1090^a21—14）

他举出许多事物存在着与数的属性类似之处，比如音阶、天体等等，但它们乃是"巧合"或者人为地勉强的解释。对于他们认为数不是分离存在的，亚里士多德给予了肯定，但对于由数构成事物则提出了反驳。他说："很明显，数学对象并不是分离的；如果它们是分离的，那么它们的属性将不能适用于物体了。在这一点上毕达哥拉斯派是不会遭到反驳的；但是关于从数产生出物理物体，有轻和宽的事物由既不轻也不宽的事物构成，他们似乎在谈论一个不同的天体和不同的物体，而不是这个可感觉的世界。"（1090^a29—35）

与此相联系，他顺便批评了主张数量分离存在的人。他说："那些使数分离的人，假定它既存在又是分离的，如果数根本不出现在任何可感觉的事物中，为什么它们的属性适用于可感觉的事物呢？"（1090ª35，1090ᵇ3）

随后他除了继续批评设置理念数及数是分离存在的人的错误之外，也涉及使得永恒事物也有生成，那是荒谬的，或者毋宁说这是一件不可能的事。（1091ª11—12）这一问题并未充分展开来讨论，根据亚里士多德的看法，永恒的事物可以是永恒的，就是因为它不是生成的。因为凡是生成的东西，必定包含有质料，而有质料就包含着潜能，从而就有不变为现实的可能性，因而该事物也不可能是永恒的。这在本卷第一章有相关的论述，可以参看。

（C）第一原理与善之间的关系。（N.4，1091ª29—1092ª5，1092ª21）

四、第十四卷第四章（N.4）的提要与解说

（一）第十四卷第四章（N.4）的提要

1091ª29，这是一个困难的问题：究竟善和美丽的是在第一原理之中呢，还是靠后的？

33，宇宙学家们似乎与现代人都同意把它们处理为靠后的，由于他们反驳那些使一成为第一原理的人们；但是，这个反驳并不是把善归之为原理的一个属性，而是把一造成现实在事物中的组成元素。

ᵇ4，相似地，宇宙学家们说不是第一存在——夜、乌兰诺斯（天）、混乱——而是宙斯统治世界。

8，但是那些人的处理并非是纯粹的神话式的，如像费雷居德（Pherecydes）和玛吉（Magi），把第一个生成者等同于最好的，像恩培多克勒和阿那克萨哥拉做的那样。对于不变动的实体的信奉者，有人把一等同于善，但是把唯一性（Oneness）当作它的本质。

16，如果它不是作为善，那自我充满和永恒性属于原初存在，就是很奇

怪的。但是真的它们属于它正好是因为它是善的，这样第一原理就是善。

20，但是，这个善的原理应当是一（the One），或者是数的一个元素，这是不可能的。诸多困难出现了（为了避免它，有人使一成为仅仅是数学数的原理）。

25，（1）每个单位成了实质上的一个善。这样我们就得到了更多的善。

26，（2）每一个形式本质上变成了善，但是如果这里有仅仅善的形式（Forms），形式并不是实体；而当这里也有实体的形式，所有动物、植物等等，都会是善。

31，（3）对立的元素会是坏本身。一位思想家避免把一描写为善，正是因为它会得出多是坏。其他人接受不等与坏的等同。

35，它随之得出（a）所有事物除了一都参与了坏，（b）数比起空间大小在较为纯洁的形式中分有它；（c）坏在善的位置上并且分有和预先在它之中摧毁它；（d）坏潜在的是善。

1092^a5，这些结论从以下的处理中得出：（1）每一个原理如同一个元素，（2）对应是原理，（3）一（the One）尤如第一原理，（4）数作为原初实体、自我存在以及形式（Forms）。

9，正如我们已经看到的，如果它是不可能的，不论是还是不是把善放在第一原理中，显然地，对第一原理的考察都是错误的。这也是错误的，论证它因为活的事物是来自某种不确定的和未发展的东西，所有事物的第一原理必须是未发展的；未发展的种子来自一个充分发展了的双亲。

17，再有，这是荒谬的；使瞬时发生的东西在根源上与数学的体处于同样地方，（或者它们不是在任何地方），并且说它们必定在某个地方而不说它们的地方是什么。

（二）第十四卷第四章（N.4）的解说

亚里士多德在这一章中提出了一个新问题，即"元素与本原怎样的与善和美相关"。（1091^a31）

善和美在亚里士多德的哲学体系中，不仅是一个伦理的和美学的概念，同时它也是事物追求的目标（目的因和和谐的状态），而且是世界的终极目的——至善。在这里亚里士多德就提出，既然把数作为世界万事万物构成的本原和元素，那么这些本原和元素与善和美之间是什么关系呢？是如何的相关呢？他指出："困难就是是否任何元素是像我们所说的善本身和至善那样一种东西，或者并非如此，而是这些在产生上是比元素在后的。"（1091^{a}31—32）

就对这个问题的两种答案来说，亚里士多德指出："这就是问题——两种说法中哪一种是对的"。（1091^{b}15）

所谓"两种说法是：第一种是说美和美本身就是本原，而且是第一的永恒的和最自足的东西"。他说："如果那是第一的、永恒的和最自足的东西，不具有这个自足性和自我保持性作为基本的善，那就会令人吃惊了。但是，的确除了它的本性是善以外，没有别的理由使它能够是不可毁灭的或自足的。所以，一个本原具有这个性质是合理的，是真的。"（1091^{b}15—20）

但是，问题也随之而来。他指出："说这个本原是一，如果不是这样就是一个元素而且是数的元素，则是不可能的。因为这将包含严重的困难。……因为所有的单位都成了某种善，因而将有许许多多的善，此外如果形式是数，那么所有形式就是各类的善，但是让一个人假设他所喜欢的任何事物的理念，如果这些理念都仅仅是善的理念，那么理念就将不是实体；但是如果理念也都是实体的理念，那么动物和植物以及所有分有理念的所有事物都将是善了。"（1091^{b}20—30）

就这样，假设善是一个本原或者善是主张一是本原（无论它是数学数的一还是理念数的一）都将导致世界上一切事物均是善的这种荒谬的结果。然而这两种答案也都是不能成立的了。

不仅如此，还将产生出另一个问题，那就是作为一的对立面的多，就将是恶本身了。这样，亚里士多德指出："这将得出除了一和一本身之外，所有事物都分有恶，而且数在一种比空间大小更纯粹的形式中分有它，而且恶是善在其中被实现的空间，并且分有并倾向于摧毁它的东西（对立倾向于互相摧毁）。还有，如果像我们说的质料是那潜在地是每个事物的东西……那

么恶就恰好是潜在的善"。（1091^{b}35—1092^{a}5）

如此一来，从善引出了恶，而且世界就充满了恶。这也是不可能的。

至于亚里士多德在文中提到的"玛吉"（Magi）是指古波斯的教士阶层。他们宣扬一种叫作"Zoroastrian dualism"（"佐罗雅斯特二元主义"）的宗教，它宣扬光明（火）与黑暗是世界的本原，它们所代表的善和恶也是世界的本源，二者居同等重要地位。这个宗教一度被叫作"拜火教"，在中国唐朝的时候曾传入中国被称作祆教。在长安的碑林中现在还可以看到有石碑记载它传入中国的情况。

另一个提到的费雷居德是大约比阿那克西曼德较年长的同时代人（公元前 600—前 525 年），是西诺斯（Synos）人、神话和历史的著述家。

五、第十四卷第五章（N.5）的提要与解说

（一）第十四卷第五章（N.5）的提要

21，这些思想家应当曾经区别开"形式"的种种意义，并于之后告诉我们：从什么意义上数"从"它的原理引申出来。不是由于混合，因为（1）不是每样事物都能被混合；（2）那由于混合产生的是不同于它的元素的，所以一（the One）就不能分离存在，如像他们想要它作的那样。

26，也不是由于组合（compositiona），因为（1）它包含着位置；（2）数会是两种不同的东西，单位＋繁多。数不能从元素中引出来，元素是内在于数中的（因为这仅仅应用于被生成的事物），也不能像出自种子那样（因为没有事物类似于种子能够来自不可分的一）。

33，它是从对立中引出的吗？这个包含着基质，基质是存在着的。这些思想家似乎都从对立引出数，因此一个基质被包含着。

^{b}3，再有，为什么所有其他从对立引出的事物，或者是有对立的事物，是可消灭的，而数是不可消灭的呢？一个事物对立总是倾向于摧毁它。

（二）第十四卷第五章（N.5）的解说

在这一章中，亚里士多德继续上一章的讨论思路，把关于善和世界的本原告了一个段落，重新回到关于数学数和理念数的问题上来。

他在这一章中，首先关注和提出的是关于地点的问题，这也是主张数学数的理念数的人面临的一个难题。数是关于事物的量的属性的考察，而地点是关于事物在空间的位置的问题。这两者怎么能扯在一起，而企图用数学数或理念数来回答呢？

他指出："这是荒谬的；从地点自发地与数学的体一起产生出地点（因为地点对于个别事物是特殊的，并由此它们在地点上是分离的；但是，数学对象不在任何地方）。并且说它们必定在某个地点，但却不说地点是什么。"（1092^{a}18—21）由此，他引申开来说："那些人说存在的事物来自元素，并且第一个存在的事物就是数，应当首先区分一个事物来自另一事物的种种意义，然后说在什么意义上数来自它的本原"。（1092^{a}21—23）这就把问题还原到根本数怎么从它的元素中产生出来的。以下他就此展开了讨论。

第一，他提问道："它是由于混合吗？"随即论证，这是不可能的。因为："但是（1）并非每一个事物都是混合的，而且（2）那由它产生的东西是不同于它的诸元素。根据这个看法，一将不会保持为分离的或有一个有区别的实在；但是它们要求是那样的"。（1092^{a}24—27）为什么呢？因为由这些元素混合产生出来的一，它就无法脱离元素而成为分离的存在，而且它也没有确定的性质，所以它也不是一个"有区别的实在"。这样，就否定了由于混合产生的可能。

第二，他提问道："它是由于并列，像一个音节那样的吗？"（1092^{a}27）他接下来分析道："但是那样的话，（1）元素必定具有位置，而且（2）当人们思考一和多时，他将分别地思考它们；所以数将是这样的，一个单位和多或者一和不相等。"（1092^{a}27—29）就是说，他们主张的元素并没有位置；而且人们思考这些元素时，还是把它们归结为一和多，或一和不相等，这就回到了他们假定的原点，什么也没有进展，仍然没有说明元素怎样产生了它们。

第三，他换了一个角度进一步提问。他说："再有，来自某物的意思是，在一种意义上，这些事物仍然能在产品中被发现，而在另一种意义上则不能；那么在哪种意义上数来自这些元素呢？只有被产生出来的事物能够来自元素（这些元素呈现在这种事物之中），那么，难道数来自它的元素如同来自种子一样吗？但是，没有什么事物能来自那不可分割的东西。难道它来自它的对立物，而它的对立物没有持续吗？但是，所有以这种方式产生的东西也来自某种别的持续存在的东西。这样，由于有一个人设置 1 为多的对立物，而另一人设置它为不相等的对立物。把 1 当作相等，数必定被当作来自对立物，那么，有某些别的东西是持续存在的，从它以及以一个对立物，复合物就会产生出来，或者已经产生出来。再有，为什么在这个世界中，其他来自对立事物或者是有对立的事物都坏灭（即使与所有对立都用来产生出它们），而数却不坏灭呢？关于这一点，什么也没有说。然而，不论出现还是不出现在复合物中，对立都摧毁它，例如'争斗'摧毁'混合物'（然而它应当不，因为它不是对于那是对立的东西）。"（1092^{a}29—1092^{b}7）

这一大段话中，总的意思是清楚的，但也有一两处费解的地方，我们先说说它们。第一，他说："没有什么事物来自那不可分割的东西"，这似乎于常理不符，比如由不可分的原子(当时认为原子就是不可分的）构成的东西，不是大大的有吗？他似乎是要强调来自会有对立物的东西，因为对立物当然是可分为不同的对立方面的。但是，这段话的最后一句，又说它不是对于那是对立的东西。这又是什么意思呢？这岂不把刚刚论证过的由对立物构成的数也应当是可坏灭的，而为什么数学数和理念数的主张者都把它看作是永恒的呢？

他在此基础上，进一步指出："再一次地它根本没有确定在何种方式下数是实体和存在的原因"。（1092^{b}8—9）他又分析两种可能的状况："究竟是（1）作为界限（如像点是空间大小的界限）（1092^{b}9）[他还以人们用许多小石子堆成不同形状的数来区别它们的例子来说明，但这个例子的定义是不清楚的]"。还是（2）由于和谐是一个数的比例，所以人和别的事物也都是如此。但是，属性——白的、甜的和热的——怎么是数呢？显然并非数是本原和形式的原因。因为比例是本质，而数是质料，例如肉和骨必须本质是数，仅仅是在这个方式下："三份火和两份土"。并且一个数，无论是什么数，永远是某事物的一个数，或者是火或土的份数，或者是单位的份数；但是本质则是有如此之多的一种事物与如此之多的另一种事物，在混合物之中，而这已不是一个数，而是数的一个混合的比例，无论这些东西是有形体的，还是任何另外的一类东西——在这里，亚里士多德把不同数量的事物与另一种数量的事物的比例，明确地规定为："不是数"，而只是不同数量之间可以比较的"比例"而已。这样就把"数作为事物存在的本原和原因"排除了。这一点尽管与数有关，但它表明并非数是事物的本原，事物的本原另有其他的东西，但绝非是数。

这样，亚里士多德就总结了本章对主张数学数和理念数的人把数作为事物的本原和原因的批驳。他指出："这样，数无论是一般的数还是由单位构成的数，既不是作为生成事物的原因，也不是质料 [即指构成事物的对立物——李真注]，也不是事物的比例和形式。当然，它也不是终极因。"（1092^{b}23—25）

六、第十四卷第六章（N.6）的提要与解说

（一）第十四卷第六章（N.6）的提要

8，我们未被告知数怎么是实体的原因，究竟（1）作为边界（好像点是空间大小的边界，或者像欧瑞图斯（Eurytus）用计算小石堆来追查它的线索的方法来决定数），还是（2）因为和谐。人和别的每个事物是一个数的比例呢？

15，但是（1）属性（像白色）怎么能够是数呢？（2）比例是一个事物的实体；数仅仅是质料。数总是某个事物的数，是火和土的比例的数，或者是单位的数；实体是"从如此多到如此多"，亦即数的混合的一个比率。

23，这样数既不是事物的动力因、质料因、形式因，也不是事物的目的因。

26，那是善的东西来自于这个事实，一个混合物可以在数之中加以表达。（1）这是更重要的，蜂蜜水应当不要太强，超过它的元素的任何特殊比率。

30，（2）混合物的比率，包括着不仅数还有数的添加。不是"三分之二"而是"一个三对另外的二"，而在乘法中，种必须是同样的。

1093ᵃ1，（3）如果所有事物分有数，（a）它并不得出一个事物的数就是它的原因，（b）许多事物有相同的数，并将因而在所讨论的问题中，它是一样的。

13，这里有七个普莱阿德人，而且有七个人反对特拜（Thebes），但是七这个数的本性，不是他们是七的原因。

20，他们说这里仅仅有三个双音字（字母 Σ、Φ、Z），因为这里刚好有三个和谐音；但是数在两个情况下都是任意的。我们被提醒关于古老的荷马式学者的方法。其他数的比较，柏拉图主义者使它成为同等的心爱的东西。

ᵇ7，数的最响亮的特征不是在任何"原因"意义上的原因；但是这些思想家确定表明在一种意义上善（goodness）属于奇数、直的，等等。这里有一种在长度中的直的相关。在宽度中的偶数，在数中的奇数，在颜色中的白色，等等相关。

21，（4）并不是理念的数是和谐关系等等的原因（因为相等的理念数在种类上是不同的），所以这个努力并非相信理念的理由。

24，这些困难表明数学对象不是与感性事物相分离的，而且第一原理也不是这些思想家所提出那些。

（二）第十四卷第六章（N.6）的解说

亚里士多德在这一章中，继续上一章的主题，并没有讨论善与数的关系问题，而是从善要求和谐的这个角度，就表达和谐的一些数和比例来进行讨论，从而也得出了重要的结论。

他首先指出："一个混合物是由数来表达的。"（1092^{b}2）这里的所谓"数的表达"指的就是在上一章中讨论过的"比例"。他以蜂蜜水应与几份蜂蜜和几份水混合才会有好的或更好的效果为例，来说明比例的问题，进一步重申了在上一章中已经得到的明确结论，即"混合物的比例是以数的关系来表示的，而不仅仅以数字来表示"。（1092^{b}31—32），又顺便指出"在乘法中的因子必须是同类的。"（1092^{b}35）

在这一章中他的精彩论述集中在关于某些数字的似乎具有"神秘性"的问题。这也是毕达哥拉斯派把数学数夸大其作用，甚至使之神秘化的认识论根源。比如数字里，他说："有七个元音，有七根竖琴的弦，卯星团有七颗星，动物在七岁换牙，……攻打特比斯[即荷马史诗《伊利亚特》中的特拜——李真注]的勇士是七个，……因为有七座城门或者其他原因。"（1093^{a}14—19）这一切显示"七"这个数似乎具有神奇之处。但是，亚里士多德随即指出："我们数出的卯星团是七颗星，然而人们数出的大熊星是十二颗星，其他的人数出的是更多颗的星"。（1093^{a}19—20）亚里士多德还嘲笑那些"老式的研究荷马的学者们，他们看到了小的像似而忽略了大的方面。……荷马的诗句有十七个音节，它在数目上等于它们的和[指竖琴琴弦的一个比例为9∶8——李真注]，而被认音步的划分，在诗句的前一半是九个音节，而在后一半为八个音节。并且他们说从 A 到 Ω 的距离[A 和 Ω 是希腊语字母表中的第一个和最后一个——李真注]等于从笛子的最低音符到最高音符，而且这个音符的数目等于整个宇宙系统的和谐"。（1093^{a}27—1093^{b}9）这一大串数字似乎都是显示其具有神秘之处。但是，亚里士多德指出："这些似乎都是巧合；因为它们都是偶然的（尽管那符合的事物全都彼此适合），但是，是由于类比中的一种[巧合]，因为在存在的每一种范畴中都有一种类比的东西"。（1093^{a}16—19）这几个关键词：巧合、偶然、类比，就揭穿了这些数字的"神秘外衣"。由于将巧合的东西，用类比的方法，使得偶然的东西变成是必然的和神秘的东西了。——这是亚里士多德对这个现象的深刻分析，很值得我们认真学习。

至于亚里士多德在此章以及其他章中对柏拉图派的批评，除了有些地方明确地指名道姓地说得明确外，大都是含混地以"柏拉图主义者"来通称他们，而且亚里士多德批评的观点，也大多是亚里士多德理解的"柏拉图主义者"的观点，实际上未必完全符合实际。这有时在激烈的辩论中很难避免的。英国当代学者朱莉亚·安娜斯在他的《亚里士多德〈形而上学〉M卷N卷的译文和注释》一书（这是她在哈佛大学古典系的"博士论文"），就经常指出这方面存在的问题。虽然她的态度是十分严苛的，但是值得注意。她指出亚里士多德在此章中对柏拉图主义者的批评就有某些"想当然"的问题。比如，她指出亚里士多德说："因为所有事物都被假定的有九，并且也假定不同的事物能够归入相同的数，因此，如果相同的数曾属于某些事物，这些事物将会是一样的"。（$1093^a9—11$）她认为，这在理论上是"推不出"这个结论的，至少是在现有的前提下，不能；除非他能补充出其他的前提。——此说可供参考。这表明，我们对于亚里士多德的结论也要多问几个"为什么"，而不能不加思考地加以接受。

从第十三卷和第十四卷亚里士多德对柏拉图主义者的理念数和毕达哥拉斯派的数学数的理论的批判中，我们可以总结出以下的重要结论：

1. 数是对客观事物的量的关系的研究，数的本质是量。

2. 数的关系存在于客观的感性事物中，它是不能够分离的存在。

3. 数的元素和本原不论作何种设置，都不能是客观事物的本原和原因。

4. 由于类比而使一些巧合和偶然出现的看似神秘的数都是没有加以神秘化的根据的，反而是导致把数神秘化的认识论根源。

这些大致就是我们学习第十三卷的和第十四卷的收获和结论。

附 录

一、苏格拉底小传

苏格拉底是雕塑匠苏福罗尼斯库和接生婆费娜勒特的儿子，这是柏拉图在《泰阿泰德篇》中告诉我们的。他是一位雅典的公民，属于阿罗珀克居民区。人们认为他帮助欧里庇得斯创作戏剧。因此穆涅思马可斯写道：

> 欧里庇得斯的这个新戏剧叫作《弗里吉亚人》；
> ……苏格拉底为它提供了素材。

他还称欧里庇得斯是"苏格拉底铆接的引擎"。而卡里亚斯在《被禁锢的人》中写道：

> 甲：请问你为什么这般庄严，为什么有如此高尚的神态？
> 乙：我有种种权利，我得到苏格拉底的帮助。

阿里斯托芬在《云》中说：

> 是他为欧里庇得斯编写那些灵巧的剧本，
> 它们十分精湛，却缺乏智慧。

按照有些作家的说法，他是阿那克萨哥拉的学生，据亚历山大在他的《哲学家师承记》中所说，他也是达蒙的学生。在阿那克萨哥拉被谴责时，他成了自然哲学家阿基劳斯的学生；阿里士多克塞诺斯断言：阿基劳斯非常喜欢他。杜瑞斯把他说成曾经是一个奴隶并受雇于石工作坊，有人把装饰在雅典卫城上的美惠三女神雕像说成是他的作品。因此在提蒙的《讽刺诗集》中有如下一段话：

从这一切衍生出这位雕塑匠是一位法律的空谈家、希腊的蛊惑者、微妙论据的创作者、取笑精美演讲的嘲笑者、假装谦恭的半个阿提卡人。

根据伊多墨纽斯的说法，他在公开演说中是令人钦佩的；还有，如色诺芬告诉我们，三十暴君禁止他传授言语艺术。阿里斯托芬在他的戏剧中攻击他使较坏的东西看来好像有较好的理由。法沃里努斯在他的《杂史》中说，苏格拉底和他的学生埃斯基涅斯最先教授修辞学；这一点在伊多墨纽斯论苏格拉底小圈子的著作中得到证实。再有，他是论述生活行为的第一个人，也是受审判处死刑的第一位哲学家。斯平塔诺的儿子阿里士多克塞诺斯说他赚了钱；他在无论什么情况下都投入本金，收集增殖的利息，然后，在这笔钱花光之后，再一次投入本金。

拜占庭的德米特里提道：克里托被他的灵魂之美所触动，把他从他的作坊中接走并且教育他；他在作坊和市场中讨论道德问题，深信对自然的研究与我们的环境无关；而且他宣称他的研究包括房屋中无论什么善的或恶的东西。

由于他议论中的激情，人们常常报以老拳或者撕掉他的头发；而在大多数场合他遭受鄙视和嘲笑，然而他耐心地忍受着所有这种虐待。这种事情太多了，以至当他被踢而且有人对他的泰然处之表示惊讶时，他回答说："假如它踢了我，难道我应当与一头驴子打官司吗？"德米特里说到这里为止。

不同于大多数哲学家，他不需要去旅行。除了他被征召参加远征之外。他一生的其余时候都在家里度过，并且越来越渴望和与他交谈的任何人进行辩论。他的目的不是改变对手的意见，而是获得真理。他们提到，欧里庇得斯给了他一部赫拉克利特论文，并问他对它的意见，他的答复是："我懂得的部分是卓越的，我敢说，我不懂的部分也是如此；但它需要一个提洛的潜水人深潜到它的底部"。

他注意锻炼他的身体并保持着健康。无论如何他参加了对安菲波利斯的远征；在德洛之战中，色诺芬从马上摔了下来，他赶忙过去救了他的命。因为在雅典人的总溃退中，他个人毫无困难地撤退了，悄悄地不时改变方向，准备在受到攻击时保卫自己。以后他又在波提迭亚服役，因为陆上交通被战争阻塞，不知他是否从海上去到那里；当他在那里时，据说他曾保持一个姿势一整夜没有改变，并且还获得了勇敢奖章。但是根据亚里斯提卜在其论文集《论古代人的奢侈》第四卷中的记载，苏格拉底把奖章让给了亚西比德，因为他对后者有最深挚的情感。开俄斯岛的伊昂说，在他年轻时与阿基劳斯一起访问萨摩斯岛；据亚里士多德说，他去过特尔斐；根据法沃里努斯《回忆录》第一册中的记载，他还去过伊斯特谟。

他意志的力量和对民主政治的忠诚，从他拒绝服从克里底亚及其同僚的命令一事得到证明，当时他们命令他把萨拉米斯的富翁莱昂带到他们面前处死；能进一步证明的还有这个事实，即只有他一人投票赞成宣判10位将军的无罪；再有另一个事实，即当他有机会从监狱中逃脱时，他拒绝这样做，他还制止他的朋友们为他的命运而哭泣，并在狱中向他们发表他最值得记忆的谈话。

他是一个有伟大的独立和尊严品质的人。潘菲拉在她的《注释》第七卷中告诉我们，亚西比德有一次提供给他一大块地基来建造一所房子；但是他回答说："假如我需要鞋子而你提供给我一整张兽皮，我拿了它，难道不是很可笑吗？"每当他看到有许多货物摆出来出卖时，他会对他自己说："没有这么多东西我照样生活！"他还不断地吟诵以下的诗句：

紫色的大氅和白银的光辉，
更适合演员的需要不是我的需要。

他拒绝接受马其顿的阿基劳斯、克拉农的斯科帕斯以及拉里萨的欧里洛库的礼物或去往他们的宫廷以表示对他们的蔑视。他的生活方式极有规律，以致有几次当瘟疫在雅典流行时，他是唯一能免于传染的人。

亚里士多德说，他娶了两个妻子：他的第一个妻子是克珊娣珀，他与她生有一个儿子兰普罗克勒；他的第二个妻子是法官阿里斯泰德的女儿米尔陀，他娶她没有花费彩礼。他和她生下了索福罗尼斯科和梅列克塞努。有人把米尔陀当作他的第一个妻子；有些作家，包括萨提罗斯与罗德岛的赫罗尼穆斯在内，则肯定她们在同一时间都是他的妻子。因为他们说，雅典男人少，希望增加人口，于是，通过了一项法令，允许公民娶一个雅典妇女，若无子女可另娶一个妻子；苏格拉底就是据此这样做的。

他会对那些嘲弄他的人报以蔑视。他以过简朴的生活而自傲，从不向任何人要求酬劳。他经常说，他最喜欢需要最少辛辣调味品的食物和使他感到最少渴望其他饮料的饮料。他感到，他向往的东西越少，他离神越近。这是可以从喜剧诗人那里看到的，他在取笑苏格拉底的剧本中高度地称赞了他。阿里斯托芬是这样说的：

> 啊，公正地期望伟大智慧的人，你生活在雅典人和希腊人之中将是多么有福，你是一位记忆力极强的思想家，具有耐劳的品德；无论是站着还是行走，你从不疲倦消沉，决不因寒冷而冻僵，决不因饥饿而寻觅早餐；见到葡萄酒和油腻食物以及所有其他无聊行为，你掉头就走。

阿米普西亚也一样，当他把穿着大氅的他搬上舞台时也说：

> 甲：苏格拉底啊，你这位小集团中最优秀的，又是最空虚的人，来到我们中间吧！你是一位健壮的家伙。我们从哪里能给你弄到一件合适的外衣呢？
> 乙：你糟糕的苦境是对笨拙工匠的侮辱。
> 甲：然而，像他那样的挨饿，这个人没有堕落为马屁精。

他的这种倨傲的、高贵的精神也得到阿里斯托芬的注意，他说：

> 因为你沿街高视阔步行走，转动着你的眼珠，赤着脚，忍受着

502

　　许多艰苦，并且凝视着我们。

然而有时他甚至会穿上华丽的衣服以适应某个场合，就像在柏拉图《会饮篇》中提道，当时他在去往阿加松家的路上。

　　他在说服人和劝阻人两方面都表现了同等的才能；这样，正如柏拉图所说，在与泰阿泰德进行了关于知识的对话后，他送走了他，心中充满了炽热的冲动；但是当欧西弗罗控告他父亲杀人时，苏格拉底与他就孝顺问题交谈几句之后，就把他从这个话题引开了。他又用规劝把吕西斯转变成一位最有德行的人。因为他具有从事实取得论据的本领。当他的儿子兰普罗克勒对他的母亲狂怒时，如同我相信色诺芬曾告诉我们那样，苏格拉底使他感到为自己的行为而羞愧。当柏拉图的哥哥格劳康向往进入政界时，苏格拉底阻止了他。（如色诺芬所说）因为他缺乏经验；但是反过来，他鼓励卡尔米德参与政治，因为他有这方面的天赋。

　　他唤起了将军伊菲克拉特斯的尚武精神。方法是给他看理发师米底亚的善打斗的公鸡是怎样地拍着翅膀向卡里亚的那些公鸡挑战。格劳科尼德期望他应当受城邦之聘，好像他是某种雉鸡或孔雀一般。

　　他经常说，奇怪的是，如果你问一个人有多少头羊，他可以很容易地告诉你准确的数字；然而他却不能叫出他的朋友的名字，或者说出他有多少朋友，他对于朋友的价值看得太轻了。看到欧克莱德斯对争辩论据有强烈兴趣时，苏格拉底对他说："你将能与智者们很好相处，欧克莱德斯，但根本不能与一般人相处"。因为他认为这种过细的辩论没有用处，如同柏拉图在《欧绪德谟篇》告诉我们的。

　　还有，当卡尔米德送给他几个奴隶，以便他能从他们身上获得一些收入时，他谢绝了赠送；而且据有的人说，他看不起亚西比德的美丽。据色诺芬在《会饮篇》中所说，他称赞闲暇是最好的财富。他说，只有一种好事，那就是知识，只有一种坏事，那就是无知；财富和良好出身并不给它们的拥有者带来高贵，而是相反会带来邪恶。无论如何，当有人告诉他：安提西尼的母亲是色雷斯人时，他回答道："啊，难道你期望一个如此高贵的人会由两位雅典的父母生育的吗?"他使克里托赎买菲多(他在战争中被俘为囚犯并降级为奴),由此赢得了后者对哲学的热爱。

还有,在他老年日子,他学习弹奏竖琴,宣称他认为学习一门新的技能没有荒唐之处,如色诺芬在《会饮篇》中提到的,跳舞是他固定的习惯,他认为这种锻炼帮助他保持身体处于良好状态。他经常说,他的超自然征兆事先提醒他有关未来之事;一个好的开端并非无足轻重的好处,而是足以使天平倾斜的小事;并说他除了知道他的无知这个事实外一无所知。他说,当人们付高价买早熟的水果时,他们看到适当季节成熟的水果必定感到失望。有一次当被问及什么构成一个年轻人的美德时,他说:"做任何事都不过分"。他认为学习几何学应学到那样的程度,即一个人可以丈量他得到的或出卖的土地。

当听到欧里庇得斯的戏剧《阳光》中诗人谈到美德的诗句:

最好让她尽情地漫游。

他站起来并离开了剧场。他说:因为没找到一个奴隶而大叫大嚷,让美德在这种方式中消亡,那是荒谬的。有人问他,他应当结婚还是不结婚,得到的答复是:"无论你娶哪一个,你都将后悔"。他经常表示他对以下一点的惊讶:大理石雕像的雕刻家应当努力把一块大理石造成完整的人的肖像,而不应努力只管自己的事情,免得仅仅造出石块而不是人。他向青年人推荐经常使用镜子,以达到漂亮的人可以获得相应的行为,而丑陋的人可以通过教育去掉他们缺点的目的。

他曾经邀请一些富人,当克珊娣珀说她为饭菜寒酸而感到羞愧时,他说:"没有关系,因为如果他们是懂理的,他们会忍受它;而如果他们是毫无善意的,我们大可不必为他们而烦恼"。他会说,这个世界上其余的人为吃而活着,而他自己为活着而吃。关于那些不值一提的广大群众,他说,那好像是有人不接受一个看作是伪造的4德拉克马银币,而与此同时把一整堆恰恰是真正的伪币当作真的接受。埃斯希内对他说:"我是一个穷人,送不起别的什么东西，而我只有把我自己给你。"苏格拉底回答说："不，难道你没有看到你正把世上最贵重的礼物给我么?"有一个人抱怨在三十暴君当权时他被忽视了，苏格拉底说："不，你并不为此而遗憾，对吗?"有一个人对他说："你被雅典人判决处死。"他回答说："他们也被自然作了同样的判决。"但是有的人把这个话归之于阿那克萨哥拉。当他的妻子说："你不公正地受苦了。"他反驳说："为什么，难道你要我公正地受苦么?"他曾做了个梦，有人对他说:

到第三天你将来到弗提亚的肥沃原野。

而他告诉埃斯希内:"到第三天我将死去。"当他行将喝下毒药时，阿波罗多罗斯送给他一件华美的大氅让他穿着它死去。他说："我自己有什么善行可以活着穿它而不是穿着它死去呢?"当有人告诉他，某某人说他的坏话时，他回答说："是的，因为他从未学会说好话"。当安提西尼翻转他的大氅这样能看到破裂处时，他说："我通过你的大氅看到了你的虚荣心"。有人对他说："你没有发现某某人十分无礼吗?"他的回答是："不，因为要两个人才吵得起架。"他常说："我们不应反对成为喜剧诗人的对象，因为如果他们嘲讽我们的错误，他们将对我们有好处;如果不是这样，他们就不会碰我们。"当克珊娣珀先辱骂他随后用水把他淋得浑身透湿时，他的回答是："我不是说过，克珊娣珀的雷霆会在雨中收场吗?"当亚西比德宣称克珊娣珀的辱骂是不能容忍的时候，他说："不，我已经对辱骂习惯了，就像习惯于辘轳的不断咕噜声。而且你不会介意鹅的咯咯叫吧。"亚西比德回答说："不，但是鹅向我提供蛋的小鹅呀。"苏格拉底说："克珊娣珀则是我孩子的妈呀。"当她在市场上把他的外套从背后剥脱时，认识他的人劝他还击，他说："是的，以宙斯的名义，当我们进行拳击时，你们每一个人都会参加进来喊着:'加油，苏格拉底!''干得好，克珊娣珀!'"他说，他与一个泼妇生活在一起，就像骑士喜欢烈马，"但是正如当他们制服这些烈马时，他们就能容易地对付其余的马匹了，所以在我与克珊娣珀相处时应该学会使自己适应世界的其余的人"。

这一些以及与此相似的就是他的言语与行为，对此皮提亚的女祭司提供了证据，当时她给了海雷封这个有名的答复：

> 在所有活着的人中苏格拉底是最有智慧的。

为此，他最遭人妒忌；而且特别因为他要责备那些自视甚高的人，证明他们是愚蠢人。根据柏拉图《美诺篇》的记载，他确实是那样地对待安尼托的。由于安尼托不能忍受苏格拉底的嘲笑，因而首先唆使阿里斯托芬及其朋友反对他；随后他与人共同说服梅勒托控告他不虔敬和腐蚀青年的罪名。

根据法沃里努斯在《杂史》中的说法，这场控告由梅勒托发动，而控告词由波利欧克图宣读。根据赫尔米浦的说法，控告词由诡辩家波利克拉特斯撰写的；但是有人说它是安尼托写的，蛊惑人心的政客吕康作了所有必要的准备。

安提西尼在他的《哲学家师承记》中和柏拉图在他的《申辩篇》中，都说有三名控告人：安尼托、吕康和梅勒托。安尼托被激怒了，他代表工匠和政治家。吕康代表修辞学家。梅勒托代表诗人。作为这些不同阶层的代表，他们感觉到苏格拉底尖锐的讽刺。法沃里努斯在他的《回忆录》第一卷中宣称波利克拉特斯对苏格拉底的起诉词不是真的；因为他提到科农重修城墙之事，而此事直到苏格拉底死后六年才发生。这就是理由。

这场讼案的宣誓书仍然被保存着。法沃里努斯在他的《麦特罗昂》中这样说，它的文字如下："这场控告和宣誓书由庞托斯区的梅勒托的儿子梅勒托宣誓，控告阿罗珀克区的苏福罗尼斯库的儿子苏格拉底。苏格拉底的罪是：拒绝承认城邦所承认的神，并引进其他的新的神祇；他还有腐蚀青年的罪。要求的刑罚是处死"。在吕西阿斯为他写了辩护词之后，这位哲学家通读了它，并且说："吕西阿斯啊，这是一篇极好的辩护词，然而，它不适合于我"。因为它明显地更多是法庭论辩式的而不是哲学式的。吕西阿斯说道："如果它是一篇极好的辩护词，那么它怎么能不适合你呢？"他回答说："是的，不是漂亮的服装和漂亮的鞋子同样不适合我吗？"

太巴略的尤斯图斯在他的名为《花环》的书中说，在审判的过程中柏拉图登上讲台开始说："雅典人啊！尽管我是所有登上这个讲台向你们发表讲话的最年轻的人"。于是法官们高声叫道："下去！下去！"因此当他被超过主张无罪的 281 票判定有罪时，当法官们估价他应受何种处罚或者他应交纳多少罚金时，他提议交付 25 德拉克马。欧布利德确实说他提出交付 100 德拉克马。当这句话在法官中间引起一阵喧嚣时，他说："考虑我为公众的服务，我估算处罚应是由公众出钱，由城市公共会堂供给膳食"。

死刑以添加 80 票新的赞成票而通过。他被送往监狱。数日之后，在作了许多柏拉图在《斐多篇》中记载的高尚谈话之后喝下了毒药。还有，据有些人说，他写了一首派安赞歌，它的开头是这样的：

> 万福啊，阿波罗，得洛斯的大神！
> 万福啊，阿耳忒弥斯，你们高贵的一双！

狄奥尼索多罗否认他写过这首赞歌。他还写了一篇伊索寓言，不过写得不是很高明。它的开头是这样的：

> 伊索高声叫道："你们科林斯人啊！
> 不要像陪审团法庭裁定那样地来判断美德。"

这样他从人们中永远消失了；过了不久雅典人感到如此悔恨，以致关闭了训练场和运动场。他们放逐了其他的起诉人但是将梅勒托处死。他们以一座青铜像来纪念苏格拉底。铜像是吕西波斯的作品，雅典人把它安置在列队行进祈祷的大厅中。不久安尼托访问赫拉克利亚，那个城市的人民当天就驱逐了他。不仅在苏格拉底这桩讼案上，而且也在许多其他的案子中，雅典人都以这种方式表达悔恨。因为他们当荷马是疯子罚了他 50 德拉克马（赫拉克利特是这样说的），据说提尔泰乌斯就在他的身边。他们在埃斯库罗斯和他的兄弟诗人们之前就以一座青铜像来纪念阿斯提达马斯。欧里庇得斯在他的《巴拉麦德》中这样谴责他们："你们已经屠杀了，已经屠杀了最有智慧的人、天真无辜的人、缪斯的夜莺。"这是一种说法，但是费罗科鲁断言欧里庇得斯死于苏格拉底之前。

按照阿波罗多罗斯在他的《纪年》中的说法，他诞生于阿普色菲昂执政时期。在第77届奥林匹亚赛会后的第四年塔尔盖利昂月的第6天，正当雅典人净化他们城市的时候。按照德洛人的说法，这一天是阿耳忒弥斯的诞辰。他死于第95届奥林匹亚赛会后的第一年，时年70岁。法勒留的德米特里同意这个说法；但是有人说他死时是60岁。

苏格拉底和欧里庇得斯两人都是阿那克萨哥拉的学生。欧里庇得斯生于第75届奥林匹亚赛会后的第一年，在卡利亚得斯执政时期。

我认为苏格拉底谈论物理学以及伦理学，也作一些关于天命的谈话。可是根据色诺芬所说，他只讨论伦理学问题。但是柏拉图在他的《申辩》中在谈到阿那克萨哥拉以及某些其他的物理学家之后，谈到他自己的所长，详细论述苏格拉底不擅长的主题，尽管他把每一件事都借苏格拉底之口说出来。

亚里士多德提到一位从叙利亚来到雅典的术士，除了威胁苏格拉底将遭遇其他厄运之外，预言他会有一个惨死的结局。

我也写过一些关于他的韵文，现录如下：

> 啊，苏格拉底！在宙斯的宫殿里，痛饮吧！
> 因为智慧之神确实宣布你是有智慧的；
> 因为当你坦然地饮下雅典人手里的毒药时，
> 随着它通过你的双唇，他们自己也喝干了它。

根据亚里士多德在其《诗学》第三册中的说法，他遭到了利姆诺斯的某个安提罗科斯以及预言者安提丰的尖锐批评，正像毕达哥拉斯遭到克罗顿的库隆的批评一样，或者像荷马在生前遭到西亚格鲁的攻击和死后遭到科洛丰的色诺芬的批评一样。赫西奥德也在生前遭到凯尔科普斯的批评，死后受到前面说到的色诺芬的攻击；品达罗斯受到科斯的安菲梅内的批评；泰勒斯遭到菲勒塞德斯的批评；比亚斯受到普里恩的撒拉鲁斯的攻击；皮塔科斯遭到安提梅尼达和阿尔卡欧的攻击；阿那克萨哥拉遭到索西比乌斯的攻击；以及西蒙尼德遭到提谟克里昂的攻击。

关于那些继承他并被称为苏格拉底派的人，主要的是柏拉图、色诺芬、安提西尼和传统名单上 10 个名字，最杰出的是埃斯基涅斯、菲多、欧克莱得斯、亚里斯提卜。我必须首先说到色诺芬；安提西尼则在以后与犬儒学派一起谈；在色诺芬之后，我将谈苏格拉底派本身，因此轮到柏拉图。与柏拉图一起开始了 10 个学派，柏拉图本人是第一个学园的创始人。这就是我将遵循的顺序。

关于那些取名为苏格拉底的人，有一个是历史学家，他写了一部关于阿尔戈斯的地理方面的著作；另一个是一位比希尼亚的逍遥派哲学家；第三个是写讽刺短诗的诗人；最后是科斯的苏格拉底，他写下诸神的名字。

——译自第欧根尼·拉尔修《名哲言行录》第二卷

二、柏拉图小传

柏拉图（Plato，427B.C.—347B.C.）是阿里斯顿的儿子和雅典的一个公民。他的母亲是柏瑞克提翁勒（或者波多勒，她可上溯其世系到索伦。因为索伦有一个兄弟德若庇德斯；他是克里底亚斯（Critias）的父亲，克里底亚斯则是卡拉斯库鲁斯的父亲，卡拉斯库鲁斯也是格老康（Glaucon）的父亲。这个克里底亚斯是"三十暴君"之一。这个格老康是卡尔米德斯（Charmides）和柏瑞克提翁勒的父亲。这样，柏拉图是索伦的第六代了。而索伦追溯他的世系到勒尼乌斯和波塞冬。他的父亲也据说是科德鲁斯的直系。科德鲁斯是麦兰图斯的儿子，并且根据特拉斯鲁斯的说法，科德鲁斯和麦兰图斯也追溯他们的世系到波塞东。

斯彪西波在一篇名为《柏拉图的葬礼》的著作中，克利尔科斯在他的《柏拉图轶事》中，以及阿拉克西莱德斯在他的《论哲学家》第二卷中，告诉我们在雅典有一个故事，说阿里斯顿对柏瑞克梯翁勒施以暴力的爱，于是她受孕了，但是未赢得她，而当他停止暴力的爱时，阿波罗出现在他的梦中，由此，他让她不受干扰直到孩子生下来。

阿波罗多鲁在他的《编年史》中确定柏拉图诞生的日期为第88届奥林匹亚赛会的萨尔格利翁月的第七天。这一天据德利安斯（Delians）说是阿波罗自己诞生的日子。根据赫尔米普斯的说法，他死于一次婚礼上，时间是108届奥林匹亚赛会的第一年，时年81岁。然而，尼安特斯说他殁于84岁。这样，他被看作比伊索克拉底年轻六岁。因为伊索克拉底生于吕斯马库斯作执政官之年，而柏拉图生于阿麦尼亚斯作执政官之年，也就是伯里克利逝世的那一年。他属于科里图斯区，这是安提勒翁在他的《论时期》第二卷中说的。根据有些人说，他是诞生于爱琴那的泰勒斯之子菲狄阿德斯的家中。这是法沃里努斯在他的《杂史》中记载的，因为他的父亲与其他人一起被送往爱琴那并在这个岛上住下来，而在雅典人被拉克丹诺尼人放逐时（拉克丹诺尼人战胜了爱琴人的缘故）才返回雅典。柏拉图在雅典作为编舞者生活，而酬金是由狄昂（Dion）捐助支付的。这是阿特诺多鲁斯在一部名为《步行者》的著作第八卷中说的。他有两个兄弟，阿德曼托斯和格老康，和一个妹妹波托勒。她就是斯彪西波（Speusippus）的母亲。

他在狄奥尼修斯的学校中接受文字的教育，这是他在《对手》中提到的。他在阿尔戈斯摔跤手阿里斯顿的指导下练习体育，并从他那里知晓了柏拉图这个名字。这是因为他的强壮的外形。这个名字代替了他原来的名字阿里斯托克勒斯——这是他继承他祖父的名字。这是亚历山大在他的《哲学家师承记》一书中告诉我们的。但是其他人确定他得到柏拉图这个名字是由于他的体形宽大，或者由于他的前额的宽度，如像尼恩特斯提出的那样。还有其他人肯定他在伊斯特米赛会上摔跤——这是狄凯伊尔库斯在他的《论生活》第一卷中说的。并且他从事绘画和写诗，首先是酒神颂（Dithysamlas）然后是爱琴诗（爱情诗）和悲剧。他们说，他有一副低沉细小的嗓音；这一点由雅典人提摩特乌斯在他的《论生活》中所确认。据说，苏格拉底在一个梦中看到一支幼小的天鹅在他的膝上，它立即张开华丽的羽毛，在发出一阵宏亮而甜美的歌声之后就飞走了。并且在第二天，柏拉图就作为一名学生介绍给他了。因此，他认为他就是那只他梦中的天鹅。

他首先是在学园中研究哲学，并且后来在科隆努斯（正如亚历山大在他的《哲学家师承记》中所说的）作为赫拉克利特的一名追随者。后来，当他以悲剧竞争一个大赛奖时，他在一个狄奥尼修斯的剧场前听了苏格拉底的讲演，于是他把他的诗篇付之一炬，并且写道：

> 啊，火神，到这里来吧，柏拉图现在需要你。

自此之后，在他刚满二十岁时（据说如此），他成了苏格拉底的学生。苏格拉底去世后，他依附于赫拉克利特派的克拉底鲁，以及依附于信仰巴门尼德哲学的赫尔谟靳尼斯。后来，在他二十八岁时，根据赫尔谟多罗，他与其他苏格拉底的学生一道，去麦加拉，追随欧克里德斯。再后，他去到居勒尼（Cynene）去访问数学家特奥都鲁斯，并由此去到意大利去会见毕达哥拉斯派的哲学家费诺劳斯和欧里图斯，并由此去往埃及去会见那些解释神的意志的人们。并且据说欧里庇德斯曾在那里陪伴他。在那里，他生了一场病并被祭司们给治好的。他们用海水来治疗他，由此之故，他引用了这行字：

大海洗去了所有人类的疾病。

更有甚者，他说过，根据荷马的说法，在所有人之外，埃及人最擅于治疗。柏拉图也想结识"玛吉们"，但为亚洲的战事所阻止。在他返回雅典之后，他生活在学园（Academy）之中。那是一个在雅典城外的体育场，在一个按照某个英雄赫卡德谟斯（Hecademus）命名的树丛之中，这是欧波里斯（Eupolis）在他的名为《逃避责任者》的戏剧中说的：

在神圣的赫卡德谟斯阴面的小路上。

还有在梯猛（Timon）的韵文中提到柏拉图：

"在所有人之中，柏拉图是首领，一条大鱼，但是，是一个甜美声音的演说者，在犹如蝉的音乐般的散文中，他在赫卡德谟斯的树丛中宣讲，发出一股如同百合一般的清流。"

这样，这个地方原来的名字是赫卡德谟斯，首字母是 ε。那时，柏拉图曾是伊索克拉底的朋友，而且普拉克西华勒士安排他们在一个乡间住所，柏拉图招待伊索克拉底并与他进行关于诗的对话。阿里士多克塞诺斯断定他的三次活动，第一次是到坦纳格拉，第二次是在科林斯，第三次是德利乌姆，在那里他也因为勇敢而获奖。他把赫拉克利特学说、毕达哥拉斯的学说和苏格拉底的学说混合在一起。在他的学说中，关于感性事物，他同意赫拉克利特，在他关于可知的事物的学说中，他同意毕达哥拉斯，而在政治哲学中，同意苏格拉底。

有些著作家（萨提乌斯就是其中的一位）说，他写信给西西里的狄昂，建议他花 100 米那（Minae）从费诺劳那里购买毕达哥那斯的三本书，因为他们说他很富有。他曾从狄奥尼修斯那里得到了超过 80 塔兰特（Talents），这是由俄涅特尔在一篇关于这个问题的散文《聪明人是否将会赚钱》中说的。再有，他从喜剧诗人埃比卡尔谟斯（Epicharmus）那里获得巨大的帮助，因为他转述了大量他的诗。正如阿尔克穆斯在他献给阿明塔斯的散文中所说的。这里有四篇给阿明塔斯的，其中第一个他这样写道：

"很明显，柏拉图经常使用埃比卡尔谟斯的话。试想一下，柏拉图断定感觉的对象是吃不准质和量的，而是总在流逝和变化之中，设想是你从它取得数目的事物都不变是相等的或确定的，也没有它们的量和质，这些都是总在生成的事物，而不再属于它自己。但是思想的对象是某种恒定的事物，没有什么东西，从它减去或给它加上。这是永恒的事物的本性，它的属性永远是一样的和相同的。并且，的确，埃比卡尔谟斯曾明确地表明他自己关于感性对象和思想对象的观点。

　　A：但是诸神总是在那里；在任何时候他们都不会缺少，而在这个世界中的事物都总是一样的，并且都是通过同样的功能而被带来的。

　　B：然而，据说混乱（Chaos）是诸神中第一个诞生的。

　　A：怎么是那样的呢？如果的确这里没有什么东西从它产生或进入于它，它就能够是第一个来到的。

　　A：没有，以宙斯（Zous）的名义，也没有第二个。

　　B：什么？那么，那就根本没有什么东西第一个来到了。至少，我们现在正在这样谈论的那些事物，相反，它们从所有永恒中存在着。

　　A：但是假设某个人选择添加一个小块（Pebble）于一堆包含着或者是奇数或者是偶数的堆集物，随便你愿选那一个，或者拿走一个已经在那里的，你认为小块的数目会保持同样的吗？

B：我不认为。

A：还是不，如果一个人选择对于一个立方度量的东西增加一个长度，或者去掉已经存在在那里的，原来的度量会仍然存在吗？

B：当然不是。

A：现在，以这个同样的方式考虑人类。一个人成长起来，另一个人又死亡了；并且他们都在全部时间中全部进行变化。但是一个事物，它自然地变化并不再存在同样的状态之中，必定总是不同于它曾如此变化的状态。并且甚至如此，你和我在昨天曾是一对，又都是今天的一对，并且又会在明天又将是一对，但将不会仍是保留我们自己了。用同一个论证会得到这个结果。"

再有，阿尔克穆斯使用这个引出进一步的陈述："这里有某种东西，比如说，聪明，它是灵魂通过身体看到的东西，正如在观看和听之中一样。这里还有另外的东西，它不用身体的帮助而由它自己区分东西。由此得出：存在的事物，有些是感觉的对象，有些是思想的对象。由此，柏拉图说，如果我们希望在一次凝视（One glance）中看到在宇宙之中的原理，我们必须首先区分由于它们自身的理念，例如，相似性、统一和繁多、大小、静止与运动，其次，我们必须设定美、善、公正以及此类东西的存在，每一个存在于它自身，第三，我们必须看到许多的理念彼此相关，正如知识，或者大小，或者相同。记住，在我们经验中的事物有着同样的作为那些理念的名字，因为它们分有它们。我的意思是那些分有公正性的事物都是公正的，那些分有美的事物都是美的。每一个理念都是永恒的，它是一个观念，而且是不能变化的。由此柏拉图说，它们具有像原型（anchetypes）一样的本性，而别的所有事物有对理念的相似性，因为它们是这些原型的复制品（copies）。现在这里有埃比卡谟斯关于善和理念的话：

A：演奏笛子是一件事吗？

B：当然肯定是。

A：那么这个人是在演奏笛子吗？

B：当然是。

A：来吧！让我们看看什么是笛子演奏？什么人你把他当作是演奏笛子，难道他不是一个人吗？

B：肯定当然是。

A：好，难道你不认为同样将是善的情况？难道善在它本身不就是一件事吗？并且难道不是一个人已经知道那个事物，并且知道它立即成为善吗？因为，正如他从学习演奏笛子而成为一个笛子的演奏者，或者从学习舞蹈而成为一位舞者，或者从学习绘画而成为一位画家，在同样的方式中，如果他曾学习任何这类事物不管你喜欢什么，他就不仅是拥有技艺而是一个技师。"

现在，柏拉图关于他的理念论，他说："因为这里有像记忆那样的事物，这里必定有呈现在诸事物中的理念，因为记忆是某种稳定和持久的东西，而除了理念之外，没有什么是持久的"。他说："因为动物怎样能够保存下来，除非它们理解理念并且自然曾赋予它对于那个目的的智力。事实上，它们记忆相似之处以及它们的食物是什么样子。这表明动物有一种内在的区别什么是相似的力量，并且因此它们看到它们同类的其他成员。"那么，阿尔克穆斯怎样处理它呢？

欧拉乌斯，智慧不仅限于一种，而是所有生命的创造物同样地具有理解。因为你将专注地研究家禽中的母亲，她不是直接地带给小鸡以生命，而是咯咯叫着孵在鸡蛋上，唤醒在它们之中的生命。关于它们的智慧，这个案例的真实状况，只有自然知道，因为母鸡曾经从它自己哪里学习过它。

还有：

> 这不奇怪，当我们那样谈到并且我们自己感到愉快，并认为我们都是精英的大众。因为一条狗表现出对于另一条狗的最公平的事物，同样的，一条牛对于一条牛，一头驴子对于一头驴子，并且甚至是一头猪对于一头猪。

这些以及此类例子是阿尔克穆斯通过他的四本书，指出了柏拉图得益于埃比卡尔谟斯的帮助。而且阿尔克穆斯自己充分意识到，他的智慧会被他的模仿者引用的文字中看出来。

> 正如我认为的——因为当我想我透彻地知道的任何事情——我的话将在某一天被记住；有的人会拿走它并自由地改变它的语调，亦即另外给它穿上一件紫色的外衣，用精美的词句来渲染；并且，不可避免的，他会使任何一个别的人容易受到欺骗。

柏拉图似乎是第一个把苏福隆的著作宝库带到雅典的人（而这个宝库曾被忽视），并且从那位作者的风格中引出了作品人物的特征。他们说著作宝库的复制品实际上是在他的枕头下发现的。他曾三度旅行到西西里。第一次是去看这个岛和埃特拉的火山口；在这个情况下，赫尔谟克拉底的儿子狄奥尼修斯正在统治的大位上。他强迫柏拉图成为他的亲密朋友。但是当柏拉图大谈僭主并主张只有统治者的利益并不是最好的目的，除非他在德行方面也是卓越的。由此他冒犯了狄奥尼修斯，他盛怒之下，高叫："你说话像一位老式的学究"。柏拉图回答道："你就像是一个暴君。"这时，这位僭主勃然大怒，首先倾向于把他处死；后来，当他这个决定被狄昂和阿里士托底菲斯劝阻，他才没有这样做，而是把他交给拉克丹诺尼人波利士（他刚刚作为一位使节到达这里），命令把他变卖为奴隶。于是波利士把他带到爱琴那并在那里出售他。然而卡满德里底斯的儿子卡满德鲁斯指明他犯了重罪，根据在爱琴那人的有效法律，第一个踏足这个岛的雅典人可以不经过审判就处以死刑，这个法律只是由公诉人本人通过的。这是根据法沃里努斯在他的《杂史》中的记载。但是有人提出，尽管是开玩笑，说这个冒犯者是一位哲学家，于是法庭宣判他无罪。有另外一个版本说，实际上他被带到公民大会上，并仔细加以审问，但他保持绝对的沉默，静待结果。公民大会决定不把他处死，而把他像一个战俘一样卖掉。

居勒尼人安米克瑞士（Amiceris）恰好当时在那里，并且以 20 米那的赎金救下了他。根据另外的说法，赎金是 30 米那，——并迅速地把他送回到雅典他的朋友那里，这些朋友立即偿还了这笔钱。但是安米克瑞士婉拒了，说雅典人不是唯一的拥有对柏拉图提供帮助的特权的人。另外的人断定是狄昂送了这笔钱，而安米克瑞士没有拿它，而是为柏拉图买了一个小花园，将他安置在学园之中。然而波利士被被查布里阿士打败了，后来在赫利士（Hellice）溺水而亡，因为他对哲学家的处理触怒了上天。这是法沃里努斯在他的《回忆录》中说的。当然，狄奥尼修斯也不罢休，在他知道这些事实之后，他写信严禁柏拉图说他的坏话。而柏拉图回答说：他没有空闲把狄奥尼修斯记在心中。

第二次他访问了年轻的狄奥尼修斯，为了实现他的国家的理想，向他要求给予他土地和移民。狄奥尼修斯答应了但并未遵守诺言。有人说柏拉图也处于巨大危险之中，因为被怀疑他鼓励狄昂和泰阿都塔斯计划解放这个岛。在这个情况下，毕达哥拉斯派的阿尔克塔斯写信给狄奥尼修斯请求他的赦免，并让他平安返回雅典，信文如下：

"阿尔克塔斯致狄奥尼修斯，祝你健康。

"我们都是柏拉图的朋友，我们派了拉米斯库斯和荷提达斯来是为了让这位哲学家在你规定的期限内离开。你肯定会记得，你以极大热情促使我们保证柏拉图来到西西里，如你计划决定说服他，以及其他事务，并对他的安全负责，直到他的到来和返回这段时间，也请记住，你对他的到来隆重接待，其隆重程度远超过到达你的宫廷的任何人。如果他曾冒犯过你的话，你理应表现出人道主义并把他毫无伤害地送回给我们。这样做你会显出公正，并同时使我们尽到了义务。"

第三次他来是为了调停狄昂和狄奥尼修斯矛盾，但是未能成功，就回到了自己的国家。在那里，他克制了他对政治的干预，尽管他的著述表明他曾是一位政治家。理由是人民已经习惯了完全不同于他自己的尺度和习俗。潘菲拉在她的《回忆录》第二十五卷中说，阿卡庇亚人和底比斯人建成麦加洛波利士（Megalopolis）城时，邀请柏拉图去作他们的立法者。但是，当他发现他们反对拥有财产的平等，他拒绝了这个邀请。有一个故事说他将为将军卡布里亚斯辩护，这位将军正面临死刑的判决，尽管在雅典没有其他任何人这样作。在这个情况下他与卡布里亚斯一起走向阿克罗波利士，一位克罗比努斯遇见他了，并且说："什么！你要去作辩护的演说吗？你知不知道毒死苏格拉底的毒药正在等着你吗？"对此，柏拉图回答道："正如我服务于我的国家时，面临危险，所以我现在将面临这个危险，这是为了尽一位朋友的责任。"

他是第一个引入用提问和回答来进行论证的人，这是法沃里努斯在他的《杂史》第八卷中说的。他是第一个向塔索斯人李俄达马斯解释用分析来解决问题的人，并且是第一个在哲学的讨论中引用对立、元素、辩证法、质、正方形、数，以及在边界方面的面、外表等语词，还有神圣的领域的哲学家。

他曾是第一个反对克发鲁斯之子吕西斯演说的哲学家，他把它一字一句地记载在《斐德罗篇》中。他也曾是第一个研究语法意义的人。并且他作为第一个攻击几乎所有他的先行者们。有一个问题，即他为什么没有提到德谟克利特？尼安特斯说，在他前往奥林匹亚的路上，所有希腊人的眼睛都转向他，而他在那里遇见了狄昂，狄昂正准备进军征讨狄奥尼修斯。在法沃里俄斯的《回忆录》第一卷中有一个记述说，米特拉达特斯在学园中树立了一座柏拉图的塑像，并且刻上了这样的字：一座柏拉图的雕象。西拉里翁制造，波斯人米特拉达特斯献给缪斯。

赫拉克里德斯宣称，在他的青年时期，是如此地谦逊和有规矩以至从未见到他放声大笑。即使如此，他也被喜剧诗人们开涮，特奥旁普斯在他的《赫德卡勒斯》中说：

> "根据柏拉图的看法，这是没有任何东西真的是一，甚至数目二，也难于是一。"

然而，阿拉克散德里德斯在他的《特修斯》（Theseus）中说：

> "他吃橄榄恰好像柏拉图一样。"

还有梯孟（Timon）用双关语这样打趣他的名字。

> "正如柏拉图处理奇怪的陈词滥调（Platitude）一样。"

还有阿勒克西斯在他的《米若普斯》（Meropus）中说：

> "尽管在刚好的时间来到，因为我在智空才尽的时候，并且走来走去，像柏拉图一样，然而并未发现聪明的计划，而仅仅是使我的双腿疲倦。"

并且在《安克里昂》（Ancylion）中说：

> "你并不知道你在说什么，跟柏拉图鬼混，你会知道全部关于肥皂和大蒜的事。"

安菲斯（Amphis）也在他的《安菲克拉特斯》（Amphicrates）中说：

"A：至于德行，无论它是什么，你都会由于它而受益，老师，关于它我不知道比我对柏拉图的德行的更多的东西。"

"B：那就参加吧。"

还有，在《德克赛西德米德斯》（Dexidemides）中说：

"啊，柏拉图，你所知道的全部就是怎样皱眉毛、抬高的眉头，像蜗牛一样。"

克拉廷努斯（Cratinaus）在《虚假的被仙女偷换后留下的孩子》（The false Chageling）中也说：

"A：显然，你是一个人并且具有灵魂。"

"B：用柏拉图的话说，我不敢肯定，但是假定我有。"

并且，阿勒克西斯在《奥林庇阿都鲁斯》中说：

"A：我的可朽的躯体枯萎了，我的不朽的部分迅速地跑进空气之中。

"B：这不是柏拉图的一次讲课吗？"

并且在《帕拉西特》中说：

"或者，你只与柏拉图对话吧！"

还有阿拉克西拉斯在《波特里利昂》《西尔色》以及《富有的女人》也瞎扯了他。

阿里斯提普斯在他的《论古代人的奢侈》第四卷中说，他喜欢一个名叫阿斯特尔的年轻人，参加了他的天文学研究。同样也喜欢我们上面提到过的狄昂，而且有人断言他也喜欢怀德鲁斯。他热情洋溢的感情表现在以下的短诗，据说这是写给他们的。

　　"星星注视着的阿斯特尔，但愿我是天空
　　用一千只眼睛注视着你。"

还有另一段：

　　"在一度活跃的晨星中
　　你闪耀着，现在死去了，像来自远方的赫斯泊尔一样。"

他也这样写到狄昂：

　　"从他诞生起，曾经大量的眼泪，
　　那是伊利乌姆的女儿和王后的。
　　哦，狄昂，你作了伟大的行动，
　　赢得了新的希望和更大的承诺，
　　现在你列入了光荣的行列，
　　我是多么地深深地爱你，又多么悲伤。"

　　有人说，这实际上铭刻在他在叙拉古的墓碑上。
　　还有，据说，正如前面说过的，他迷恋阿勒克西斯和菲德鲁斯，他写下了以下的诗句：

　　"现在，曾谈到阿勒克西斯，我曾说过极端赞美的话。他看起来很漂亮，并且无论在什么地方，所有的目光都转向他。哎，我的心啊，难道你把骨头扔给狗了吗？你将在来世显示卓越吗？难道这就是为什么我们失去了菲德鲁斯吗?"

他也赞扬了一位女主人阿尔克拉萨。关于她,他写了以下的诗句:

"我有一位女主人,科洛封的阿尔克拉萨,在她闪闪的目光中,饱含着热烈的爱。啊,不幸的你在你初次旅行时遇到那样的美人,什么样的火焰必定曾经在你心中燃起!"

还有另外一段关于阿加松的:

"当你亲吻阿加松时,我的灵魂扑向我的嘴唇,哎!正像它很好地扑向她一样。"

还有另外一段:

"我把一个苹果扔给你,的确不知你愿意爱我,于是,你收下它,并让我看到你的处女的魅力。但是如果我另外的想像,上天不许啊!拿着恰好这个苹果并且看到美丽是多么短暂。"

还有另外一段:

"我是一个苹果,被一个爱你的人扔给你,不!克珊西帕,同意吧!因为你和我都是生而要衰落的。"

据说关于埃瑞特里安人的诙谐短诗,也传遍了全国,这是他写的:

"我们在种族上都是埃瑞特里安人,从欧波亚出生并住在苏萨附近。啊!离我们的故乡是多么远呀!"

还有：

"这样维纳斯对缪斯说：

姑娘们接受维纳斯的双轨（Yoke）！

"或者惧怕我的库比德的武器，这些少女回答：这些威胁，可以与马尔斯商量，但是我们嘲笑爱的邪恶，或者毒箭，或者魅力。"

还有：

"某个人发现了一些金子

把它拿走，代之以

放一个坚固的绳索，几乎揉成一堆，

当人发现他的宝藏不见了，

以他的幸运的毁坏相威胁，

并且，把这个绳索绑在他的脖子上。"

还有摩隆，作为他的敌人，说过："并非奇怪，狄奥尼修斯应当在科林斯，但是奇怪的是柏拉图应当在西西里"。并且，似乎克塞诺封并未有好言语对他，无论如何，他们曾写过相似的对话，好像出于彼此的敌视，一个《会饮篇》，一个《苏格拉底的辩护》，以及他们的道德文章，或者《回忆录》。此外，一个写了《国家篇》，另一个写了《克若柏瑞底亚》，并且在《法律篇》中，柏拉图宣布了居鲁斯教育的故事是虚构，因为居鲁斯并没有回答对他的描述，尽管两个都提到苏格拉底，他们两人都没有涉及另一方。除了克塞诺封在他的《回忆录》第三卷中提到了柏拉图。还据说安提斯特尼斯公开朗读他写的某个东西，他曾邀请柏拉图到场，但当他问到他准备读什么时，安提斯特尼斯回答说是关于矛盾的不可能性。柏拉图说道："那么，你怎么写这个问题呢？"这样，表明拒绝了他的论证本身。随即他写了一篇对话反对柏拉图，并命名为《萨松》。此后，他们彼此不和。据说，在听到柏拉图朗读《吕西斯篇》时，苏格拉底声称："以赫拉克利士作证，这个年轻人说了关于我的许多谎言！"因为在这个对话中他也包括了许多苏格拉底未曾讲过的话。

柏拉图也说了阿里斯提普斯的坏话，至少在对话《论灵魂》中，他贬低他说，在苏格拉底之死时，他并不在场，尽管他在不远的爱琴岛。还有，他们说，他对埃斯启尼斯有某种忌妒，因为他与狄奥尼修斯的声誉。据说当他到达［狄奥尼修斯的］宫廷时，由于贫穷他被柏拉图看不起。阿里士提普支持这个说法，依朵门尼乌斯断言，克里多在监狱中敦促苏格拉底逃跑的那些言论，真的是归于埃斯启尼斯，而柏拉图把它转嫁到克里多，因为他敌视埃斯启尼斯。

在他的著作中，没有什么地方柏拉图提到他自己的名字，除了在对话《论灵魂》和《申辩篇》中。亚里士多德提出对话的体裁介于诗歌和散文之间，并且根据法沃里努斯，当柏拉图朗读他的对话《论灵魂》时，只有亚里士多德一人坚持到最后，其他听众都走了。有人说奥普斯人费里普斯复制了《法律篇》，刻写在蜡板上。据说他是《埃比诺米斯篇》的作者，帕莱提乌斯的欧弗瑞翁提到《国家篇》的开始处曾经被发现几度校改和重写，而且《国家篇》本身，阿里士托克塞努斯宣称，几乎它的全部都包含在普罗泰哥拉的《论辩集》中。有一个故事说《斐德罗篇》是他的第一篇对话，因为主题是关于青年的某种清新之气的。然而，狄凯埃尔库斯谴责他的整个体裁是丑陋的。

有一个故事说，柏拉图有一次看到有人玩骰子，就指责他，而对他的抗议是，他玩这个仅仅是小事一桩，柏拉图回复道："但是习惯可不是一件小事"。当被问道，是否他会有任何记忆正如他的先行者一样。他回答说："一个人必须首先出名，而他就不缺乏被回忆。"有一天，当克塞诺克拉斯走进来了，柏拉图要他责备奴隶，因为他不能亲自去做，因为他正处在同情之中。再有，据说，他对他的一个奴隶说："我会把你打一顿，如果我不是处在同情之中的话"。骑在马背上时，他又下来，宣称他害怕会被马的疾病所传染。他劝告那些易醉酒的人在镜子中看看自己，因为这样他们会放弃如此糟踏他的形象的习惯。饮酒过量不要在任何地方出现，他经常说，除非是在

神的欢庆日，因为是神赐予我们葡萄酒的。他也不赞成睡眠过度，无论如
何，在《法律篇》中，他宣称："没有人当熟睡时对任何事情都是好的"。他
也说真理是愉快的。这个说法的另一个文本是所有事物的最愉快的东西就是
说出真理。再有，他在《法律篇》中这样说到真理："啊，客人，真理是公
正和持久的事情，但是，它是一件很难说服人们的东西"。人们总是在他之
后怀念他，或者在他的朋友的心里，或者在他的书籍中。根据某些著作家
说，他本人喜欢清静。

他的死已经被证实了，于菲立普国王执政时期的第十三年，这是法沃里
努斯在他的《回忆录》第三卷中说的。并且根据特俄蓬普斯说，菲立普对他
的死给予了敬意。但是米若尼亚安努斯在他的《相似者》中说，菲诺提到有
些流行的谚语是关于柏拉图的糟糕事，包括这曾是他的死的方式。他被埋葬
在阿卡德米。在这个地方他度过了他生命大部分研究哲学的时光。由此这所
他建立的学校就名叫阿卡德米学园。全部学生都参加了葬礼的游行，他的遗
嘱全文如下：

"这些如下的事物，被柏拉图分成为：在伊菲斯梯亚得的房产，北面以
从克菲西亚庙宇开始的路为界，在南面以在伊菲斯梯亚得的赫拉克利士庙宇
为界，在东面以菲雷阿尔赫的阿尔切斯特拉图斯的财产为界，在西面以科里
得的菲里普斯的财产为界。任何人要卖它或使之出卖都是非法的，它将是阿
德曼托斯这个孩子的财产。由他按他的意图和目的来支配；在埃瑞斯得房地
产，那是我从卡里马库斯买的，在北面的米尔赫努斯的欧瑞麦东的财产为
界，在南面以克塞帕提的德谟斯特拉托斯的财产为界，在东面以米尔赫努
斯的欧瑞麦东的财产为界，而在西边以克菲苏斯为界；3 米那的银币，一个
重 165 德拉克马的银器，一个重 45 德拉克马的杯子，一个金的戒指图章以
及达到 4 德拉克马和 3 奥波尔的收益，欧克里德斯欠我 3 米那。我给与阿尔
特米斯选举权。我留下四个家务仆人，梯康、比克达斯、阿波罗尼德斯和狄
奥尼修斯，我的家具在清单中列出，德米特里乌斯有一份复制的清单。我不
欠任何人任何东西。我的执行人是：列俄斯泰尼斯、斯彪西波、德米特里乌
斯、赫格亚斯、欧瑞麦东、卡里马库斯和特拉西普斯。"

这就是他的遗嘱。以下的墓志铭刻在他的墓上：

"这里安息着神一样的人阿里斯托克勒斯，以他的性格，在谦和的公正众人中是卓越的。如果曾有任何人拥有最完全的对于智慧的赞美的话，他就是令人最为忌妒的！"

接着说：

"地球在他的胸部这里掩藏着柏拉图的身体，但是他的灵魂具有它的不朽的处所的福分，阿里斯顿的儿子，你是一个大好人，即使他居住在遥远的地方，礼赞他是因为他分辨出神圣的生命。"

还有后来的第三个墓志铭：

"A：鹰啊！你为什么在这座墓上飞翔，嘿，你的目光是注视一个不朽的星座吗？

"B：我是柏拉图的灵魂的影像，这个灵魂已经高飞到奥林普斯，而他的人世的身体安息在阿提卡的土地上。"

还有一首我自己写的墓志铭，全文如下：

"如果荷埃布斯并没有使得柏拉图降生在希腊，那怎么会使他用文字来治疗人们的心灵呢？正如神的儿子，埃斯克勒匹乌斯治疗人们的身体，柏拉图也治疗不朽的灵魂。"

还有另外的人谈到他的死的状况。

"荷埃布斯给埃斯克勒匹乌斯和柏拉图以有死的生命，他们一

个拯救人们的灵魂，另一个拯救人们的身体。从一个婚礼的宴会上
他离开了他为自己创建的城市，并在天上种植下自己的城市。"

这些就是他的众多墓志铭。

他的学生们有雅典的斯彪西波，卡尔克东的克塞诺克拉底，斯它吉拉的
亚里士多德，俄普斯的菲立普斯，帕林图斯的赫斯梯埃俄斯，叙拉克的狄
昂，赫拉克勒亚的阿米克鲁斯，埃瑞斯库斯和科里斯图斯，克翠库斯的梯谟
拉斯，兰普萨库斯的欧爱昂，埃努斯的毕松和赫拉克利德斯，雅典的赫波塔
勒斯和卡利普斯，安菲波利士的德米特里乌斯，旁图斯的赫拉克利德斯，以
及其他许多人。还有两位女性，曼提尼亚的拉斯特勒伊亚和弗留的阿克士特
亚。据笛卡埃尔库斯的报导，她们穿着男人的衣服。有人说特奥弗拉斯塔斯
也参加听他讲课。卡麦里昂加上说演说家赫珀尔里德斯以及吕库尔在斯也参
加听课，这一说法巴勒莫也同意。萨宾努斯把德谟斯泰尼斯也说成他的学
生，这见于他在《为了批判的资料》第十四卷中的引用，该书的作者是塔索
斯的穆波士顿西斯特拉图斯。而这是不可能的。

现在，你作为一位热情的柏拉图主义者，而且与其他的事情相比你更加急
于找出这位哲学家的学说，我认为有必要对他的谈话的性质、对话的安排以及
他的归纳程序的方法有一个相当的了解，并且尽量地用原初方式和主要线索，
使得我收集到的关于他的生活资料不会受到省略他的学说的影响。因为，正如
谚语所说，它将会对雅典带去猫头鹰，如果我给予你所有的全部特征的话。

人们说埃利亚派的芝诺是第一个写对话的人。但是，根据法沃里努斯在
他的《回忆录》中说，亚里士多德在他的《论诗》（On Poets）中断定斯梯
拉或特奥斯的阿列克萨门努斯是第一人。在我看来，柏拉图，他把这种写作
形式发展到完美的境地，应当判定是由于发明和润色获得肯定。一篇对话是
一场谈话，包括就某个哲学问题或政治问题，提出问题或给予回答，安排和
选择这场谈话的适当性格的人物。辩证法是谈话的艺术，运用它我们或者拒
绝或建立起来这些命题，这是由于交谈者的问题和回答的作用。

关于柏拉图的对话，有两个最一般的类型。一个是用作教导，另一个是

为了询问。前者进一步划分为两种类型，即理论的和实践的。并且关于这些理论的又划分为物理的和逻辑的，而实践的又划分为伦理的和政治的。询问的对话也有两个主要的划分，其一目的指向训练心灵，其二是指向论辩的胜利。再有，目的是训练心灵的有两个次级的划分，一个类似于产婆的技艺，另一个仅仅是探试的。而且适合于论辩的也再次划分为一部分是提出批判的反驳，而另一个是对主要立场的颠覆。

我注意到有其他方式某些作者用来分类这些对话。因为有些对话，他们称为戏剧的。另一些叫作谈话，再有一些是这两者的混合。但是他们对于对话的分类的语词更适合于舞台而不是哲学。物理的对话表现在《蒂迈欧篇》；逻辑的表现在《政治家篇》、《克拉底鲁篇》、《巴门尼德篇》和《智者篇》；伦理的表现为《申辩篇》、《克里多篇》、《斐多篇》、《斐德罗篇》，以及《会饮篇》，还有《美湟克塞努篇》、《克里托丰篇》、《书信篇》、《斐莱布篇》、《希帕尔库斯篇》和《论敌篇》；以及最后政治的，有《国家篇》、《法律篇》、《美诺篇》、《伊庇诺米篇》，以及关于《阿提兰底斯篇》。关于心灵的产科学，有两个《阿尔基比亚德篇》、《泰阿格斯篇》、《吕西斯篇》和《拉凯斯篇》，而《欧绪弗洛》、《美诺》、《伊安》、《卡尔米德》和《泰阿泰德》则论证了探试性的方法。在《普罗泰哥拉篇》中，看到批判性的反驳的方法。在《欧绪德谟斯》篇，《高尔吉亚篇》，以及两篇名为《希庇亚斯篇》中则是颠复性的论证。关于对话，它的定义及各种变种，就说这么多。

再有，关于柏拉图是否是教条主义者，在那些肯定他是的人的意见，和否定他是的人的意见之间有着巨大的分歧，让我来进一步处理这个问题。作为在哲学上的教条主义者就是定下正面的教条，正如立法者定下法律一样。再有，在教条之下，包括两件事，即谈到的那件事以及意见本身。

关于这两者，前者是一个命题，后者是一个概念。现在，在他牢牢地抓住的地方，柏拉图扩展他自己的观点，并且拒绝假的观点。但是，如果主题是含混的，他悬疑一个判断。他自己的观点由四个人来加以扩展；苏格拉底、第迈欧、雅典的客人、埃利亚客人。这些客人并不像有些人主张的是柏拉图和巴门尼德，而是没有名字的意念化的角色，因为，甚至当苏格拉底和第迈欧是发言人时，所提出的也是柏拉图的学说。在解说对假的意见被拒绝时，他引入了特拉叙马库斯、卡立克勒斯、波鲁斯、高尔吉亚、普罗泰哥拉，或者还有希匹亚斯、欧塞德谟斯等等。

在建构他自己的证明时，他最大限度地使用了归纳。并不总是在相同的方式中，而是在两种形式之下。因为归纳是一种论证，它用某些真的前提恰当地推论出一个相似于它们的真理。这里有两种归纳，一个以矛盾的方式进行，另一种从同意进行。在以矛盾的方式进行的那种，对每一个问题的回答将必定是相对于对手的立场的。例如，"我的父亲或者是与你的父亲不同的或相似的。如果你的父亲与我的父亲不同，他作为不同的一位父亲，他将不是一位父亲。但是如果他是与我的父亲相似的，那么作为相似于我的父亲，他将是我的父亲。"并且还有，"如果人不是一种动物，他将是一根棍子或一块石头，但是，他不是一根棍子一块石头，因为他是动物并自我运动。因此，他是一个动物。但是，如果他是一个动物，并且一条狗或者一头牛也是一个动物，那么，人作为一个动物也将会是一条狗和一头牛了"。这就是归纳的一类，它从矛盾和争论开始，而柏拉图使用它，不是为了立下正面的学说，而是为了否认。另一类的归纳以同意开始，表现为两种形式。一种证明讨论中的特殊结论从在讨论中的一个特殊的开始，另一种从普遍的方式开始（以特殊的事实为手段）。前者适合于雄辩，后者适合于辩证法。例如，在前一种形式下，提出的问题是："曾经如此这般地参与了谋杀吗？"证明就是在发现他的那个时候，在他那里有血的印迹。这是归于雄辩形式的，因为雄辩也是关于特殊的事实的，而不是关于普遍的。它并不询问关于抽象的公正，而是关于公正的特殊事实。另一种，当一般命题已首先由特殊的事实为手段而加以建立，就是辩证法的归纳。例如，提出的问题如灵魂是否是不朽的，以及活的东西是否是从死的东西返回的，并且这是在《论灵魂》中以一个一般命题为手段加以证明的，而不是从相反的命题来进行。并且一般命题本身是由某些特殊的命题建立起来的，如睡眠来自醒着，以及反之亦如此，较大的来自较少的，并且反之亦如此。这是他用来建立自己的观点。

但是，正如很久以前在悲剧中合唱团是唯一的演员，后来，为了给合唱团以喘息的空间，特斯庇斯添设了一个单独的演员，埃斯库鲁斯增添了一个第二个，索福克勒士增添了第三个。这样，悲剧就完整了。同样在哲学中，早期谈论一个主题，即物理学；然后苏格拉底加上了第二个主题，伦理学；而柏拉图加上了第三个主题，辩证法，这样就使哲学臻于完善。特拉西诺斯说出版他的对话有四组的形式，像那些悲剧诗人一样。这样，它们满足于四场戏，像在狄奥尼西亚、勒乃亚、泛雅典尼亚以及奎特利亚的庆典等那样。在这种四场戏中，最后一场是讽刺，而四场戏一起称作四重体。

现在，特拉西诺斯说，真正的对话一共有五十六个，如果《国家篇》被划分成十个，并且《法律篇》分成十二个对话。然而，法沃里努斯在他的《杂史》第二卷中宣称几乎全部《国家篇》被发现在一部毕达哥拉斯名为《争论集》的著作中。这就给出了九个四重组（Tetiulagies）。如果《国家篇》称作一部单个著作的话，而另一部《法律篇》也是如此的话。他的第一个四重组有一个在其下的共同计划，因为他希望描述哲学家的生活将是怎样的。对于每部著作，特拉西诺斯给了双重的名目，一个是取自对话者的名字，另一个则来自主题。这个四重组的第一个，以《欧绪弗洛》或者《论神圣》一个尝试性的对话作为开始；《苏格拉底的辩护》，一个伦理的对话，是第二个；第三个是《克里托》或者《论应该作什么》；第四个是《斐多》或者《论灵魂》，也是一个伦理的对话。第二个四重组以《克拉底鲁》或者《论名字的正确性》开始，接着是《泰阿泰德》或者《论知识》，尝试性的；《智者》或者《论存在》，一个逻辑的对话；《政治家》或者《论君主政体》，也是逻辑的。第三个四重组包括，首先是《巴门尼德》篇或者《论理念》，它是逻辑的；其次是《斐莱布篇》或者《论愉快》，一个伦理的对话；《宴会》篇或者《论善》，伦理的；《斐德罗篇》（Phaedrus）或者《论爱》也是伦理的。

第四个四重组，开始是《阿尔基比亚德》或者《论人的本性》，一个争论的对话；继之以第二个《阿尔基比亚德》或者《论祈祷》，也是争论的；继之以《希帕尔库斯》或者《该隐的爱人》，它是伦理的；以及《对手》或者《论哲学》，也是伦理的。第五个四重组包括，首先是《特亚盖斯》或者是《论哲学》，一个争辩的对话；再就是《卡尔米德》或者是《论谦和》，它是尝试性的；《拉凯斯》或《论勇敢》，争辩性的；以及《吕西斯》或者《论友谊》，也是争辩性的。第六个四重组开始是《欧绪德谟斯》或者《争论》一个拒绝的对话。它继之以《普罗泰哥拉》或者《智者》，批判的对话；《高尔吉亚》或者《论雄辩》，拒绝的；以及《美诺》或者《论美德》，它是尝试性的。第七个四重组包括首先是两篇名为《希庇亚斯》的对话，前者是《论美丽》，后者是《论虚假》，两者都是拒绝的；其他是《伊安》或《论伊利亚德》，它是尝试性的；以及《穆涅克塞努斯》或者《葬礼演说》，它是伦理的。第八个四重组以《克里托》或者《导言》开始，它是伦理的；继之以《国家篇》，或者《论正义》，政治的；《蒂迈欧篇》，或者《论自然》，一个物理学的著作；以及《克利梯亚》，或者《阿提兰底斯（Atlantis）的故事》，它是伦理的。第九个四重组以《米诺斯》开始，或者《论法律》，是一个政治的对话，它继之以《法律篇》，或者《论立法》也是政治的对话，《埃庇诺米斯》或者《论夜间议会》或者《哲学家》，政治的；以及最后的《书信集》（Epistles）共有十三封，它们都是伦理的。在这些书信中，它的首句都是"谨致问候"，正如伊壁鸠鲁写的"一个善的生命"，以及克勤昂写的"大家欢乐"。它们包括：一封致阿里士托德谟斯，两封致阿尔克塔斯，四封致狄奥利修斯，一封致赫尔米亚斯、埃拉斯图斯和科瑞斯库斯，致勒俄达马斯狄和佩尔第卡斯各一封，以及两封致狄昂的朋友。这是特拉叙鲁斯和一些其他的人确立的划分。

有些人，包括语法学家阿里士托凡勒士（Aristophanes），任意地以三组合（Trilogies）的方式安排诸对话，在第一个三组合中，他们放入《国家篇》、《蒂迈欧篇》和《克里地亚斯篇》；在第二组中是《智者篇》、《政治家篇》和《克拉底鲁篇》；在第三组中是《法律篇》、《米诺斯篇》和《伊匹诺米斯篇》；在第四组中有《克里多》、《菲多》和《书信》篇。其余的作为分离的文章没有规律地放在下面。正如我们已经说过的，有些评论家把《国家篇》放在第一，而其他的人以《阿尔克比亚德》开始，而另一些人以《特亚盖斯》开始；有人以《欧绪弗洛》开始，有些人以《克里托》开始；有些人以《蒂迈欧》开始，有些人以《菲德鲁斯》开始；有些人以《泰阿泰德》开始，而许多人以《辩护》开始。以下的对话被认为是虚假的：《米冬》或名《养马者》，《埃瑞克塞亚斯》或《埃拉斯特拉图斯》，《阿塞法里》或《西叙弗斯》，《阿克索库斯》，《费阿西安斯》，《德谟多库斯》，《克里冬》，《第七日》，《埃庇门利德斯》。在这些当中，《阿尔克昂》被认为是某个勒昂的著作。这是法沃里努斯在他的《回忆录》第五卷中说的。

柏拉图曾经使用变换的语词，以使他的系统对于无知者至少可以理解。但是，在一种特殊的意义上，他认为智慧是一门关于那样一些事物的科学，它们是思想的对象并且真正地存在。他说这是关于神和作为与身体相分离的灵魂的科学。并且特别地他用智慧的意思于哲学，那是对神圣的智慧的渴望。而在一般意义上，所有的经验也被他称为智慧。例如，当他把工匠称为聪明的，并且他使用相同的词于不同的意义，例如，轻微的、明白的这种词在（简单、忠实）意义上使用。正如他在《里克门尼乌斯》中用于欧瑞庇底斯的赫拉克勒斯于以下一段中的那样。

"显然，未完成地、坚定地作出伟大的行为，在谈论方面不熟悉，用他的智慧的全部储备缩短行动。"

但是，有些时候他使用同一个字 Faulos 指坏的东西，而在另一个时候指小的或者次要的。再有，他经常使用不同的词去表示相同的东西。例如，他把理念（Idea）叫作形式（Form）、种（Gemos）、原型（Topaserua）、原理（apxin）和原因（aitlov）。他也使用相反的表达词表示相同的事物。这样，他把感性事物既叫作存在，又叫作非存在。存在是就它变为存在（being）说，非存在是因为它不断地变化。并且他说理念既不是处于运动中，也不是在静止中；它是统一地一样的，然而既是一又是多。这就是他在许多事例中的习惯。

正确解释他的对话，包括三件事：第一，每一个陈述的意义必须加以解释；第二，它的目的究竟是作为一个初步的理由还是用例证的方法拒绝他的交谈者；第三，它仍有待验证真理性。

由于某些关键的符号已被固定于他的著作中，让我们现在说一说这个：交叉的符号"X"是用来指明特殊的表达词和谈话的类型，以及一般的柏拉图式的习用语；">"表示注意于柏拉图特别的学说和意见；"※"表示选择的段落和文体的美，"€"表示编者对文本的校正；"÷"表示对于段落的怀疑而没有任何理由，"）·"表示重复和变换的建议，以及哲学学派的订正，"★"是表示对学说的同意，"—"表示伪造的段落。对于关键的符号和他的一般著作就说这么多。正如卡瑞斯图斯的安提哥努斯（在他的《芝诺传》中）所说，当他的著作第一次被编成标有这些关键符号的版本时，它们的拥有者对于任何想参考它们的人，收取一定的费用。

他提出的学说就是这些。他主张灵魂是不朽的，它以不断投生的办法置于许多身体之中，并且有许多第一原理。至于对于身体的第一原理是几何学式的；他为灵魂辩护说，有如生命的呼吸，理念扩散在所有的方向。他主张它是自我运动的，并分为三个部分，它的理性部分位于头脑中，它的感性部分也处于头脑中，而欲望的部分则在肚脐和肝脏地区。

从中心向外，它在各个方向包围着身体，并且由元素构成，在和谐的间隔中被划分，它形成两个圆圈，它们彼此两次接触，而内在的圆圈被六次多的切割，造成总数七个圆圈，而且这个内在的圆圈以在对角线的左侧的方式运动，而其他的则在右侧运动。由此，那一个也是最高的，作为一个单个的圆圈，因为其他的内在的圈被划分，前一个圈是相同的圆，后者则是其他的圆。他凭此宣称灵魂的运动是与行星演化一起的宇宙运动。

并且，从中心到圆周的划分由灵魂的和谐来调节。这样确定之后，灵魂知道它是怎样的，并按比例调节它，因为他具有诸元素，按比例地分布在它自身。并且当不同的圆沿右侧运行，结果产生的就是意见；但是从相同的圆的有规则的运动，就能得到知识。他设置了两个普遍的原理：神和物质。他把神叫作心灵和原因；他主张物质被划分为形式和无限制，并且组合成的事物是从它产生的；而且它曾一度处于无序的运动中，由于神希望有秩序而不是无序时，就使之共同在一个地方。他说，这个实体转变成为四种元素，火、水、气、土，这个世界本身以及所有在其中的事物都是由它们而形成的，只有这些元素中的土是不服从于变化的，设想的原因是构成三角形的特殊性。因为他认为在所有其他元素中，使用的形状是同质的（homogemeus），而土是特殊形式的三角形，人的元素是金字塔形的，气的元素是八面体的，水的元素是等边形，而土的元素是立方体的。因此，土不会变化为其他的三种元素，而这三个也不会变为土。

但是，这些元素都不是彼此分离地进入它自己在宇宙中的领域，因为演进联合它们的微小粒子，压制和强制它们一起进入中心，同时它们又分离较大的物体，因此，正如它们改变它们的形状，所以它们也改变了它们占据的区域。

并且，这里只有一个创造出来的宇宙，它对感官是可以感知的，那是由神制造的，并且它是有生命的，因为有生命的是好于无生命的，并且这个工艺被设定为来自一个最高的善的原因。它被选中成为一个但不是无限定的，因为制造它的范型是一个，而且它是球形的，因为那是它的制造者的形状。因为那个制造者包含其他的活的事物，而这个宇宙是它们所有的形状，它是平的而没有围绕它的器官，因为它没有器官的必要。还有，这个宇宙仍然是不可消灭的，因为它不是可消溶为神（Deity）的，而且作为一个整体的创造是由神（God）引起的，因为这是善有益的本性，而宇宙的创造是有最高的善作为它的原因。因为创造的事物的最高的美是由于它的最可知的原因，所以，正如神是这种本性，而宇宙相似于它的最高的完善的美，它不是相似于任何创造的事物，而仅仅相似于神。

这个宇宙是由火、水、气及土组成的，火为了被看，土为了是坚实的，水和气为了成比例的。因为由坚实代表的力量是与两个主要比例以一种方式保持这个整体的完全联系相联系，这个宇宙是由所有元素造成的，为了完全的和不可解体的。

时间作为同一个永恒的形象而创造，后者永远保持静止，时间包含宇宙的运动，因为夜和白天以及月和相似的东西全都是时间的部分；由于这个缘故，与宇宙的本性不同，时间没有存在，但一旦宇宙形成了，时间就存在。

太阳、月亮以及行星都是借助于时间被创造的，神点亮了太阳的光亮，以便确定季节的数目，可以拥有动物。月亮直接在地球之上的一个圆圈之中，而太阳在远于它的、高于行星之上的圆圈之中。宇宙是一个有生命的存在，因为它与有生命的动物紧紧连在一起，为了这个宇宙曾被创造为与可知的活的创造物相似，可能被安排得完善，因此，所有其他动物被创造出来。

这样，它的范型拥有它们，这个宇宙也应当有它们。并且，对于大部分燃烧着的自然，包含诸神；其他有三类，有翅的、水中的、陆地的。所有在天上的神中，地球是最古老的，而且被造成日和夜，作为中心，绕着圆周运动。因为这里存有两个原因，它必定被确认。他说，有些事物是由于理性，而其他的有一种必然的原因。后者是气、火、土和水，它们并不是严格的元素，而是形式的接受者。它们是由诸三角形构成的并消溶于诸三角形。正三角形和等边三角形是它们的构成元素。

这样，设定的原理和原因就是上面所说的两个，神和物质都是范例。物质由于必然性是无形式的，就像其他的形式接受器一样。在所有这些原因之中，有一个必然的原因，由于它以一种方式接收理念并且如此生成实体，它运动因为它的动力不是一致的，并且它依次在运动中给从它产生出来的那些事物设置运动。这些首先都是无理性的和无规则的运动，后来它们开始造成宇宙，神造成它们的对称性和规则性。因为这两个原因在世界被造成前存在以及在第三个地方生成，但是它们并不是有区别的，仅仅是它们的踪迹被发现，并且是在无序之中。当世界被造成后，它们也寻求秩序。世界从所有物体中被形成。他主张，神像灵魂一样，是没有形体的。仅仅如此，他才免于变化和衰亡。正如前面已经陈述过的，他设定理念是原因和原理，依此，自然物体的世界才是它所是的那样。

他谈论善和恶，坚持达到的目的是与神的同化。美德自身而言有足够的快乐，但它必须补充，像使用的工具一样。第一，身体的条件，像健康和力量、健全的意识等等；第二，外在的条件，如财富、好的出身和声誉。但是智慧之人即使在他没有这些东西的时候，也不会少些快乐。还有，他将参与公共事务，要结婚，还会节制不破坏已制定的法律，在情况许可的条件下，他会为自己的国家立法。除非人民极端的腐败，这种情况下注定他要放弃。他认为诸神关注人类的生命，而且是超人类的存在物。他第一个定义善的概念，有如它与任何值得赞扬的、理性的、有用的、适合的和生成的东西注定在一起的，而所有这一切注定是一致的并与自然和谐在一起。

他也谈论名字的优先重要性，他是第一个创立一门关于正确地提问和回答的科学，他自己使用达到极致。在他的对话中，他把正确性看成是神的规律，因为神较强地引导人们去作正确的行为，以使作恶的人在他们死后也免于被责罚。因此，对于有些人来说，他表现得过于喜欢使用神话。在这些谈话中，也掺杂他的著作中，以此阻止人们作恶，他并提醒人们，对死后等待着他们的东西所知甚少。这就是他所宣扬的学说。

根据亚里士多德的说法，他通常在下列方式下划分事物。善是在心灵中或在身体中，或者是外在的。例如公正、勇敢、亲和、谦虚及此类东西是在心灵之中。美、一副好身材、健康和力量在身体之中。而朋友、国家的福祉和富足都属于外在的东西。

因此，这里有三类善：心灵的善、身体的善和外在的善。有三种特殊的友谊：一种是自然的，另一种是社会的，而另外一种是好客的。自然的友谊指双亲对于他们的子嗣和亲戚彼此的感情，在人之外的其他动物继承了这个形式。社会形式的友谊指原于亲密并与亲属无关；例如，皮拉德斯对于俄勒斯特斯。好客的友谊是延伸到客人的，缘于介绍或推荐的书信而来的客人。这样，友谊或者是自然的，或者是社会的，或者是好客的。有人加上第四类：爱（Love）的友谊。

有五种公民政府的形式；第一种是民主的，第二种是贵族的，第三种是寡头的，第四种是君主的，第五种是僭主的。民主的形式是那种制度中，人民有按其喜好控制并选出长官和法律。贵族的形式是这种制度中，统治者既不是富人，也不是穷人，也不是高贵者，而是国家在最好的人的指导之下。寡头的是那样的形式，在这种制度中，有对公职的适当的规定，因为富人比穷人要少些。君主制或者由法律来治理或者由世袭来治理。在迦太基，王权是用法律来治理的，公职是由售买来提供的，但是在拉代蒙和马其顿的君主制是世袭的，因为他们从某个家族选出君主。僭主制度是那样的形式，在这种制度下公民通过某个人的欺骗或强力被统治。由此，公民政府或是民主的、贵族的、寡头的、君主的或潜主的。

有三种公正，一是有关神，二是有关人，而三是有关亡故者。因为那些根据法律牺牲的和照顾庙宇的都显然是对神的虔敬。那些人偿还欠债并且他们曾经收到的有关对人的信任和公正的行为。最后，那些照顾坟墓的人显然是对于死亡者的。这样，公正的一种是关于神的，另一种是对于人的，而第三种是关于死亡者的。

有三类知识或科学，一个是实践的，另一个是生产的，而第三个是理论的。建筑和造船是生产的技艺，因为他们生产的东西可以被看到。政治和演奏笛子、演奏竖琴以及相似的技艺是实践的，因为它们所产生的东西都是看不到的，然而作为表演某种东西，在某种场合，技艺家演奏笛子或竖琴，在另一种场合，政治家在政治中扮演角色。几何学、和声学和天文学都是理论的科学，因为它们既不表演什么也不制造什么，但是几何学家考虑线段如何彼此相关，和声的学生研究声音，天文学家研究星辰和宇宙。于是有些科学是理论的，另外有些是实践的，其他的是生产的。

有五种医学：第一种是药学，第二种是外科学，第三种是处理节食（diet）和养生之道，第四种是诊断学，第五种是治疗学。药物学用药治疗疾病，外科学用刀和烧灼来治疗。节食，是预先描述养生之道，以消除疾病。诊断学从诊断病的性质开始。治疗学是根据预先诊断消除病痛。这样，医学就是药学、外科学、节食和养生、诊断学和治疗学。

有法律的两种划分，一种是写成的，一种是非写成的。写成的法律是我们在其下生活于不同的城市，起源于风俗习惯的。我们称之为未写成的法律；例如，不要不穿衣服或穿着妇女的衣服出现在市场上。并没有成文法禁止这个，但是，我们禁止那样的行为，因为它被一种未写成的法所禁止。这样，法律分成写成的和未写成的。

有五种言辞，第一种是政治家在公民大会上使用的，叫作政治的言辞。第二种是雄辩家用来写作文章，或者为了指控，叫雄辩的言辞。第三种是私人之间彼此的谈话，叫作日常生活的言辞方式。第四种言辞是那些用短的问题和回答，这种叫作辩证的言辞。第五种是工匠的言辞，关于他们自己的主题的谈话，叫作技术的言辞。这样，言辞或者是政治的，或者是雄辩的，或者是普通对话，或者是辩证的，或者是技术的。

音乐分为三种，第一种仅仅使用喉咙，像歌唱。第二种同时使用喉咙和手，如同在弹着竖琴唱歌，为自己伴奏。第三种仅仅使用手；例如，竖琴。这样，音乐使用或者仅仅喉咙，或者同时使用喉咙和手，或者仅仅使用手。

高贵性有四种，第一，当祖先是文雅的和英俊的，也是公正的，他们的后代被说成是高贵的。第二，当祖先曾经是王子或长官，他们的后代被说成是高贵的，第三，源于其祖先曾是赫赫有名的；例如曾经担任军事指挥官或者在国家运动会上获得成功，我们也称其后代叫高贵的。第四种是这个人本人有慷慨的和高尚的气质，他也被说成是高贵的，并且这种才是高贵性的最高形式。这样，关于高贵性，一种取决于卓越的祖先，另一种是王子的祖先，第三种是赫赫有名的祖先，而第四种是由于自己的英俊和价值。

美有三种，第一种是赞扬的对象，如喜欢看的形式。第二种是实用的：如像一个工具、一座房子一类的都是实用的。第三种是有些事物对于习惯和追求之类的是美的，因为是有益的。这样，美，第一类是可赞扬的事物，第二类是为了使用，第三类是它产生的有益性。

灵魂有三种划分，第一部分是它的理性，第二部分是它的欲望，第三部分是情绪。关于这些，理性部分是目的，并反映和理解事物之类的原因。灵魂的欲望部分是吃的愿望、性的冲动之类的原因。而情绪的部分是勇敢、快乐以及痛苦和愤怒的原因。这样，灵魂的一部分是理性的，另一部分是欲望的，第三部分是情绪的。

关于完美的美德有四种：审慎、公正、勇敢和节制。其中，审慎是正确行动的原因，公正是公正的处理伙伴关系和商业交易的原因，勇敢是身处警报和危险的情况下不会轻易放弃，坚定面对，节制引起对愿望的掌控，以致我们不会被任何快乐所奴役，并引向有秩序的生活。这样，美德即是第一审慎，第二公正，第三勇敢，第四节制。

统治有五个划分，一是根据法律，另二是根据自然，三是根据习惯，四是根据出身，五是根据强力。城邦中的长官被他的同道公民选出，就是依据法律的统治。自然的统治者都是男性，这不仅在人类如此，在其他动物中也如此；因为雄性在每一处都对雌性实施广泛的统治。根据习惯的统治是那样一种权威，有如随从对于儿童和教师对于学生。世袭的统治例子是拉栖猛代

（即斯巴达——李真注）的国王，四位国王的职位只限于某些家族。同样的，对于国王来说依靠武力的例子是马其顿，国王的地位因出身而定。由武力或者欺骗获得的权力，压制公民的意志进行统治，这种统治叫作强力的。因此，统治或者由于法律，或者由于自然，或者由于习惯，或者由于出身，或者由于强力。

有六种雄辩，当演说者唆使对一个邻邦宣战或联盟时，这种雄辩叫作说服。当演说者反对发动战争或建立联盟时，并催促他的听众保持和平时，这类雄辩叫作劝阻。演说第三种认为他被有些人误解了，并被大大地恶作剧了，这种辩护叫作谴责。第四种雄辩叫作辩护。演说者声明他没有做错什么，他的行为并无反常之处，在这种情况下就是辩护。第五种雄辩，当演说者对有些人谈得很好，并证明他是有价值的和可尊敬的，叫作自许。第六种是演说者声明某人是不值得的，称作指责。因此，雄辩包括自许的、指责的、说服的、劝阻的、谴责的和辩护的。

成功的讲演有四种，第一种是在于它的目的，第二种在于恰好的时间，第三种在于面对适当的听众，第四种在于在适当的时机。所谓目的的那种，是指那些对演说者和听众是适宜的东西。恰好的时间是指讲演时长既不多也不少。向适当的听众演说的意思是，致辞的人们是年长于你自己的时候，谈话必须是适当于年长的听众；而当对年幼者致辞时，谈话必须适合于年轻的人。演讲的合适时间是既不太快也不太慢，否则，你会错过标志处而不是成功的讲演。

福祉。有四种划分，特殊的帮助、个人的服务、使用知识、使用言词。特殊的帮助是一个人需要我的时候，通过这笔钱的帮助。个人的服务是那些将遭到责打的人，用自己的身体解救了他们。那些在训练或治疗中，或者有人教导某种价值，用知识提供了帮助。而当人们进到法庭为人辩护，并代表他发表了有力的演说，用演说带给了他帮助。因此，或者金钱，或者个人的服务，或者知识，或者演说带给别人帮助。

也有四种方式，事物是完成的并达到了目的。第一个是用法律的办法，当一个条例通过了而这个条例被法律确认。第二个是在自然的程序中，如日夜、年度、季节。第三个是技艺的规则，例如建筑者的工艺，因为一所房子是被他建成了；造船技艺使得船体完成了。第四个是事物由于机会或偶然达到一个目的，使它们成为不同于我们期待的另外的结局。因此，事物的完成或者由于法律，或者由于自然，或者由于技艺，或者由于机缘。

能力有四种划分，第一，我们能用心灵来做，亦即计算或者预料。第二，我们可以用身体来影响，例如，赛跑、给予、取得之类。第三，我们能够用大量的士兵或者金钱的充分供应为手段做的，因此，一个国王被说成有伟大的力量。第四种，作或作得好些或坏些。因此，我们能够生病，或被教育的，或康复以及类似的。因此，能力或者在心灵中，或者在身体中，或者在武器和钱财中，或者在行动或被行动之中。

亲善有三种，一种是以问候的方式，如某个人向他遇到的所有人致意，并伸出他的手，给他们衷心的问候；另一种方式是有人给处于灾难中的每一个人以帮助；再一种方式是某些人喜欢提供大餐。因此，亲善表现为或者是有礼貌的打招呼，或者给予好处，或者由于殷勤招待和增进社会的交往。

福祉或快乐包括五个部分，第一是好的劝告，第二是一个意识的健全和身体的健康，第三是个人的工作，第四是在共事者中的声誉，第五是拥有金钱以及别的顺从于生活的目的的东西。思想是教育和具有许多事物的经验的结果。意识的健全依赖于身体的器官；我的意思是，如果一个人用眼来看，用耳来听，用鼻子和嘴来接受适当的对象，这样就是意识健全。成功地做他想做的事，用一种正确的方式，就好比成为一位好人，或拥有一个好的声誉。被别人谈到富有时，他是完全拥有所有生活的需要，能慷慨资助他的朋友，能大方的履行他对社会的服务。如果一个人拥有所有这些东西，他就是完完全全的快乐。因此，福祉的快乐，是好的劝告，是健全的意识和身体的健康，是成功，是好的声誉，是充分的富有。

技艺和手工有三个划分。第一个包括矿业和林业，它们都是生产的技艺。第二包括铁匠的和木匠的技艺，它们改变材料，因为铁匠从铁造出武器，而木匠把木板变形为笛子和竖琴、马鞍，或战争使用的武器，音乐使用

笛子和竖琴。第三就是它使用如此制造成的东西。因此，技艺有三个不同的
种类，就是上述的第一、第二和第三种。

善被划分为四种。一是拥有美德，我们肯定这些是个人的善。二是美德
本身和公正；我们肯定这些是善。第三包括那样一些事物，如食物、适当的
运动和药物。第四是我们肯定为善的，包括演奏笛子的艺术，以及活动之类
的艺术。因此，四种善，一是拥有美德；二是美德本身；三是食物以及有益
的运动，四是笛子演奏、活动和新的技艺。无论是什么，都或者是恶的或者
是善的或者是一般的，我们把那些事物叫作恶的，它能够是恒定地作出有害
的事。例如，坏的判断以及愚蠢和不公正以及诸如此类。与此相反的事物都
是善。那些有时是有益的，而有时又是有害的，如像行走、坐和饮食，或者
那些既不起好的作用，也根本不是有害的，这就是一般无差别的，既不是
善也不是恶。因此，无论什么事物都是或者善，或者恶，或既不是善也不
是恶。

良好的秩序分为三类。第一，如果法律是好的，我们说这里有一个好
的治理。第二，如果公民们遵守已建立的法律，我们也把这种称作好的治
理。第三，如没有法律的帮助，人民在习惯和惯例的引导下很好掌控他们的
事务，我们也把这再一次叫作好的治理。这样，三种形式的好的治理可以存
在，（1）当法律是好的时，（2）当已存在的法律被遵守时；（3）当人民生活
在敬重习惯和惯例之下时。

无秩序有三种形式，第一，当法律对公民和外来者都是坏的。第二，当
已存在的法律不被遵守时。第三，根本没有法律。这样的坏的治理的国家就
是，当法律是坏的、当不被遵守或者根本没有法律。

对立被划分为三种，例如，我们说善与恶相反，如像正义与非正义、智
慧和愚蠢，以及诸如此类。还有，恶与恶相反，挥霍与吝啬相反，被不公正
地虐待与被公正地对待相反，以及如此相似的恶与恶。还有，重与轻、快与
慢、黑与白，以及这些对子都是相反的，然而它们都既不是善的也不是恶
的。这样相反者，有些是如同善和恶相反，另一些是恶和恶相反，再有一些
事物是既不是善的也不是恶的，都彼此相反。

有三种好的东西，那是能够被独家地拥有的，那些能与其他人分享的，以及那些简单地存在的。第一种划分，即那能独家地拥有的，属于那样一些事，如公正和健康。第二种是那种虽非独家地被占有，却可以与其他人分有。这样，我们不能拥有绝对的好的东西，但是我们能分有它，第三种包括那些好的东西，它的存在是必然的，尽管我们既不能独家地拥有它也不能分有它。仅当价值和公正的存在是一种善，而且这些事物既不能被分有，也不能独家拥有，但是必须简单地存在。因此，关于善的事物，有的是独家地拥有，有的是分有，而其他的仅仅是存在。

劝告被划分为三项。一是取自过去的经验，二是取自现在的时间，三是取自未来的时间。取自过去的经验包含例子：例如，拉栖蒙人，曾受轻信他人之苦。从现在的时间提出的劝告是表明，例如，城墙太脆弱了，人们太懦弱，而且储备变得短缺。从将来提出的劝告是，例如，敦促我们不要错误对待外交使节，怀疑他们，以免美好声誉受损。这样，劝告是从过去、现在和将来提出的。

语音分为两种，根据有生命的或无生命的。活的事物的声音是有生命的声音，乐器的发声和噪音是无生命的声音。有生命的声音一部分是相互连接的，一部分是不相互连接的。在人的声音中是相互连接的，在动物的声音中是不相互连接的。这样，语音或者是有生命的或者是无生命的。

无论什么存在的东西，或者是可分的，或者是不可分的。在可分的事物中，有些可分为相似的部分，而另外的可分为不相似的部分。那些不可分的事物，它们不能被分割而且不是由元素组成的，例如，单位、点和音符；在那些具有组成部分的，例如音节、在音乐中的和声、动物、水、金子，都是可分的。如果它们都是由相似的部分组成的，所以整体不是与其部分不同的，除非是在大块的情况下如像水、金子以及所有可以熔化的，诸如此类。这样，它们就被叫作同质的。但是无论什么由不相似的部分构成的东西，如像一座房子之类，就被叫作是异质的。因此，无论什么事物都是可分的或不可分的。而关于可分的事物有些其部分是同质的，其他的是异质的。

关于存在的事物，有些是绝对的，而另一些称作是相对的。那些叫作绝对的存在的事物就是那些不需要别的事物来解释它们的，如人、马及所有其他的动物。因为没有它们是由解释而得到的。对于那些被叫作相对的事物，属于所有需要加以解释，例如，比某些事物大些的，或者快些的，或者更美的，诸如此类。因为大些包含着少些，而快些是快于某事物。这样，存在的事物就或者是绝对的，或者是相对的。并且根据亚里士多德说，在这种方式中，柏拉图也经常划分基本的概念。

这里也有其他人叫作柏拉图的，一个是罗德岛的一位哲学家，他是潘那提乌斯的学生，这是语法学家色勒库斯在他的第一部著作《论哲学》中说的；另一位是一位逍遥派的人士，是亚里士多德的学生；还有另一位是普拉克西番勒士的学生；最后还有一位柏拉图，是一位老喜剧的诗人。

——译自第欧根尼·拉尔修:《名哲言行录》第三卷

三、亚里士多德小传

亚里士多德（384—322B.C.），尼可马科斯和费斯提斯之子，是斯它吉拉本地人。他的父亲尼可马科斯，正如赫尔米普斯在他的《论亚里士多德》一书中提到的，从尼可马科斯追溯的家世，他是马克昂的儿子和阿斯克勒庇乌斯的孙子，并且他与马其顿国王阿明塔斯是朋友和其医生，与他住在一起。亚里士多德是柏拉图的最有天才的学生。他说话带有较重舌音。这是雅典人梯模特乌斯在他的《论生活》一书中记载的。再有，他的腿肚子是修长的（他们如此说），他的眼睛是小的，他的服装、戒指以及发式都是很引人注目的。根据第迈欧斯说，他与赫尔波里斯生有一个儿子，名字也叫作尼可马科斯。

他退出学园，当时柏拉图仍然健在。由此有一段归之于后者的话，"亚里士多德傲慢地回绝我，犹如雄马驹踢养育它的母亲"。赫尔米普斯在《生活》一书中提到，当他作为雅典人的公使在菲立普的宫廷而不在雅典时，克塞诺克拉底成了学园的首领，并在他回到雅典看到学园有新首领的领导之后，他作出了一个选择，在吕克昂公开地散步，在那里他会走来走去并与他的学生们讨论哲学，直到他们要用油来擦身体的时候为止。由此，得到了"散步学派"的美名。但是另外的人对此的说法是：当亚历山大从病中康复后，并且每天散步，亚里士多德参加并与他谈论某些问题。

当他的圈子变得越来越大时，他坐下来讲课，提出：

"保持沉默并且让克塞诺克拉底说是不好的"。

他教导他的学生，让他们在实践讲演术之外讨论一系列论题。后来，他前往赫尔米亚斯那里。赫尔米亚斯是个太监，他是阿塔里乌斯的僭主。有一个故事说，亚里士多德与赫尔米亚斯有很友好的关系。另一些人的说法，赫尔米亚斯把他的女儿或者侄女许配给亚里士多德，以这种亲戚方式来加强他们之间的联系。马格勒西亚的德米特勒乌斯在他的著作《论同名的诗人与作家》中，也如此说。这同一位著者也告诉我们，赫尔米亚斯曾经是欧布努斯的一名奴隶。他是必瑟里亚的后裔并且曾谋杀了他的主人。亚里士提普斯在他的《论古代人的奢侈》一书第一卷中说：亚里士多德爱上了赫尔米亚斯的一位小妾，并且经他同意娶了她。并且在高度兴奋中献祭给一位弱妇女，像雅典人那样献给埃纽西斯。他还作了一首赞颂赫尔米亚斯的赞歌（如下有叙述）。之后，他驻留在马其顿菲立普的宫廷，并作为菲立普的儿子亚历山大的教师。他请求亚历山大重建了他的家乡城市，它曾被菲立普摧毁，由于他的请求而重建。他还为该城居民制定了一部法典。我们进一步得知，追随克塞诺克拉底的榜样，在他的学校中建立一个制度，每 10 天就得任命一位新的主席。当他认为驻留在亚历山大那里的时间已经够长了，他就离开了，动身回到雅典。他第一次把他的亲戚奥林图斯的卡里士泰尼斯托付给亚历山大。但是，当卡里士泰尼斯对国王谈论了太多自由并不认同他的建议时，据说亚里士多德并引用以下的话来指责他：

"我的孩子，我想用你所说的，你将是短命的，一定会如此。"

后来他被怀疑在赫尔谟劳斯密谋危害亚历山大的事件中与之串通，他被关进一个铁笼子里面。由于缺乏照顾他患上了严重的寄生虫病，最后被扔给一头狮子，就这样结束了他的生命。

回到亚里士多德。他来到雅典领导他的学校达十三年之久。后来隐退到卡尔克斯。因为他被等级制度拥护者欧里麦冬指控为不虔敬，或者根据法沃里努斯在他的《杂史》中所说，是被德摩费努斯所指控，指控的根据是前面所说的他所作的颂杨赫尔米亚斯的颂歌，以及在德尔斐为他立的塑像。

这个人违反了神圣的不朽的规律，不公正地被波斯人的心藏毒箭的国王所杀害。这位国王战胜他不是公开地用矛在杀气腾腾的战斗中决战，而是用他信赖的一个人的背叛的手法。

他在卡尔克斯死去后，根据欧米鲁斯在他的《历史》第五卷中的记载，是由于在 70 岁时吃了乌头（一种野生植物——李真注）。相同的说法是他在 13 岁时他去到柏拉图的面前；但这是错误的，因为亚里士多德活了 63 岁，而且他是 17 岁的时候成为柏拉图的学生的。

所说的颂诗有如下述：

啊，美德，有死的人世代苦苦寻求达成的，是生命能够获得的最公正的奖励。对于你的美丽，啊，处女，那是一个在希腊人中光荣的劫难，甚至对于死去的和承受暴力的不休止的劳作。那样的勇敢，你根植于心灵之中的是不可毁灭，比黄金更好，比父母或者温柔注视着的睡眠更亲，为了赫尔克勒斯的缘故，宙斯之子以及丽达之子在他们寻求力量的过程中忍受了许多。在阿基里士和阿贾克斯来到哈德士之屋时的哀叹，由于你亲爱的形象，对阿塔勒纽斯的照顾也是太阳光芒的绝望。

因此，他的行为被歌颂，并且记忆之神的女儿缪斯们将使他成为不朽的，并且提升为城邦维护者宙斯的威力和持久友谊的荣光。

这里也有我自己的关于这位哲学家某些话，我将加以引用。

神的神秘教的祭司哥里麦冬曾有一次控告亚里士多德不虔敬，但是他用喝了一大口毒药的办法，逃脱了指控。这是当时一个容易消除不公正指责的方式。

法沃里努斯在他的《杂史》中确定亚里士多德是第一个写了前述为他自己的这桩讼案辩护的演说；并且引述了他在雅典说的话。

"梨树成长为老的梨树；而无花果树叶成长为无花果树。"

根据阿波罗多鲁斯在《编年史》中记载，他生于99届奥林匹亚赛会的第一年（即382B.C.—386B.C. 李真注）。他与柏拉图住在一起达20年之久，并在17岁时成为他的学生。他在欧布鲁斯任执政官时，即在108届奥林匹亚赛会的第四年（即345—344 B.C. 李真注），去到了宋提伦尼，当柏拉图死于那一届奥林匹亚赛会的第一年（即347B.C.—346B.C. 李真注），特奥菲鲁斯任执政官的时候，他去到了赫尔米亚斯那里，并与他一起生活了三年。在109届奥林匹亚赛会的第二年（即342B.C.—341B.C.——李真注），他去了菲立普的宫廷，那时亚历山大15岁。他到雅典来是在111届奥林匹亚赛会的第二年（即378B.C.—334B.C——李真注），他在吕克昂授课达13年之久。之后，于114届奥林匹亚赛会的第二年他回到卡尔克斯，并且在大约63岁时自然死亡，其时正是菲罗克勒斯作执政官之时。同年德谟斯底尼死于克拉瑞亚。据说他惹得这位国王的不愉快，因为他介绍了卡里斯底里给他，而亚历山大为了引起他的愤怒，尊崇了阿那克西美尼，并赠送礼物给克塞诺克拉底。

根据安布里雍在他的《论齐奥的特奥克利图斯》一书中的记载，齐奥的特奥克利图斯在一首诙谐短诗中嘲笑了他。这首诗如下：

"太监赫尔米亚斯，欧布鲁斯的奴隶，一座空的纪念碑被空有智慧的亚里士多德所建立，他用没有法律的口味，选择了住在烂泥洪流的口中，而不是在学园之中。"

提猛在一行文字中攻击了他：

"不，也不是亚里士多德痛苦无效。"

这就是这位哲学家的生平。我也曾查阅他的遗嘱，竟是如此地让人惊奇：

"一切都很好。在任何事情将会发生时，亚里士多德作出了这些安排。安提帕特尔是所有有关事务总的执行者；但是，直到尼卡诺尔的到来。亚里士托麦里士、提马库斯、西甫帕库斯、狄奥特利斯，以及（如果他同意的话以及情况容许他的话）特奥斯弗拉斯托斯将负责赫尔波里斯和孩子们以及财产，女孩在长大之后将许配给尼卡诺尔；但如果在结婚之前有任何事故时（那会受到上天庇护并没有那样的事情发生），或者她在结婚后但还没有孩子时，尼卡诺尔将对孩子们及别的所有事情拥有全权，以一种对他对我们都是有价值的方式。尼卡诺尔将负责这个女孩子和尼可马可斯这个孩子，按他设想照顾他们诸多方面，就像他是父亲和兄长一样。如果有任何事情发生在尼卡诺尔身上（这是上天要保佑的），不论是与此女结婚之前，或者已经与她结婚但还没有孩子，他所作的任何安排，都是有效的。如果特奥弗拉斯托斯愿意与她一起生活，他将具有像尼卡诺尔一样的权利，否则管理者在咨询安提帕特尔之后，对这个女孩和这个男孩作出关于他们最好安排，执行者们及尼卡诺尔为了纪念我和赫尔波里士终生对我坚定情意，请对她的各方面予以照顾。如果她愿意再结婚，请不要与不值得的人结合。此外，除了她已得到的，他们将会给她以及她将从房产中拿出一个塔仑特的银币，除了她现有的女仆和皮尔赫乌斯外，她将从女仆中选择任何三个女仆。如果她选择留在卡尔克斯，那座在花园边上的房子给她，如果她选择去斯它吉拉，我父亲的那座房子给她。这两座房子无论她选择哪一个，执行者们都应提供他们认为适当的家俱，如赫尔波里斯本人认可的。尼卡诺尔将照顾孩子米尔麦克斯，当作他自己的朋友，应当像我一样的态度，连同我们收到的他的财产。安布拉西斯将获得自由，在我的女儿结婚时，将获得五百德拉马克以及她现在有的女仆。对于泰勒将给予她现有的女仆，及她所购买的，在以前已支付的钱之外，再给她一千德拉克马克和一个女仆。西蒙除了以前已付给他的另一个仆人的钱以外，或者买一个仆人给她或者将得到另一笔钱。蒂可菲罗、俄林匹乌斯和他的小孩，将在我女儿结婚时获得他们的自由。没有侍候我的仆人将不会被卖掉，他们将继续被使用；在他们达到适当的年龄时，将会获得自由，如果他们值得如此的话。我的执行者们要留意，当格瑞里昂的雕像雕刻完成时，请他们开始雕刻尼卡诺尔的。普罗克塞努斯的雕像，那是我所嘱意要执行的，以及尼卡诺尔的母亲的雕像；还有建造阿瑞姆勒斯塔斯的雕像，作为纪念他无子嗣的死亡。在勒麦亚的德米特尔，或者在任何他们认为最好的地方，树立我母亲的雕像。无论他们在把我葬在何处，都将在那里安葬皮提亚斯的骨殖，这是她的安排。为了纪念尼卡诺尔的安全归来，正如我代表他起誓的，他们将在斯它吉拉建立与人一样大小的石头雕像，就像守护神宙斯和雅典娜那样的。"

这就是亚里士多德遗嘱的声调。据说有大量属于他的盘子被发现了，而且吕科提到他在温暖的油池中沐浴，然后卖掉了这些油。有些人由此把与在他的肚子上放置一杯温暖的油相关联，他在睡觉时，常把一个铜球放在他的手中，有一个容器在它的下面，如果这个球从他手中堕落到这个容器中时，他会由于响声而被唤醒。

有些非常愉快的述说都归之于他，下面我将引述它们。对于问题："人们说谎会得到什么？"他的回答是："正是这个，当他们说真话时，它们是不被信任的。"有一次他被指责把手臂伸给坏人时，他回答道："我可怜的是这个人而不是他的性格"。他经常对他的朋友们和学生们说，无论什么时候或什么地方，他恰好在讲课，"就像从周围的空气中在光中的视力，灵魂从数学中所作到也是如此"。他经常地并在相当长时期会说：雅典人是小麦和法律的发明者；但是，尽管他们使用小麦，但对法律却没有使用。

"教育的根"，他说过："是比较苦的，但是它的果实是甜的"。当被问道："什么是快速变老了？"他回答道："感恩"。被问到定义希望，他回答道："它是一个在行走中的梦"。当第欧根尼供给他干的无花果时，看到他必须准备某些尖刻的东西，但是他没有说，如果他没有用它们，所以他说第欧根尼已经在他的交易中失掉了他的无花果和他的玩笑。在另一个场合当无花果干被提供之时，他抓住无花果干把它们高高举起，就像举起婴儿一样，而且还给他呼喊道，"第欧根尼是伟大的"。对于教育，他宣称有三件事物是不可少的，自然的禀赋、研究和经常的实践。当听到某些人骂他时，他回应道："他可能甚至在我不在场的时候鞭打我"。他宣称，美比我的推荐信是一个更大的推荐。有些人把这个定义归之于第欧根尼；他们说，亚里士多德定义好的外表为神的礼物，苏格拉底有如一个活得短的统治者，柏拉图有如自然的超级品。特奥弗拉斯塔斯有如一个无声的骗术；特俄克利图斯有如在一个象牙背景中的一个恶鬼。卡尔里德有如无需贴身保镖的君主。当被问道有教养的和没教养的区别时，他说："这很像活人区别于死人一样"。他经常宣称教育是繁荣中的装饰品和逆境中的避难所。他说，教育小孩的教师比仅仅给他们出生的父母是更值得尊敬的，因为单单的生命是由一个人提供的，而另外的人则保证了一个好的生命。对手一个夸口他属于一个伟大城市的人，他的回答是："那不是要考虑重点，而一个人是怎样的才是一个伟大的国家所看重的。"对于"什么是一位朋友"的问题，他的回答是："一个单个的灵魂居住在两个身体中"。他经常说，人类被划分为那些有如节约得像他们会永远活下去，以及那些有如极度挥霍的人就像第二天就会死去一样的人。当有人问：为什么我们在美丽方面花了许多时间，他说："那是一个瞎眼的人问题"。当有人问他从哲学得到了什么好处时，他回答说："这个，我作它并没有被命令，什么是有些人被驱使去作是由于他们害怕规律"。这个问题被提出：学生们怎么能取得进步？他回答说："对于当前的事刻苦对付，而不等待那些在它们后面的事物。"对于那些喷向他的大量谈资的话匣子，他们问道："我已经用我的谈论使你厌倦得去死吗？"他回答说："的确不。因为我不在乎你"。当有一个人责备他给一个不受尊敬的人一笔捐赠时，——因为这个故事也是在这种形式谈论的，——他说："我所援助的不是那个人，而是人性"。当问到我们应当怎样代表朋友时，他回答说："正如我们应当希望他代表我们那样"。他定义公正为灵魂的美德，它是按照优点来分配的。他宣称教育是对于老年的安排。法沃里努斯在他的《回忆录》第二卷中提到他的一个习惯性说法，"那个拥有许多朋友的人，可能没有一个真朋友"。这也发现于他的《伦理学》第十七卷。这些就是他的一些语录。

他的著作丰富量大，考虑到这个人周围的卓越人物，我认为有责任列出它们。

（以下略去各种亚里士多德的著作的名称——李真注）

全部著作大约有 445270 行。

这些就是他所写著作的数目。在这些著作中，他提出了下列观点：有两种哲学的划分，实践的及理论的。实践的包括伦理学和政治学，而在这个后面的部分，不仅有国家的理论，也有家政的纲要。理论部分包括物理学和逻辑学，尽管逻辑学不是独立的科学，而是被加工为其他科学的工具，并且他明确地确定它有两重目的，可能性和真理。对于这些每一种，他使用两种能力，当可能性是目的时，用辩证法的和修辞术，而分析术和哲学则是目的在于真理。他对于造成发现，或者判断或者实用的事物都不会忽略。至于造成发现的，他在《论题篇》和《方法篇》中留下了许多命题。学生们能够很好地从它们在可能的论证中得到问题的解决。对于判断，他留下前后《分析篇》，用《前分析篇》，前提被断定，用《后分析篇》推论的过程被测试。对于实际应用，有对于争论的准则，以及对于问题和回答的著作，对于诡辩术的错误，有三段论及类似的东西。他提出真理的验证是在对象领域中的实际呈现的感觉，而在道德领域处理国家、家务以及法律就是理性。

他主张一个伦理学的目的是在一个完成的生命中的美德的练习。并且他坚持幸福由三种善构成，第一，灵魂的善，他规定实际上具有最高价值的，第二，是身体的善，健康、力量、美丽以及此类的，第三，外在的善，如像财富、好的出身、名誉以及此类的。并且他把美德看作不是它本身能够促成幸福；身体的善和外在的善也都是必要的，因为聪明人将会是悲惨的，如果他生活在痛苦、贫穷以及相似的环境之中的话。然而，恶本身是足以促成苦难，即使他是十分富裕地被提供身体的和外在的善的话，他主张诸美德不是相彼此依靠的。因为一个人可以是深思熟虑的，或者判断再三的，并且在同一时间是肆意挥霍的和不能控制自己的感情的。他也说过一个聪明人并不能免于所有感情，但是在适度中纵容它们。

他定义友谊为一种相互善意的平等，包括在一个属的语词之下的亲属友谊，有如另一种相爱的人，并且有如第三种，即主人和客人。爱的目的并不仅仅是交合而是哲学。根据他的看法，一个聪明的人会堕入爱之中，并在政治之中扮演角色，再有，他会结婚并住在国王的宫廷中。关于三种生活，沉思的、实践的和爱享受的生活，他宁愿选择沉思的。他主张做好日常教育研究是获得美德的服务。

在自然科学领域，他超越于所有哲学家的是对于原因的研究，以致最没有意义的现象也被他加以解释。由此，他编成了不寻常数量的科学手册。像柏拉图一样，他主张神是无形体的；他的领域扩展至天体，它是不动的，并且地球的事件都是由于它们的与它们（天体）的相似性而被规定的。此外，他主张四种元素，还有第五种元素，天体就是由它构成的。它的运动是不同于其他元素的，它是圆形的运动。再有，他坚持灵魂是没有形体的，定义它有如一个自然有机物体潜在的拥有生命的第一隐德来希（即实现——李真注）。因实现这个语词，他的意思是它具有一个无形体的形式，这个实现，在他看来是两重的。或者它是潜在的，就像在蜡之中的赫尔墨斯，设想蜡被采用得到适当的塑造，或者有如那包容在铜之中的塑像；或者再一次地它是确定的，那是与完成赫尔墨斯的形象或者完成了塑像的情况。灵魂是"自然物体的"实现，因为物体可以被划分为（a）手艺人的手制造的物体，有如一座塔或一条船，而且（b）自然造成的自然物体，如像植物或动物的身体，并且当他说"有机的"，他的意思是构造为了达到一个目的，如视力是被采用是为了看，而耳朵是为了听。对于一个身体来说，"潜在地拥有生命"就是说在它自身之内。

这里有"潜在的"两种意思。一是回答一个形式的状态，另一个是它在活动中的练习。在这个语词的后一种意义上，那个醒着的人被说成有灵魂，在前一种意义上，那个睡着的人有灵魂，当为了包括睡着的人的情况，亚里士多德加上了一个词"潜在的"。

　　他主张在不同主题中的许多其他意见,列举它们定是枯燥乏味的。总起来说,他的工作和发现都是值得注意的,正如上面所说的他的著作的书目所表明,它们差不多有400种之多,亦即仅仅考虑没有争议的真正是他的著作,因为另外有许多写下的著作和被指为口头的述说都归之于他。

　　这里另有八位亚里士多德:(1)我们的哲学家本人;(2)一位雅典的政客,那位优雅的预见性演说的作者;(3)一位注释《伊利亚特》的学者;(4)一位西西里的演说家,他写作了对伊索克拉底的回复,(5)一位苏格拉底派哲学家埃斯契尼斯(本名米斯)的学生;(6)一位居勒尼的本地人,他写了关于诗的艺术;(7)一个训练小孩者,他在亚里士托克努斯《柏拉图的生平》中被提到过;(8)一位不太清楚的语法学家,他的手册《论床上舞蹈》仍然存世。

　　斯它吉拉的亚里士多德有许多学生,最卓越的是特奥弗拉斯塔斯。

　　　　　——译自第欧根尼·拉尔修:《名哲言行录》第五卷

后　记

　　呈献在广大读者朋友前面的这本专著《亚里士多德〈形而上学〉解说》写作的缘起，我曾在本书导论中有过详细的说明。首先它是我翻译出版亚里士多德《形而上学》中译本中对读者的一个承诺，我对于其在著作中一些难点，感到在译文的注释中，限于篇幅很难作出完全令人满意的说明。所以，我许诺将在另一部专著《亚里士多德〈形而上学〉解说》中，逐章逐句地对他的原文加以评论和解说，以帮助读者读懂这部哲学史上有名的"难以读懂"的经典著作。

　　另一个写作这本专著的原因是想对我长达半个多世纪，从 20 世纪 60 年代初起，在北京大学哲学系从事古希腊哲学史，特别是亚里士多德的研究和教学工作以来，对其哲学的一些新的体会作一个小结。这不仅对我个人的学术生涯是很有意义的，也对广大读者朋友有一定的帮助。

　　因此，对这部专著，我不想说它是广大读者朋友的"良师"，但希望是他们的"益友"。这个肯定是合格的，我希望这一点能获得本书的读者朋友们的赞许。

　　关于使用这本书的方法，我曾在本书中反复地强调过，在阅读本书的同时，一定要反复细读亚里士多德《形而上学》原著，我推荐我的中译本（1999年台湾正中书局出版，2005 年、2006 年上海人民出版社出版，2020 年人民出版社出版），这本书中有对于主要概念的希腊原文以及相应的英文译文供读者参考。为了便于不懂古希腊文的读者能对古希腊文有一定了解，还附录了"希腊语字母及发音参照表"，以便拉近读者与亚里士多德老先生的距离和亲切感。我希望读者朋友能充分地利用它。

我之所以强调要反复地细续原著，因为仅仅初读一遍是不够的，反复多读几遍就能多体会一点它的含义。这和我们常说的"熟读唐诗三百首，不会作诗也会吟"的道理是一样的。希望读者朋友不要怕麻烦！这也是我本人学习《形而上学》一书的一点体会。

作为 21 世纪的中国读者，学习《形而上学》这本两千多年前古希腊哲人的著作，一定要运用我们掌握的已经发展到 21 世纪的哲学的高度水平，用批判的态度来学习《形而上学》这部经典著作。尽管亚里士多德在这本书中作出了许多天才的创见，精辟地论述了他的重要哲学观点。比如，他对哲学对象的确定，他对"实体"学说的深入研究，他对事物的变化和各种运动变化形态（时间的、空间的、质的、量的、关系的等等）的深入研究，他的"潜能"与"现实"的学说，他对柏拉图理念学说的尖锐批判，指出他把一般从个别分离出来存在，而且是关于个别的荒谬观点等等，都是十分宝贵的哲学遗产。但是，即使是像亚里士多德哲学家，他也受到时代的限制。他的一些观点包含着严重的错误，特别是，他从根本上不理解以赫拉克利特为代表的辩证法思想（这从他在书中多次嘲笑赫拉克利特的学说可以明显地看出来）。他不理解万事万物都处在流变中，他不理解是事物的内在矛盾的统一和斗争推动事物的发展变化，以致他总是在变化的事物外部来寻找推动事物运动变化的力量，从而致导致"第一推动力"、"自己不动而推动了事物运动的活力"。而这个"不动的活力"就是他最后推论出来的万能的"上帝"（与柏拉图的万能"创造者"（德里奥尔格）是同样的货色）。所以，难怪在中世纪基督教神学中都是以亚里士多德和柏拉图的理论为基础的，并被视为"最高真理"。他还幻想天上的世界是不变动的，由此创建了他的"自然神学"（参看《形而上学》第十二卷）。这些严重的错误观点，鲜明地表现了他所受到的"时代的限制"，是我们必须加以批判和扬弃的。

在本书写作过程中，还发生了一种有趣的事，在十三章中，亚里士多德谈到实体的问题。他提出一个问题，即"一般会是什么个别的实体呢？"他指出：它"或者是所有的，或者是无有的"。这与以下的行文不符了，因为可以问是否一般是所有的个别的实体？但不能问："一般是否无有的个别的实体？"因为这不是一个正确的发问，什么叫"是无有的个别的实体"呢？因为是"无有"，即什么个别都不是！而以下的行文讨论的是"或者是所有的，或者是一个的"。而托马斯·阿奎那的注释，在这里明确地就是"或者是所有的，或者是一个的"。托马斯·阿奎那使用的是中世纪通行的拉丁文本。看来在拉丁文本中这里应是"或者是所有的，或者是一个的"，所以可以判定这是一定有文本方面的单词的错误。但是所有的英译文，无论是罗斯的，还是哈佛大学勒布丛书中的《形而上学》，由英国学者 Hmge Tredenmich 所作的英译文，以及维纳·耶格尔核订的古希腊《形而上学》，此处都是"或者是所有的，或者是无有的"，（古希腊文本为 1038^b13 ἢ γὰρ πάντων ἢ οὐδενός）所以诸位英文翻译者是没有错的。他们都是真实地按照古希腊文的文本来翻译的。错的应该是贝克尔等德国学者校订的这个"标准古希腊文本"的错误。本来这种文字上的错误，单纯从文字上看是很难发现的，所以也不能责怪他们的工作。应当表扬的是托马斯·阿奎那和他使用的《形而上学》拉丁文本。这种错误只有在仔细阅读原文和研究整个篇章文字讨论的是什么，才可以发现出来。而这恰好是在我的写作过程中发现的——这的确是一种有趣的事。它使我联想起《吕氏春秋》的故事。据说《吕氏春秋》书成之后，高悬于国门并悬赏曰："能易一字者，赏千金。"如果这个古希腊文本《形而上学》也有类似赏金。我将是有幸获得此殊荣的了。真是一则有趣的趣闻！

回顾本书的成书过程，从 2014 年正式获得国家社会科学基金会的立项和资助，到 2020 年写作完成、出版，共历时六年多。在这个过程中，我得到了许多机构和朋友的帮助与支持，它（他）们是：国家社会科学基金会、重庆社会科学院、剑桥大学图书馆、剑桥大学古典学系及图书馆、剑桥大学伍尔莘荪学院、剑桥大学罗宾逊学院、剑桥大学古典学系，以及古希腊学专家、英国科学院院士、我的英国好朋友杰夫里·劳埃德爵士；在本书的修改、定稿过程中还得到北京大学图书馆以及北京大学哲学系吴飞教授、吴天明教授、清华大学哲学系王晓朝教授、浙江大学哲学系古希腊哲学研究室陈村富教授、章雪富教授等，上海社会科学院哲学研究所范明生研究员、上海市教师进修学院赵继铨副教授、中国社会科学院哲学研究所姚介厚研究员、中共中央党校武葆华教授等多位朋友的宝贵意见；在本书的出版工作方面得到了人民出版社责任编辑张伟珍同志的大力帮助。在此书问世之时，我对它（他）们一并谨致我的真诚的感谢！

我知道本书一定还有不少需要进一步完善与改进之处。我希望广大的读者朋友们能提出宝贵的意见与建议，这是我所衷心期待的。

李 真

北京大学燕北园寓所

2020 年 8 月

责任编辑：张伟珍

封面设计：周方亚

责任校对：白　玥

图书在版编目（CIP）数据

亚里士多德《形而上学》解说 / 李真 著 . — 北京：人民出版社，
　2020.11（2022.1 重印）

ISBN 978 - 7 - 01 - 021169 - 5

I. ①亚⋯　II. ①李⋯　III. ①亚里士多德（Aristotle 前 384—前 322）-
　形而上学 - 研究　IV. ① B081.1 ② B502.233

中国版本图书馆 CIP 数据核字（2019）第 184244 号

亚里士多德《形而上学》解说

YALISHIDUODE XING' ERSHANGXUE JIESHUO

李真　著

人民出版社 出版发行

（100706　北京市东城区隆福寺街 99 号）

北京中科印刷有限公司印刷　新华书店经销

2020 年 11 月第 1 版　2022 年 1 月北京第 2 次印刷

开本：710 毫米 ×1000 毫米 1/16　印张：35.5

字数：525 千字　印数：2,001 - 5,000 册

ISBN 978 - 7 - 01 - 021169 - 5　定价：106.00 元

邮购地址 100706　北京市东城区隆福寺街 99 号

人民东方图书销售中心　电话（010）65250042　65289539